Christian Stegbauer

Wikipedia

W0058705

Netzwerkforschung
Band 2

Herausgegeben von
Roger Häußling
Christian Stegbauer

In der deutschsprachigen Soziologie ist das Paradigma der Netzwerkforschung noch nicht so weit verbreitet wie in den angelsächsischen Ländern. Die Reihe „Netzwerkforschung" möchte Veröffentlichungen in dem Themenkreis bündeln und damit dieses Forschungsgebiet stärken. Obwohl die Netzwerkforschung nicht eine einheitliche theoretische Ausrichtung und Methode besitzt, ist mit ihr ein Denken in Relationen verbunden, das zu neuen Einsichten in die Wirkungsweise des Sozialen führt. In der Reihe sollen sowohl eher theoretisch ausgerichtete Arbeiten, als auch Methodenbücher im Umkreis der quantitativen und qualitativen Netzwerkforschung erscheinen.

Christian Stegbauer

Wikipedia

Das Rätsel der Kooperation

Unter Mitarbeit von
Alexander Rausch, Elisabeth Bauer
und Victoria Kartashova

VS VERLAG FÜR SOZIALWISSENSCHAFTEN

Bibliografische Information der Deutschen Nationalbibliothek
Die Deutsche Nationalbibliothek verzeichnet diese Publikation in der
Deutschen Nationalbibliografie; detaillierte bibliografische Daten sind im Internet über
<http://dnb.d-nb.de> abrufbar.

1. Auflage 2009

Lektorat: Frank Engelhardt

VS Verlag für Sozialwissenschaften ist Teil der Fachverlagsgruppe Springer Science+Business Media.
www.vs-verlag.de

Umschlaggestaltung: KünkelLopka Medienentwicklung, Heidelberg
Druck und buchbinderische Verarbeitung: Krips b.v., Meppel
Gedruckt auf säurefreiem und chlorfrei gebleichtem Papier
Printed in the Netherlands

ISBN 978-3-531-16589-9

Inhalt

Vorwort

Dieses Buch entstand aus einem von der DFG geförderten Projekt. Die Untersuchungen darin wurden arbeitsteilig erledigt, was bedeutet, dass eine Reihe von Personen daran beteiligt war. Ihnen allen ist an dieser Stelle zu danken. An erster Stelle ist der leider viel zu früh verstorbene Karl Otto Hondrich zu nennen, der uns ermunterte, die erste noch etwas wage Projektidee umzusetzen und der auch bei der Pointierung der Fragestellung half. Weiterhin besonders hervorzuheben ist Alex Rausch, der das Projekt nicht nur kritisch begleitete, sondern mit hohem Aufwand neben seiner eigentlichen Tätigkeit die Forschung unterstützte und durch Ideen und seine Programmierkünste voran brachte. Ohne die Mitarbeiterin Elisabeth Bauer mit ihren internen Kenntnissen der Struktur der Wikipedia und ihrer Akteure wären wir viel öfter an Grenzen gestoßen und wären an vielerlei Stellen einer oberflächlicheren Interpretation aufgesessen. Sie brachte ebenfalls eine Reihe von Ideen ein, die auch die Auswertung voranbrachten. Ein besonderer Dank gebührt auch Victoria Kartashova, die als Hilfskraft den Forschungsprozess nicht nur unterstützte, sondern einige Teile der Arbeit selbstständig übernahm. Markus Prenger leistete Unterstützung während der Endphase der Untersuchung. Weiter möchte ich Wolfgang Glatzer danken, der die Arbeiten positiv begleitete und nicht zuletzt auch Usch Büchner, die uns ebenfalls in vielerlei Weise beförderte und Nina Ebener für die Durchsicht des Manuskripts. Ich danke der Deutschen Forschungsgemeinschaft für die Finanzierung der Untersuchung.

Christian Stegbauer

1 Zur Fragestellung – Warum erstellen die Menschen öffentliche Güter?

Hinsichtlich der Ursachen des menschlichen Handelns scheinen wir alles zu wissen. Warum die Menschen kooperieren, so wird behauptet, sei entweder an persönlichen Nutzen oder an starke religiöse oder gemeinschaftliche Werte gebunden. Man könnte glauben, dass neue Erkenntnisse in diesem Gebiet kaum zu erwarten sind. Allerdings werden diese Grundlagen der Soziologie offensichtlich durch neue Kommunikationsbedingungen, wie man sie im Internet durch so genannte „Social Software" vorfindet, in Frage gestellt. Nicht nur dort, aber es mag das prominenteste Beispiel sein, denn bei dem großen Enzyklopädieprojekt Wikipedia kooperieren hunderttausende Menschen. Sie kommen mit einem minimalen Aufwand an Koordination aus. Für den einzelnen Beteiligten sind die klassischen Motive für gemeinschaftliches Handeln, ein persönlicher Nutzen oder ein starker Zusammenhalt zunächst einmal nicht erkennbar. Am Beispiel von Wikipedia soll in der vorliegenden Untersuchung die Frage gestellt werden, ob die gängigen Grundlagen der Soziologie sich tatsächlich bewähren oder ob man nicht versuchen sollte, zu anderen Lösungen zu kommen. Es wird gefragt, ob man nicht den Antrieb des menschlichen Handelns anders erklären kann und im Besonderen werden einige klassische Erklärungen für Kooperation überdacht. Das Ganze geschieht an einem Beispiel, welches offensichtlich den gängigen und vielfältig bewährten Annahmen entgegensteht.

Die Soziologie ist sich der Grundlagen ihrer Wissenschaft bewusst, so glauben die wichtigen Vertreter jedenfalls. Was, wenn sich der Glaube an die eigenen Grundlagen durch die Wirklichkeit erschüttern ließe? Ist es möglich, dass im Internet Kooperationsformen möglich wären, die sich nicht durch die akzeptierten Theorien erklären lassen? Und – können wir hierdurch Hinweise auf die Bedingungen der Kooperation bekommen, die uns Kooperation auch in weiteren Feldern auf andere Weise erklären lassen?

Menschen kooperieren mit anderen, so die bisherige Auffassung, weil sie auf andere angewiesen sind (Conrad & Streeck 1976), und weil sie glauben, dadurch individuelle Vorteile erlangen zu können (Olson 1965). Solche Motive finden sich auch in Experimenten, die sich einer spieltheoretischen Grundlage bedienen (Axelrod 1987).[1] Eine grundsätzlich andere Anschauung stellt die von Durkheim (1977, zuerst 1893) herausgearbeitete „conscience collective" dar, die in ähnlicher Weise von Tönnies (1963, zuerst 1887) in seinem Gemeinschaftsbegriff oder von Simmel (1908; 1984, zuerst 1917) in den „Formen" und seiner Schüler, die sich dieser Tradition verpflichtet fühlen, thematisiert werden. Zuvor wurden ähnliche Überlegungen schon von Shaftesbury (1711) angestellt, der von der Überwindung des E-

---

[1] Mit ihrer puren Annahme des Eigennutzes kommt die experimentelle Wirtschaftsforschung bei zahlreichen Experimenten in Erklärungsnot. Dabei zeigt sich, dass neben dem Eigennutz weitere Annahmen über das menschliche Verhalten notwendig werden (z.B. Ockenfels 1999).

goismus durch einen naturgegebenen Altruismus ausging (Zimmermann 1982). Freilich kannte man zur damaligen Zeit diesen von Comte eingeführten Begriff noch nicht. Shaftesbury sprach von Benvolenz. Bei den Annahmen, die ein Kooperationsmotiv stärker in sozialen Ursachen sehen, werden aber starke Bindungen, seien es Wertbindungen oder religiöse Motive, unterstellt.

Diese beiden Grundrichtungen bzw. Soziologien (Vanberg 1975; Ekeh 1974) stehen in Spannung zueinander, weil die eine auf die Bedeutung von Strukturen für die Begrenzung und Ausrichtung von Handlung besteht und die andere dem Individuum und der Suche nach seinen Vorteilen hinsichtlich der Motive den Vorrang einräumt. Neuere Theorien (etwa Coleman 1991) versuchen, trotz Beibehaltung des Individualismus, die Kritik der strukturalistischen Seite aufzunehmen und in ihrer Theoriekonstruktion einzubeziehen.

Die Hauptfragestellung der Untersuchung setzt daran an, dass keine der beiden Richtungen, ohne in Probleme zu kommen, die Kooperation der Teilnehmer an Wikipedia erklären kann. Individuelle Motive kommen zunächst einmal kaum in Frage, da in aller Regel die Autoren von Artikeln nicht persönlich benannt werden. Oft tauchen sie nur unter einer „IP-Nummer" (einer Internetadresse, aus der sich nicht auf die Identität schließen lässt) oder unter einem „Nickname" auf. Diesen Nickname haben sie sich selbst gegeben, durch ihn können sie aber nicht als Person identifiziert werden. Der normale Nutzer sieht jedenfalls nicht, wer hinter der Formulierung der Enzyklopädieartikel steht. Individuelle Motive, etwa materielle Gewinne, Reputations- oder Aufmerksamkeitsgewinne (Franck 1997; 1998; Goldhaber 1997) nach außen scheiden somit zunächst einmal als Beteiligungsmotive weitestgehend aus.

Aber auch Durkheims Argument, dass starke gemeinsame Werte Voraussetzung für Kooperation seien, reicht nicht aus, die Beteiligung an Wikipedia zu erklären. Zwar können in einem gewissen Umfang gemeinschaftliche Werte wohl unterstellt werden (etwa das Wissen der Welt nicht in private Hände zur kommerziellen Verwertung legen zu wollen). Tönnies und Durkheim schwebten dagegen enge gemeinschaftliche – (Ort oder Blut), religiöse – (Geist) oder Wertbindungen vor. Auch diese sind kaum erkennbar, obgleich es hinter Wikipedia stehende Werte gibt, die – in schwacher Form – eine Gesellschaftskritik darstellen.

Überlegungen zur Kooperation weisen darauf hin, dass ohne eine straffe Organisation, wie sie beispielsweise in Unternehmen gegeben ist, lediglich eine kleine Anzahl an Personen erfolgreich zu kooperieren vermag. Auch dies ist in der Wikipedia nicht der Fall, denn allein in der deutschen Wikipedia sind bis jetzt einige hunderttausend Personen angemeldet, um sich an der Erstellung der Inhalte zu beteiligen. Das Projekt einer Online Enzyklopädie ist daher geeignet, daran eine empirische Forschung zur Frage der Kooperation im Allgemeinen und im Internet im Besonderen anzuschließen. Eine genauere Betrachtung des Phänomens rechtfertigt die Hoffnung, dass soziologische Theorien hinterfragt und letztlich auch die Theoriebildung vorangetrieben wird.

Nicht nur in der deutschen Soziologie (Esser 1993; 1984) wird als Erklärung für menschliches Handeln das zweckrationale Handlungsmuster präferiert. Obgleich hieran viel Kritik geübt wird (z.B. polemisch Mayhew 1980), finden sich einige empirische Evidenzen für dieses Erklärungsmuster. Ähnlich wird auch in der Literatur zu Wikipedia argumentiert. Es fällt auf, dass fast immer individualistische Argumentationslinien benutzt werden. So etwa, wenn es darum geht, zu klären, warum so viele Teilnehmer mitarbeiten. Ciffolilli (2003) vermutet unter Rückgriff auf die ökonomische Team Theorie (Marshak/ Radner 1972) – da das Engagement der Teilnehmer kaum aus Eigennutz erklärbar ist – ein Interesse an „sozialen Gütern". Hinzu kämen aufgrund der technischen Plattform relativ niedrige Transaktionskosten für die Teilnehmer und es sei eine „prozedurale Autorität" in die Software eingebaut.

Der Autor (Ciffolilli 2003: 13) argumentiert weiter, dass die Motivation zur Teilnahme, aus den Beteiligten selbst käme (auch Viégas et al. 2007). Die Individuen seien in unterschiedlichem Maße involviert. Diejenigen, die am meisten aktiv seien, würden durch starke Belohnungen gelockt, die durch die Natur des Projekts selbst gegeben seien. Die Motivationen seien personaler Art, eigene Befriedigung, das Erkennen der eigenen Wirkung und intrinsische Motive, etwa um Wissen zu erlangen. Es könnte sich auch um soziale Motive handeln, etwa das Arbeiten an einem kollektiven Gut, ein Zugehörigkeitsbedürfnis oder das Bedürfnis eine spezielle Gemeinschaft zu unterstützen. Ebenso sei es möglich, dass es sich um ethische Motive handelt oder solche, die mit Reputation oder einer Quelle für Autorität zusammenhängen.

Aufgrund der Richtlinie, dass die Artikel ausgewogen sein müssen, könne politische Agitation keine Begründung für das Engagement liefern. Diese Regel der Ausgewogenheit führt selbst zu Diskussionen, da darüber gestritten wird, was dies im konkreten Fall bedeutet.

Allein schon an solch einem Projekt mit einer so hohen Reputation mitgearbeitet zu haben, könne eine Quelle der Motivation sein. Jeder habe die Möglichkeit, die Reputation zu erhöhen, da diese mit der Zahl der Beiträge wachse.

Hingegen ist es praktisch unmöglich, den Erfolg individuell zuzuschreiben, da die Namen der Autoren nicht am Ende der Artikel erscheinen. Angesichts der kollaborativen Erstellung der Artikel sind die Anteile, die Einzelne an der Änderung hatten, für den Benutzer gar nicht nachzuvollziehen[2] oder es würde zu Konflikten darüber führen, wie groß eine Änderung sein muss, um in der Autorenliste geführt zu werden. Nur in einigen Fällen lässt sich für den Interessenten die Identität der Autoren erschließen, wenn sich jemand für die Versionsgeschichte und die

---

[2] Tatsächlich lässt sich dies aber anhand des Versionenarchivs nachvollziehen.

Diskussionen zu den einzelnen Artikeln interessiert. Individuelle Reputationsgewinne kommen somit kaum als Motiv für die Teilnahme in Frage. Allenfalls könnte man ihnen eine Wirkung nach innen zugestehen, keinesfalls jedoch nach außen, wie dies etwa bei Autoren von Büchern eine Rolle spielt.

Das Handlungsmodell, welches die Logik des kollektiven Handelns (Olson 1998, orig. 1965) aus dem Individualinteresse erklären möchte, stößt damit auf Probleme, da individuelle Belohnungen kaum anzugeben sind. Gleiches gilt für andere sozialpsychologische Erklärungen der Motivation zur Teilnahme. So werden beispielsweise unter extrinsischen Motivatoren äußere Anreize, wie Bezahlung, Anerkennung oder sonstige Privilegien gefasst. Teilnehmer können hiermit nicht ohne weiteres rechnen. Das Projekt Wikipedia wird oft mit der Erstellung von freier Software und so genannter „Open Source"-Software verglichen, bei der viele Programmierer unentgeltlich mitmachen. Osterloh et al. (o. J.) führt die Überlegung an, dass sowohl intrinsische, als auch extrinsische Motivation bei den Programmierern vorhanden sein müssen. Außer der extrinsischen Motivation kommt also noch die intrinsische Motivation als Ursache in Frage. Hierbei handelt es sich um ein Verhalten, das um seiner selbst Willen durchgeführt wird. Die Belohnung ist das Verhalten selbst. Wollen wir das Verhalten der Beteiligten soziologisch erklären, so ist die Betrachtung der Motivation bereits umstritten (Mayhew 1980), zumal Motive und Handlungen in der empirischen Forschung nur als sehr schwach verbunden gelten können, wie wir aus der Marktforschung wissen. Sicher ist jedenfalls, dass intrinsische Motive nicht in den Bereich der Soziologie fallen.

Eines der wichtigsten Handlungsmotive, die in Befragungen von Teilnehmern der Open Source Bewegung genannt wurden, kommt ebenfalls im Falle von Wikipedia kaum in Betracht. Dort wurde eigenes Lernen und Anwenden von Programmierkenntnissen (Lakhani & Hippel 2003; Lakhani & Wolf 2003) angegeben. In den Studien wurde diese Auskunft, individualistisch als Vorbereitung auf einen Berufseinstieg oder als Weiterbildung für die Programmierer angesehen.[3] Mittlerweile gibt es auch Untersuchungen zur Motivation der Teilnehmer an Wikipedia. Rafaeli et al. (2005) berichten beispielsweise von einer Internetbefragung bei der 120 Teilnehmer nach ihren Motiven befragt wurden (35 waren aus der hebräischsprachigen Wikipedia, die anderen aus der englischsprachigen). Es wurden ganz ähnliche Items vorgegeben wie in den Untersuchungen zur Open Source Bewegung. Es wurde auf einer fünfstufigen Skala (Ablehnung – Zustimmung) danach gefragt, wie wichtig die folgenden Motive seien: „Contributing to other people", „Learning new Things", „Discussion", „Pass my Time", „Intellectual Challenge", „Pleasure", „Sharing my Knowledge" und „Reputation in specific field". Das Lernen neuer Dinge, Spaß und die intellektuelle Herausforderung wurden von den

---

[3] Eine Befragung unter Wikipedia-Aktivisten kommt interessanterweise zu dem Ergebnis, dass das Merkmal „eigener Nutzen" negativ mit dem Merkmal „Engagement" korreliert ist (Schroer/ Hertel 2006).

Vorgaben als Wichtigstes bewertet. Abgesehen davon, dass eine solche Erklärung als eine typische nachträgliche Rationalisierung des eigenen Handelns vor dem Hintergrund einer Fragebogenfrage angesehen werden kann,[4] lässt sich diese Überlegung nur sehr beschränkt auf Wikipedia übertragen, denn in kaum einem für Wikipedia relevanten Feld ist eine so direkte Beziehung zu einem Berufsfeld wie beim Programmieren gegeben. Andere Untersuchungen zur Motivation wurzeln in der Psychologie, so die von Schroer (2008), Schroer/ Hertel (2006; 2007). Hier wurden per selbstselektivem Verfahren mittels eines Internetfragebogens zunächst vor allem Aktivisten der deutschen Wikipedia befragt, später wurde in einer Folgestudie auch die englischsprachige Wikipedia einbezogen. Schroer und Hertel arbeiten kollektive Motive und intrinsisches Handeln als wichtige Faktoren heraus. Mit diesem Fokus, dem Hinweis auf die Bedeutung auf kollektive Motive, nähert sich diese Untersuchung unserem Erklärungsmodus an.

Aus Sicht einer ökonomischen Handlungstheorie, wie sie auch in der Soziologie prominent Anwendung findet, ist die hohe Beteiligung kaum zu erklären. Aus dieser Perspektive handelt es sich um ein „unmögliches" öffentliches Gut, da solche Güter effizient nur in kleineren Einheiten mit eindeutigen Grenzen produziert werden. Die Wahrscheinlichkeit für collective action ist nach den klassischen Überlegungen von verschiedenen Faktoren abhängig:

1. Vernetzung in der Gruppe. Die Wahrscheinlichkeit, dass ein Kollektivgut hergestellt wird, ist umso größer, je geschlossener die Gruppe ist, in der es zur Verfügung gestellt wird. Andererseits, so Olson (1998: 35 ff), ist es, wenn die Beteiligten nicht in Konkurrenz zueinander treten, besser, wenn die verfügbare Zahl derer größer ist, auf die sich Vorteile und Kosten verteilen. Die Kosten für die Teilnahme sind gering, der Gesamtertrag aber groß. In diesem Fall ist eine Nichtbeteiligung kaum persönlich zuschreibbar, die Möglichkeit des Trittbrettfahrens steigt. Im Falle von Wikipedia ist die Bedingung gegeben, dass für eine aktive Teilnahme an der Verbesserung der Enzyklopädie die Kosten nicht unbedingt hoch sein müssen. Wäre das Argument aber gültig, dann dürften alle Teilnehmer sich nur mit geringem Aufwand beteiligen. Tatsächlich scheint aber die Beteiligung sehr ungleich verteilt. Dies lässt sich damit so also nicht erklären.

2. Größe der Gruppe. Kollektives Handeln gelinge vor allem in kleinen Gruppen, so Olson (1998: 32), aber auch Hume (1906: 288). Die Bereitstellung kollektiver Güter in kleineren Gruppen gelinge aber nur dann, wenn „*jedes Mitglied oder wenigstens eines von ihnen feststellen wird, dass sein persönlicher Gewinn aus dem Kollektivgut die Gesamtkosten um mehr übersteigt als den Vorteil eines oder mehrerer Individuen in der Gruppe.*" Der Beitrag eines Einzelnen ist in einer großen Gruppe

---

[4] Dass Auskünfte bei Befragungen nicht immer Aufschluss über das tatsächliche Handeln geben, konnte LaPierre (1934) schon in den 1930er Jahren zeigen.

kaum mehr für ihn selbst abzuschätzen, der Effekt wird gering sein. *„Je größer die Gruppe ist, umso weniger wird sie in der Lage sein, die optimale Menge eines Kollektivgutes bereitzustellen"* (Olson 1998: 33). Um überhaupt eine Handlung zur Produktion des Kollektivgutes hervorzurufen, sind selektive Anreize für den Einzelnen notwendig. Dabei kann es sich entweder um Zwang oder eine starke individuelle Belohnung handeln (Olson 1998: 50). Beim Zwang hat Olson beispielsweise den Staat als Steuereintreiber im Sinn. Bei Wikipedia ist die Zahl der Teilnehmer sehr groß, die Wahrscheinlichkeit, dass die Bereitstellung des öffentlichen Gutes erfolgt, dürfte also ziemlich gering sein. Zumal die Ausnahmebedingungen individueller Zwang oder individuelle Belohnung nicht anwendbar sind. Es ist aber auch unwahrscheinlich, dass Einzelne ein wesentlich größeres Interesse am Zustandekommen dieses Gutes haben, als andere. Für mehr als zum Nachschlagen von Informationen, ist eine Enzyklopädie kaum zu gebrauchen. Mehr noch, gerade die Gleichheit der Menschen, wie sie bei der Erstellung von Wikipedia unterstellt wird, kann die Menschen in großen Gruppen lähmen (Olson 1998: 28; Coleman 1991: 353 und 1992: 67; Esser 1999: 211). Dies macht das Zustandekommen dieses kollektiven Gutes noch unwahrscheinlicher.

3. Historisch-kulturelle Situation. Diese gibt die Rahmenbedingungen an, die etwa von Smelser (1972) viel allgemeiner definiert werden. Smelser identifiziert sechs Determinanten für kollektive Handlungen, so strukturelle Anfälligkeit, strukturelle Spannung, Anwachsen und Ausbreitung einer generalisierten Vorstellung, Beschleunigungsfaktoren, Mobilisierung der Teilnehmer und Einsatz sozialer Kontrolle. Seine Überlegungen sind vor allem auf das Entstehen sozialer Bewegungen gerichtet, etwa Revolutionen oder Panikreaktionen. Um eine kollektive Handlung hervorzubringen, bedarf es daher kräftiger Spannungen und dadurch der Erzeugung von Ängsten. Solche starken Spannungen sind aber kaum für ein Projekt wie Wikipedia anzunehmen, welches sich auf die Erstellung einer Enzyklopädie bezieht. Auch er fundiert seine Überlegungen individuell, weist aber anders als Olsons in der Ökonomie verwurzelte Theorie auf die Bedeutung von Normen und Werten anstatt auf individuellen Nutzen hin. Daneben besitzt für ihn die Interaktion, die Beziehung zwischen den Akteuren, die auf der Ebene des sozialen Systems als Rollen beschreibbar sind, eine Bedeutung.

4. Gleichwohl können Werte nach Smelser (1972) als ein Motivationsquell für kollektive Handlungen angesehen werden. Um eine kollektive Handlung zustande zu bringen, sind für Smelser heftige Wertkonflikte notwendig. Für die kollektiven Handlungen, die zur Erstellung von Wikipedia führen, sind solche dramatischen Konflikte nicht in Sicht. Andererseits ist die Schwelle für eine Beteiligung an der Erstellung einer Enzyklopädie weit niedriger, als die der Beteiligung an einer Revolution, bei der Leib- und Leben in Gefahr gebracht

werden. Dennoch bleibt die Anforderung, dass die Wertkonflikte groß genug sein müssen, damit gemeinsame Handlungen zustande kommen. Es ist unwahrscheinlich, dass dies auf Wikipedia zutrifft.

5. Lösung des Trittbrettfahrerproblems. Die Theorien zur Erstellung von kollektiven Gütern, die alleine auf die Rationalität der Akteure setzen, versagen offensichtlich im Falle von Wikipedia, denn es kann nicht erklärt werden, warum sich nicht alle für das Trittbrettfahren entscheiden und es damit überhaupt nicht zur Erstellung des Gutes kommt.

Hierfür kann Coleman selbst als Zeuge zitiert werden (1991: 355) „*Die Rationalität des Trittbrettfahrens ist leicht nachzuvollziehen. Wenn die Interessen einer Anzahl von Personen durch ein und dasselbe Ergebnis befriedigt werden und wenn die Gewinne, die jeder aufgrund seiner eigenen Handlungen, die zu dem Ergebnis beitragen, erfährt, geringer sind als die Kosten, die aus diesen Handlungen erwachsen, wird er, wenn er rational handelt, keinen Beitrag leisten. Wenn andere einen Beitrag leisten, wird er in den Genuss der Gewinne kommen, ohne Kosten einzugehen. Wenn andere keinen Beitrag leisten, werden seine Kosten die Gewinne überwiegen.*"

Coleman nennt neben dem Trittbrettfahren auch den Übereifer. Komme Übereifer zustande, sei dieser aber durch einen anderen Reiz überlagert, nämlich durch (Coleman 1991: 356) „die *Motivation durch andere* bzw. positive Sanktionen, die die Mängel des ersten Anreizes überwiegen." Dieser Anreiz sei nur dann möglich, wenn die Akteure nicht unverbunden, sondern in Netzwerken miteinander verknüpft sind. Im Falle von Wikipedia ist nicht zu erklären, warum nicht alle auf die Beteiligung der anderen warten sollten.

6. Entsprechend des Urteils, es handele sich bei Wikipedia um ein „unmögliches öffentliches Gut", findet man in der Literatur direkt zu Wikipedia Skepsis gegenüber dem Gelingen eines solchen Projektes, weil die Autorenschaft sich nicht den Teilnehmern direkt zuschreiben lässt. Aber es ist nicht nur die direkte Zuschreibung, die dem Erfolg entgegen stünde: Teilnehmer möchten angeblich nicht, dass jemand in ihrer Arbeit herumpfuscht, weiter fürchteten sie sich vor destruktivem Verhalten eines Teils der anderen Teilnehmer, es fände sich aber auch Misstrauen gegenüber den anderen Teilnehmern (Cosley 2004, Paquet 2003).[5] Einiges spricht für die Richtigkeit dieser Einwände: In einer Anleitung zur Tätigkeit der Administratoren in Wikipedia selbst findet man beispielsweise einen Hinweis darauf, dass die Administratoren besonders kritisch auf die Änderungen die von „namenlosen" oder erst seit kurzer Zeit beteiligten Teilnehmern durchgesehen werden sollten.

---

[5] Unterstützung findet diese These durch die nun schon ältere Debatte in der Industriesoziologie zum Stolz auf die Arbeit, die beispielsweise mit dem Begriff des „doppelten Bezugs" auf Arbeit (Kern & Schumann 1974) belegt wurde.

Folgt man diesen Theoretikern, kann die Prognose für das Zustandekommen eines Projektes wie Wikipedia praktisch nur negativ ausfallen. Auch Colemans Überlegungen zu dem Übereifer greifen in diesem Fall wohl daneben, denn zumindest in dem bei seiner Argumentation benutzten Beispiel handelt es sich um das Verhalten im Krieg. Trittbrettfahren birgt dort bekanntlich ein höheres Risiko als die Erfüllung der Norm. Selbst dort, wo bei Wikipedia soziale Netzwerke entstehen, erscheinen so weitreichende Sanktionsmöglichkeiten als völlig ausgeschlossen.

Jenseits dessen, was diese weitgehend anerkannten Theoretiker als Argumente benutzen, die im zu untersuchenden Fall aber offensichtlich kaum greifen, muss es also etwas geben, was die Einzelnen dazu bringt, sich an dem Projekt Wikipedia zu beteiligen. Hier wird eine Lücke in den Theorien zum kollektiven Handeln offensichtlich. Das Ziel der vorliegenden Untersuchung ist es, die vorhandenen Theorien zu ergänzen und ggf. zu revidieren.

2   Das Rätsel der Beteiligung

Warum es zur Beteiligung, zur Kooperation und zur Erstellung öffentlicher Güter kommt, kann als Rätsel angesehen werden. Im Zusammenhang mit Wikipedia wurde dies thematisiert (Cifollili 2003). Dieses Rätsel bleibt aber nicht auf Wikipedia beschränkt. Wenn wir andere Bereiche betrachten, in denen Engagement bei der Herstellung öffentlicher Güter bedeutsam ist, finden wir die gleichen offenen Fragen. Untersuchungen zu ehrenamtlichen Helfern zeigen, dass die Frage danach, was die helfenden Personen denn persönlich von ihrer Arbeit hätten, entrüstet zurückgewiesen wurde (Koch-Arzberger & Schumacher 1990: 68). Es konnte aus den Angaben der Helfer weder geschlossen werden, dass diese einen individuellen Vorteil daraus ziehen würden, noch ließ sich daraus ableiten, dass die Helfer für ihr Engagement eine Gegenleistung erwarteten. Im zitierten Beispiel handelte es sich um Helfer in einem Altenheim, die selbst zum größten Teil das Renteneintrittsalter überschritten hatten. Leider wurde in der Veröffentlichung die Möglichkeit der sich aus den Positionen der Helfer ergebenden Rollenverpflichtungen nicht untersucht.[1]

In eine ähnliche Richtung gehen Befunde, dass in Umfragen die Bereitschaft zum ehrenamtlichen Engagement regelmäßig als sehr hoch beziffert wird. Eine Allensbach Umfrage von 1995 beziffert das Potential für ehrenamtliches Engagement auf bis zu 50% der Bevölkerung (zitiert nach Möltgen 2003). Aus dem Survey des Bundesministeriums für Frauen, Senioren, Familie und Jugend (Picot 2000a und b; Gensicke et al. 2006) geht hervor, dass sich jeder Dritte in Deutschland ehrenamtlich engagiert. Obgleich die Zahlen eindrucksvoll sind, kann man daraus zwei Schlüsse ziehen: Zum einen scheint es ein überschüssiges Potential zu geben, d.h. es sagen mehr Personen, sie würden sich gerne engagieren, als sie dies tatsächlich tun. Zum anderen, und das war das Erstaunlichste an der Befragung des Ministeriums, gibt es viel mehr Freiwillige, als man normalerweise vermutet. Die Engagierten machen offensichtlich nicht viel Aufhebens um ihre Arbeit, ja, man kann wahrscheinlich sogar sagen, dass diese Arbeit oft gar nicht als Arbeit wahrgenommen wird. Soweit Befragungen dies überhaupt deutlich machen können, zeigte sich, dass die Motivation zum freiwilligen Engagement in sehr starkem Maße damit zu tun hat, dass die „Tätigkeit Spaß macht" und damit, dass man „mit sympathischen Menschen zusammen kommt" (Picot 2000b: 160).

Ein weiterer wichtiger Punkt in der zitierten Befragung war es, eigene Kenntnisse und Erfahrungen zu erweitern. Obwohl man von den Ergebnissen der Befragungen darauf schließen kann, dass es ein Gemisch an Motivationen ist, welches die Menschen dazu bringt, sich freiwillig zu engagieren (Lehner 2003), so zeigt sich doch, dass Faktoren wie das Schließen von Freundschaften, Menschen treffen etc.

---

[1] Die Parallele zwischen einem ehrenamtlichen Engagement, wie es hier betrachtet wird, und dem Schreiben von Wikipedia ist auch aus Sicht zumindest einiger Aktivisten nicht von der Hand zu weisen (vergl. Möllenkamp 2007).

mit vorne bei den „Gewinnen" rangieren, die Jugendliche von einem Auslands-einsatz mitbringen (Lehner 2003: 150). Wir wissen aus Methodenuntersuchungen einerseits und aus Fehlschlägen in der Marktforschung andererseits, dass Befragun-gen nach Motiven und Einstellungen eine heikle Angelegenheit sind, die oft keine korrekte Ergebnisse erbringen. Wir wissen auch, dass Menschen in Befragungen dazu neigen Motive zu „rationalisieren". Das bedeutet, dass hauptsächlich solche Handlungsursachen genannt werden, die in das Selbstbild zum Zeitpunkt der Be-fragung passen und die für andere „rational" nachvollziehbar sind, ohne den gan-zen Kontext zu kennen. Andere „Motive" sind nicht ohne weiteres explizierbar: sie sind oft den Befragten zu dem Zeitpunkt, an dem sie Auskunft geben, überhaupt nicht bewusst. Dies sind Hinweise darauf, dass das Handeln und seine motivationa-le Voraussetzung sich in konkreten sozialen Situation ganz anders darstellt. Die bekannteste Untersuchung auf diesem Gebiet ist die klassische Studie von LaPière (1934), der zeigen konnte, dass Angaben dazu, wie man handeln würde, durch die soziale Situation überlagert werden und situativ ein ganz anderes Handeln hervor-gebracht wird.

Bei der Betrachtung von Motivuntersuchungen sind also deutliche Fragezei-chen angebracht. Dies trifft auch auf Untersuchungen zu, die näher an dem in diesem Buch behandelten Beispiel liegen. Untersuchungen etwa, die die Motive zur Beteiligung an der Produktion von freier Software betreffen. Hier kommt man mit Befragungen sehr häufig zu dem Ergebnis, dass die Teilnehmer die Programmier-arbeit auf sich nehmen, um beispielsweise daran für sich selbst zu lernen (Lakhani & Hippel 2003; Lakhani & Wolf 2003). Hierzu wird im Laufe der Studie noch einiges zu sagen sein. Dies bedeutet, dass die Teilnehmer ein Motiv angeben, wel-ches ihnen selbst Nutzen bringt. An dieser Stelle muss man fragen, ob die Rationa-lisierungen des individuellen Handelns nicht eine „ideologische" Komponente haben. Wenn etwa behauptet wird, dass jeder nach dem maximalen Nutzen für sich selbst strebe, dann kann man daraus folgern, dass es für den Befragten notwendig ist, eine Antwort in diesem Sinne zu geben. Das, was eine Wikipedia-Aktivistin anekdotisch schilderte, dass sie gar nicht wüsste, warum sie so stark engagiert sei. Wikipedia mache „süchtig". Solche Begründungen sind aber keine im Sinne der Ideologie des Eigennutzes legitimen Antworten. Zudem ist das Motiv der Beteili-gung aus Eigennutz um Vorteile in beruflicher Hinsicht zu erlangen, aus unserer Sicht fragwürdig, da wir im Projekt mit einigen Aktivisten in Kontakt gekommen sind, die umgekehrt ihre Karriereplanung aufgrund ihres Engagements in Wikipe-dia offenbar zurückstellen.

Dabei können Rationalisierungen des eigenen Handelns durchaus wirklich-keitsmächtig werden. Wenn die Beteiligten daran glauben, wegen eines persönli-chen Vorteils zu handeln, so mag dies zumindest in Teilen eine Ursache für ihr Verhalten in bestimmten Situationen sein. In unserer Studie wollen wir uns nicht in erster Linie auf Selbstauskünfte verlassen (in geringem Umfang greifen wir dennoch auf diese zurück), wir „beobachten" vor allem innerhalb des Wikipedia Systems manifest gewordene Handlungen. Dabei untersuchen wir auch die Struktur, innerhalb derer die Handlung stattfindet. Grundlage unseres Denkens ist vor allem, dass Handlungen mit einem Bezug zum positionalen System mit den zugehörigen Rollen erfolgt. Wie man sich dies vorstellen kann, wird im Folgenden geklärt.

An dieser Stelle kommt zunächst noch ein methodisches Argument ins Spiel: War früher, so René König, die Befragung der Königsweg (Liepelt 2008), ja oft sogar die einzige systematisch anwendbare Methode, so lässt sich durch die nebenbei anfallenden Daten im Internet auch die Forschung auf ganz neue Beine stellen. Wir haben Verhaltens- und Verbindungsdaten zur Verfügung. Das ist etwas, was es vor einigen Jahren praktisch noch gar nicht gab oder nur unter größten Mühen und dann auch nur in Teilen erschließbar war. In der Wikipedia-Datenbank stehen uns also nichtreaktive Daten zur Verfügung, die nicht nur die Artikelproduktion selbst betreffen, sondern auch die Auseinandersetzung um die Inhalte und die Entwicklung der Organisation. Zudem finden sich auch Informationen über die Vorlieben der Aktivisten und solche, aus denen hervorgeht, wer sich für gemeinsame Aktivitäten verabredete. Unsere Forschung orientiert sich an solchen Daten, die zwar ebenfalls Schwächen besitzen, ihr Vorteil ist aber, dass nicht etwa Willensbekundungen darin zum Ausdruck kommen, sondern reale Verhaltensweisen.

In der Literatur zu freiwilligen und ehrenamtlichen Tätigkeiten wird durchaus auf Anerkennungserwartungen sozial engagierter Menschen hingewiesen: „Für viele stellt bereits die Regelmäßigkeit des Kontaktes mit anderen einen bedeutsamen Punkt dar" (Burmeister 2003: 31). Dabei mag Wertschätzung und Anerkennung „von außen" eine oft genannte Forderung sein, die eigentliche „Motivation" ist aber nach unserer Auffassung der sozialen Integration und Positionierung geschuldet, die sich zwangsläufig beim Aufeinandertreffen verschiedener Menschen einstellt.[2] Hierfür sprechen auch die Befragungsergebnisse des Freiwilligensurveys (Picot 2000b: 200). Danach hängt die Engagementbereitschaft sehr stark von der sozialen Integration, dem Eingebundensein in einen größeren Freundes- und Bekanntenkreis, der Verwurzelung am Wohnort und der Kirchenbindung ab. „Freiwilliges Engagement steht in einem bestimmten sozialen Kontext, und es sind die besser integrierten und höher ausgebildeten Befragten, die häufiger engagiert sind" (Picot 2000b: 200). Die zuletzt zitierten Ergebnisse weisen darauf hin, dass soziale Integration eine wesentliche Rolle spielen mag, allerdings suchen gewöhnlicherweise solche Untersuchungen die Ursachen für das Engagement in individuellen Motiven oder in zu einer Person gehörenden Hintergrundvariablen (etwa Gensicke 2006). Auf aus der Position in der sozialen Situation sich ergebende Anforderun-

---

[2] In einer kleinen Studie (Befragung von 27 Aktivisten) behauptet Johnson (2007), dass sich das Hauptinteresse einer Beteiligung an Wikipedia aus persönlicher Befriedigung und der Identifikation mit den Werten von Wikipedia bestehe. Die Studie zeigt, dass auch Anerkennung durch Dank und das Interesse an einem Themengebiet eine Rolle spielen.

gen kann man aus Befragungsergebnissen kaum schließen. Hierfür ist diese Methode „blind", da fast ausschließlich Individualmerkmale erfasst werden. Man könnte allerdings aufgrund der Ergebnisse vermuten, dass soziale Integration eine Rolle für das freiwillige Engagement spielt. Das würde bedeuten, dass sich in Zusammenhängen, in denen die Personen eingebunden sind, viel eher Gelegenheit ergibt, aus der dortigen Position heraus freiwillig tätig zu werden. Auch hieraus können wir den Schwerpunkt unserer Untersuchung begründen: Wir kümmern uns weniger um Individualmerkmale als um den sozialen Zusammenhang der Freiwilligenarbeit.

Bei dieser Argumentation, so mag ein Kritiker einwenden, wird jedoch nicht beachtet, dass, was in der Soziologie häufig als „soziale Integration" bezeichnet wird, in starkem Maße beispielsweise auf den Berufsbereich bezogen ist. Neben dem Aspekt der sozialen Integration im Berufsbereich, der auf eine sinnvolle Tätigkeit im Räderwerk der Gesellschaft hinweist, sind es vor allem die Sozialkontakte, die hierbei von Bedeutung sind. Forschungen zu vielen Bereichen der computervermittelten Kommunikation haben gezeigt, dass auch dort sowohl die Übertragung von Emotionen, als auch eine soziale Integration möglich sind (Turkle 1995; Döring 2000).

Interpretieren die Menschen in der nicht über Computer vermittelten Kommunikation schon Kleinigkeiten der Äußerungen als bedeutsame Indikatoren für Beziehungen, so kann man davon ausgehen, dass die Aufmerksamkeit für solche Äußerungen in Online-Beziehungen noch wichtiger ist. Eine „Beobachtung" von Handlungen im Internet kann also in dieser Hinsicht durchaus mit Beobachtungen in der Welt außerhalb des Internets verglichen werden. Der Wunsch des Forschers wäre es zwar, alle Bereiche des Lebens in die Untersuchung einzubeziehen, das ist jedoch nicht nur aus praktischen, sondern auch aus ethischen Gründen nicht vertretbar. Wenn etwa daran Kritik geübt wird, wenn sich ein Forscher bei der Untersuchung eines computervermittelten Kommunikationsraumes auf einen Einzelnen beschränkt und die dort konstruierten Beziehungen interpretiert, weil andere Bereiche bei der Untersuchung außen vor gelassen werden, dann würde man dem Kritiker zunächst einmal Recht geben (Carls 2004). Dass Beziehungen, die tatsächlich in einem anderen Kontext bestehen, nicht aber im beobachteten Sozialraum aufscheinen, mag durchaus sein. Diese „Geheimbeziehungen" sind aber dann vor allem in den Geheimbünden bekannt – für diejenigen, denen die Beziehung unbekannt ist, wird diese im beobachteten Kontext nicht handlungsrelevant sein. Die Festlegung auf einen Kontext ist aber ein Problem mit dem jegliche Art von Beobachtung zu kämpfen hat. Die Forscher im Bank Wiring Room, konnten ebenfalls nicht systematisch die Beziehungen außerhalb des Arbeitsraumes aufzeichnen (Homans 1960).

Dass Beziehungen nicht direkt gemessen werden können, sondern nur über Indikatoren erschließbar sind, war eine Erkenntnis des Formalsoziologen Leopold von Wiese (1967). Wenn die Wissenschaft schon nicht in der Lage ist, Beziehungen zu messen, wie mag es dann erst den „normalen" Menschen ergehen. Klar sind auch diese darauf angewiesen, sich Informationen über die Beziehungen zwischen den anderen aufgrund von Indikatoren zu erschließen. Dies mag laienhaft, weil nicht systematisch geschehen, es passiert aber trotzdem und – auch hier werden Kleinigkeiten interpretiert. Man mag nur einmal die Ohren spitzen, wenn man mit Kolleginnen und Kollegen zum Mittagessen geht, welche Äußerungen, etwa von einem Vorgesetzen, sehr beziehungsreich interpretiert werden.

Ein weiteres Argument, was im Verlauf der Untersuchung eine wesentliche Rolle spielt, soll hinzugefügt werden. Wie wir sehen werden und wie in zahlreichen hauptsächlich von Sozialpsychologen durchgeführten Experimenten gezeigt wurde, regiert die Situation: Die dort vorhandenen und vorgenommenen Positionierungen erscheinen wichtiger, als langfristige ebenfalls in sozialen Situationen entstandene Identitäten. Die situative Identität, die sich in sozialen Gebilden zu Positionen verfestigt, erscheint danach für Handlung und Handlungspräferenz wesentlicher (White 1992).

3   Theoretische Grundlagen

3.1 Unser Modell

Um ein allgemeines theoretisches Modell entwickeln zu können, greifen wir auf einige bekannte Überlegungen zurück. Wir glauben, dass unser theoretischer Hintergrund dadurch klarer zu explizieren ist. Wir arbeiten angelehnt an die relationalistische Theorie von Harrison White (1992). Bevor wir diese Überlegungen entwickeln, stellen wir zunächst vor, wie und wo diese Überlegungen verankert sind.

Hierzu beginnen wir mit einem Exkurs in die Rational-Choice Theorie, nämlich zum Mikro-Makro Schema von James Coleman (1991).[1] James Coleman hat, wie alle methodologischen Individualisten das Problem, dass aus dem individuellen Handeln, auch wenn man es aggregiert, wie es die reine Lehre des methodologischen Individualismus besagt, nicht einfach das Aggregat entsteht. Margaret Thatcher wird oft als gläubige Anhängerin dieser Auffassung angeführt.[2] „And, you know, there's no such thing as society"(Thatcher 1987).[3] Der Individualismus hat also das Problem, erklären zu müssen, warum Menschen miteinander kooperieren, obgleich der geschaffene Wert für den Einzelnen nicht die eigenen Investitionen überragt. Der methodologische Individualismus baut auf den Egoismus der Akteure (Schüßler 1994). Das bedeutet aber, dass Kooperation aus dieser Perspektive im Prinzip nur erklärbar ist, wenn für den einzelnen Akteur mehr herausspringt, als er investiert.

Aggregate haben emergente Eigenschaften, die sich gerade nicht aus dem individuellen Handeln erklären lassen. Zurück zu Coleman, der versucht, solche gesellschaftlichen Zusammenhänge, also „Systeme" aus dem Handeln der Akteure im System zu erklären. Ihm ist klar, dass auf der Systemebene nicht unbedingt das intendierte Ergebnis entsteht.

Dabei entspricht sein Denken ganz dem von Margret Thatcher, er geht davon aus, dass

> „die Erklärung von Systemverhalten einzig und allein individuelle Handlungen und Einstellungen umfasst, die dann aggregiert werden. Die Interaktion zwischen Individuen wird so gesehen, dass sie neu entstehende emergente Phänomene auf der System-

---

[1] Raub (2010) weist darauf hin, dass das Schema zuvor von McClelland (1961: 47) ausgearbeitet wurde.

[2] Zwar handelt es sich bei ihr nicht um eine Wissenschaftlerin, jedoch kann man annehmen, dass diese Überzeugung auch auf der Beratung von Wissenschaftlern beruhte.

[3] Das gesamte Zitat lautet: [People constantly requesting government intervention] "are casting their problems at society. And, you know, there's no such thing as society. There are individual men and women and there are families. And no government can do anything except through people, and people must look after themselves first. It is our duty to look after ourselves and then, also, to look after our neighbours." http://en.wikiquote.org/wiki/Thatcher (01.11.06, 10:18)

ebene zur Folge hat, d.h. Phänomene, die von den Individuen weder beabsichtigt noch vorhergesehen worden sind" (Coleman 1991: 6).

Abbildung 3.1: Coleman'sche Badewanne, Coleman (1991: 6)

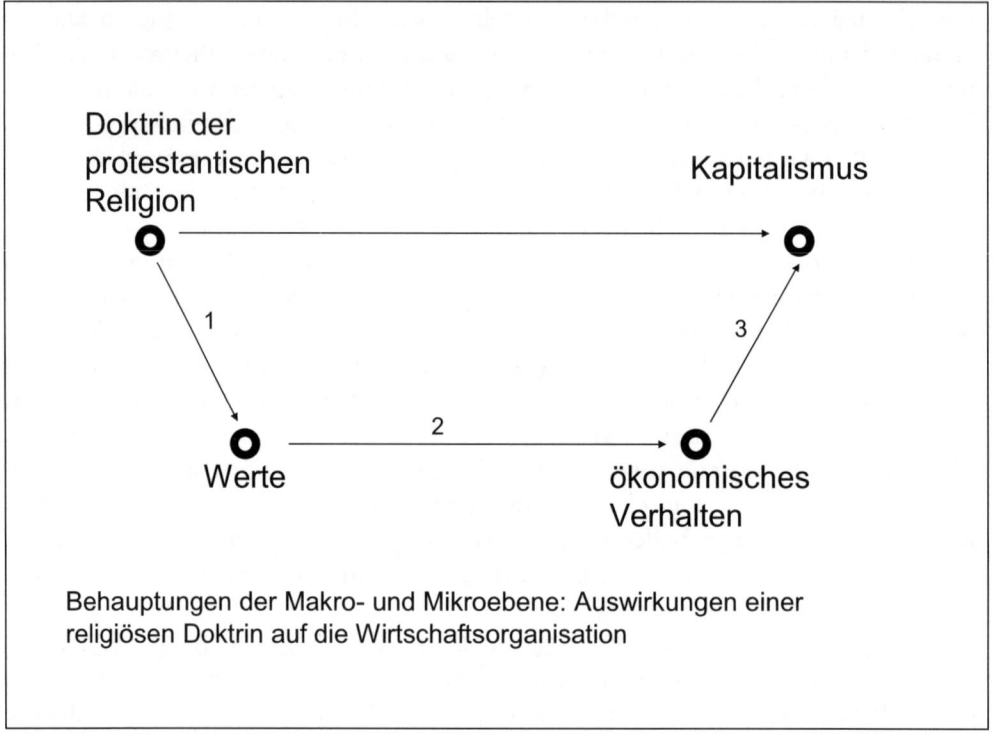

Doktrin der protestantischen Religion

Kapitalismus

1

3

Werte

2

ökonomisches Verhalten

Behauptungen der Makro- und Mikroebene: Auswirkungen einer religiösen Doktrin auf die Wirtschaftsorganisation

Coleman versucht seine Theorie so sparsam wie möglich zu konstruieren. Er behauptet, dass Akteure nach einem einzigen Prinzip, das sie bewegt, agieren, nämlich, so zu handeln, dass die Befriedigung ihrer Interessen maximiert wird (Coleman 1991: 46) und

> „beim sozialen Austausch zwischen zwei Personen, hängt eine Fortführung der Beziehung von den Anreizen ab, welche die Beziehung für beide abgibt. Eine zweite Gruppe von Beziehungen bedarf einer dritten Partei. Beispielsweise ist dies in Beziehungen innerhalb formaler Organisationen der Fall. Der Anreiz für die Beziehungen besteht im individuellen Interesse an der dritten Partei"[4] Coleman (1991: 44).

---

[4] In ganz ähnlicher Weise, wie hier Coleman und später auch wir, hat Boudon (1980: 121ff) ein Modell vorgestellt, welches Umwelt, Interdependenz- bzw. Interaktionssystem und Ausgänge/Output unterscheidet. Allerdings wird hierbei nicht, wie bei uns, zwischen Mikro- und Mesoebene unterschieden, sondern beides zusammen, Interaktionssystem und individuelles Verhalten, spielt sich in diesem Modell auf derselben Ebene ab.

Coleman erklärt sein theoretisches Credo am Beispiel von Webers protestantischer Ethik: Obgleich nicht die Etablierung des Kapitalismus intendiert war, führten die Doktrin der protestantischen Religion zu Werten, die im Verhalten der Einzelnen ihre Umsetzung fanden. Das in den Werten geforderte Verhalten führte dazu, dass die Menschen arbeitsam und sparsam waren und glaubten, in ökonomischem Erfolg ihre Ausgewähltheit von Gott erkennen zu können. Dieses Verhalten machte den Kapitalismus erst möglich.

Warum ist das Coleman-Schema in unserem relationalen Zusammenhang so wichtig? Bei Coleman handelt es sich um den Versuch der Erklärung von Makrophänomenen und der Dynamik auf dieser Ebene durch individuelles Verhalten. Unser Weg dagegen ist, dass wir das Verhalten der Beteiligten aufgrund ihrer Position innerhalb der Struktur der Teilnehmer erklären wollen. Wir wählen diesen relationalen Ansatz, bei dem das Handeln nicht aus den individuellen Präferenzen, einer Interessenmaximierung oder ähnlichem erklärt wird, sondern aus der Dynamik, die aus der Struktur der Beziehungen (strukturalistische Perspektive) entsteht. Die Struktur der Beziehungen, so die Annahme, lässt sich als Positionengefüge beschreiben. Die beteiligten Personen handeln den Positionen entsprechend. Diese den Positionen zugehörigen, typischen Handlungen bezeichnet man als Rollenhandlungen. Colemans Idee, Mikro- und Makroebene miteinander zu verbinden, halten wir für sehr interessant. Was aber bei Coleman fehlt, ist eine Erklärung für die Vermittlung der Handlungen jenseits des Rational Choice innerhalb der Sozialität. Coleman kennt nur das individuelle Abwägen vor jeder Handlung – und da er versucht, sich gegen kritische Argumente abzusichern, erklärt er sogar Dinge, die eigentlich damit gar nicht zu erklären sind. Etwa der immer wieder beobachtete Übereifer während Kriegseinsätzen. Coleman meint, für Übereifer dieser Art seien andere Anreize notwendig (Coleman 1991: 356): „erforderlich ist hier nämlich die *Motivation durch andere* bzw. positive Sanktionen, die die Mängel des ersten Anreizes überwiegen" (Belohnungen, Anm. d. Autors). Coleman meint zwar, dass, um eine so starke Wirkung entfalten zu können, die Teilnehmer untereinander verbunden sein müssten, wie rational handelt aber ein Akteur, wenn er bereit ist, dafür sein Leben zu geben? Kann eine solche Handlung überhaupt rational sein? Welches wäre eine adäquate Belohnung für das Opfer des eigenen Lebens? Rational kann ein solches Handeln in keinem Fall sein. Man sieht dies an den Schwierigkeiten, wie man mit Selbstmordattentätern umgeht. Man kann dies so interpretieren, dass es viel stärkere Handlungsursachen geben muss, die jenseits des individuellen Kalküls das Handeln der Menschen bestimmen. Was käme außer einer Verankerung im Sozialen dafür in Frage (vielleicht abgesehen von psychischen Störungen)? Die Antwort muss nicht in einem groben Verweis auf das Kollektiv oder auf alte holistische Erklärungen liegen, man kann die Antwort auch in konkreten Relationen zu den, die Handelnden umgebenden, Menschen suchen. Die Relationen sind, so unser Ansatz, in Positionen strukturiert.

Obgleich Coleman an dem Grundsatz des von uns in Frage gestellten Rational Choice festhält, kommt er mit seiner Mikro-Makro Verbindung unserer Argumentationskette doch recht nahe. Der fundamentale Unterschied in der Sichtweise ist, dass für uns Motivation und Sanktion im Beziehungsgefüge entstehen. Es gibt kein fixes Ziel, sondern die Präferenzen entstehen erst in der Auseinandersetzung mit Anderen. Durch diese Auseinandersetzung entsteht eine einigermaßen verlässliche Beziehungsstruktur. Sie verfügt im Wesentlichen über zwei Komponenten, nämlich soziale Integration auf der einen Seite und Wettbewerb auf der anderen. Hierzu hat Kreutz in einer gedanklichen Auseinandersetzung mit dem damals kurz zuvor verstorbenen Coleman argumentiert (Coleman & Kreutz 1997). Es geht aber noch weiter, denn nicht nur die Präferenzen bilden sich in Auseinandersetzung mit den Anderen heraus, es sind die Identitäten, die dort entstehen und die bewirken, dass die Menschen aufgrund der Mitgliedschaft (oder Ausschluss) in einer Gruppe und aufgrund ihrer Position handeln. Noch weiter, Identitäten sind flexibel und ändern sich mit den sozialen Kontexten. Hierdurch verändern sich auch die Antriebe für Handlungen und im konkreten Fall der Wikipedia die Beteiligungsmotive.

3.2 Motivation in Netzwerken

Wenn wir die Überlegungen zur Erstellung kollektiver Güter Revue passieren lassen, dann stellt sich die Frage, was eigentlich die Menschen in Netzwerken zu ihrem Handeln antreibt. Für die Erstellung kollektiver Güter scheint immer ein Netzwerk, also eine Beziehungsstruktur notwendig zu sein. Charles Kadushin (2002) hat dieser Frage einen Aufsatz in Social Networks gewidmet. Er behauptet, es gebe zwei unterschiedliche Modi der Motivation in sozialen Netzwerken, die immer zusammen gehörten: zum einen Sicherheit und Schutz und zum anderen eine mehr aktive Komponente, die mit „Agency", also Konkurrenz und Entrepreneurchip umschrieben werden kann. Beide können als Beweggründe für die Beteiligung an sozialen Netzwerken gelten.

Das was mit Sicherheit, Schutz und Vertrauen umschrieben wird, wurzelt, so die Sicht vieler Theoretiker, in den frühen Kindheitstagen in der Beziehung zur Mutter (resp. der Eltern und Geschwister). Eine psychoanalytische Begründung findet man hier häufig und nicht zufällig zitiert Kadushin in diesem Zusammenhang Freud und Greenberg. Die Begründung wurde aber auch von vielen Soziologen aufgenommen, nicht nur von Sozialpsychologen (z.B. Lorenzer 1981; Reziprozität bei Conrad & Streeck 1976, ähnlich auch von Hondrich 2002). Hier wird die Sicherheit, die der Säugling erfährt, als Urvertrauen (Spitz 1967) in Beziehungen gedeutet. Hinsichtlich der Struktur von Beziehungen, die man in ihrer Gesamtheit als Netzwerkbeziehungen betrachten kann, die als Voraussetzung für die Sicherheit und Geborgenheit stehen, kommen eigentlich, so die Literatur, nur solche Beziehungen in Frage, die man mit Unterstützung in Verbindung bringt. Man bezeichnet diese als „social support", „cohesion" oder „embeddedness" (Kadushin 2002). Vertrauen ist auf solche engen Strukturen angewiesen.

Auf der anderen Seite stehen Konkurrenz und unternehmerisches Verhalten, wie dies von Ronald Burt vielfach beschrieben wurde (Burt 1992). Auch dies sei ein angeborenes menschliches Verhalten, welches in der Psychoanalyse vor allem als Konkurrenz zum Vater, genannt Ödipuskomplex aufscheine (Kadushin 2002). Dies entstehe in Situationen, in denen die Netzwerke durch strukturelle Löcher gekennzeichnet sind. In einer Konkurrenzsituation sei die Kohäsion zwischen anderen ein Nachteil, denn Personen in engen Netzwerken verfügten alle über dieselben Informationen und die engen Beziehungen begrenzten die gegenseitige Konkurrenz. Das bedeutet, dass für keinen der Akteure ein Vorteil zu erreichen ist. Dieser wird erst dann möglich, wenn Personen die Abgeschlossenheit von engen „Gruppen" im Netzwerk gegeneinander überwinden und damit die „strukturellen Löcher" zu überbrücken vermögen (vergl. Kadushin 2002). Burt nun argumentiert, dass aus solchen Situationen, bei denen Gelegenheit ist, strukturelle Löcher zu überbrücken, nämlich dann, wenn die Zahl dieser Löcher im Netzwerk einer Person ansteigt, unternehmerisches Verhalten und das Anbahnen und das Aushandeln von Beziehungen zwischen anderen eine Strategie sei. Und wenn alle ein solches Verhalten zeigen würden, dann sei die Frage der Motivation obsolet (Burt 1992: 36; Kadushin 2002: 83).

Beide Komponenten der Motivation in Netzwerken, so Kadushin, stünden sich nicht unvereinbar gegenüber, sondern ergänzten einander. Die Menschen bräuchten die Sicherheit auf der einen Seite, damit sie auf der anderen Seite sich Konkurrent zueinander verhalten können. Hierzu gehört auch die Gegenüberstellung von „strong" und „weak" ties: beide sind notwendig und lassen sich nicht gegeneinander ausspielen.

Diesen Gedanken schließen wir uns gerne an. Allerdings sind wir nicht ganz mit der Fassung des Individuums in diesem Zusammenhang einverstanden. Die Argumentation von Kadushin ist ein gutes Beispiel dafür, wie auch Aktivisten der sozialen Netzwerkanalyse und -theorie dem methodologischen Individualismus aufsitzen. Bei Kadushin, wie vielen anderen, stellt das Beziehungsnetz vor allem eine Infrastruktur für individuelles Handeln dar. Unsere Argumentation ist genau umgekehrt – wenn Kadushin sagt, dass je nach Struktur der Netzwerke unterschiedliche Motive der Akteure vorliegen, dann sagen wir, dass durch die Auseinandersetzung mit anderen in der Struktur Positionen entstehen. Die aus dieser Position entstehenden Handlungsmuster und Sichtweisen scheinen dann als „Motive" auf. Diese werden von uns aber nicht als individuelle Motive interpretiert werden, sondern als Handlungen, die aus der Position resultieren. Das bedeutet, das Handlung und der motivationale Mix aus den beiden von Kadushin diskutierten Komponenten das Ergebnis der Auseinandersetzung mit den Anderen ist oder anders formuliert, dass der einzelne Akteur mit seiner Identität „sozial" konstituiert ist und genau so betrachtet werden muss und nicht als Einzelkämpfer aus eigenen Motiven heraus. Unsere Betrachtung schließt Konkurrenz nicht aus, sie ist sogar explizit Bestandteil unserer Überlegungen. Konkurrenz findet nicht „irgendwo" statt, sondern aufgrund der eingenommenen Position und dort vor allem mit solchen, die man als strukturell äquivalent wahrnimmt (White 1992). White sieht Konkurrenz (Pecking Order) sogar als eine im Hirn fest verdrahtete Grammatikstruktur allen Zusammenlebens an (White 1995).[5] Egal welche Ursachen man annimmt, inhaltlich finden wir hier eine Übereinstimmung mit der Konkurrenzhypothese, die Kadushin aus der Psychoanalyse übernimmt. Dieser Wettbewerb wird freilich transformiert durch die Kultur und durch andere Ausdrucksweisen. Durch Zusammenarbeit und Spezialisierung wird er etwas abgemildert:

> „Pecking orders factor into three species of social molecules, three *disciplines,* which in the next chapter are labeled *interfaces, arenas,* and *councils.* Each is characterized by a *valuation ordering: quality, purity,* and *prestige,* respectively" (White 1992: 16).
> (interfaces: Verbindung; arenas: Schauplatz; Councils: Gruppen, Rat).

Aber die unterschiedlichen Motivationen (soziale Integration und Wettbewerb) kommen sicherlich auch in ein und demselben Netzwerk zwischen denselben Personen vor – sie sind Bestandteil unterschiedlicher types of tie.

Es soll nicht abgestritten werden, dass es so etwas wie „individuelle" Motive für Handlungen gibt. Diese resultieren unserer Ansicht nach aber aus der Lebensgeschichte und den dort vor allem sequenziell (oder auch gleichzeitig) eingenommenen unterschiedlichen Positionen. Bei dem, was bisher zur Sprache gekommen ist, handelt es sich im weitesten Sinne um Situationen, die aber im Gegensatz zum landläufigen Sprachgebrauch auch über einen gewissen Zeitraum Bestand haben können. Bei aus der Lebensgeschichte resultierenden Motiven dagegen ragen Netzwerkpositionen von einem Netzwerk in ein anderes über. Dies kann durch Überlappung geschehen, sodass beide Positionen in den verschiedenen Netzwerken einander möglicherweise beeinflussen oder es kann sich um Positionen handeln, die nacheinander eingenommen werden und die sich dann in (soziologisch weniger relevanten) psychischen Dispositionen oder (soziologisch relevanten) sozialen

---

[5] "The pecking order of the vertebrate band transmutes into syntactic and other patterning in discourse that evolves into full-fledged language of speech. Initially, whether we are thinking of today's children or yesteryear's hunter-gatherer tribe, these situations are largely ecological and biophysical. Within such flow can evolve specializations in companionship and of production, variously of babies, food, and protection. Repetition would then induce specialized ties and their domains that get marked in discourse" (White 1995:4).

Erfahrungen niedergeschlagen haben. Beides kann die Stellung von Personen in Netzwerken beeinflussen; beides steht für von außen hineingetragene Motive. Diese müssen sich freilich in den sozialen Situationen erst bewähren – häufig mögen sie nicht durchzuhalten sein. Für eine Erklärung der Art und Weise, wie solche als individuell erscheinenden Haltungen in einem lebensgeschichtlichen Zusammenhang entstehen, kann man beispielsweise das Habituskonzept von Bourdieu (1982) heranziehen. Dies soll an dieser Stelle aber nicht vertieft werden, da wir hier eher den situativen Teil der Gesamterklärung betrachten. Zudem sind wir der Ansicht, dass die konkrete soziale Situation in den meisten Fällen solche sozialpsychologisch erklärbaren Dispositionen überragen.

Identitäten werden meist allein Personen zugeschrieben. Es finden sich aber auch einheitliche Sichtweisen von Personen, die beispielsweise zu einer bestimmten Gruppe gehören. Festinger et al. (1950) haben dies für den Zusammenhang zwischen Haltungen in Auseinandersetzung für Häuserblöcke auf einem Gelände mit Studentenwohnheimen gezeigt. Für eine chiliastische Bewegung konnten Festinger et al. (1956) feststellen, dass es durch wechselseitige soziale Bestätigung zu einem gemeinsamen Realitätsverlust kam. Auch Popitz (2006) argumentiert in diese Richtung. Man kann sagen, dass der „Realitätsverlust" eine besonders ausgeprägte Form einer Gruppenidentität ist. Dies ist ein Hinweis darauf, dass nicht nur Personen, sondern auch Gruppen gemeinsame Identitäten aufweisen.

Dabei können die Identitäten wechseln, sie können in unterschiedlicher Weise aktualisiert werden und ermöglichen es daher, ein Stückchen Unabhängigkeit der großen Macht sozialer Beziehungen entgegenzusetzen. Solche Identitäten betreffen beispielsweise zugeschriebene Eigenschaften (etwa Geschlecht, Alter, Nationalität) oder anderes. Im Zusammenhang mit dieser Untersuchung besonders bedeutsam sind zum einen formale Positionen, in denen sich Identitäten ausbilden, zum anderen Identitäten, die aufgrund von erkennbaren Merkmalen (beispielsweise eine IP) entstehen. Solche Identitäten, die in Positionen entstehen, könnten teilweise mit Netzwerkanalyse aufgedeckt werden.

Eine Ursache, weshalb häufig immer noch an Personen als alleinigen Identitäten festgehalten wird, liegt darin, dass die Prägung von Identitäten nicht alleine in einem Beziehungsnetzwerk stattfindet. Wir alle sind Teil vieler Netzwerke, die in unterschiedlicher Intensität unsere Identität beeinflussen und vom einen in das andere Netz „hinüberwirken." Solche übergreifenden Beziehungen wurden von Simmel (1908) als sich überschneidende soziale Kreise beschrieben. Unser Handeln und unsere Begründungen für Handlungen sind in unterschiedlichen sozialen Kreisen nicht völlig gleich, sie sind dem jeweiligen Kontext angepasst und auf die unterschiedlichen „Anforderungen" bezogen. Wir nehmen in den Lebensbereichen unterschiedliche Positionen ein, was bedeutet, dass wir mit den daraus entstehenden Anforderungen eines Lebensbereiches in einen Konflikt mit denen eines anderen Lebensbereiches geraten können.

In unserem Zusammenhang ist aber bedeutender, dass, folgen wir der Überlegung, dass die Identitäten sozial konstituiert sind, nicht jeder von jedem sozialen Netzwerk, in dem man über Beziehungen involviert ist, in gleicher Weise geprägt wird. Wie stark die Prägung durch ein Netzwerk von dem man Teil ist, wirken kann, ist von vielen Ursachen abhängig. Man spricht beispielsweise von „starken" Persönlichkeiten, die über ein hohes Selbstbewusstsein verfügen und dadurch weniger leicht beeinflussbar seien als andere. Dieses Selbstbewusstsein mag von einem anderen Bereich herrühren – so etwas können wir aber in unserer Untersuchung nicht berücksichtigen. Wir müssen davon ausgehen, dass die Personen, mit denen wir es in unserem Zusammenhang zu tun haben, in dieser Beziehung zunächst einmal keine Unterschiede aufweisen.[6] Da die Unterschiede nach unserem Modell in und durch die Beziehungen entstehen, benötigen wir eine Erklärung dafür, wie sehr die Identitäten von den Beziehungen geprägt sind. Wenn dem so ist, müssten diejenigen, die über eine stärkere Beziehung zum Projekt Wikipedia, bzw. zu anderen, die sich mit dem Projekt beschäftigen, verfügen, andere Handlungsmuster und differente Anschauungen entwickelt haben.

Damit kommen wir aber zurück zu Colemans Modell. Schon jetzt dürfte klar geworden sein, dass bei Coleman das Wichtigste fehlt – wir vermissen eine Instanz, die zwischen Makro und Mikro vermittelt. Wenn die Identitäten das Produkt der Positionen, denen man ausgesetzt ist, die man einnimmt, etc. ist, dann wird eine Vermittlungsinstanz benötigt, um die Beziehung zwischen den analytischen Ebenen erklären zu können. Mehr noch – diese Ebene ist nach unserer Auffassung die zentrale Ebene der Sozialität. Hier setzt die Tätigkeit des Soziologen an. Diese Vermittlung zwischen den Ebenen findet im positionalen Gefüge statt. Das positionale Gefüge kann auch als „Mesoebene" zwischen Mikro und Makro gelegt werden.

Wir behalten die bestechende Einfachheit von Colemans Modell bei und ergänzen es um eine Mesoebene, die aus unserer Sicht und hierfür werden wir weitere Argumente anführen die eigentlich entscheidende Ebene der Sozialität ist. So gesehen gibt es kein präkonstituiertes Individuum mit von vornherein festgelegten Präferenzen. Das Individuum und seine Identität werden auf der Mesoebene entwickelt und dort bildet es die Handlungsmuster und die Anschauungen aus, die uns im täglichen Leben begegnen.

Unser Anspruch ist es, an dem von uns untersuchten Beispiel ähnlich wie es Homans (1968) versuchte, elementare Formierungsprinzipien von Sozialität zu formulieren und so weit es geht auch empirisch zu unterfüttern. Kooperation und die Frage wie diese entsteht, scheint gut geeignet zu sein, solche Prinzipien zu formulieren, denn es geht um die Erklärung einer Handlungsweise, die einerseits

---

[6] Zum einen wissen wir nichts über die Unterschiede; zum anderen überlassen wir die Interpretation solcher Unterschiede gerne den Psychologen, denen diese Anschauung näher liegt und die zur Messung dieser Art von Differenzen Instrumente entwickelt haben.

grundlegend für unser Menschsein ist, andererseits als das „Soziale an sich" betrachtet werden kann.[7]

Das Herausfinden elementarer Prinzipien und die Betrachtung derselben hat einen Nachteil, auf den mich Josef Wehner in einem persönlichen Gespräch hinwies: Für die Medienwissenschaft ist es konstitutiv, dass wenn man sich mit „neuen Medien" beschäftigt, man auch tatsächlich danach zu schauen habe, was daran neu ist, welche „neuen Konsequenzen" hieraus abzuleiten seien. Ich stimme dieser Überlegung zu, würde aber sagen, dass es auf die Anschauung ankommt. Natürlich findet man in neuen Medien auch neue, für das Zusammenleben entscheidende Konsequenzen. Diese sind nicht nur untersuchungswürdig, es ist wichtig, diese zu betrachten. Wie sonst könnte man bei „Fehlentwicklungen" versuchen gesellschaftlich/politisch gegenzusteuern? Wenn wir aber, wie mit unserer Untersuchung beabsichtigt, etwas Grundsätzliches über Sozialität erfahren möchten, dann ist der Blick nicht so sehr auf die Veränderungen gerichtet, als auf das, was sich der Änderung entzieht. Gerade das Internet mit den in den meisten Bereichen nahezu automatisch gespeicherten Daten lässt eine Untersuchung von Formierungsprinzipien zu, die so zu früherer Zeit gar nicht untersuchbar waren. Es kommt hinzu, dass das Internet einer Experimentalsituation nahe kommt, da eine Reihe von ansonsten für soziale Prozesse als konstitutiv angesehene Bedingungen dort nicht vorhanden ist. Die Veränderung des Settings im Internet wird nicht als besonders berichtenswerte Änderung angesehen, diese ermöglicht es aus unserer Sicht erst, das zu untersuchen, was (möglicherweise) konstant bleibt, was gar nicht veränderbar ist. Man kann sagen, dass diese „neue" Quasi-Experimentalsituation Grundlage für einen solchen Blick auf Unveränderliches ist, was Menschsein, Sozialität, und – ja auch, die Grundlage der Soziologie bestimmt.

---

[7] Ähnliches ist über Reziprozität behauptet worden (Becker 1956: 94), für ihn gehört Reziprozität sogar zu einer Bedingung des Menschwerdens selbst: „Man becomes human in reciprocity" (Becker 1956: 94); siehe hierzu auch Stegbauer (2002).

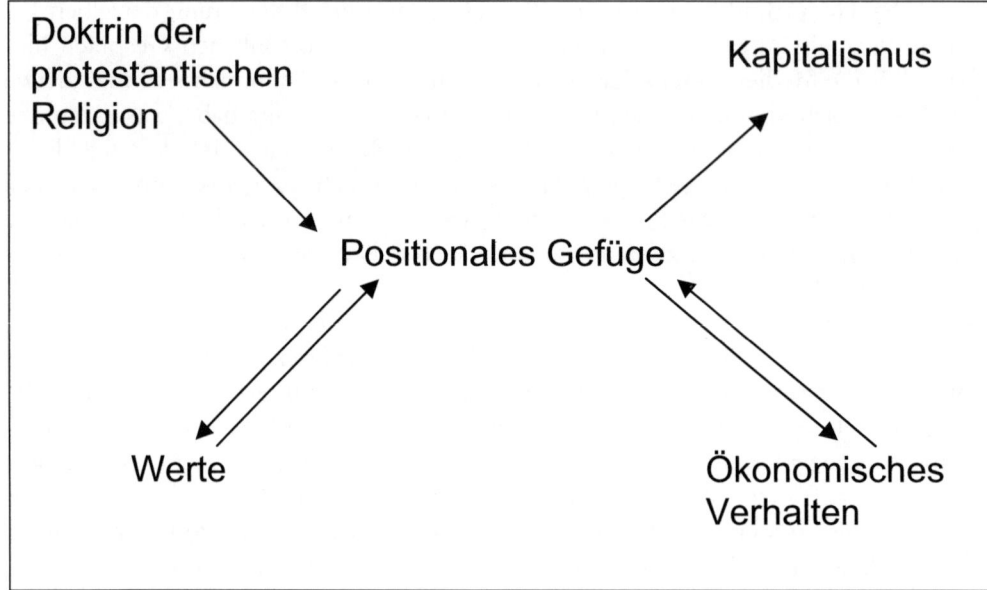

Das Coleman-Schema ist also zu modifizieren. Es findet keine direkte Wirkung zwischen Mikro und Makro statt – die sozialen Strukturen sind durch die Positionierung auf der Mesoebene und die dadurch bedingten Wirkungen entstanden. Das, was Coleman auf der Makroebene angesiedelt sieht, wird innerhalb der Mesoebene „rückübersetzt", interpretiert und dann entsprechend der unterschiedlichen Einbettung in die verschiedenen Positionen erst handlungsrelevant. Die Medienforschung liefert mit der Idee einer „zweistufigen" Kommunikation von den Massenmedien zu den Rezipienten eine Vorlage hierfür (vergl. Lazarsfeld et al. 1948; Katz/ Lazarsfeld 1957; Stegbauer 2005), die allerdings noch an die zum damaligen Zeitpunkt populäre Kleingruppensoziologie rückgebunden ist.

Das neue Medium „Wikipedia" ist für solche Beobachtungen besonders gut geeignet, da dort an vielen Stellen ansonsten als konstitutiv angesehene soziale Kontextbedingungen ausgeklammert sind (siehe hierzu die weite Diskussion über Eigenschaften der neuen schriftlichen Medien, z.B. in Stegbauer 1995). Dies bedeutet, dass der Anspruch unserer Untersuchung weit über eine Betrachtung des einen Mediums hinausgeht. Wir möchten etwas darüber erfahren, wie soziales Handeln entsteht und welches die Grundlagen hierfür sind.

    Für die Verbindung, zwischen den einzelnen Komponenten der Colemanschen Badewanne wird in der Abbildung das positionale Gefüge eingeschaltet. Hier findet die Vermittlung zwischen Mikro- und Makro statt. Dies ist, nach dieser Ansicht die „Hauptsache", welche die Soziologie zu betrachten hat.

3.3 Position und Rolle

Um verstehen zu können, was auf der positionalen Ebene passiert, muss man sich zunächst einmal die Begriffe Position und Rolle in Erinnerung rufen. Die Soziologie kann auf eine lange Geschichte der Rollentheorie zurückblicken. Prominente Vertreter sind Linton (1936; 1967), Parsons (1994, zuerst 1949), Nadel (1957). In Deutschland wurde das Buch „Homo Sociologicus" von Dahrendorf (1959) bekannt. Es wird immer noch nachgedruckt.

Die Begriffe Position und Rolle gehören zusammen. Der Unterschied zwischen Position und Rolle hat mit Handlungen zu tun. Die Position nimmt man ein; handelt man aufgrund dieser Position, so bezeichnet man dies als Rollenhandlung. Die Unterschiede sind zwar in der Literatur erklärt, Goffman (1973)[8] aber beispielsweise schrieb, dass er es aufgegeben habe, seinen Studierenden den Unterschied zwischen beidem mitzuteilen. Die klassische Rollentheorie besagt, dass ein Mensch „Träger" einer Rolle ist. Handlungen erfolgen aufgrund dieser Rolle, wobei komplexe Unterscheidungen zwischen „Muss-", „Kann-" und „Sollerwartungen" eingeführt werden oder zwischen Primär- und Sekundärrolle unterschieden wird (Dahrendorf 1959). Wenn man dieser Anschauung folgt, geht das Individuum in seiner Position auf – nicht individuelle Präferenzen sind bedeutsam, es sind die Rollenanforderungen, die das Handeln bestimmen. Positionen sind angeordnet in Systemen: Kaum eine Position ist vorstellbar, die ohne andere „Referenzpositionen" oder für die Konstitution einer Position notwendiger „Bezugspositionen" möglich wäre. Beispiele hierfür sind Vater-Sohn, Lehrer-Schüler, Arzt-Patient Verhältnisse. Auf solche Rollensysteme hat insbesondere Nadel (1957) hingewiesen.

Heute sind diese Überlegungen zur Rollentheorie nicht mehr so aktuell. Warum? Weil sie zu starr sind. Hierauf haben verschiedene Autoren hingewiesen. Einer, der stärker am methodologischen Individualismus orientiert ist, ist beispielsweise Raymond Boudon (1980), der der Starrheit des Rollensystems die Idee des strukturellen Spielraums gegenüberstellt. Zwar werden auch hierbei Begrenzungen wahrgenommen, die Akteure sind aber in der Lage, diese produktiv zu nutzen. In ähnlicher Weise ist Harrison White in zahlreichen Veröffentlichungen darauf eingegangen (White 1992; White et al. 1976; etc.). Man kann zwei Kritikpunkte explizit herausgreifen, um dies zu verstehen. White kritisiert Siegfried Na-

---

[8] Auch Goffman (1973: 95) setzt sich mit der Begrifflichkeit auseinander: „Es (ist) eine Position und nicht eine Rolle, die man einnehmen, die man ausfüllen und wieder verlassen kann, denn eine Rolle kann nur >gespielt< werden; aber kein Student scheint diese Logik zu beachten, und ich will das auch nicht tun."

del, weil dieser versucht, in seinem System jede gesellschaftlich vorkommende Rolle zu integrieren. Dies ist aber gar nicht möglich, weil man zwar von bestimmten Normen im Zusammenhang mit dem Positionensystem ausgehen kann, etwa wie sich Eltern zu ihren Kindern verhalten, aber es ist unmöglich alle vorkommenden Positionen zu erfassen. Die Positionen mit ihrem Rollenhandeln können nämlich als sozial konstituiert, man könnte auch sagen sozial konstruiert betrachtet werden. Die Menschen sind so vielen Einflüssen, auf sie einströmenden Informationen, so vielen Entscheidungsanforderungen und sich verändernden Umwelten ausgesetzt, dass sie gar nicht mit einem starren Rollenhandeln zurande kämen. Das bedeutet, dass Handlungsmuster und Beziehungen in einem sozialen Prozess entstehen (hierzu auch Harrison White 1992). Und hier ist der wesentliche Unterschied zwischen White und methodologischen Individualisten wie Boudon – das Individuum entsteht bei White erst durch die sozialen Beziehungen und seine Stellung in der Struktur innerhalb dieses Rahmens. Das bedeutet, dass auch das, was als „Interesse" erscheint, etwas ist, was sich aus der Auseinandersetzung innerhalb der Beziehungen, ableiten lässt. Natürlich knüpfen die dort gezeigten Handlungsmuster an traditionelle, bereits in anderen Kontexten eingeübte Verhaltensweisen an. Wie man sich verhält, kann von einem Kontext auf den anderen übertragen werden (Kieserling 1999). Positionen und deren Beziehungen unterliegen dennoch Aushandlungen. Sind sie einmal festgelegt, bleiben sie nicht fix, sie unterliegen Anpassungen und einer Dynamik, wenn auch das Positionengefüge eine gewisse Sicherheit darstellt und über eine gewisse Stabilität verfügt; Harrison White würde sagen, dass es sich dabei um den Versuch der Beherrschung von Kontingenzen handelt. Wir würden dagegen sagen, dass dies keines aktiven Versuchs bedarf, sondern sich von selbst herstellt.

Positionen sind ferner an Kontexte (oder an anderer Stelle werden diese Situationen genannt) gebunden. Auf diese Weise gehören zur Person oder zur Gruppe oft mehrere Positionen, je nachdem welcher Kontext gerade aktualisiert ist.

Der andere wichtige Kritikpunkt an der klassischen Rollentheorie betrifft die Konstruktion von Identitäten. Eine Identität oder die kleinste soziologisch relevante Einheit wird nicht unbedingt durch eine Person gebildet. Auch größere soziale Einheiten bilden Identitäten heraus. Solche Einheiten nennt White „Disciplines".

> „Let social molecules be called disciplines: They are self-reproducing formations which sustain identities. Every identity is triggered by some contingency and strives for control over all the uncertainties that impact is it. These uncertainties come to include other such identities and their searches for control. Social action and spaces are thus spun off from biophysical origins" (White 1992: 22).

An dieser Stelle sind zwei Dinge unbedingt zu beachten: Das eine wurde bereits erwähnt. Es handelt sich darum, dass Rollenhandeln gerade nicht an Eigeninteressen orientiertes Handeln ist, sondern sich an den Erfordernissen der Rolle orientiert (hierzu Tenbruck 1958; Gerhard 1976; Stegbauer 2001a für eine Auseinandersetzung zwischen methodologischem Individualismus und der formalen Soziologie.) Der zweite Punkt ist für die Konstitution einer modernen Rollentheorie gleichwohl wichtiger und er hängt ebenfalls mit der Kritik an der klassischen Rollentheorie zusammen. Bis jetzt wurden nur die Anforderungen an Handlungen, die mit den Positionen zusammenhängen, thematisiert. Das ist zunächst einmal gar nicht falsch. Allerdings beleuchtet es nur die eine Seite. Die andere Seite ist, dass das, was an Forderungen im Zusammenhang mit einer Position gestellt wird, in Auseinandersetzung mit anderen erst entwickelt wird. In dieser Hinsicht gibt es keine Erstarrung: Ein Umgang mit den vielfältigen Anforderungen der verschiedenen Beziehungen und Beziehungskreisen erfordert Flexibilität. Eine Dynamik innerhalb der Gesellschaft ist nur möglich, wenn Rollenhandlungen einerseits variabel sind, andererseits die Anforderungen den sich wandelnden Umwelten angepasst werden können – und darüber hinaus einigermaßen stabile Erwartungen produzieren. Rollen in diesem Sinne sind aber nicht nur die bekannten Rollen, die einem spontan einfallen, wenn man daran denkt und die daher immer wieder als Beispiele herhalten müssen: Vater/Mutter-Kind Beziehung, Arzt-Patient etc. Es findet sich kein Beziehungsbereich, der davon frei wäre, dass sich Verhaltensweisen und Verhaltenserwartungen, also Strukturierungen herausbilden. Hierbei handelt es sich, wenn man so will, um ein soziales Grundprinzip, welches vor allem notwendig ist, um die Komplexität der nahezu unendlichen Handlungsmöglichkeiten einzuschränken.[9]

Trotz dieser sozialkonstruktivistischen Sichtweise, kommt immer wieder ein konservatives, ein beharrendes, gesellschaftliche Entwicklungen entschleunigendes Moment ins Spiel: Die gegenseitigen Erwartungen bremsen die Variationsmöglichkeiten. Alle sozialen Handlungen sind in diesem Sinne an Erwartungs-Erwartungen gebunden, die Entwicklungsmöglichkeiten begrenzen (oder auf ganz kleine „aushandlungsfähige" Einheiten beschränken).

Dennoch bedeutet dies, dass die klassische relativ erstarrte Rollentheorie abgelöst werden muss durch etwas dynamischeres, was die Möglichkeit, der sozialen Aushandlung mit einschließt. Solche Aushandlungen, die Zuordnung zu Positionen, all dies findet auf der Mesoebene statt.

Wie aber wirkt die Mesoebene auf das Verhalten der Menschen genau ein? Das soll im nächsten Abschnitt näher betrachtet werden.

---

[9] Dies ist ein Argument, das an dieser Stelle von uns darauf bezogen wird, dass Unwägbarkeiten, also Kontingenzen auf irgendeine Weise beherrschbar sein sollten (für H. White 1992 ist dies eines der wichtigsten Prinzipien). An dieser Stelle deckt er sich mit Luhmann, der sich ebenfalls fragt, warum aus einer schier unbegrenzten Zahl an Möglichkeiten gerade diese oder jene Selektion vorgenommen wird (Luhmann 1997).

Dass die Stellung im Positionengefüge hochwirksam ist, wurde an zahlreichen Beispielen, sehr häufig in von der Sozialpsychologie ausgehenden Experimenten gezeigt. Eines der bekanntesten Experimente auf diesem Gebiet ist das von Zimbardo und anderen (1974). Hierbei wurde in einem Experiment einer Gruppe zufällig der Status des Gefängnisinsassen zugewiesen, die anderen kamen in die Position des Aufsehers. Eine Auffassung besagte, dass es besonders aggressive Menschen seien, die den Beruf des Gefängnisaufsehers (Justizvollzugsbeamten) ergriffen, auch könne man annehmen, dass Gefängnisinsassen aufgrund der von ihnen begangenen Vergehen eher zu Gewalt neigten (Haney et al. 1973). Es war also folgerichtig, dass ein Experiment, welches die Auswirkungen der zugewiesenen Rollen in einer totalen Institution untersuchen wollte, solche vermuteten Eigenschaften der unterschiedlichen Persönlichkeiten ausschloss, indem man ganz „normalen" Menschen diese Rollen zuordnet. Die Versuchspersonen wurden mit Hilfe einer Zeitungsanzeige angeworben. Aus dem Pool der damit zur Verfügung stehenden Personen wurden, nachdem ihnen ein Fragebogen vorgelegt worden war, diejenigen ausgewählt, die physisch und mental die stärksten waren und am wenigsten in „anti-soziales" Verhalten involviert waren. Dieser Experimentalaufbau zusammen mit der dort wirksam gewordenen Rollendynamik ergab, dass zunächst ausgewiesene Pazifisten sich während des Experiments in Sadisten wandelten. Innerhalb des dort experimentell hergestellten sozialen Settings ergab sich, dass die Identität der Beteiligten von der zufällig zugeordneten Position abhing. Dieses Ergebnis stützt unsere Überlegung sehr stark, dass die in einem sozialen System eingenommene Rolle eine größere Bedeutung für das Verhalten besitzt, als alle den Personen zugeordneten individuellen Eigenschaften. Die Wirksamkeit im Experiment war sogar so stark, dass dieses abgebrochen werden musste.

Die Zuordnung beliebiger Personen zu Positionen kann mit Durkheim (1984, zuerst 1895) als sozialer Tatbestand aufgefasst werden. Dass sich die Teilnehmer des Zimbardo'schen Experiments teilweise selbst nicht wieder erkannten, hängt damit zusammen. Soziale Tatbestände üben moralischen Druck aus. Solchen Druck nimmt man kaum wahr, solange man sich innerhalb der Grenzen des an die jeweilige Position gebundenen Verhaltensspielraumes bewegt. Im Rollenspiel mögen die Spielräume sogar noch enger sein, da die Akteure sich vermutlich an stereotypen Verhaltensweisen orientieren werden und die Rituale, die Ausnahmen etc. eines wirklichen Gefängnisses gar nicht kennen. Trotzdem – auch wenn die positionengebundenen Erwartungen an das Handeln noch so unspezifisch sind, es finden sich Grenzen. Es mag sein, dass man diese im Alltag gar nicht wahrnimmt. Erst deren Überschreitung durch einen selbst (dann machen einen Sanktionen darauf aufmerksam) oder in der Beobachtung bei Überschreitung durch andere ermöglicht deren Wahrnehmung.

Das geschilderte Experiment stellt sicherlich eine Extremsituation dar, schon weit geringere Einflüsse sind in der Lage, Auswirkungen auf die Positionierung von Menschen zu haben. Die Entwicklung eines Zugehörigkeitsgefühls spielt dabei eine Rolle. Untersuchungen bei Blutspendern (Piliavin et al. 1984) haben gezeigt, dass auch ohne inneren Zusammenhang, Spender, die zum zweiten Male wiederkamen eine „moralische" Beziehung zur „Pflicht" Blutzuspenden entwickelt hatten. Diese wurde so begründet, dass zum einen die Menschen, die ihnen wichtig sind, enttäuscht wären, wenn sie mit dem Blutspenden aufhören würden. Zum anderen wären sie von sich selbst enttäuscht. Die erwiesene Hilfe wurde in manchen Fällen gar zu einer Art Sucht.[10] Übertragen auf das von uns untersuchte Beispiel könnte dies bedeuten, dass bei der Aushandlung von Positionen gar nicht alleine die Reaktion der Anderen innerhalb des Systems Wikipedia entscheidend ist. Vielmehr kann das Referenzsystem und die Positionierung, aufgrund derer das Verhalten der Beteiligung bei Wikipedia gezeigt wird, ein anderes sein, als sich intern in einer bestimmten Weise positionieren zu wollen. Das, was eben als positionale Anforderungen benannt wurde, trifft in solchen Fällen womöglich überhaupt nicht zu, weil sie nicht so weit in das positionale System von Wikipedia einbezogen wurden, als dass es sich (in größerer Weise) als verhaltenswirksam herausstellen könnte.

Eine Handlung in Wikipedia, die aufgrund einer externen Position erfolgt, ist kaum mit den uns an die Hand gegebenen Mitteln untersuchbar.[11] Das Beispiel der Blutspender zeigt aber, dass eine Positionierung stattfinden kann, ohne dass direkt aus dem System, in dem man seine Aktivitäten zeigt, eingegriffen wird. Solche Positionen sind sogar notwendig. Was sollte ein Blutspender mit dem System der Verarbeitung der Blutkonserve zu schaffen haben? Erweiterte man dies auf Wikipedia, so träfe dies sicherlich auch auf eine Vielzahl von Autoren zu, die etwas an einem Artikel ändern, etwa weil ihnen aufgefallen ist, dass ein Aspekt fehlt oder ein Fehler zu korrigieren sei. Wenn damit die auf Wikipedia bezogene Handlung abgeschlossen ist, ähnelt die Beziehung zur Wikipedia der des Blutspenders, der nichts mit der Weiterverarbeitung zu tun hat.

Es gibt aber noch eine andere Parallele zwischen Wikipedia und dem Blutspendebeispiel. Für solche Personen, die nicht in das Innere des Blutspendedienstes involviert sind, bleibt nichts anderes als eine Motivation, die durch ein äußeres System (hier kann man durchaus an Homans (1960) denken) gestützt wird, denn sie haben keine Möglichkeit in das „innere System" einzudringen. Zwar wäre dies

---

[10] Dieser Begriff darf an dieser Stelle nicht als eine Aussage im medizinischen Zusammenhang gesehen werden. Damit soll ausgedrückt werden, dass es Teilnehmer gibt, die nur unter Schwierigkeiten auf Wikipedia verzichten können.

[11] An manchen Stellen ist es möglich, solche Beziehungen zumindest rudimentär zu erfassen. Anhand einer genaueren Betrachtung des Vandalismus in Wikipedia (siehe Kapitel 9 und 10), konnte nachgewiesen werden, dass dort eine Interaktion zwischen Vandalen entstand, die sich auf ein positionales System außerhalb der Wikipedia bezog.

bei Wikipedia prinzipiell möglich, denjenigen, die eine Verbesserung vornehmen, kommen mit dem inneren System von Wikipedia nur vermittelt in Kontakt, nämlich dann, wenn ihre Änderung von anderen zurückgenommen oder anders formatiert wird oder dadurch Anerkennung erfährt, dass sie dort bleibt, wo sie getätigt wurde.

Dort, wo klar Positionen zugewiesen werden, ist es einfacher. Manchmal ist eine Positionierung von Personen situativ bedingt. Hierfür gibt es Hinweise aus Forschungen zur Hilfsbereitschaft in Abhängigkeit von der Zahl der Zeugen (Latané & Darley 1968).[12] Die Untersuchungen zeigten, dass wenn ein Einzelner eine Notlage beobachtet, dieser viel eher eingreift, als wenn Mehrere den gleichen Vorfall beobachten. Im Falle, dass mehr als einer involviert ist, scheinen sich die Beteiligten gegenseitig zu lähmen, jeder verlässt sich darauf, dass der Andere eingreifen müsse. Dies gilt so lange die Menschen, die hinzugekommen sind, sich nicht gegenseitig kennen. Handelt es sich bei den Beobachtern um Freunde, findet viel häufiger eine Hilfeleistung statt (Latané & Rodin 1969). Hieran zeigt sich, dass den Herumstehenden eine Struktur fehlt, sie können zunächst als eine weitgehend amorphe Masse[13] angesehen werden, die nicht in der Lage ist, kooperativ zu handeln. Ein Einzelner ist stärker aufgefordert, Hilfe zu leisten, da die Situation für ihn geklärt ist. In diesem Fall kommt kein anderer für eine Hilfeleistung in Frage – damit ist der Einzelne schnell in der Position, etwas tun zu müssen. Ist ein Unbekannter anwesend, wird dann Hilfe geleistet, wenn man sich darüber geeinigt hat, wie man vorgeht. Die Einigung strukturiert die Situation: Mit andern Worten – es werden Positionen zugewiesen – die hilflose Beobachterposition wird verlassen, ein Positionswechsel findet statt. Laut Latané & Rodin (1969) ist es unerheblich, ob nur ein „nonresponsive bystander" anwesend ist oder mehrere. Anders ist es, wenn der zweite Anwesende ein Freund ist, dann ist bereits eine Beziehungsstruktur vorhanden, an die angeknüpft werden kann. Kooperation entsteht erst dann, wenn durch eine Geste, eine Handlung, eine Anweisung die Menge an Personen eine Strukturierung erfährt. Dann sind die beteiligten Personen in der Lage zu handeln und zwar danach, was ihrer Rolle dabei entspricht.[14] Angewendet auf das Verhalten der Menschen in unseren Fall könnte man ableiten, dass Fehler in Wikipedia zwar sehr häufig entdeckt werden, dass aber die Mehrzahl derjenigen, denen falsche Angaben über den „Weg laufen", der Meinung sein werden, dass sie nicht für eine Berichtigung zuständig seien oder, dass es sich bei Wikipedia um ein unzuverlässiges Produkt handelt, auf das man sich nicht stützen könne.

---

[12] Latané & Darley können auch zeigen, dass Variablen, die sich mit der Persönlichkeit der beteiligten Personen beschäftigen, kein Zusammenhang mit der Bereitschaft helfend einzugreifen besteht.

[13] In Wirklichkeit nehmen sie bis dahin eine Position ein, die ihnen ein Eingreifen nicht erlaubt.

[14] Die geschilderte Situation ist gleichzeitig ein gutes Beispiel dafür, wie Positionen entstehen, in einer Situation, die durch eine geringe Strukturierung ausgezeichnet ist.

Ein wesentlicher Unterschied zwischen dem Unfallbeispiel und Wikipedia ist aber, dass sich die Menschen, im zitierten Experiment oder wirklichen Notsituationen vor den anderen blamieren können. Viele sind unsicher, da der letzte erste Hilfe Kurs schon so lange zurückliegt, etc. Bei Wikipedia ist diese Öffentlichkeit nicht gleichermaßen gegeben, denn auch „anonyme" Benutzer können Änderungen durchführen. Wir hätten damit auch einen anderen Grund als Trittbrettfahren für die Untätigkeit identifiziert: Obgleich es möglich wäre, lässt die Position des normalen Nutzers ein Eingreifen nicht unbedingt zu – erst durch einen Positionswechsel vom Rezipienten zum Produzenten würde dies möglich.

Wie kommt es dann dazu, dass sich dennoch so viele finden, die sich bei Wikipedia offensichtlich verantwortlich fühlen? Eine Antwort, in Bezug auf die zitierte Studie ist, dass Unfallopfern in den meisten Fällen geholfen wird. Aber von wem? Entweder findet sich ein in Rettungsdingen geübter Passant – also jemand, der diese Position von außen in die Situation hineinträgt oder es kommen professionelle Helfer. Auch hierbei handelt es sich um solche, die ihre Motivation nicht aus der Positionierung der Situation selbst ziehen, sondern aus anderweitigen Ressourcen. Man könnte auch hier von einer Übertragung der Position in einen anderen Kontext, reden: Es ruft jemand Hilfe. Der Notarztwagen ist besetzt mit Rettungssanitätern und zusätzlich kommt ein Notarzt. Es wird nach einem Arzt gerufen und tatsächlich findet sich einer in der Nähe.

Noch einmal, wie einfach es ist, das Positionengefüge situational zu beeinflussen, zeigten noch weitere sozialpsychologische Experimente, etwa das folgende, welches vom Ende der 1960er Jahre stammt. Kindergartenkinder holten keine Hilfe, wenn sie mitanhörten, dass im Nebenraum ein fingierter Unfall passierte. Wurde ihnen aber gesagt, sie sollten aufpassen, so war dies kein Problem (Staub 1969). Mit dem an sie gerichteten Wort veränderte sich ihre Position, sie bekamen diese zugewiesen. In ähnlicher Weise gehen viele Leute intuitiv vor, etwa, wenn sie in der Bibliothek oder am Strand oder Schwimmbad ihre Sachen eine Weile allein lassen wollen. Sie sprechen den (unbekannten) Nachbarn an, ob er/sie ein Auge auf die verwaisen Sachen haben könne.[15] Normalerweise bewirkt dies genau die beschriebene Positionsänderung auch bei den Erwachsenen. Im Falle von Notsituationen gilt ähnliches: Jemand der eingreift, muss den Umherstehenden Positionen zuweisen und sie damit in die Lage versetzen zu handeln. Kaum einer kann dann einer solche Forderung nicht nachkommen. Solche von außen zugewiesenen Positionen und nachfolgende Verhaltensänderungen können wir an unseren Daten ebenfalls und sogar recht häufig beobachten. Hierauf wird im Laufe des Buches noch näher einzugehen sein.

Das Problem der nicht helfenden Gaffer ist also folgendes: Es besteht unmittelbar nach dem Unfall keine die Hilfeleistung unterstützende positionale Struktur.

---

[15] Eine ähnliche Situation wurde experimentell von Moriarty (1975) geprüft.

Eine Situation, welche die meisten der umherstehenden das erste Mal erleben und keine Übung damit haben, bedeutet, dass sie, obgleich sie meist grundsätzlich hilfsbereit wären, in einer passiven Position verharren. Dies wurde in Bezug auf Anleitungen in Notfallsituationen mittlerweile begriffen. Es wird dazu geraten die Umstehenden direkt anzusprechen und ihnen „Rollen" zuzuweisen. „Sie rufen bitte einen Krankenwagen!", „Sie stellen bitte das Warndreieck auf!", solche Sätze direkt an einen Herumstehenden gerichtet, wirken als Aufforderung zu einem Positionswechsel. Erst der Wechsel bewirkt eine Beteiligung. Man benötigt also einen Auslöser für den Positionswechsel.

Ähnliches lässt sich auch in Vereinen und Parteien beobachten – prinzipiell existiert ein Überschuss an potentiellem Engagement. Die Menschen, die gerne bereit wären, mitzuhelfen, wissen aber nicht um den Platz, von dem aus sie eingreifen könnten. Es wird erwartet, dass eine größere Zahl an Menschen sich engagieren würde, wenn jemand käme und sie direkt ansprechen würde (Tiefensee 2005; Drach 2005).

Etwas ganz ähnliches ist auch bei Wikipedia zu beobachten. Dort sind ständig einige Dutzend Leute aktiv, um die aktuellen Änderungen zu überprüfen – obgleich es sich um ehrenamtliche Mitarbeiter handelt, nehmen diese dennoch die Position der Helfer ein. Dadurch, dass es diese Position gibt, sind diejenigen, die nicht an deren Stelle sind, obgleich sie eingreifen könnten, ein Stück weit der Verantwortung enthoben. Es gibt schließlich Leute, die hierfür zuständig sind.

Man kann Unklarheiten über die positionale Struktur und die Zuweisung von Positionen auch direkt in Wikipedia beobachten. Häufig findet man auf den Artikeldiskussionsseiten Anregungen zur Änderung des jeweiligen Artikels. Es findet sich dann aber niemand, der die vorgeschlagene Modifikation vornimmt. Wenn jetzt jemand anderes hinzukommt und ganz ähnlich wie im Notfall demjenigen, der die Sanitäter rufen soll, eine Position zuweist, dann ist die „erstarrte Situation" mit einem Schlag aufgelöst und es fühlt sich jemand verantwortlich dafür, dass die Änderungen vorgenommen werden. Wir können dies im Verlauf des Buches an einem Beispiel nachvollziehen.

3.5 Altruismus und prosoziales Handeln

Wenn wir das Beispiel Wikipedia betrachten, das gilt aber auch für alle anderen Fälle des freiwilligen Engagements in einer sozialen Gemeinschaft, dann wird das auf die Produktion eines öffentlichen Guts gerichtete Verhalten als positiv angesehen. Selbstloses Handeln bezeichnet man als altruistisch. Aber nicht alles in diesem Sinne „positive" Handeln kann als altruistisch bezeichnet werden. Man kann zwischen Altruismus und prosozialem Handeln unterscheiden. Mit Altruismus, so eine Definition von Macauly und Berkowitz (1970), die innerhalb der Sozialwissenschaft häufig zitiert wird (Hunt 1992; Bilsky 1989) ist „ein Verhalten, das anderen nützt und nicht in Erwartung einer externen Belohnung erfolgt" gemeint. Nach anderen Definitionen (z.B. Leeds 1963) kommt das Moment der Freiwilligkeit noch hinzu. Damit ist Freigiebigkeit aufgrund eines Kalküls, etwa in dem man von anderen dafür etwas erwartet, ausgeschlossen. Das bedeutet, dass die Erwartung einer reziproken Handlung aufgrund der guten Tat keine Rolle spielen darf, um eine altruistische Handlung anzustoßen. Hunt (1992: 18) schreibt, unter Berufung auf Merton, dass es sich bei allem Verhalten, welches Hilfsbereitschaft demonstrativ darstellt um eine Art verwässerten Altruismus handele. Wenn etwa Unternehmen der Aidshilfe Autos spendeten und die Aufkleber des Unternehmens dann als „PR-Fahrzeuge" des Spenders umherfahren, wenn Kaffeeröster Universitäten finanzieren und daraufhin der Name der Universität auf den Wohltäter hinweist, wenn Unternehmen in Stiftungsuniversitäten investieren und im Gegenzug die Vorstände als Auszeichnung zu Honorarprofessoren ernannt werden oder wenn Rechtsanwälte kostenlose Beratungsstunden anbieten und dieses mit einer großen PR-Aktion kombinieren, bei all diesem Verhalten handelt es sich nicht um Altruismus. Das Motto all solcher Aktivitäten könnte also lauten: „tue Gutes und Rede darüber" (Milinski 2001). Eine solche Hilfsbereitschaft wird institutionalisierter Altruismus genannt (Merton 1960, zitiert nach Hunt 1992: 18). Solcher Altruismus, folgt man den Interpretationen, bleibt vom Eigennutz geprägt,[16] die Interpretationen sind klar kompatibel mit den Positionen des methodologischen Individualismus.

Der Begriff „Altruismus" dagegen stammt ursprünglich von Auguste Comte (1875). Er verband mit dem Begriff, dass die Menschen so handeln, dass es anderen zu deren Wohl gereicht, dass Eigennutz überwunden werden sollte und sich um das Wohlergehen der anderen gekümmert werden sollte. Es ging dabei um Selbstlosigkeit. Der Begriff des prosozialen Verhaltens umfasst neben dem selbstlosen Altruismus auch soziales nützliches Verhalten, welches auf Eigennutz beruht. Prosoziales Verhalten ist danach zwar nützlich, entspricht aber insofern nicht dem Altruismus, da dort keine Gegenleistung erwartet wird. Staub (1982) ist der Meinung, dass auch beim Altruismus eine Belohnung für das „positive" Handeln nicht unbedingt abzulehnen sei. Zudem sei es für Außenstehende eben nicht immer möglich, einzuschätzen, ob bei der prosozialen Handlung nicht auch Motive eine Rolle spielten, deren Ziel eine Belohnung ist. Bilsky (1989: 11f) weist darauf hin, dass zum einen der „positive" Charakter einer prosozialen Handlung umstritten sein mag, zum anderen in den Definitionen das Ergebnis im Mittelpunkt stehe und der „interaktive Charakter" der Handlung außen vor bleibe. Zum prosozialen Ver-

---

[16] PR-Anleitungen, die zuhauf existieren, geben Anweisungen für solches Verhalten. Beispielsweise sollten Handwerker bei einer „Hausmesse" Essen und Trinken zu einem geringen Betrag anbieten. Das so in die Kassen gespülte Geld solle man aber nicht selbst vereinnahmen, sondern einem guten Zweck spenden. Dies erhöht den Öffentlichkeitswert einer solchen Veranstaltung noch zusätzlich (z.B. Yaverbaum & Bly 2002).

halten können drei Motive gehören: Selbstlosigkeit als Wunsch, etwas für andere zu tun, Eigennutz als Streben nach Erfüllung persönlicher Bedürfnisse und Geselligkeit als Wunsch, Kontakte zu knüpfen (Dechamps 1989). Dechamps beschreibt, dass die Selbstlosigkeit als Motiv im Ansehen weit vor den anderen Motiven rangiert – allerdings, so die Autorin, seien oft alle drei Motivstränge miteinander verwoben.

In der Regel wird von Psychologen wie Staub nach individuellen Handlungsmotiven gesucht – dies ist nicht unser primäres Ziel. Es geht hier darum, soziale Ursachen für solches Handeln zu identifizieren. Hunt argumentiert, dass es eine genetische Ausstattung gebe, die Altruismus beim Menschen begünstige. Er zitiert Forschungen, nach denen kleine Kinder bedrückt seien, wenn sie bei anderen Menschen Unglück oder Schmerzen erlebten.

Als quasi „natürliches" Pendant zum Altruismus wird oft der Egoismus angesehen. Wenn wir über den methodologischen Individualismus nachdenken, scheint der Egoismus aus der Sicht der empirischen Wirtschaftsforschung und der Soziologie durch. Aber nicht nur dort ist Egoismus das wichtigste Paradigma, auf dem die gesamte Wissenschaft beruht. Auch in der Psychologie wird als Motiv hinter allem Handeln der Selbstbezug vorausgesetzt. Dies gilt auch für altruistisches Handeln, welches von der Psychologie wegdefiniert wird (Wallach & Wallach 1983; Heck 1994a + b). Heck (1994a) schreibt unter Bezug auf Wallach & Wallach, dass die Wissenschaft offenbar ständig als Motiv voraussetze, dass unsere letzten Ziele für jeden von uns nur wir selbst sind. Zwar habe es in den letzten Dekaden ein gewachsenes Interesse an der Altruismusforschung gegeben, aber die meisten Forscher hätten die theoretische Annahme nicht abgelegt, dass altruistisches Verhalten nicht Anderen diene. Altruismus werde in den meisten dieser Studien wegerklärt, indem der Nutzen für das helfende Individuum herausgestellt werde. Nutzen bedeute in diesem Zusammenhang vor allem die Hoffnung auf eine Gegengabe oder eine Steigerung des individuellen Wohlbefindens.

Die Gegenüberstellung von Egoismus und Altruismus und die Suche nach zugrunde liegende Motiven scheint uns aber falsch zu sein, denn dort wird nach Begründungen für das Handeln gesucht, welche im Individuum selbst liegen. Mag sein, dass hier die Ursache dafür zu suchen ist, dass die Altruismusforschung nicht wirklich zu Erklärungen zu kommen vermag (vergl. Hunt 1992). Wenn man, wie zu zeigen sein wird, den Versuch der Erklärung über individuelle Motive hintan stellt und über die Betrachtung von sozialen Situationen die Sozialität selbst untersucht, mag man weiterkommen. Das Handeln erklärt sich dann nicht aus dem Charakter der Vererbung von Merkmalen des Altruismus oder Egoismus, sondern aus der in der jeweiligen Situation über/-eingenommenen Position, die Menschen dazu bringt, sich entsprechend der von den Handelnden vermuteten Erwartungen der anderen an sie, ihr Verhalten entsprechend zu gestalten.

Was tun wir, wenn wir nach dem Warum gefragt werden? Wir geben Begründungen an. Charles Tilly (2006) hat dies in einem seiner letzten Bücher beschrieben. Sein Fazit ist, dass die angegebenen Gründe nicht der Wirklichkeit entsprechen müssen, sie müssen nur mit den sozialen Konventionen kompatibel sein. Häufig werden bestimmte Gründe auch nur angegeben, um die durch einen Umstand, etwa das Zuspätkommen, verursachte Irritation in der Beziehung wieder zu kitten. Wir finden hier eine konsequente soziale Erklärung als Begründung für Handlungen. Daneben gibt es eine Klasse von Erklärungen und Handlungsbegründungen, die sich nicht direkt auf die Heilung von Beziehungen zielen – es handelt sich um rationale Erklärungen. Individuell rationale Erklärungen sind am ehesten intersubjektiv nachvollziehbar, dies hat Max Weber (1922a) im Grundtypus des zweckrationalen Handelns gezeigt. Obgleich dieser webersche Handlungstyp häufig im Sinne einer Handlungsintension von Akteuren interpretiert wurde, geht es Weber um mehr als das Darreichen einer Handlungsbegründung aus individueller Sicht, er erklärt damit die intersubjektive Nachvollziehbarkeit von Handlungen. „Man muss, wie oft gesagt worden ist, „nicht Cäsar sein, um Cäsar zu verstehen", wie es Max Weber (1922b: 405) ausdrückte. Weber meint, dass Geschichtsschreibung ansonsten keinen Sinn mache. Die anderen von ihm beschriebenen Typen sozialen Handelns, seien es wertrationale, affektuelle oder traditionale Begründungen, benötigen dagegen ein viel breiteres Hintergrundwissen, um Handeln nachvollziehen zu können. Warum wir aus Tradition so und so handeln, wird uns aber selbst gar nicht bewusst, sodass wir Schwierigkeiten haben werden, dies jemand anderem gegenüber zu begründen. Was der Gegenüber aber auf jeden Fall versteht, ist eine Begründung à la Zweckrationalität – hierfür müssen wir nicht Römer sein und brauchen kaum etwas über die Beziehungen, die Kultur und andere Kontextvariablen zu wissen. Es handelt sich also um die einfachere Erklärung. Wenn wir nun noch das Argument Tillys hinzufügen wird es oft auch die „sozial" befriedigendere Erklärung sein, weil die Beziehungsstruktur durch eine solche Begründung weit weniger in Mitleidenschaft gezogen wird, als wenn wir zugeben müssten, dass wir aufgrund unserer Stellung so und so handeln mussten, es aber eigentlich gar nicht wollten. (Meist geht aber Wollen und Stellung miteinander einher). Mit anderen Worten: Eine Vielzahl wirklicher Begründungen unserer Handlungen liegt für uns selbst im Verborgenen und eine weitere Menge ist nur schwer erklärbar und kaum interpersonell nachvollziehbar oder passt nicht zur sozialen Situation, in der die Erklärung notwendig ist.

Wir benötigen aber nicht nur Erklärungen für unser Handeln nach Außen – genauso wichtig sind Begründungen für uns selbst. Dies sind Argumente dafür, dass wir schnell die individualistische Erklärung für das Handeln parat haben. Die Begründung für uns selbst ist auch wichtig zur Erhaltung des Selbstbildes: Würden wir wenn wir es denn selbst so genau reflektierten, zugeben, dass wir etwas gemacht haben, weil ein anderer uns dazu aufforderte oder weil wir gelobt wurden? Würden wir uns selbst gegenüber, aber auch anderen gegenüber unsere Souveränität in Frage stellen? Dies passt nicht zum Bild des freien Individuums. Damit soll gesagt sein, dass wir alle mit unserem Handeln an unsere Position gebunden sind, wir es uns selbst gegenüber und anderen gegenüber aber nur schwer eingestehen können. Aus diesem Grunde werden soziale Handlungsursachen systematisch unterschätzt und man könnte sagen, dass es die Aufgabe der Soziologie ist, gerade diese auf dem Operationstisch der Untersuchung einer genaueren Zerlegung zu unterziehen.

3.7 Das Entstehen von Kooperation

Kooperation, so kann man lesen, sei eine Voraussetzung für das Überleben. Von Geburt an seien wir auf Kooperation angewiesen, darauf, dass sich andere uns zuwendeten und uns als Neugeborenes versorgten (Conrad & Streeck 1976). Da also schon Babys auf Kooperation angewiesen sind, wird häufig argumentiert, dass die Grundlagen der Kooperation genetisch bedingt seien. Aus der Soziobiologie kommen Argumente wie, dass es darauf ankäme, die eigenen Gene zu erhalten. Daher sei man bereit, sich für andere aufzuopfern, sofern dadurch das Überleben der Anderen gesichert werden könnte, die einen teilweise identischen genetischen Code in sich trügen, etwa für Verwandte (Wilson 1975). Binmore (2005) tritt solchen Argumenten im Anschluss an David Hume und die neuere Hirnforschung entgegen und behauptet eine andere genetische Komponente der Kooperation (Hardin 2006). Was Hume meinte, wurde von ihm „Mirroring" genannt. Hume notiert in diesem Zusammenhang

> „we may remark, that the minds of men are mirrors to one another, not only because they reflect each other's emotions, but also because those rays of passions, sentiments and opinions may be often reverberated, and may decay away by insensible degrees" (Hume 1739-1740, zitiert nach Hardin 2006).

Ohne dass Hume dies zu seiner Zeit wissen konnte, wurden solche Überlegungen durch die neuere Hirnforschung belegt. Die neuere Hirnforschung konnte sog. Spiegelneuronen (Phillips 2004) nachweisen, die dafür verantwortlich seien, dass sich in bestimmten Situationen eine Verhaltenssymmetrie auftäte. So gesehen, ist das Lächeln des kleinen Babys, von dem man schon lange wusste, dass es reflexhaft geschieht, etwas, was möglicherweise die Grundlage aller Kooperation sei.

Nachteilig für dieses Argumentationsmuster ist aber, dass die demnach offensichtlich nicht hintergehbare Aufforderung zur Kooperation an die Wahrnehmung des Gesichtsausdruckes gebunden ist.

So war Hume der Meinung, dass

"Our sympathy for those on a ship sinking off shore will be greatly heightened if they are close enough for us to see their faces and their frightened responses." (nach Hardin 2006).

Die These von der Grundlage des Sichtkontaktes um Kooperation sicherzustellen, wird zudem durch Beobachtungen im Bereich der Soziologie gestützt. Gegenseitige Anwesenheit spielt hier eine wesentliche Rolle.

Beim in dieser Untersuchung behandelten Beispiel, der Kooperation im Internet, sind sich die Personen aber nicht unbedingt bekannt, geschweige denn, dass sie sich von Angesicht-zu-Angesicht sähen. Die genetische Ausstattung mag also Kooperation unterstützen, alleiniger Verursacher kann sie nach der dargestellten Argumentation aber nicht sein.

3.8 Reziprozität der Perspektive

Eine andere Möglichkeit wäre es, wenn wir Kooperation in Face-to-face Situationen lernten und diese gelernten Verhaltensweisen dann auf die Online-Kooperation übertragen würden. Möglich wäre das und es wäre auch soziologisch zu erklären. Etwa durch Überlegungen zur Reziprozität der Perspektive, wie ich sie an anderer Stelle diskutiert habe[17]. Solche Überlegungen weisen auf Einfühlsamkeit hin, die sozial proaktives Verhalten oder auch Altruismus zu fördern vermag. Der Begriff der Reziprozität der Perspektive geht auf Theodor Litt (1926) zurück.

Die Idee dabei ist, dass der Einzelne in Gedanken die Position des anderen übernehmen kann, dass er sich also in die entsprechende Rolle hineinzuversetzen vermag. Diese Perspektivenübernahme ist, so Mead (1973: 300f, erstmals 1934), von unmittelbarer Bedeutung für die Entstehung der kooperativen Gesellschaft.[18]

---

[17] Siehe zusammenfassend Stegbauer (2002)

[18] Hans Joas (1992: 251f) äußert sich über die Reziprozität von Verhaltenserwartungen und schließt damit an Mead an: "Die unbestreitbar wichtigste Quelle für die Entstehung und Entwicklung der Rollentheorie ist das Werk George Herbert Meads. Dieser führt die Begriffe „Rolle" und „Rollenübernahme" im Rahmen einer anthropologischen Theorie spezifisch menschlicher Kommunikationsweise ein. Menschliche Kommunikation ist tierischen Formen nach Mead grundsätzlich dadurch überlegen, dass sie mit dem Mittel „signifikanter Symbole" arbeitet. Damit ist gemeint, dass der Mensch imstande ist, auf die von ihm selbst hervorgebrachten Gebärden und Äußerungen selbst zu reagieren, und zwar in einer antizipatorischen und damit das mögliche Antwortverhalten des Handlungspartners innerlich repräsentierenden Weise. Damit ist aber das eigene Verhalten an potentiellen Reaktionen von Partnern ausrichtbar. Da der Partner prinzipiell über dieselbe Fähigkeit verfügt, wird ein gemeinsames, kollektives Handeln möglich, das an einem gemeinsam verbindlichen Muster wechselseitiger Verhaltenserwartungen orientiert ist. Mead glaubt mit seiner Kommunikationstheorie den Grundzug menschlicher Sozialität freigelegt zu haben."

Mittels der Perspektivenübernahme könne der Einzelne seine Reaktion auf den anderen kontrollieren. Dabei geht es nicht nur darum, Erwartungen an das Handeln und an die Reaktion des anderen zu richten. Letztlich handelt es sich um eine selbstreflexive Perspektive, nämlich hinsichtlich der Frage, wie der Andere einen selbst wahrnimmt und welche Handlungen dieser von einem selbst erwartet. Die Nähe zur Rollenreziprozität ergibt sich dadurch, dass hierbei permanent mit Typisierungen gearbeitet wird (Berger/ Luckmann 1977: 33). Als Patient erwartet man vom Arzt, dass dieser anlässlich eines Besuches in der Sprechstunde die Schilderung von Symptomen erwartet. Der Patient vermutet, dass der Arzt diese Auskunft benötigt, um seine Diagnose stellen zu können. Zudem weiß der Patient schon aus Erfahrung, dass der Arzt, sofern der Kranke nicht schon von selbst über seine Beschwerden berichtet, für gewöhnlich danach fragt. Auf der anderen Seite rechnet der Arzt damit, dass der Patient, selbst nach den Symptomen befragt werden möchte. Selbst wenn die Diagnose auch ohne die Antworten des Patienten klar erscheint, wird der Arzt daher nicht auf die Befragung verzichten. Eine solche Rollen-Typisierung wird gewöhnlich von allen Seiten vorgenommen (nicht nur der Arzt und der Patient teilen die geschilderten Erwartungen an das Anamnesegespräch – auch Außenstehende, etwa die Sprechstundenhilfe oder die Zuhörer erwarten es so, wenn der Patient über seine Erfahrung beim Arzt berichtet).[19]

Mit der Reziprozität der Perspektive, der virtuellen Übernahme der Position des anderen kann Empathie erklärt werden. Im Gegensatz zu Verhaltensexperimenten der Soziobiologen kann sie erklären, warum Menschen in Situationen, in denen andere hilfsbedürftig sind, auch Bereitschaft zeigen, anonym zu helfen, ohne davon persönlich zu profitieren und auch ohne davon als Gruppe Vorteile genießen zu können.

Untersuchungen, die von Sozialpsychologen in den 1980er Jahren durchgeführt wurden, scheinen diese Auffassung zu bestätigen. Menschen, denen zuvor die Gelegenheit gegeben wurde, sich in einen Fall einzufühlen, waren eher bereit, an einem Experiment teilzunehmen, bei dem die Aussicht bestand, mit leichten Elektroschocks malträtiert zu werden (Batson & Coke 1981).

Wenn es tatsächlich daran hängt, dass das Erkennen des Gesichtsausdrucks eine Grundlage für die Möglichkeit der Kooperation darstellt, dann dürfte Kooperation ohne Angesicht oder Erinnerung an den Gesichtsausdruck schwerlich möglich sein. Möglich ist aber etwas anderes, dass Sentiments quasi „doppelt" codiert sind. Damit ist gemeint, dass die Spiegelung eine Grundlage bildet, die auch Elemente des Lernens beinhaltet. Reaktionen auf andere Hinweise sind aus den Forschungen zur computervermittelten Kommunikation bekannt (z.B. Turkle 1995). Auch aus der Telefonforschung weiß man, dass Gefühle übertragen werden kön-

---

[19] Solche Typenfestlegungen führen oft zur Herausbildung von Vorurteilen: Man betrachtet den anderen unter einer Perspektive als Ausländer, als Arbeiter, als Säufer etc. Sofern der andere sich dieser Zuschreibung bewusst ist, wird er sich entsprechend verhalten.

nen. Solche Gefühle wären dann aber nicht nur an soziales Lernen gebunden, sie wären auch an ein positionales System gebunden. Erklären ließe sich dies durch Hineinversetzen in den anderen. Eine nähere Erklärung hierfür bietet die Reziprozität der Perspektiven, die ohne ihre positionale Grundlage allerdings nicht verstanden werden kann.

3.9 Kultureller Ursprung von Altruismus

Vergleichende Untersuchungen zwischen unterschiedlichen Kulturen offenbaren, dass es unterschiedliche Levels von Altruismus gibt. Es gibt Beispiele dafür, die uns von unserem Strandpunkt aus sehr merkwürdig vorkommen. So berichtet Elwert (1991) von einer Reise, bei der Dorfbewohner am Meer seelenruhig Ertrinkenden zusahen. Gosztonyi (1993) berichtet aus einer Berliner Wohngemeinschaft in der Vietnamesen wohnten. Sie halfen einander gegenseitig, ohne auf den eigenen Vorteil zu achten. Untersuchungen, die systematisch Altruismus in verschiedenen Kulturen verglichen, konnten zeigen, dass altruistisches Verhalten keineswegs gleich verteilt ist (Bar-Tal 1976). Im Gegensatz zu amerikanischen Kindern waren nach Experimenten Kinder, die in israelischen Kibbuzen aufwuchsen, weit altruistischer eingestellt. Das bedeutet, dass die Kultur einen Anteil daran hat, ob sich Menschen mehr oder weniger altruistisch verhalten. Auch die Überlegungen zu kulturellen Unterschieden weisen darauf hin, dass, selbst wenn es korrekt wäre, dass genetische Ursprünge für Altruismus existierten, diese durch kulturspezifische Normen überformt werden. Die enormen kulturellen Abweichungen zeigen, dass solche Normen offensichtlich stärker sind, als das was uns in die Wiege gelegt wird.

3.10 Die Wirksamkeit von Gruppengrenzen

Es wird behauptet (Hunt 1992), dass in großen Gruppen ohne inneren Zusammenhalt Egoismus vorherrsche. Dieser könne erst dann gezähmt werden, wenn es gemeinschaftliche Lösungen gäbe, die die Menschen gegenseitig verpflichten. Dabei sei Altruismus gegenüber der eigenen Gruppe verbreiteter als gegenüber Außenstehenden. Bei dieser Argumentation, für die es zahlreiche Belege gibt, bleibt aber ein Problem: Dieses Problem stellt sich bei der Unterscheidung zwischen Innen und Außen. Wie ist die Grenze beschaffen? Warum ist genau hier eine Grenze, kann man doch in der sozialen Praxis eine erstaunliche Vielfalt an Grenzziehungsmustern finden? Grenzen, die in einem Augenblick relevant sind, spielen im nächsten keine Rolle mehr. In Konfliktsituationen werden solche Grenzen, etwa zwischen Nationen oder Bevölkerungsgruppen offenkundig sein und Einzelnen, seien es Menschen oder Menschengruppen, gar nicht die Auswahl lassen, zu welcher Gruppe sie gehören wollen. In anderen Situationen ist es keineswegs klar, ob die Hochwassergeschädigten in einem anderen Bundesland oder einem anderen Kontinent in diesem Sinne „Leute von uns" sind oder nicht. Während es zahlreiche Hinweise auf die Wirksamkeit der Unterscheidung zwischen Innen- und Außenperspektive gibt, ist das Problem, wann wer inkludiert, bzw. exkludiert wird und an welchen Merkmalen dies festgemacht wird, weiter offen. In Experimenten konnte eindrucksvoll gezeigt werden, dass sich sozial wirksame Gruppenunterschiede auf einfache Weise konstruieren lassen (Tajfel & Billig 1974; Tajfel & Turner 1986; Turner 1990; Sherif et al. 1955). Offenbar kann es Situationen geben, in denen solche Grenzen sehr schnell neu entstehen.

Während es offensichtlich schwierig ist, allgemeine Regeln angeben zu können, wann welche Grenze als relevant angesehen wird, scheint unbestritten zu sein, dass es solche Grenzen geben muss. Grenzziehungen sind Unterscheidungen zwischen einer Innen- und einer Außenperspektive. Solche Unterscheidungen gehören zu den sozialen Grundprozessen, die als nicht hintergehbar angesehen werden. In dem Moment, in dem ich etwas bevorzuge, ist damit eine Abwertung des anderen verbunden (Hondrich 1999). Man kann auch argumentieren, dass aufgrund von kognitiven und zeitlichen Beschränkungen solche Wahlen stattfinden müssen, die „Grenzziehungen" hervorbringen.

Hinzu kommt, dass fein ziselierte Urteile nur über nahe stehende Personen, die man gut kennt, möglich sind. Das Gros der anderen Menschen wird nach einfachen Kategorien beurteilt. Vorurteile stellen ein, die Komplexität reduzierendes Ordnungsprinzip dar. Deswegen sind sie notwenig. Sie sind ein einleuchtendes Beispiel dafür, dass aufgrund von äußeren Merkmalen Urteile gefällt werden. Dabei finden sich im Bekanntenkreis immer wieder Ausnahmen von der Regel, die im Vorurteil aufscheinen. „Ockhams Razor" verlangt einfache Theorien; die Überlegungen zur strukturellen Balance entsprechen solch einer einfachen Theorie. Es spricht vieles dafür, dass wir sehr häufig in genau solchen einfachen Kategorien denken. Wie schon gesagt, ist das Zeichnen von widersprüchlichen Persönlichkeiten etwas, was gerade uns als Sozialwissenschaftlern nicht fern liegt. Es kostet aber enorm viel Zeit, man muss über viele Informationen verfügen und es ist Wissen über Eigenschaften und Beziehungen der Personen erforderlich um Widersprüchlichkeiten und Handlungsmuster erklären zu können. Solche Beurteilungen benötigen einen Aufwand, der im Alltag nicht möglich ist. Wahrscheinlich können wir es aufgrund unserer beschränkten Kognition auch gar nicht. Es ist keineswegs erstaunlich, dass Widersprüchlichkeiten in der Persönlichkeit von Kinohelden nur im Kunstfilm auftauchen, im Massenkino mit meist amerikanischer Prägung (auch in dieser Anschauung lauert das Vorurteil) gibt es nur eine Entscheidung: die zwischen Gut und Böse. Man könnte argumentieren, dass sich dies auch in der Politik fortsetze, wenn von der „Achse des Bösen" geredet wird. In Religionen finden wir solche klaren kategorialen Unterscheidungen sehr häufig: Teufel vs. Engel etc.

Forschungen zur Konstruktion von Märchen zeigen ähnliches (Nooy 2006; Propp 1968). Eine Analyse der Types of Tie in russischen Märchen offenbart, dass es „Zwischentöne" dort nicht gibt. Die immer wieder vorkommenden Charaktere können nur in „gut" und in „böse" eingeteilt werden. Ähnliche Forschungen zur Oper (am Beispiel von Harary 1963) zeigen analoge Ergebnisse.

Unsere eigenen Ergebnisse (Stegbauer & Rausch 2007) untermauern diese Argumentation weiter: In einer Untersuchung über das Wissen über die Beziehungen der anderen in einer Studierendengruppe kam heraus, dass die persönlichen Beziehungen weitaus komplexer sind, als das, was die anderen über die Freundschaften in der Gruppe zu wissen meinen. Es werden Cliquen beobachtet und dann erfolgt eine kognitive Ergänzung der Beziehungen zwischen den Cliquenmitgliedern. Beziehungen außerhalb der „Cliquenformationen" werden in viel geringerem Maße wahrgenommen. Die Cliquen sind durch negative Beziehungen separiert. Die negativen Beziehungen sind aber im Fremdbild viel deutlicher, als wenn man die von den Studierenden selbst berichteten Beziehungen betrachtet. Offensichtlich ist die Beobachtung der anderen durch „soziale Regeln" beeinflusst. Diese Regeln dürften nach den Ergebnissen denen der strukturellen Balance entsprechen. Eine Einteilung in ein „Freund-Feind-Schema" stellt genauso wie ein Vorurteil eine grobe Vereinfachung dar, erlaubt aber im Alltag mit seinen ständig auf einen einströmenden Informationen und Entscheidungsnotwendigkeiten, eine einfachere Orientierung.

Dabei sind Informationsverarbeitung und Entscheidungen keineswegs individuelle Angelegenheiten. Welche Norm gilt, ist ausgehandelt; wer „Feind" ist, liegt, obgleich es Variabilitäten gibt, eben an solchen Aushandlungsprozessen zugrunde. Wie Simmel (1919)[20] am Beispiel der Mode aufzeigte, spielen gesellschaftliche Normen auch dann eine Rolle, wenn diese abgelehnt werden. Dies bedeutet, dass es kaum Möglichkeiten gibt, sich Normen und Vorurteilen zu entziehen.

Die Variabilität von Ausgrenzungsgründen ist in unserem Zusammenhang von Bedeutung. Wenn wir die Produktion eines öffentlichen Gutes betrachten, müsste man davon ausgehen, dass jeder, der mithelfen möchte, willkommen sein sollte. Obgleich sich unsere Untersuchung nur auf Wikipedia erstreckt, würde man kaum erwarten, dass es häufig vorkommt, dass jemand in einem Verein es ablehnen würde, wenn sich zusätzliche Helfer anbieten würden. So ist es auch bei Wikipedia – im Prinzip ist jeder willkommen und es liegt in der Natur der Produktion der meisten öffentlichen Güter, dass viele daran beteiligt sind. Dennoch finden, wie wir sehen werden, Ausgrenzungsprozesse ständig statt. Von den Beteiligten werden diese meist inhaltlich begründet und damit rationalisiert. Tatsächlich sind sich wohl viele Beteiligte über diese Prozesse überhaupt nicht im klaren, zumal doch von den

---

[20] Simmel zeigt dies am Beispiel der Mode: Diejenigen, die sich unmodern kleiden, tun dies mit Bezug zur Norm.

Wikipedia-Aktivisten immer wieder zu hören war, dass es für jeden der wolle auch einen Platz in der Wikipedia gebe. Wir können aber solche Ausgrenzungen beobachten – hierauf gehen wir später noch ein. Diese entwickeln sich fallweise – es gibt aber auch kategoriale Zurückweisungen, etwa wenn von Vandalen oder von Trollen gesprochen wird. Bestimmte Verhaltensweisen werden damit pauschalisiert und als Ablehnungskategorie benutzt.

4   Wikipedia – Handlungslogik

4.1 Handlungslogik in Wikipedia oder warum beteiligt sich jemand an der Erstellung der Enzyklopädie?

In Wikipedia scheinen Ideologien auf. Der Wahlspruch „Die freie Enzyklopädie", „Jeder kann mit seinem Wissen beitragen"[1], die Inhalte von Mailinglisten, die im Zusammenhang mit Wikipedia stehen und Benutzerseiten deuten auf eine dahinter stehende Ideologie hin.[2] So wird Wikipedia in der Öffentlichkeit wahrgenommen. Dies ist das Image von Wikipedia. Zu diesem Image gehört ebenfalls, dass man den Inhalten nicht unbedingt vertrauen könne (Lanier 2006 oder die ständigen Vorwürfe des Mitbegründers von Wikipedia-Vorläufern und von Konkurrenzplattformen Larry Sanger mit dem bislang nicht erfolgreichen Bemühen es besser zu machen). Das Zusammentragen von Wissen durch Amateure ist die eine Seite, die andere Seite ist, dass mit zunehmender Wahrnehmung des Produkts, eine der Ursprungs-idee, der Beteiligung aller, entgegenstehende eigene Produktlogik entsteht. Diese Verschiebung von der Idee „wenn jeder etwas von seinem Wissen beiträgt, dann können wir das Wissen aus den Fesseln des Copyright und damit aus privaten Händen befreien und jedermann zur Verfügung stellen" hin zu einem gegenüber den anderen Enzyklopädien konkurrenzfähigen Produkt, kann als eine Änderung der Ziele angesehen werden. Es entsteht aus der Handlungslogik (jeder, der will, kann) eine Produktlogik, die nicht mehr auf die Mitarbeit von jedem setzt, sondern sich an bestimmten, teilweise von außen herangetragenen Anforderungen orien-tiert. Die großen Meinungsmedien, wie etwa der Spiegel, die Zeit etc. schütten sich aus vor Häme, wenn wieder einmal bekannt wird, dass in Wikipedia manipuliert wurde oder die Qualität in einem Bereich dürftig ist.[3] Dies wird auch von der Ein-schätzung des Gründers „Jimmy Wales" bestätigt, der in einem Vortrag sagte, „Wir sollten mehr auf die Qualität als auf das Wachstum der Artikelzahl achten" (zitiert nach Rühle 2006).

Bevor wir die Verschiebung der Bedeutungen näher untersuchen, verharren wir noch einen Moment beim Einfluss der Ideologie. Einige der Aussagen, die mit

---

[1] http://de.wikipedia.org/wiki/Hauptseite (Zitat Hauptseite, 02.11.2007, 9:17 Uhr). Der Wandel wird in der auf der Hauptseite dokumentierten Änderung der Einladung neuer Autoren deutlich: Hieß es ursprünglich noch: „Jeder kann mit seinem Wissen beitragen – die ersten Schritte sind ganz einfach!" (Version vom 23:58, 14. Jul. 2005), lautete in der folgenden Version die Formulierung: „Wir suchen immer fähige Mitarbeiter – die ersten Schritte sind ganz einfach!" (Version vom 15:26, 26. Jul. 2005). Ab Version vom 16:16, 10. Aug. 2005 heißt es: „Gute Autoren sind hier immer willkommen – die ersten Schritte sind ganz einfach!".

[2] Explizit mit der Idee einer „Verbesserung der Welt" werden Wikipedia und andere neue Internetme-dien von Möller (2005) in Verbindung gebracht.

[3] Beispielsweise die Süddeutsche Zeitung vom 06.11.2006, die von Redakteuren einige Artikel manipu-lieren ließ, um zu testen, ob die Qualitätssicherung bei Wikipedia funktioniert (Rühle 2006).

der Wikipedia-Ideologie in Verbindung zu bringen sind, wurden bereits genannt. Diese stellen mit ihren weitläufig geteilten Wertinhalten eine Attraktion für potentielle Teilnehmer dar. Man könnte dies ein, sich durch Werte in Motive tauschbares, motivational begründbares Angebot für eine Teilnahme nennen. Eine aktive Rolle bei der Textproduktion mündet in einer „strukturellen Koppelung" (coupling nach H. White 1992), die mit einer Integration der Teilnehmer in das positionale System der Wikipedia einhergeht.

4.2 Handlungsmöglichkeiten

An White anschließend könnte man „control" als eine Art Tie-Management begreifen. Damit ist gemeint, wie wir unsere positionale Sicherheit durch unsere Beziehungen herstellen oder behalten und wie wir gezwungen sind, zu agieren und zu reagieren.

Wie tut man dies? Gibt es klassifizierbare Handlungsweisen in diesem Feld? Harrison White (1992) nennt drei Strategien in Bezug auf „control". Es sind „interpretative ambiquity", „social ambage" und „decoupling". Mit „interpretative ambiquity" ist gemeint, dass der Akteur versucht, Beziehungsaspekte offen zu lassen, damit diese flexibel interpretiert werden können. So sind die Wenigsten bereit, Abneigungen offen zu legen. Hierfür können zahlreiche Gründe ausschlaggebend sein. Sollte man auf eine Person, gegen die man Abneigung empfindet, einmal angewiesen sein, so ist es nicht empfehlenswert, wenn man einen Antagonismus klar zum Ausdruck bringt und damit die Beziehung zerstört. Solange dieses Verhältnis unausgesprochen ist, besteht die Möglichkeit in beide Richtungen auszuschlagen und man könnte noch Sympathie füreinander gewinnen. Ferner weiß man nicht, ob der andere genauso empfindet. Eine Beziehung auf diese Weise nicht klar zum Ausdruck zu bringen, hat darüber hinaus den Vorteil, dass andere, die eine gute Beziehung zu der ungemochten Person pflegen, nicht zu einer Entscheidung für einen der beiden gezwungen werden. Man würde also andere Beziehungen gefährden, wenn die Verhältnisse klar offen gelegt würden.

Mit „social ambage" ist die Möglichkeit der Einflussnahme auf andere über dritte Personen gemeint. Wie oft hat man schon den Satz gehört: „Könntest Du nicht einmal mit xy darüber reden?" oder wie oft versuchen Geschwister die Eltern zu nutzen, um in Streitigkeiten zwischen ihnen einen Vorteil zu erreichen.

„Decoupling" ermöglicht eine Trennung von zusammengehörigen Handlungsketten und damit einen Neubeginn der Entwicklung sozialer Bezüge zu anderen. Damit ist eine Befreiung der Akteure von Bindungen gemeint.

Die beschriebenen Strategien sind aber nur die eine Seite. Sie ermöglichen, im Sinne von Goffman und Habermas, der sich auf Goffman bezog, Verhaltensdifferenzierungen und Eigensinn. Sie schaffen damit den Einzelnen, aber auch den höher aggregierten sozialen Einheiten Spielräume, um auf die Vielfalt der Kontext-anforderungen zu reagieren. Das bedeutet aber nicht, dass sie die Menschen von ihren Handlungspflichten in ihren Beziehungen befreien. Gerade in dem Zusammenspiel zwischen den einzelnen Akteuren und den sozialen Einheiten entstehen Positionen mit zugehörigen Rollenmustern, die zwar nicht, wie früher geglaubt, „starr" sind, aber doch eine gewisse Konstanz beanspruchen können. Diese Konstanz ist auch das Ergebnis der „control"-Anstrengungen.

Allerdings kann man, wie schon gesagt, an keiner Stelle von einzelnen Akteuren sprechen.

> „There is no tidy atom and no embracing world, only complex situations, long strings repeating as in a polymer goo; or in a mineral before it hardens" (White 1992: 4).

4.3 Die Wirkung der positionalen Ebene

Um näher aufzeigen zu können, wie das positionale System im Beispiel von Wikipedia seine Wirkung entfaltet, müssen wir hier noch einmal auf Rollen und Positionen zurückkommen und auf die Überlegungen von Harrison White näher eingehen. White schließt an die Überlegungen zur Rollentheorie an. In den etwas älteren Formen der Rollentheorie, die in dieser Studie bereits behandelt wurden, werden die Individuen als Rollenträger angesehen. In Deutschland wurde versucht, die Rollentheorie an Simmels formale Soziologie anzuschließen (Tenbruck 1965; Gerhard 1976). Die modernste der „alten" Rollentheorien war die von Siegfried Nadel (1957), der wohl als erster Rollensysteme entwarf. Wie schon gesagt ist das grundsätzliche Problem aber, und hieran setzt Whites Kritik an, dass die Rollentheoretiker von fest gefügten und in der Gesellschaft vorhandenen Rollen ausgingen. Dies ist aber mitnichten der Fall. Kritik daran wurde bereits früher laut, jedoch ohne dies in eine klare „neue" Rollentheorie zu gießen. Gegenargumente gegen die „alte" Rollentheorie wurden vor allem von Jürgen Habermas in seiner Theorie des kommunikativen Handelns geäußert. Er schloss dabei an Goffmans Überlegungen mit der von ihm beschriebenen Möglichkeit der Distanzierung von erwarteten Rollen an. Dies wurde von Goffman als „Rollendistanz" beschrieben. Habermas' Intention war es, zu zeigen, dass der Einzelne gerade nicht in definierten Rollenbildern gefangen ist, sondern die Freiheit hat, sich davon zu emanzipieren.

Whites Anliegen ist ein ganz anderes. Er krempelt die Sozialtheorie um und gibt der Netzwerkanalyse einen theoretischen Hintergrund. Handlungen und Präferenzen entstehen auf der Mesoebene, im Bereich, in dem Positionen mit den zugehörigen Rollen ausgehandelt werden. Positionen sind nicht einfach vorhanden, sie entstehen immer in Auseinandersetzungen mit den Anderen. Harrison Whites

Buchtitel lautet „Identity and Control". Damit sind zwei Schlüsselbegriffe zum Verständnis von Whites Theorie benannt. Die „Identität" entsteht durch Anstrengungen im Zusammenhang mit dem, was hier „control" genannt wird. Control lässt sich vielleicht am ehesten durch den Versuch erklären, Unwägbarkeiten und Unsicherheiten in den Griff zu bekommen. Es strömen ständig tausenderlei Informationen, Beziehungsangebote und Kommunikationsmöglichkeiten auf uns ein, wovon aber immer nur ganz wenige realisiert werden. Dies hat Luhmann als Selektionsproblem bezeichnet (z.B. Luhmann 1993). Darüber hinaus haben wir mit Unsicherheiten zu kämpfen: Besteht unsere Beziehung auch noch morgen? Behalten wir unseren Arbeitsplatz? Was kommt danach? Macht uns die Konkurrenz den Platz streitig? Mit „control" ist also das ganze Spektrum an Anstrengungen verbunden, die Akteure unternehmen, um Unsicherheiten (uncertainities) und Unwägbarkeiten (contingencies) zu reduzieren.

Wenn der Einzelne nicht als eine Einheit in diesem Sinne begriffen werden kann, was ist dann eine soziale Einheit? Das „Atom" nach White ist nicht eine Person, sondern eine „identity". Die „identity" stellt die Handlungsressource und den Bezugspunkt dar. Dabei ist der Begriff der „identity" vielfältig gemeint. Eine solche soziale Einheit wird von White mit dem Begriff „disciplin" benannt. Auch eine „disciplin" kann eine eigene Identität aufweisen. Als Gruppenidentität ist das nicht neu, aber bei White ist die disciplin weit variabler, als das aus der Kleingruppensoziologie bekannte Gebilde.

Das bedeutet, dass eine soziale Formation, die aus mehreren Personen besteht, eine eigene Handlungslogik besitzt, die nicht durch individuelle Präferenzen erklärt werden kann. Handlungsgründe aus einer solchen sozialen Formation stellen sich anders dar, als man dies einem Einzelnen unterstellen würde. Luhmann (1975) würde sagen, dass es sich bei der Gruppe um ein anderes Referenzsystem handele, als bei Betrachtung von nur einer einzelnen Person. Die soziale Formation weist andere und zusätzliche Eigenschaften auf. Dies bezeichnet man als Emergenz. Emergente Eigenschaften einer, mehrere Personen umfassenden sozialen Formation, lassen sich beispielsweise im Urlaub in anderen Ländern beobachten. Urlauber in größeren Reisegruppen verhalten sich völlig anders als Einzelreisende oder solche, die lediglich zu zweit unterwegs sind. Das Verhalten in der Gruppe referenziert genau auf diese. Das, was die Menschen in der Umwelt über die Gruppe denken, tritt weitgehend in den Hintergrund.

Wir glauben, dass wir ein ähnliches Verhalten auch bei den sozialen Formationen, die in der Wikipedia auftreten, nachweisen können. Die Referenz auf die eigene Gruppe blendet die Umwelt aus und konstituiert über die Referenz gleichzeitig eine Grenze zu den Außenstehenden.

Abbildung 4.1:   „Modifizierte Badewanne"

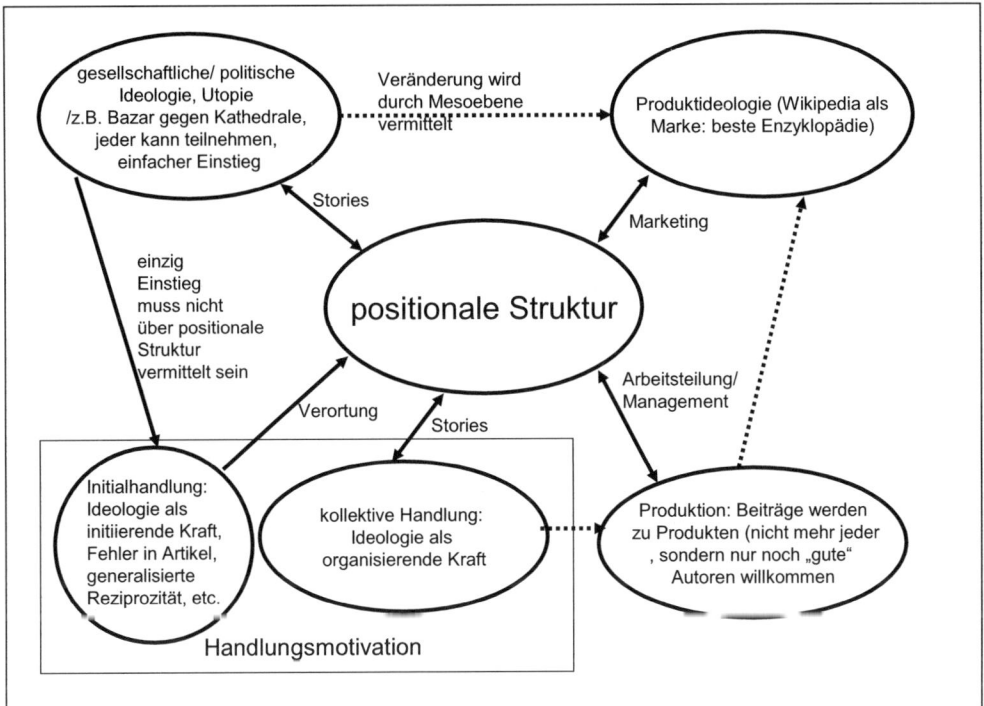

In der modifizierten Badewanne läuft alles über die positionale Struktur (daher sind die entsprechenden Pfeile gestrichelt). Einzig der Einstieg mag unabhängig davon sein. Mit dem ersten Edit kommen aber die Teilnehmer in Kontakt mit der positionalen Struktur – hier wird entschieden, wie es mit der Beteiligung weiter geht. Auf der mittleren Ebene werden die Präferenzen der Teilnehmer beeinflusst und durch die andauernde Entwicklung bewegt sich Wikipedia von der ursprünglichen Idee weg.

Um unser Vorgehen zu erklären, haben wir die bereits besprochene und modifizierte Badewanne Colemans weiter bearbeitet und wenden diese auf unseren Fall an. Das wichtigste dabei ist die Ergänzung um eine Mesoebene. Diese ist nach unserer Auffassung entscheidend für die Hervorbringung von Handlungen und Verhalten der Menschen. Die positionale Struktur ist die Ebene, auf der sich die Identitäten herausbilden und hier entsteht, wie und warum gehandelt wird.

Bei der Mesoebene handelt es sich um die Ebene der Relationen und diese sind strukturiert. und nicht mehr als Mikroform vorhanden. Insofern ist eine leicht unterschiedliche Konnotation zur Anmerkung von Bettina Heintz (2004) zu beachten, die zu dem Streit zwischen den beiden Soziologien (Vanberg 1975) noch eine dritte Soziologie hinzuzählt, die sich weder der Makroebene noch der Mikroebene zurechnen lässt. Sie spielt sich vielmehr auf der Ebene der Relationen ab (Heintz 2004). Zwar werden bei der hier benannten dritten Ebene nicht Individuen sondern Relationen als kleinste Einheiten benannt, aber bei Heintz wird das positionale Gebilde, welches aus diesen kleinsten Einheiten besteht, nicht explizit angesprochen. Heintz benennt die Wechselwirkungen der simmelschen Perspektive, Interaktion (Goffman) und Kommunikation (Luhmann). Im Gegensatz zu Rational Choice liegt hier der Schwerpunkt nicht beim Handeln, sondern bei der Interaktion (Knorr-Cetina 1981: 10).

Identitäten mit unterschiedlichen Handlungsgewichten entstehen in mehreren Schichten innerhalb der positionalen Struktur. Um die positionale Struktur kommt niemand, der in Kontakt zur Wikipedia steht, herum. Gleichwohl entfaltet sich die Wirkung der Mesoebene in unterschiedlicher Intensität und in unterschiedlicher Weise. Da von der positionalen Struktur abhängt, was möglich ist, betrifft sie jeden, der mit Wikipedia in Berührung kommt. Hier entscheidet sich beispielsweise, ob ein Angebot zur Mitarbeit an einem Artikel, etwa eine Änderung, auf Gegenliebe stößt oder nicht. Am geringsten ist die Wirkung sicherlich für den einfachen Nutzer, der nichts zu den Inhalten der Wikipedia beiträgt. Allerdings kann man sagen, dass die positionale Struktur für diesen ebenfalls von Bedeutung ist, da hiervon auch die Produktion der Inhalte abhängt und damit auch die Qualität der Enzyklopädie in eine Verbindung zur positionalen Struktur gebracht werden kann. Für die Mehrzahl der Teilnehmer ist diese Ebene ebenfalls von geringer Bedeutung, etwa für diejenigen, die gelegentlich einen Fehler verbessern oder nur einen Artikel schreiben. Ähnlich wie Whyte (1943; siehe Homans 1960) für die Street Corner Society nachweisen konnte, dass einzelne Mitglieder um so eher die Gruppennormen übertreten konnten, je weiter sie vom Kern entfernt waren. Ähnlich verhält es sich auch hier – die positionale Struktur ist für diejenigen, die am „weitesten" von dem Zentrum entfernt sind, am wenigsten verhaltensrelevant.[4] Je stärker die Teilnehmer in wichtige Teile der Wikipedia eingebunden sind, umso stärker bestimmt die von ihnen eingenommene Position, mit der im Zusammenhang mit dieser Position ausgebildeten Identität, die Handlungen. In den Auseinandersetzungen kommt es zu Veränderungen in den Haltungen, die aber typisch für die jeweiligen Positionen sind. Nehmen Teilnehmer die gleiche Position ein, so sind sie strukturell äquivalent. Dieses Konzept der strukturellen Äquivalenz ist für Harrison White (1992) ganz entscheidend, denn strukturell äquivalente Personen entwickeln nicht nur aneinander orientiertes Verhalten, sie vergleichen sich und konkurrieren untereinander und grenzen sich gegenüber den anderen Positionen ab. Durch den Wettbewerb innerhalb der Positionen wird eine Dynamik angetrieben, die zu einer

---

[4] „Entfernung" wird hier als „Distanz" im Sinne der von Leopold von Wiese (1968) entwickelten Grundbegriffe gebraucht, auch wenn der Distanzbegriff aufgrund der häufig kategorialen Dimensionen der unterschiedlichen Positionen nicht immer angebracht zu sein scheint.

Weiterentwicklung des Projekts führt. Von der Einnahme unterschiedlicher Positionen hängen auch spezifische Sichtweisen über Relevanzkriterien etc. ab. Dass dies nicht die einzige Dynamik ist, sondern auch von außen Einflüsse aufgenommen werden, wird noch erklärt.[5]

Die modifizierte Badewanne soll die von außen wahrnehmbare Dynamik und Modifikation der Ideologie erklären. Wir beginnen auf der linken Seite. Initial für die Teilnahme kann die Attraktivität der Ideologie sein, die sich gegen etablierte und teure Enzyklopädien richtet. Zur Ideologie gehört aber auch die andere Produktionsweise, die viele kleine Beiträge sammelt und zu einem „großen" Produkt zusammenfügt. So sind „en-passant"-Änderungen ein typischer Einstieg in die Mitarbeit der Enzyklopädie, wie Bryant et al. (2005) an einigen Beispielen gezeigt haben.[6] Die Unterschiede in der Produktionsweise werden in dem berühmten Dokument „The Cathedral and the Bazaar" von Eric Raymond (1998) dargestellt. Überlegungen zur „Schwarmintelligenz" (Lanier 2006) mögen zur Ideologie hinzuzählen, nämlich das Zusammentragen von „Wissen" und die Aushandlung davon, was „wahr" und was falsch ist. Schon eine oberflächliche Untersuchung zeigt aber, dass die Realität anders aussieht: Im Verhältnis zum „Schwarm" – in der deutschen Wikipedia arbeiten als angemeldete Teilnehmer mehrere hunderttausend Personen mit, bzw. sind als aktive Teilnehmer angemeldet – haben sich wenige Aktivisten Wikipedia „angeeignet" oder je nach Lesart tragen die Organisation und die hauptsächliche Erstellung von Artikeln. Während „angeeignet" den aktiven Prozess, den Willen dazu, ein Projekt zu übernehmen, thematisiert, kann eine solche Motivation zu Anfang überhaupt nicht unterstellt werden. Sie ist vielmehr Wirkung der von den Positionen ausgehenden Handlungsdynamiken. Die Studie von Bryant et al. (2005) bestätigt den Wandel von der Verbesserung eines einzelnen Artikels im eigenen Wissensgebiet bis hin zu einer aktiven Teilnahme am gesamten Projekt. Sind schon bei der kleinen Verbesserung ideologische Momente zu spüren, so verschiebt sich dieser Aspekt beim Eindringen in die Community nochmals:

> „In the move from novice to Wikipedian, goals broaden to include growing the community itself and improving the overall quality and character of the site. (..) Many Wikipedians perceive their work as contributing to a greater good, offering knowledge to the world at large" (Bryant et al. 2005:4).

Wir gehen also nicht von einem Schwarm von Teilnehmern als disperse Masse aus, sondern wir finden eine Struktur, durch die Beteiligungschancen geregelt werden.

---

[5] Genau das, was White (1992) als Triebfeder für die mit struktureller Äquivalenz zusammenhängenden und sich aus den Positionen ergebenden Dynamik ansieht, findet sich schon bei Georg Simmel (1919).

[6] In einer kleinen Studie, bei der mit Hilfe eines Online Fragebogens 38 aktive Wikipedianer im Rahmen eines Lehrforschungsprojektes an der Universität Siegen durch uns befragt wurden, kamen ideologische Momente als Motivationsgrundlage ebenfalls immer wieder zum Vorschein.

Diese Struktur, die für die „Umsetzung" der Ideologien entscheidend ist, in der aus der Idee die menschliche Handlung entsteht, ist auf der Mesoebene angesiedelt.

Schauen wir genauer auf die Mesoebene: Dort können zunächst die Aktivisten als Ganzes mit einer mehr oder weniger klaren „Corporate Identity" gesehen werden. Hier ist die Unterscheidung zwischen der „Innen-" und der „Außenperspektive" handlungsleitend. Sie setzen sich nach außen zur Wehr und verteidigen „ihr Produkt" gegen Anfeindungen. Innerhalb der Mesoebene finden sich aber wiederum unterschiedliche Positionen, die teilweise durch „formale" Ränge, durch Arbeitsteilung und durch unterschiedliche ideologische Auffassungen zu differenzieren sind.

Die Positionen bilden sich in der Auseinandersetzung mit den anderen heraus. Je nach Position entstehen aber unterschiedliche Anforderungen, muss Unterschiedliches erledigt werden. Sind Positionen bereits besetzt, ist es schwer für Neulinge in eine solche Position zu kommen. Das bedeutet, dass auch bei Projekten, die nach ihrer Ideologie freie Zugänglichkeit versprechen und eine Art „Basisdemokratie" pflegen, das Senioritätsprinzip nicht zu hintergehen ist. Je länger jemand „dabei" ist, umso mehr Möglichkeiten hat er, Meriten zu verdienen. Dabei werden Kontakte und Beziehungen aufgebaut, welche die Position strukturell absichern. Gleichzeitig entsteht Organisationswissen, also wie beispielsweise Probleme gelöst werden können, und es werden Kenntnisse über die Beziehungsstruktur akkumuliert. D.h. die Teilnehmer häufen Erfahrung an, die eine Ressource darstellt, um Storys weiterzugeben. Die Geschichten werden nicht nur mündlich kolportiert, sie werden auch über die Mailinglisten, im Chat oder auf den Teilnehmerseiten (Homepages der angemeldeten Teilnehmer innerhalb von Wikipedia) weitergegeben. Obgleich selten direkt über die Beziehungsstrukturen geredet wird, entsteht aus den Erzählungen und dem Klatsch für die Beteiligten, wie aus einem Mosaik, ein Bild über die Positionen. Je mehr Vorwissen jemand besitzt (dies könnte man in, „je mehr Geschichten jemand gehört hat" übersetzen), um so eher kann er die Geschichten deuten und in das bereits entstandene Positionenbild einordnen.

Über die Storys wird nicht nur etwas über die Beziehungsstrukturen weitergegeben, es werden auch die jeweils gültigen Ideologien ausgetauscht. Sie unterliegen dabei einem sozialen Aushandlungsprozess, den man sozialkonstruktivistisch deuten kann. Die Ideologien werden aber nicht nur „intern" ausgehandelt, sie entstehen und verändern sich durch beständige Herausforderungen von „Außen".

Eine Veränderung etwa ist, dass die Ansprüche an die „Zulassung" als Teilnehmer zwar nicht formell, aber im Selbstverständnis geändert wurden. Startete Wikipedia mit dem Gleichheitsanspruch, jeder könne mit seinem Wissen beitragen, dem einfachen Einstieg und der gesellschaftlichen Utopie, so sind doch in der Zwischenzeit einige Änderungen eingetreten. Mittlerweile geht es um den Wert von Wikipedia, darum, dass die Enzyklopädie mithalten, ja besser sein soll, als die etablierten Konkurrenten und aus diesem Grunde eben nicht mehr jeder willkommen ist. Es werden also zusätzliche Qualitätsansprüche an die Volontäre gestellt.[7]

Zu der Idee, dass der, auf der Mesoebene stattfindende Prozess, zu einer Veränderung der Anschauungen über die Wikipedia führt und einen Keil zwischen Ursprungsideologie und Produktideologie treibt, passt eine Betrachtung der Wikipedia über die Zeit. Viégas et al. (2007) fanden heraus, dass die Artikelproduktion hinter die Abklärung von Inhalten und administrative Tätigkeiten zurückfällt, wie die folgende von ihnen durchgeführte Analyse zeigt:

Tabelle 4.1:   Page Growth Factor per Namespace (Vergleich von 2003 zu 2005, Viégas et al. 2007: 5)

Namespace	Pages in 2003	Pages in 2005	Growth rate
Main	170.369	1.541.095	9x
Talk	20.067	229.999	11x
User	3.324	76.491	23x
User talk	*2.564*	*199.264*	*78x*
Wikipedia	*1.211*	*81.738*	*68x*
Wikipedia talk	441	7.267	16x
Image	6.970	292.451	42x

Während der „Main-Namespace", in dem die Wikipedia Artikel sich befinden, in der Zeit zwischen den beiden Untersuchungszeitpunkten sich „nur" verneunfachte, sind administrative Seiten und Diskussionsseiten wie „User-Talk", hinter denen sich Diskussionen in Beziehung mit den User-Seiten befinden, um das 78-fache angewachsen. Im Namespace „Wikipedia" werden vor allem administrative Dinge um Wikipedia behandelt. Der Anstieg der User-Talk Seiten weist auf eine gestiegene Bedeutung der Community hin. Der andere sehr stark gewachsene Bereich des Wikipedia-Namespaces steht für die wachsende Bedeutung von Regularien, also Verhaltens- und Produktionsnormen. Dies wird von uns als Indiz für die Wirksamkeit der Mesoebene in die in der Grafik angedeutete Richtung von einer politischen Ideologie hin zur Produktideologie gedeutet.

Darauf dass sich das Positionengefüge ändert, kann man eine Reihe von Hinweisen finden. Beispielsweise schreiben Bryant et al. (2005), dass sich mit zuneh-

---

[7] Der Gleichheitsanspruch, sozusagen die Wikipedia-Ideologie findet sich auch in wissenschaftlichen Veröffentlichungen wieder (Schmalz 2007), man könnte sagen – wieder einmal. Die Ernüchterung des Gleichheitspostulats für Internetmedien trat durch empirische Studien ein (Stegbauer 2001a; 2001b). Jetzt wird behauptet, dass die Pseudonyme vor Hierarchie schützen würden (Schmalz 2007) – das wird hier zu analysieren sein. Aufgrund unserer Vorannahmen bezüglich der Wirkmechanismen der positionalen Ebene, besteht aber nicht viel Hoffnung darauf, in einem neuen technischen Medium nun endlich diese alte demokratische Vermutung, Wirklichkeit werden zu lassen.

mender Integration in das Projekt das Interesse von „lokalen“, an einzelnen Artikeln orientierten Engagement hin zur Übernahme von eher administrativen Rollen
wandelt. In diesen Rollen steht die Sicherstellung der inhaltlichen Qualität im Vordergrund. Was von den Autoren um Bryant als individuelles Interesse gedeutet
wird, sehen wir als eine Folge des Positionierungsvorgangs. Viégas et al. (2007) und
Forte/ Bruckman (2005) stellen die Hypothese auf, dass „peer recognition plays an
important role“ (Viégas et al. 2007). Dies wird im nächsten Abschnitt behandelt.

4.4 Beziehungsdimensionen

Die Teilnehmer in Wikipedia haben verschiedene Möglichkeiten der Beteiligung.
Man kann diese in Bereiche, wir sagen „Dimensionen“ oder im Anschluss an Leo-
pold von Wiese (1968) etwas unschärfer „Sozialräume“, analytisch aufteilen: den
Bereich der Artikel, die Organisation und die Gemeinschaft.

Abbildung 4.2:   Positionengefüge bei Wikipedia

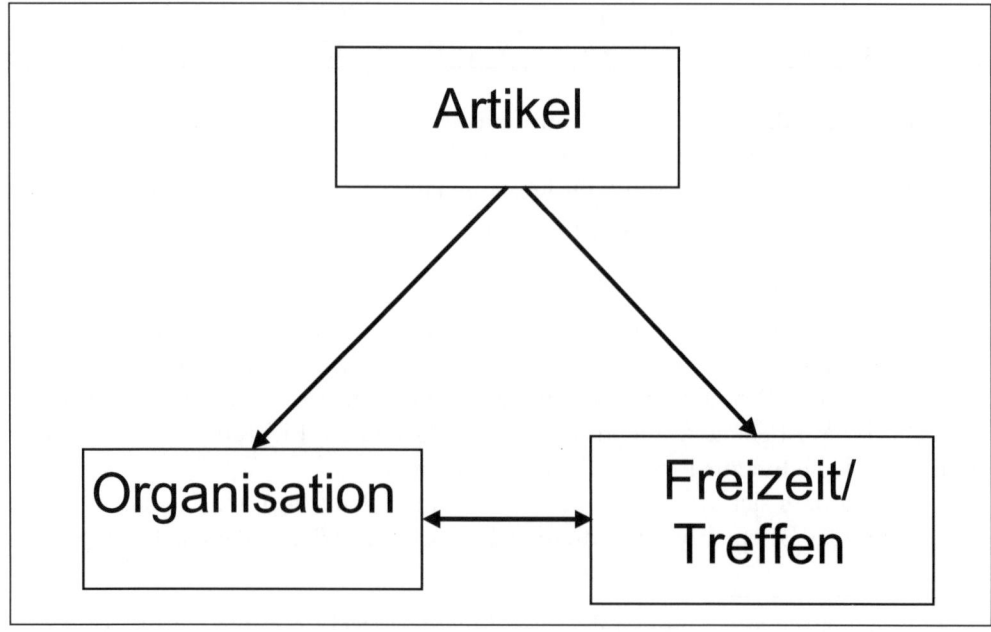

Klar, dass eine Einteilung in diese Bereiche oft Unschärfen aufweisen wird, denn
es gibt zahlreiche Überschneidungen und unsere Möglichkeiten der empirischen
Messung sind begrenzt. Jedoch nehmen wir an, dass sich die Positionen vor dem
vorgestellten theoretischen Hintergrund ganz gut innerhalb dieser drei Dimensio-

nen beschreiben lassen. Teilnehmer, die nur an Artikeln mitarbeiten, aber keinen weitergehenden Kontakt zur „Community" und „Organisation" haben, werden eher die Außensicht auf Wikipedia teilen. Solche Teilnehmer, die mit der Organisation in Kontakt kommen, lernen die Schwachstellen kennen, wissen um die Probleme mit sog. „Trollen" und „Vandalen", die Beantwortung von Anfragen von Menschen, die das Wikiprinzip nicht verstanden haben, werden zu Experten in Urheberrechtsfragen und kümmern sich um die Außendarstellung des Projekts. Dort behandelte Probleme sind beispielsweise Fragen dazu, wie die Qualität der Artikel sichergestellt werden kann oder welches die Konventionen für den Aufbau von Artikeln sind. Häufig werden diese Teilnehmer auch auf Treffen der Gemeinschaft zu finden sein. Die Treffen haben die Funktion, eine soziale Bande zwischen den Aktivisten herzustellen. Freizeit wird hier durch eine Untersuchung der Treffen, bei denen es sich häufig um den Besuch eines Wikipedia-Stammtisches handelt, operationalisiert. Zum Teil finden solche Diskussionen auch auf den Mailinglisten oder im Chat statt. Auf den Treffen wird viel mehr über das soziale Projekt Wikipedia gesprochen, hier werden Erfolge gefeiert, das Projekt wird mit gedruckten Lexika verglichen, und es wird über Journalisten gewettert, die aus Wikipedia zitieren, ohne dies kenntlich zu machen. In beiden Bereichen, mehr noch vielleicht in der Community als in der Organisation, findet Ideologieproduktion statt.

Unsere Überlegung ist, dass keiner der Bereiche alleine Auskunft über die Gesamtstruktur der Mesoebene geben kann. Allerdings handelt es sich bei einer Gesamtschau unter Einbeziehung mehrerer Bereiche um eine andere Ebene, als wenn man nur einen einzelnen Bereich unter die Lupe nimmt. Situational hergestellte Positionensysteme sind ebenfalls handlungsmächtig. Die Metaebene dagegen repräsentiert durch die Zusammenschau auch so etwas wie Metapositionen. Gleichwohl scheint eine Kombination der unterschiedlichen Bereiche es zu ermöglichen, ein weitergehendes Bild der Beteiligung zu zeichnen.

Die Bedeutung der Pfeile von den Artikeln zu den anderen Bereichen soll die häufige Entwicklung eines Teilnehmerwerdegangs andeuten. Wenn Teilnehmer in die Sozialräume der Organisation oder in den Freizeitbereich eindringen, dann verläuft diese „Karriere" zumeist über den Einstieg der Erstellung und Verbesserung von Artikeln. Diese Überlegung greifen wir weiter unten erneut auf und zeigen an Daten aus der Wikipedia typische Entwicklungsverläufe und deren Begrenzungen auf.

4.5 Sozialräume und Mesoebene

Wir haben es also mit untereinander abgrenzbaren Sozialräumen zu tun, die gleichzeitig über große Überschneidungen verfügen. Vandalenjäger beispielsweise müssen über ein Spezialwissen verfügen. Viele benutzen auch eine spezielle Software, um Vandalismus schneller aufspüren zu können. Die meisten der hochengagierten Vandalenjäger sind gleichzeitig Administratoren und nur über ihre Spezialisierung von Administratoren mit anderen Spezialisierungen zu unterscheiden. Mit Administratoren, die sich nicht auf das Spezialgebiet der Vandalismusbekämpfung verlegt haben, kommen Vandalenjäger vor allem auf den Organisationsseiten in Kontakt. Bei Wahlen und Abstimmungen sind vor allem der Kern und damit die Administratoren aktiv. Das bedeutet, dass es trotz Spezialisierungen eine Menge an Kontaktflächen gibt. Normale Artikelautoren kommen mit Administratoren über den Artikel in Kontakt. Dabei tauchen die folgenden zwei Fragen auf: 1. Wie ist die Meso-Ebene beschaffen? 2. Und wie kann man sich eine Umsetzung der Meso-Ebene in Handlungen vorstellen?

Die Meso-Ebene ist die Ebene der Relationen. Die dort vorhandenen Beziehungen sind für die Akteure diejenigen, an denen das Handeln ausgerichtet wird. Gibt es eine Möglichkeit, diese Ebene näher zu beschreiben? Welche morphologischen Aspekte spielen dabei eine Rolle?

Wie schon angedeutet, lässt sich die relationale Ebene ganz grob in unterschiedliche „Sozialräume" aufteilen. Was bedeutet das, ein Sozialraum? Während Georg Simmel (1908) noch die Sozialräume als deckungsgleich mit dem geographischen Territorium ansah, legte Leopold von Wiese (1968) darauf Wert, dass geographischer Raum und sozialer Raum nicht identisch seien. Der soziale Raum ist der Platz, an dem die Abstandsverschiebungen stattfinden, so von Wiese. Wenn sozialer Raum und geographischer Raum nicht identisch sind, dann können auch Beziehungen, die im Internet entstanden sind und gar keinem fassbaren Raum zugeordnet werden können, als sozialer Raum aufgefasst werden (vergl. Stegbauer 2001a). Überall dort, wo Beziehungen entstehen können, sind Abstandsveränderungen möglich. Daher kann man in einer Umkehrung der, von Wiese eingeführten Verbindung, von einem sozialen Raum sprechen. Abstandsverschiebungen sind auch dann schon möglich, wenn es sich um schwache Beziehungen handelt. Die Stärke schwacher Beziehungen drückt sich nicht nur in Granovetters (1973) „Strength of Weak Ties" aus, sie können vor allen Dingen dort, wo bislang keine Beziehungen vorhanden waren, strukturbildend wirken. Sie können als Nuklei angesehen werden, an die weitere Beziehungen andocken. Das genaue Verhältnis wird noch später beschrieben. Starke Beziehungen dagegen bedeuten, dass die Beteiligten viel Zeit, Emotionen und häufig auch Arbeit benötigen, um diese aufrecht zu erhalten. Starke Beziehungen sind auch prägender für die Identität und für die Präferenzen des Einzelnen. Vielleicht kann man sagen, je stärker die Beziehung ist, umso mehr ist der Einzelne davon abhängig. Positionen findet man sowohl in schwachen, wie in starken Beziehungen – und verhaltenswirksam sind sie in beiden Fällen. Allerdings werden Normverletzungen nicht in beiden gegenübergesetzten Fällen die gleichen Auswirkungen haben. Den Beteiligten fällt es leichter, die Normen in einem Beziehungsgefüge zu verletzen, welches nur über schwache Verbindungen verfügt. Dort, wo die Bindungen stark sind, steht nicht nur mehr auf dem Spiel, es gibt auch härtere Sanktionen.

Gleichwohl spielen hier vorgestellte Orte im besten Wortsinn des ansonsten schwammigen Begriffs „virtuelle Orte" eine Rolle, zumal auch diese Orte zwischeneinander abgegrenzt sind. Hier lässt sich durchaus an Giddens (1988) Theorie der Strukturation anknüpfen: Nicht alle Teilnehmer bewegen sich in allen „Räumen der Wikipedia" gleichzeitig. Nur diejenigen, welche die entscheidenden Orte kennen, haben die Möglichkeit, beispielsweise an Entscheidungen über die Wahl neuer Administratoren teilzuhaben. Und wie bei Giddens – ist auch die Zeit wichtig: Wer die Abstimmung verpasste, wird keine Chance mehr haben, sich an der überholten Wahl zu beteiligen. Wichtiger als eine einzelne Entscheidung ist aber, dass viele Funktionen nach kurzer Zeit vergeben sind; dann ist es nicht mehr einfach in eine solche Funktion oder Position hineinzurücken. Möglicherweise muss dann gewartet werden, bis ein anderer diese Position aufgibt.

4.6 Wie entsteht die Dynamik auf der Makroebene?

In unserem Schema behaupten wir eine Entwicklung von „Werten" auf der Makroebene. Wir nennen diese auch etwas unscharf „Ideologie", wobei wir behaupten, dass eine Entwicklung von einer Befreiungsideologie hin zu einer Produktideologie stattfindet. Als Ergebnis wird vor allem das Produkt in den Mittelpunkt gerückt. Die ursprünglich sehr wichtigen Entstehungsbedingungen treten dann in den Hintergrund. Es wird argumentiert, dass eine Entwicklung von der Idee „jeder gibt einen Teil seines Wissens ab" und „Befreiung aus dem Copyright" im Verlauf ein Wettbewerb mit den etablierten Enzyklopädien entsteht und der Reputation des Endprodukts Vorrang vor dem ideologisch besetzten Produktionsprozess eingeräumt wird.

Eine wesentliche Bedeutung in diesem Prozess kommt der Öffentlichkeit zu, welche die Entstehung der Wikipedia begleitet. Die Auseinandersetzung mit von außen Herangetragenem bewirkt eine Klärung von Haltungen und damit aber auch eine „Grenzproduktion" – mit jedem diskutierten Problem dieser Art wird die Differenz zwischen „innen" und „außen" deutlicher. Es entstehen Handlungsanforderungen, etwa wenn ein „Computerwurm" mit der Enzyklopädie in Verbindung gebracht wird, wenn darüber berichtet wird, dass PR-Abteilungen großer Unternehmen oder Mitarbeiter von Abgeordneten Beiträge fälschen, wenn eine Zeitung „Fehler" aufdeckt, wenn jemand das Verfassen eines Beitrags über die eigene Firma gegen Bezahlung erstellen lassen möchte oder eine „Vandalenattacke" abzuwehren ist, etc. Hier werden von außen Ansprüche formuliert, auf die eine Reaktion erfolgen muss. Während dieser Auseinandersetzung ist es notwendig, die

„Glaubenssätze" den Handlungsanforderungen anzupassen. Da die herangetragenen und die eigenen Ansprüche und die Reaktionen auf Anforderungen von außen öfters nicht ganz mit der Ursprungsidee vereinbar sind, kommt es zu einem Problem: Es entstehen Dissonanzen zwischen dem, was als notwendig erachtet wird, etwa nur noch „gute" Autoren zuzulassen, und der Ideologie „jeder kann". Es kann nun sein, dass Spannungen im Sinne einer kognitiven Dissonanz entstehen, die aber kollektiv ausgeräumt werden oder aber im Prozess der Mitarbeit sind die Ursprungsideen sowieso schon verloren gegangen.

Dieser Prozess kann als ideologische Dynamik aufgefasst werden, die aus dem Prozess der Teilhabe und Organisationsnotwendigkeiten entsteht. Für Außenstehende mag die Wandlung von der Idee der gemeinschaftlichen Produktion zu einem konkurrenzfähigen Produkt auf der Makroebene, ganz ähnlich, wie dies bei dem Ausgangsschema von Coleman der Fall war, erkennbar sein. Der Prozess findet aber nicht, obgleich er am Handeln des Einzelnen ablesbar sein kann, individuell statt, sondern ist ein Ergebnis des kollektiven Handelns.

Die beschriebene Dynamik trifft aber nicht auf alle in der Mesoebene gleichermaßen zu: Diejenigen, die neu anfangen sich mit der Produktion von Inhalten auseinanderzusetzen, haben von der wikipediaeigenen Ideologie aus anderen Quellen, etwa der journalistischen Berichterstattung, erfahren. Dort wird geschrieben, dass jeder der möchte, teilnehmen kann etc. Ein Neuling in diesem Sinne wird sich auch nicht für das gesamte Projekt verantwortlich fühlen, er mag vielleicht eine Meinung zur Qualität der Inhalte, mag auch eine Meinung zur Art und Weise, wie diese zustande kommen, haben, es fehlt ihm aber wahrscheinlich das Verständnis für die Probleme der Organisation. Diese Sichtweise würde sich dann ändern, wenn ein positionaler Wechsel vollzogen würde oder sich doch zumindest anbahnte. Vielleicht ist Verständnis für eine Blickänderung auch zu erreichen, wenn der Kontakt zur „Organisation" sich vergrößert und von der Organisation aus die Probleme aus ihrer Sicht dargestellt werden. Wenn es stimmt, dass die Ideologie eine Rolle spielt, dann sind Dissonanzen vorprogrammiert. Eine Enttäuschung neuer Teilnehmer kann nicht ausbleiben. Wir haben eine Stichprobe von Teilnehmerseiten ausgewertet, um Hinweise darauf zu bekommen.

4.7 Agendasetting von außen: Konkurrenz als Antrieb zur Modifikation der Ideologie

Der moderne Strukturalismus geht davon aus, dass Strukturen häufig selbstähnlich sind, d.h. wenn man unterschiedliche Ebenen betrachtet, kann man ganz ähnliche Strukturmuster erkennen. Georg Simmel hat dies mit folgender Formulierung bereits auf den Punkt gebracht:

Es findet sich eine „häufig beobachtete Eigentümlichkeit komplizierter Gebilde; dass das Verhältnis eines Ganzen zu einem anderen sich innerhalb der Teile eines dieser Ganzen wiederholt"[8] (Simmel 1890, zitiert nach 1989: 115).

Harrison White (1992) illustriert Strukturähnlichkeiten zwischen den Beziehungen in einem indischen Dorf und einer Universität. An der Link-Struktur des WWWs wurden ebenfalls Selbstähnlichkeiten auf verschiedenen Ebenen nachgewiesen (Dill et al. 2001).

Selbstähnlichkeit müsste sich dann auf unterschiedlichen Ebenen finden lassen und jenseits des positionalen Systems auf der Mesoebene, könnte auch ein positionales System auf der Makroebene zu finden sein. So lassen sich außer den Positionen, zu denen sich einzelne Akteure zuordnen lassen, durchaus auch Marktpositionen beschreiben, die Auswirkungen auf die Identität der an der Erstellung von Wikipedia Beteiligten hat. Mit der Herstellung von Identitäten ist verbunden, dass diese auf eine bestimmte Art und Weise handeln. Die etablierten Enzyklopädien, wie im englischen Sprachraum die Encyclopedia Britannica oder im deutschen Sprachraum der Große Brockhaus, sind Konkurrenten für das neue von Laien erstellte Nachschlagewerk. Auf der anderen Seite hat Microsoft mit Encarta ein Lexikon herausgebracht, welches in Computern verfügbar ist und Videoclips und Tondokumente integriert. Zwischen diesen etablierten Formaten muss Wikipedia seinen Platz finden. Wie auch immer die Motivation des Gründers Jimmy Wales war, etwa allen Internetnutzern kostengünstig eine Enzyklopädie zur Verfügung zu stellen, experimentell zu untersuchen, ob es möglich ist, das verteilte Wissen in Netzwerken zu einem Pool zusammenzutragen oder ob er schon bereit war, die Konkurrenz gegenüber den anderen Marktteilnehmern aufzunehmen, ist dabei ziemlich unerheblich. Die anderen Marktteilnehmer und die Nutzer weisen Wikipedia eine Position von außen zu. Die Aktivisten sehen sich dann in der Rolle der Reagierenden. Sie nehmen die ihnen zugewiesene Herausforderung an. Welche Nutzer haben Einfluss? Grundsätzlich jeder, weil Informationen und Einschätzung zu der Enzyklopädie über die privaten Kommunikationsnetzwerke weitergegeben werden. Allerdings bleibt die Macht des normalen Nutzers weitgehend beschränkt. Das was dort kolportiert wird, steht sehr häufig in einem Zusammenhang zur Medienberichterstattung.[9] Daher können die Medien und mit ihnen die Journalisten in

---

[8] Zwischen der Argumentation von Simmel und von Harrison White (1992) gibt es viele Ähnlichkeiten, wie beispielsweise in Stegbauer (2001a) gezeigt wurde.

[9] Bei der Interpretation der Medienmacht müssen die Erkenntnisse der Kommunikationsforschung berücksichtigt werden, nach denen Medien vermittelnd wirken (siehe Lazarsfeld et al. 1948; Katz & Lazarsfeld 1962; Katz 1957). Die Übersetzung der Medieninhalte erfolgt über „Stories", d.h. es werden Geschichten über die verschiedenen Positionen damit kolportiert.

diesem Zusammenhang viel mehr Einfluss nehmen. Gleichzeitig gehören die Journalisten sicherlich zu einer der Gruppen, die Wikipedia mit am häufigsten nutzen[10].

Journalisten, die aufgrund der Notwendigkeit, schnell etwas zu recherchieren und zu schreiben, auf eine Nachschlagequelle wie Wikipedia nur ungern verzichten wollen, leiden aufgrund dessen mit am stärksten unter dem Zweifel, der der Quelle Wikipedia zugeschrieben wird und können diesen Zweifel auch öffentlich vortragen.[11] In der öffentlichen Kritik an dem Projekt kommt dann mindestens zweierlei zum Tragen: Zum einen das Verlangen nach einer verlässlichen Quelle und zum anderen das Leiden unter der Unzuverlässigkeit der Inhalte bei Wikipedia. Mit dem ständig gesäten Zweifel jedoch, werden die Aktivisten in eine Position mit dem zugehörigen Rollenhandeln gedrängt. Es reicht nicht mehr allein ein Projekt zu haben, welches das Wissen aller sammelt, mit all den Schwierigkeiten, welche die Abwehr von Sonderlingen und die gemeinsame Definition dessen, was als relevante Information betrachtet wird, angeht. Vielmehr folgt man der (deutlich) von außen verordneten Sichtweise und arbeitet an der Qualität. Die Zweifel an der Qualität werden jedoch nicht nur von den Meinungsmedien gesät, gleichzeitig sind die „Konkurrenten" ständig auf dem Plan und zweifeln das Prinzip der Wissenssammlung an. Die Konkurrenz wird von den Aktivisten in Wikipedia aufgenommen,[12] es handelt sich um eine in Teilen von außen zugewiesene Rolle. Es ist wahrscheinlich, dass man daran gar nicht vorbei kommt, denn die Konkurrenten drängen durch ihre Abwehr des neuen Mitbewerbers die Wikipedia ebenfalls in diese Position. Sie ist gezwungen, auf die Kritik zu reagieren. Was sich hieran sehr gut beobachten lässt, ist, wie sich die Identität in der Auseinandersetzung mit den anderen genau so, wie es Harrison White beschreibt, entwickelt. Dabei gehen anfängliche Grundsätze verloren, wobei nicht mehr das Denken vom „Weg der Wissensgenerierung" im Vordergrund steht, sondern die Reaktion auf die Kritik. Die ursprüngliche Ideologie, die Idee, die viele dazu brachte, mitzuarbeiten, muss im Zuge der Positionenzuweisung und der zugehörigen Rollenhandlung geopfert werden. Man könnte sagen, durch diesen Prozess der Aufnahme der Konkurrenz mit den anderen Enzyklopädien, wird die Ideologie von außen manipuliert. Wikipedia steigt damit, wenn auch momentan ohne geschäftliches Interesse, in den bereits formierten Markt der Nachschlagewerke ein – es wird dazu allein durch seine Existenz „gezwungen". Dieser Mechanismus der Marktbildung wurde von

---

[10] Nach einer Untersuchung von Neuberger et al. (2008) wird Wikipedia in 4/5 der von ihm untersuchten 84 Redaktionen genutzt.

[11] Die Reaktion der Süddeutschen Zeitung auf die Diskussion in Wikipedia über eine Sperrung des Zugangs von der SZ als Folge der Manipulation an Artikeln (Rühle 2006) zeigt dies: Die SZ reagierte angeblich entsetzt darauf, dass man ihr den Lesezugang sperren könne (E-Mail von Matthias Schindler an die Mailingliste Wikide-l, am 07.11.2006, 20:29 Uhr).

[12] Ein Hinweis auf die Konkurrenzsituation ist der Aufruf „Free the Encyclopedia!" von Jimbo Wales auf der Wikimania 2005 in Frankfurt, (http://upload.wikimedia.org/wikipedia/commons/a/aa/Wikimania _Jimbo_Presentation.pdf, 08.11., 9:38 Uhr)

White (2002) beschrieben. Die Akteure (in diesem Fall sind es nicht Personen, sondern Organisationen) formieren sich im Markt als strukturell äquivalente Akteure. Sie positionieren sich zueinander, indem sie versuchen, unterschiedliche Marktbereiche mit ihrem Produkt zu besetzen und dadurch erkennbar zu bleiben.

Öffentlich sichtbar wird diese Änderung in der Strategie durch die bereits beschriebenen kleinen Editierungen auf der Hauptseite, wonach nur noch „gute" Autoren willkommen seien. Dort hieß es seit dem 10.08.2005, also kurz nach dem Vortrag von Jimmy Wales auf der ersten großen Wikimania-Tagung Anfang August 2005 in Frankfurt, dass nicht mehr jeder, sondern nur noch „gute Autoren immer willkommen seien"[13]. Wales hatte dort unter anderem gesagt, dass hinsichtlich der Zahl der Artikel die Hauptarbeit getan sei und es nun darauf ankäme, die Qualität zu steigern.

Zurück zu Coleman: Er geht davon aus, das die Teilnehmer versuchen, ihren eigenen Nutzen zu maximieren. Wir kritisieren dies, weil wir der Meinung sind, dass sich Handeln nicht aus Eigennutz erklären lässt[14]. Vielmehr ist das individuelle Streben ein Produkt, welches sich in der sozialen Sphäre entwickelt. Dabei ist das Individuum selbst „sozial konstituiert"[15]. Man kann in der Kritik an diesem Ansatz sogar noch weiter gehen, indem man Durkheim (1984; orig. 1895) folgend, die Nutzenmaximierung in den Bereich der Ideologie verdammt[16].

Wenn Identitäten sozial konstituiert sind und dort die Präferenzen, die Handlungsmuster etc. entstehen, muss die Analyse ihren Fokus genau darauf richten. Will man Kooperation zwischen den Beteiligten erklären, dann ist es genau dieser Bereich, in dem diese entsteht. Bei Wikipedia, wie wir gesehen haben, ist das Engagement der Teilnehmer nur schwerlich aus individuellem Vorteilsstreben erklärlich. Das wiederum bedeutet, dass Coleman den wesentlichen Teil in seinem Schema nicht berücksichtigt, nämlich die Sphäre, in der sich Identitäten, Vorlieben, Handlungspräferenzen etc. herausbilden.

Wenn wir das Coleman-Schema anschauen, liegt diese Sphäre in der Mitte zwischen Mikro und Makro und kann tatsächlich als der „missing link", der zwischen mikro- und makrosoziologischer Erklärung vermittelt, angesehen werden.

---

[13] "Wir sammeln das Wissen der Menschheit - auch Deines..." lautet das Motto der Wikipediander. http://www.tagesthemen.de/aktuell/meldungen/0,1185,OID2958354_TYP6_THE_NAVSPM1_REF 1_BAB,00.html (26.02.2004 14:06 Uhr).

[14] Gleichwohl mag sich etwas wie Eigennutz beobachten lassen. Aus der hier vorgestellten Sichtweise wäre dies aber etwas, was vor allem als Ideologie „gelernt" wurde.

[15] Ein Hinweis darauf findet sich in der Tatsache, dass Studierende der Wirtschaftswissenschaften egoistischer sind, so Kieser (2008), der über entsprechende Untersuchungen berichtet.

[16] Dies bedeutet nicht, dass man Kosten-Nutzen Kalküle nicht auch empirisch finden könnte. Wenn Ideologie ein System von Ideen ist und das „Thomas Theorem" (Thomas 1928) gilt, nachdem „als real definierte Situationen, reale Konsequenzen mit sich bringen, wird man Personen finden, die nach der Idee handeln und der Idee zu einer empirischen Wirkung verhelfen. Es wird jedoch bezweifelt, dass dies das zentrale Handlungsprinzip des, aufgrund seiner Positionen konstituierten, Akteurs ist.

Das Schema wird von uns modifiziert, insbesondere wird eine mittlere Ebene eingezogen. Diese Mesoebene ist der Ort, in dem „das Soziale" wirksam wird und die Menschen als solche konstituiert werden.

5   In der Studie verwendete Daten und Stichproben

Wir beziehen uns in unserer Studie immer wieder auf bestimmte Daten. Da diese oft im Text in Kurzform angesprochen werden, sollen an dieser Stelle Hinweise auf die Datenbasis gegeben werden.

Bei Wikipedia selbst handelt es sich um ein Programm, das „Mediawiki", welches auf einer SQL-Datenbank aufsitzt. Man kann daher über SQL-Befehle direkt auf die Datenbank zugreifen, sofern man Zugang dazu besitzt. Wir hatten diesen Zugang und haben daher die Datenbank dazu benutzt, um auf verschiedene Weise Stichproben zu ziehen. Diese Stichproben bilden die Grundlage unserer Auswertungen.

5.1 Artikelsample

Aus der Wikipedia Datenbank wurde im September 2006 eine Artikelstichprobe von 4400 aus den damals verfügbaren 772.017 Artikeln gezogen (inklusive Redirects, also Artikeln, die nur aus einer Weiterleitung bestehen). Es wurden alle Artikelversionen einbezogen.

Von den 4400 Artikeln verfügten 1253 bzw. 28% über eine Diskussionsseite. Die Artikel und die zugehörige Diskussion wurden von 7822 angemeldeten Autoren erstellt. Hinzu kamen 17450 IPs, die für unangemeldete Teilnehmer stehen. Dabei kann man aber nicht von der Zahl der beteiligten IPs ohne weiteres auf die Zahl der Beteiligten Teilnehmer schließen.

Der Artikel mit den meisten Bearbeitungen im Sample „Freimaurerei" wurde 1874-mal bearbeitet. Der Artikel mit den meisten Diskussionsbeiträgen war „Linux" mit 482 Beiträgen.

Diese Stichprobe ist die Grundlage zweier weiterer Stichproben:

5.1.1 Eine Stichprobe von 300 Artikeln

Diese kleinere Stichprobe war notwendig, weil sich herausstellte, dass die soziale Wirklichkeit sich leider nicht 1:1 in der Datenbank abbilden lässt. Das bedeutet, dass häufig Artikel verschoben werden, dass es Löschanträge gibt und Exzellenzanträge etc. Bei all diesen Aktivitäten finden Diskussionen über einen Artikel außerhalb des eigentlichen Artikels statt. Solche Diskussionen haben aber durchaus eine Rückwirkung auf die Produktion des Artikels.

Es galt also die 300 Artikel genau nachzusehen und herauszufinden, ob außerhalb des eigentlichen Artikelbereiches mit dem Artikel etwas geschehen war. Unter den 300 Artikeln befanden sich zwei lesenswerte Artikel, ein Attribut, welches nach einer Abstimmung in der Wikipedia besonders guten Artikeln verliehen wird. Ein Artikel stand schon einmal unter „Review". Dabei wird der Rat von anderen Autoren eingeholt, um den Artikel zu verbessern. Löschanträge bestanden schon einmal für 22 Artikel (7%). Vier Artikel standen unter Beobachtung, 14 wurden einer Qualitätssicherung unterzogen.

Viel interessanter ist aber die Tatsache, dass zu fast 10% der Artikel auch eine Diskussion außerhalb des Artikeldiskussionsbereiches stattfand. In unserer kleinen Stichprobe beteiligten sich an diesen Diskussionen 69 Teilnehmer.

5.1.2 30 Artikel mit Diskussionen

Auf der Diskussionsseite von Artikeln werden die Inhalte verhandelt. So war unsere Ausgangsüberlegung. Daher nahmen wir eine Reihe von Artikeln genauer unter die Lupe. Die näher untersuchten Diskussionsverläufe zu Artikeln sollten die folgenden Bedingungen erfüllen: Es sollten sich drei und mehr Teilnehmer an der Diskussion beteiligt haben und diese sollte mindestens 20 oder mehr Diskussionssequenzen aufweisen.

Vom Artikelsample mit 4400 Artikeln trafen diese Kriterien auf 62 Artikel (1,4%) zu. Aus diesen 62 Artikeln haben wir dann zufällig 31 ausgewählt (für manche Auswertungen wurde jedoch nur auf 30 Artikel zurückgegriffen).

An der Erstellung der 31 Artikel waren 1411 Angemeldete und 3462 Nichtangemeldete beteiligt. Rechnet man jede IP als Teilnehmer, dann kann man sagen, dass 36% der Teilnehmer angemeldet waren. In die Diskussionen waren 845 Teilnehmer involviert, davon waren 387 angemeldet, was 46% entspricht. Wenn man davon ausgeht, dass angemeldete Teilnehmer erfahrener sind, so zeigt sich hier bereits ein Unterschied: Es sind tendenziell eher erfahrene Teilnehmer, die sich im Diskussionsbereich engagieren.

Aus den Diskussionsbereichen der auf diese Weise extrahierten Artikel wurden Netzwerke erstellt. Dies wurde durch manuelle Kodierung erledigt. Dabei wurde bei jeder Diskussionssequenz vom Projektmitarbeiter entschieden, ob ein Bezug auf einen Beitrag eines anderen Teilnehmers vorhanden ist oder nicht. Ferner wurde der Beitrag hinsichtlich des Beziehungstyps codiert. Es wurde codiert, ob es sich um Unterstützung, Lob oder Dank handelte oder ob am Inhalt des Artikels Kritik geübt wurde. Ferner wurde untersucht, ob es zu Belehrungen der Ermahnungen kam, ob ein Teilnehmer einem anderen einen Arbeitsauftrag gab oder ob es sich um den Bericht einer Ausführung eines solchen Auftrages handelte.

Darüber hinaus haben wir versucht, den Ton der Auseinandersetzung festzuhalten: Handelt es sich um eine negative Beziehung, ein Herabsetzen des Anderen, ein Nachgeben oder um eine gegensätzliche Position?

5.2 Teilnehmerstichproben

Aus der Gesamtzahl der angemeldeten Teilnehmer wurde zunächst eine 1501er und später eine 15000er Stichprobe gezogen. Zur Stichprobe gehörte eine Reihe von Teilnehmerattributen, insbesondere in welchen Datenbanknamensräumen die Teilnehmer aktiv geworden sind. Da alle Aktivitäten mit einem „Timestamp" versehen sind, lassen sich hierdurch Verlaufsanalysen generieren. Auf diese beiden Samples gehen wir im nächsten Kapitel näher ein.

5.3 Portale

Um den Zusammenhang von Teilnehmern innerhalb eines Fachgebietes und nicht nur in einzelnen Artikeln und deren unmittelbarem Umfeld untersuchen zu können, wurden die Artikel und Nichtartikelbereiche von drei Portalen in die Untersuchung mit einbezogen. Es handelt sich um die Portale „Olympische Spiele", „Bildende Kunst" und „Philosophie". Die Auswahl wird unten näher beschrieben und begründet.

5.4 Treffen

In Wikipedia selbst findet man Informationen über Treffen, wie Stammtische, Messeauftritte, gemeinsame Wanderungen, Grillpartys etc, denn Wikipedia wird zur Vor- und Nachbereitung der Treffen genutzt. Häufig kündigen verschiedene Teilnehmer an, zum vereinbarten Termin zu erscheinen. Ausgewertet wurden aber nur die, in den meisten Fällen angefertigten Protokolle mit Anwesenheitsliste. Teilweise wurden auch beschriftete Bilder von Treffen in die Auswertung einbezogen. Es wurden im Zeitraum vom 18. Oktober 2003 bis zum 3. November 2006 240 Treffen in 51 Orten erfasst. An diesen nahmen 750 Personen teil.

5.5 Qualitative leitfadengestützte Interviews

Unsere nichtreaktiven Untersuchungen wurden durch 20 Interviews mit Aktiven ergänzt. Dabei sollte ein möglichst breites Spektrum an Positionen abgedeckt werden.

Daher wurde darauf geachtet, dass die folgenden Positionen einbezogen wurden: Admins, Artikelbetreuer, Artikelschreiber, OTRS-Mitarbeiter (das sind Mitarbeiter, die Anfragen an Wikipedia abarbeiten) Qualitätssicherer, Vandalenjäger,

Vermittler und Vorstände des Wikimediavereins. Ferner sollten die Interviews auch ein möglichst breites Alters- und Berufsspektrum sowie die unterschiedlichen Geschlechter berücksichtigen. Die Interviews fanden zwischen September 2007 und Januar 2008 statt.

6   Nutzerkarrieren[1]

Neu hinzukommende Teilnehmer werden entweder integriert oder abgestoßen. Zur Integration in den inneren Kern ist, wie bereits oben angedeutet, das Durchlaufen von verschiedenen Karrierestationen notwendig. Man kann mit Hilfe der Daten über die Teilnehmer, die in der Wiki-Datenbank gespeichert sind, Teilnehmerkarrieren nachverfolgen. Wenn man dies tut, kann man nachweisen, dass die Möglichkeiten auf eine Karriere in den inneren Kreis der Wikipedia bei weitem nicht allen offen steht – und, dass insbesondere in den letzten Jahren diese Möglichkeiten sehr stark zurückgingen.

Das Wachstum der Internet-Enzyklopädie Wikipedia ist immer noch atemberaubend. Es gibt Untersuchungen, in denen behauptet wird, dass das Wachstum von Wikipedia grenzenlos sei (Spinellis/ Louridas 2008). Das kann nicht sein und wir finden, dass die Zahl der regelmäßig hinzukommenden Artikel sich stabilisiert hat und nicht mehr weiter wächst (siehe unten). Trotzdem gibt es einen ständigen Durchlauf neuer Teilnehmer. Dabei steigt insgesamt die Zahl der Teilnehmer genauso wie die Zahl der Artikel. Allerdings hat sich der Zuwachs an neuen Teilnehmern in der letzten Zeit wesentlich verlangsamt.

Mittlerweile verzeichnet die deutschsprachige Wikipedia ca. 600.000 Teilnehmerkonten.[2] Allerdings kann niemand sagen, wie viele Personen hinter den Anmeldungen stehen. Gerade diejenigen, die sich nur sporadisch an Artikelbearbeitungen beteiligen, dürften ihr Passwort vergessen und sich mehrmals anmelden. Außerdem melden sich zahlreiche Teilnehmer auch nur zum Spaß an, ohne je Ambitionen hinsichtlich einer aktiven Teilnahme gehabt zu haben. Dies wird sichtbar, wenn man sich die Benutzernamen der neu angemeldeten Teilnehmer anschaut. Hinzu kommt eine unbekannte Zahl nicht angemeldeter Teilnehmer, die sich ebenfalls an der Erstellung von Inhalten beteiligen.

An der Erstellung der Enzyklopädie Wikipedia kann sich grundsätzlich jeder beteiligen. Mit einem Klick öffnet sich ein Bearbeitungsfenster, in dem man einen Artikel verändern, verbessern oder einen neuen Artikel anlegen kann. Das bedeutet aber noch lange nicht, dass sich jedermann tatsächlich beteiligt. Außerdem liegt auf der Hand, dass ein solches System einen relativ hohen Aufwand der Pflege erfordert. Diese Arbeit wird vor allem vom Kern der Teilnehmer geleistet, der viel kleiner ist, als die Zahl der Teilnehmerkonten andeutet.

---

[1] Der folgende Abschnitt ist in modifizierter Form unter „Christian Stegbauer; Elisabeth Bauer, Nutzerkarrieren in Wikipedia, S. 186-204, in: Ansgar Zerfass; Martin Welker und Jan Schmidt (Hrsg.), Kommunikation, Partizipation und Wirkung im Social Web. Köln: Halem" erschienen.
[2] http://de.wikipedia.org/wiki/Spezial:Statistik (04.08.2008)

Abbildung 6.1:   Rückgang der neu hinzukommenden Wikipedianer (neue Teilnehmer mit mehr als 10 Artikelbearbeitungen im letzten Monat) http://stats.wikimedia.org/DE/TablesWikipediansNew.htm

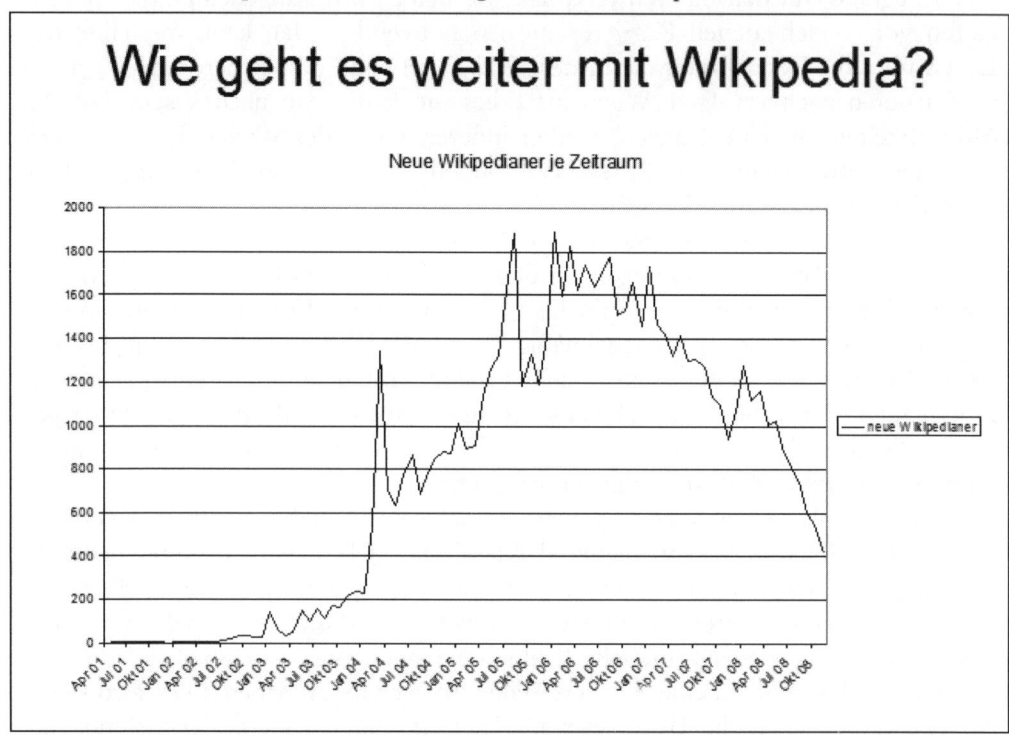

Für die Beteiligung an Wikipedia gibt es eine Menge von Erklärungen, beispielsweise wird eine Parallele zur Produktion von wissenschaftlichen Texten behauptet, die darin endet, dass die Beteiligten sich engagieren und dies in verschiedenen Bereichen der Wikipedia tun, weil

> „If a participant wants to accrue more credibility, one way to do so is by participating in multiple channels; this requires a substantial time commitment." (Forte/ Bruckman 2005).

Der Text, aus dem das Zitat stammt, legt es nahe zu glauben, dass die erreichbare Position abhängig vom individuellen Wollen ist. Wir aber starten von einem strukturalistischen Ausgangspunkt unsere Analyse, was bedeutet, dass wir Erklärungen für Beteiligung, bzw. die Chance dazu in der Beziehungsstruktur suchen.

Solche Aussagen, nach denen die Art und Weise, wie jemand handelt, auf individuellem „Voluntarismus" beruhe, sind in der Geschichte des relational-strukturalistischen Denkens teilweise sehr vehement kritisiert worden. Beispielsweise von Mayhew (1980). Er verurteilt hier auf polemische Weise den Individualismus:

> „What you do depends on what you want" (so zitiert Mayhew Max Black). Mayhew fährt fort: „People have values which tell them what they want. (This is what a value is.) So, *people do things because they want to*. That is the explanation of their behaviour. If a person refrains from doing something, this means the person did not want to do that. Thus we have Parsons' contribution to individualism" (Mayhew 1980: 353).

Wenn wir uns mit der Motivation Einzelner beschäftigen, dann nur insofern, als unsere unterliegenden Annahmen diese als positional bedingt ansehen. Das bedeutet nicht unbedingt, dass die Motivation 100% aus der eingenommenen Position folgt, es bedeutet aber, dass die Position die Motive filtert und ggf. ganz andere Motive hervorbringt, als zunächst vom Einzelnen intendiert.

In diesem Kapitel geht es aber nicht um Motive, es geht um die Teilnehmerkarrieren. In diese Untersuchung sind wir mit der Annahme gestartet, dass, wenn dem so ist, nicht der Einzelne darüber entscheidet, an welcher Stelle er in der Organisation landet. Harrison White (1970) konnte für Organisationen eine Verkettung von Vakanzen, sog. „Chains of Opportunity" aufzeigen. Wenn jemand eine Stelle verlässt, wird sie frei. Rückt dann jemand auf diese Stelle, hinterlässt er wiederum eine freie Stelle usw. D.h., wenn eine Vakanz besetzt wird, entsteht erneut eine Vakanz, usw. Eine Vakanz ist aber notwendig, um in eine, der freien Stelle entsprechende, Position zu kommen. Die meisten Positionen sind nicht beliebig vermehrbar. Selbst in wachsenden Organisationen ist dies nicht möglich. Bevor wir mit der Untersuchung begannen, nahmen wir an, dass aufgrund der im Verlauf der Organisationsbildung bereits besetzten Positionen, die Möglichkeit in den Kern der Wikipedia vorzustoßen, geringer sein müsse als vor einigen Jahren. Und dies, obgleich die Organisation immer noch wächst.

In diesem Kapitel soll mit Hilfe einer formalen Analyse gezeigt werden, wie sich im Laufe der Zeit die Aktivitäten der Teilnehmer ändern. In einem Aufsatz von Bryant et al. (2005) werden Änderungen im Verhalten der Teilnehmer thematisiert und Unterschiede zwischen Neulingen und „Experten" anhand von Interviews mit neun erfahrenen Teilnehmern aufgezeigt. Dort wurde argumentiert, dass es einen einfachen Einstieg für neue Teilnehmer geben müsse, da die Anzahl der benutzten Tools mit dem Aufstieg vom Neuling zum Experten ansteige. Bryant et al. beschreiben diesen Prozess als etwas kontinuierliches, bei dem sich die Sicht auf Wikipedia dahingehend ändere, dass zunehmend Wikipedia als Ganzes in den Blick gerate. Neulinge dagegen begnügten sich mit der fallweisen Fehlerverbesserung oder Ergänzung einzelner Artikel, die ihnen bei einer Recherche in der Enzyklopädie auffallen. Was von den Autoren als Unterscheidung zwischen Novizen und Experten beschrieben wird, ist aber nichts anderes als ein Wechsel von einer peripheren hin zu einer zentralen Position.

An dieser Stelle betrachten wir vor allem die Zeit, die notwendig ist, um einen solchen positionalen Wechsel zu vollziehen. Tatsächlich bedeutet ein solcher Wechsel einen Sprung, der mit einer Veränderung in den Beziehungen zu anderen Teilnehmern einhergeht.

In diesem Zusammenhang ist wichtig, dass ein Eindringen in die Tiefen der Wikipedia nur schwer aus persönlichen Motiven erklärbar ist. Er lässt sich aber auf den Wechsel von Position zurückführen. Ein tieferes Eindringen in die Wikipedia verändert Verhalten und Bewusstsein, so Bryant et al. (2005)[3]. Da diese Autoren intentional argumentieren, gerät jedoch nicht in den Blick, dass es Kapazitätsbeschränkungen für viele Positionen gibt. Beispielsweise können nicht beliebig viele Teilnehmer in den Kern der Community eindringen. Die Zahl der Administratoren ist durch komplexe Wahlvorschriften limitiert usw. Das bedeutet, dass die meisten Teilnehmer sich mit einem Platz an der Peripherie begnügen müssen.

6.1 Ausgangslage

Schauen wir auf die Nutzerstatistiken, so finden wir eine sehr starke Ungleichverteilung der Beiträge. Der Teilnehmer mit den meisten Beiträgen kommt auf über 250.000 Bearbeitungen.[4] Nimmt man von der Spitze der Statistik die 366 Teilnehmer mit den meisten Beiträgen, sind von diesen zusammen etwa 6,4 Millionen Bearbeitungen und darunter 4,2 Millionen Artikelbearbeitungen vorgenommen worden.[5] Nach internen Daten der Wikipedia summieren sich die Seitenbearbeitungen der deutschen Wikipedia auf zig Millionen. Tabelle 6.1 verdeutlicht die klare Ungleichheit der Beteiligung. Circa 50% der aktiven Teilnehmer haben nur eine Bearbeitung vorgenommen und nicht viel mehr als 2% der Teilnehmer haben ¾ der Edits beigetragen.

Man kann fragen, wie es zu dieser Ungleichverteilung kommt. Es ist kaum vorstellbar, dass sich ein Teilnehmer bei Wikipedia anmeldet und einfach damit beginnt, Artikel zu bearbeiten und so nach und nach zehntausende von Beiträgen anfertigt. Man kann also fragen, wie Teilnehmer in eine solche Position kommen, in der sie in dem Maße mitarbeiten. Gibt es ein typisches Muster, wie sich Teilnehmer verhalten und wie sie dazu kommen, eine Position einzunehmen, in der sie sehr viele Editierungen vornehmen? Eine solche Sichtweise zielt auf die am ehesten öffentlich sichtbare Position bei Wikipedia ab, nämlich auf die des Artikelschreibers. Allerdings ist hierbei zu beachten, dass die Mehrzahl an Artikelbearbeitungen nicht unbedingt von den Artikelschreibern produziert werden, die meisten

---

[3] In allgemeiner Weise thematisiert dies Tenbruck (1958), wenn er behauptet, dass für Rollenhandeln keine Motivation notwendig sei.
[4] http://de.wikipedia.org/wiki/Wikipedia:Beitragszahlen (28.08.08).
[5] http://de.wikipedia.org/wiki/Wikipedia:Beitragszahlen (28.08.08).

Bearbeitungen kommen bei den „Vandalenjägern" zusammen, die sich zur Aufgabe gestellt haben, die Enzyklopädie frei von Vandalismus zu halten.

Tabelle 6.1:   Verteilung der Artikeledits aller Wikipedianer.
                  Nur Artikelbearbeitungen und keine Diskussionsseiten usw. werden
                  gezählt.

Bearbeitungen ≥	Wikipedianer	Personen %	Bearbeitungen Total	Bearbeitungen %
1	197891	100.0%	18251736	100.0%
3	101538	51.3%	18093722	99.1%
10	58454	29.5%	17841966	97.8%
32	27197	13.7%	17304419	94.8%
100	12896	6.5%	16519600	90.5%
316	6312	3.2%	15360027	84.2%
1000	2896	1.5%	13475327	73.8%
3162	1134	0.6%	10367433	56.8%
10000	291	0.1%	5690655	31.2%
31623	25	0.0%	1411058	7.7%
100000	3	0.0%	440553	2.4%

http://stats.wikimedia.org/DE/TablesWikipediaDE.htm (28.08.2008)

Die Zuordnung zu Positionen im sozialwissenschaftlichen Sinne ist kategorial. Beispielsweise nehmen die beteiligten Akteure die Position des Artikelschreibers, des Vandalen, des Administrators, des Vandalenjägers, etc. ein. Es kann vorkommen, dass ein Akteur zu mehreren Positionen gleichzeitig gehört.[6] Die Positionen entwickeln sich selten kontinuierlich, häufig sind „Verhaltenssprünge" mit der Übernahme, bzw. Zuordnung zu einer Position verbunden. Bei Adminwahlen in der Wikipedia wird beispielsweise oft gesagt, dass Akteur xyz nicht Administrator werden solle, weil er dann nicht mehr zum Artikelschreiben kommt. Contra-Stimmen mit Begründungen wie der folgenden sind keine Seltenheit:

> „Er sollte sich in Ruhe auf seinen Fachbereich konzentrieren, statt hier unbedingt Admin werden zu wollen. Da ist er vermutlich sicherlich wertvoller. Denn eine Admintätigkeit hält meist von der einstigen Konzeption ab."[7]

Das weist darauf hin, dass sich das Verhalten nach einem Übergang von einer Position zur anderen ändert. Wenn jemand, wie üblich, mit der Bearbeitung von

---

[6] Für eine Analyse gleichzeitig eingenommener Positionen, siehe Kapitel 10.
[7] http://de.wikipedia.org/wiki/Wikipedia:Adminkandidaturen/Pitichinaccio (10.10.2007, 13:47)

Artikeln beginnt, hat er den Status des Anfängers inne. Häufig ist es so, dass diejenigen, die eine Bearbeitung vornehmen, von denjenigen, die den Artikel im Wesentlichen erstellt haben, zurückgewiesen werden. Wenn der Anfänger einen neuen Artikel anlegt, wird dieser von etablierten Teilnehmern oft als nicht relevant angesehen und zum Löschen vorgeschlagen u.s.w. Das bedeutet, dass eine große Chance besteht, dass die erste Arbeit, mit der ein Neuling einsteigt, nicht akzeptiert wird. Dann ist es sehr wahrscheinlich, dass nach der ersten und einzigen Bearbeitung die Mitarbeit an Wikipedia eingestellt wird. Die erste zu nehmende Hürde bei der Entwicklung zum Wikipedianer ist also, dass der eigene Initialbeitrag akzeptiert wird.

Aus der Wikipedia-Datenbank lassen sich einige Daten abfragen, aus denen man typische Teilnehmerverlaufsmuster konstruieren kann. Wir würden also erwarten, dass der erste Kontakt mit Wikipedia in den allermeisten Fällen über die Mitarbeit an einem Artikel verläuft.

Um aufzuzeigen wie typische Teilnehmerkarrieren verlaufen, haben wir diese Analyse für unterschiedliche Gruppen von Teilnehmern durchgeführt.

6.2 Empirisches Vorgehen - Nutzerkarrieren

Um etwas über die Karrieren von Teilnehmern zu erfahren, haben wir untersucht, wie die Reihenfolge der Beteiligung an Wikipedia bei individuellen Teilnehmerkarrieren aussieht. Zum einen haben wir genauere Analysen für 30 Artikel[8] vorgenommen, zu denen auf der jeweils zugehörigen Diskussionsseite Inhalte ausgehandelt wurden. An der Erstellung dieser 30 Artikel waren insgesamt 1529 Teilnehmer beteiligt. Zum anderen haben wir ein Zufallssample von 1501 Teilnehmern aus allen angemeldeten Teilnehmern gezogen, um die Ergebnisse zu kontrastieren.

Wie haben die Teilnehmer aus dem Zufallssample an der Wikipedia mitgearbeitet? Die erste Überraschung für uns ist, dass mehr als die Hälfte außer der Anmeldung keine weitere Aktivität innerhalb der Wikipedia zeigte. Nur 687 von 1501 (46%) wurden innerhalb der Wikipedia weitergehend aktiv.

Man kann die individuelle Karriere eines Teilnehmers durch die Beobachtung der unterschiedlichen Wikipedia-Namensräume verfolgen. Die Namensräume stellen ein Ordnungsprinzip in der Wikipedia-Datenbank dar, welches wir uns für die Analyse zu Nutze machen können. Zu den Artikeln gehört beispielsweise neben dem eigentlichen Artikel immer der Namensraum „Diskussion" in dem den Artikel betreffende Fragen besprochen werden können. Jeder Teilnehmer hat eine Art Homepage im Benutzernamensraum, zu der ebenfalls ein Diskussionsnamensraum gehört. Diese Seite dient vor allem der Selbstdarstellung des Teilnehmers. Sie

---

[8] Eine genauere Charakterisierung dieser 30 Artikel findet sich in Kapitel 5.

ist wie alle Wikipedia-Seiten zweigeteilt in die eigentliche Teilnehmerseite und den zugehörigen Diskussionsbereich. Im Diskussionsbereich werden von anderen Teilnehmern Hinweise, Benachrichtigungen o.ä. eingetragen. Hier wird in der Regel auch die in Wikipedia häufige Begrüßung durch ein anderes Mitglied hinterlegt.

In Wikipedia werden noch zahlreiche andere Namensräume unterschieden. Wichtig ist hiervon vor allem der „Wikipedia-Namensraum", weil dies der Platz ist, an dem organisatorische Dinge über Wikipedia selbst verhandelt werden. Diskussionen zur Organisation finden zu einem Großteil dort oder auf den hierzu gehörenden Diskussionsseiten (Namensraum: Wikipedia-Diskussion) statt. Mit Hilfe einer Analyse der Namensraumseiten lässt sich also feststellen, wann jemand zum ersten Mal an einem Artikel mitgearbeitet hat, wann jemand auf seiner Benutzerseite einen Eintrag erstellte und wann er im Wikipedia-Namensraum geschrieben hat. Genau so gehen wir vor. Dies hat den Vorteil, dass die Karrieren der Teilnehmer auf den Eintrittszeitpunkt normiert werden. Das bedeutet, dass der Tag der Anmeldung bei uns dem Zeitpunkt Null entspricht. Wenn man auf diese Weise die Teilnehmerkarrieren aggregiert, lassen sich typische Verläufe nachzeichnen. Mit dieser Methode ist allerdings auch ein gravierender Nachteil verbunden, der an dieser Stelle nicht ausgeglichen werden kann. Je nach Eintrittszeitpunkt ändert sich die Umwelt in Wikipedia. So war es vor einigen Jahren wesentlich leichter in Wikipedia in eine zentrale Position zu kommen.

> Damals konnte man „an einem Abend 50 Stubs verfassen, indem man die biographischen Daten aus einem Gelehrtenkalender übernahm" (..) „es waren die Zeiten niedrig hängender Früchte", so ein von uns interviewter Aktivist.

Dennoch sind wir der Auffassung, dass eine Normierung auf den Eintrittszeitpunkt eine kumulierte Betrachtung von Karrieren erst ermöglicht. Dies stellt einen Fortschritt in der Analyse der Teilnahme in Wikipedia dar. Eine Betrachtung, bei der die unterschiedlichen Gegebenheiten zum Eintrittszeitpunkt dargestellt werden, folgt später im Kapitel.

Typisches Verlaufsmuster der Aktivitäten neuer Teilnehmer

Anmeldung als Teilneh- mer	Bearbeitung eines Artikels	Bearbeitung im Wikipedia- Namensraum

Erstellung der Benutzerseite

Wir beobachten, wer von den zu untersuchenden Teilnehmern in welchem Namensraum zuerst aktiv wurde. Wir erwarten als erste Aktivität eine Editierung innerhalb eines Artikels. Tatsächlich sind es über 40% derjenigen, die überhaupt aktiv geworden sind, die als allererstes nach der Anmeldung im Artikelnamensraum etwas beigetragen haben. Im Artikelnamensraum kann man nach einem Beitrag zu einem Artikel und der Diskussion zu einem Artikel unterscheiden. Dass jemand zu einem Artikel diskutiert, so nehmen wir an, folgt relativ bald danach. Allerdings wird es seltener vorkommen, als eine Änderung an einem Artikel vorzunehmen, denn zu einer Teilnahme an einer Diskussion bedarf es schon eines größeren Involvements. Wenn sich ein Teilnehmer anmeldet, wird ihm gleichzeitig eine Teilnehmerseite, im Benutzernamensraum zur Verfügung gestellt. Der Wikipedia-Namensraum dagegen dient der Dokumentation und Organisation des gesamten Projekts Wikipedia. In diesem Namensraum werden zumeist diejenigen Teilnehmer aktiv werden, die sich nicht nur für einen Teilaspekt, sondern für das gesamte Projekt interessieren. Über die Art und Weise wie das Projekt organisiert wird, über statistische Analysen, Abstimmungen etc. des gesamten Projektes wird auf den Diskussionsseiten des Wikipedia-Namensraumes verhandelt. Wir nehmen an, dass in einer Teilnehmerkarriere dieser Aspekt erst dann wahrgenommen wird, wenn derjenige schon sehr tief in das Projekt involviert ist.

Abbildung 6.3:　Darstellung – wie hoch ist der Anteil derjenigen, die die jeweils „nächste" Stufe erreichen (Zufallssample aller Benutzer, n= 1501)

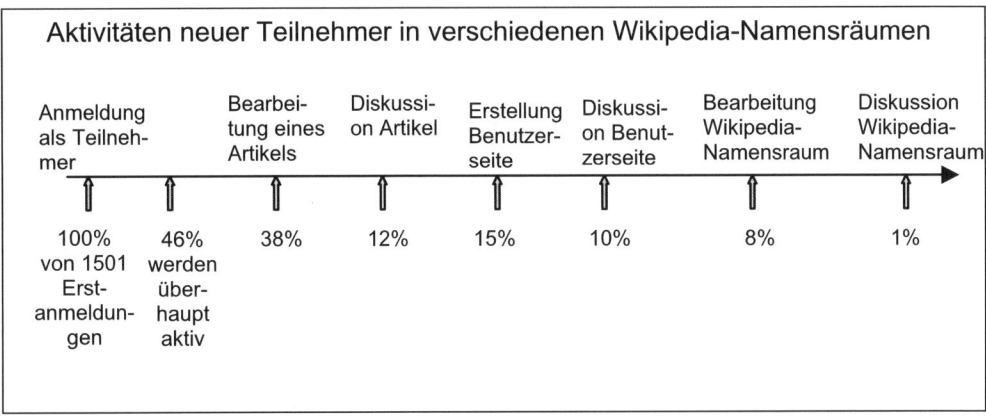

Eine sehr starke Diskrepanz zeigt sich, wenn man nicht zufällig ausgewählte Teilnehmer anschaut, sondern solche, die tatsächlich in Wikipedia aktiv geworden sind. Wie bereits mehrfach erwähnt, haben wir 30 Artikel mit Diskussion näher auf die Struktur der Diskussion hin untersucht. An diesen 30, im Vergleich verhältnismäßig großen Artikeln haben 1529 angemeldete Teilnehmer mitgearbeitet. Es zeigt sich, dass dort eine ganz andere Zusammensetzung an Teilnehmern vorhanden ist. Nicht nur 1% ist im Wikipedia-Diskussionsraum aktiv geworden, es sind 56%. Dieser Bereich steht für die Entscheidungen über Wikipedia als Ganzes. Anstatt 8% der neu Angemeldeten beteiligen sich über 80% an Bearbeitungen im Wikipedia-Namensraum. Ansonsten stimmt die Reihenfolge der Anteile weitgehend überein. Das Niveau der Beteiligungsquoten ist zwischen Randomsample (den 1500 zufällig ausgewählten angemeldeten Teilnehmern) und der aufgrund ihrer Beteiligung (an den 30 näher betrachteten Artikeln) untersuchten Gruppe sehr deutlich unterschieden.

Abbildung 6.4: Darstellung – wie hoch ist der Anteil derjenigen, die die jeweils „nächste" Stufe erreichen (Beteiligung an Artikel oder Diskussion „30-Artikel", n=1529)

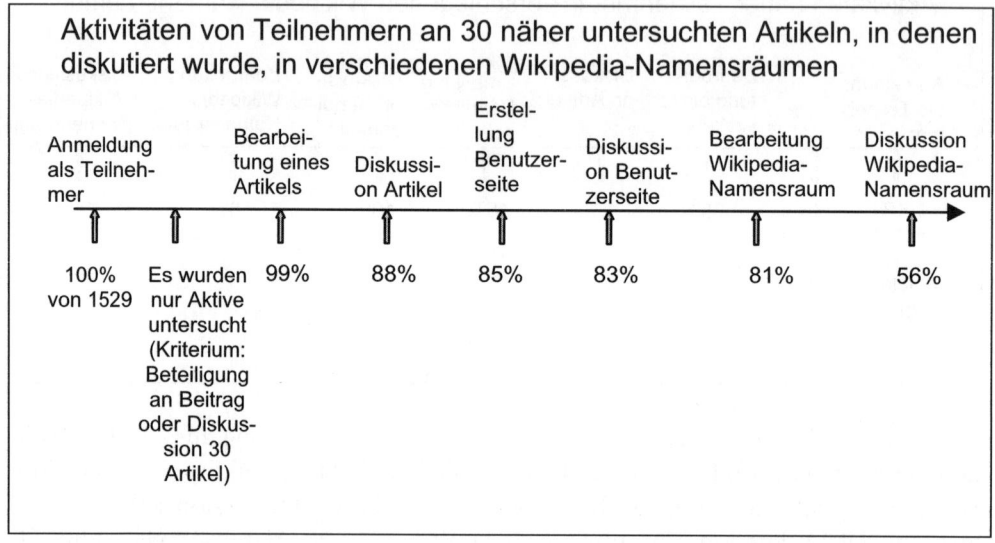

Eine systematische Verzerrung kommt zusätzlich dadurch zustande, dass diejenigen, die sich beteiligen, in der Regel nicht nur an genau einem Artikel mitarbeiten, sondern gleichzeitig an verschiedenen Stellen anpacken. Dadurch kommen diese in einen näheren Kontakt mit der Organisation von Wikipedia. Sie sind im Durchschnitt stärker innerhalb der Wikipedia integriert. Ein Hinweis auf die Verzerrung findet sich in der relativ starken Konzentration der Aktiven. Im Random Sample zeigen im Vergleich zu den in den 30 Artikeln Aktiven nur ganz wenige ein ähnliches Ausmaß an Aktivität (1% beteiligt sich im Wikipedia Diskussions-Namensraum versus 56%). Die allermeisten der zufällig Ausgewählten werden nicht so weit integriert, dass diese in verschiedenen Namenräumen aktiv würden.

Wir können dies durch weitere Analysen bestätigen. So kann man bestimmen, wie lange es dauert, bis ein Teilnehmer nach Eintritt in den verschiedenen Namensräumen aktiv wird. Dies ist auf den folgenden Diagrammen gezeigt.

Während bei den zufällig ausgewählten Teilnehmern nur sehr wenige über den Bereich der Artikelerstellung hinaus kommen, sind bei denjenigen, die aufgrund einer Beteiligung an den näher untersuchten Artikeln (30 Artikel) ausgewählt wurden, die Anteile derjenigen, die im Wikipedia Namensraum aktiv werden, wesentlich größer. Dies ist aber nicht der einzige augenfällige Unterschied. Bei den zufällig Ausgewählten scheint sich die weitere Karriere als „Wikipedianer" innerhalb kürzester Zeit entschieden zu haben. Die meisten werden keine Wikipedianer, denn sie bleiben in den anderen Bereichen der Wikipedia inaktiv.

Abbildung 6.5:   Wie viele Monate dauert es, bis ein neu eingetretener Teilnehmer in
einem der sechs betrachteten Namensräume aktiv wird? (Random Sample
aus allen angemeldeten Teilnehmern, n= 1501)

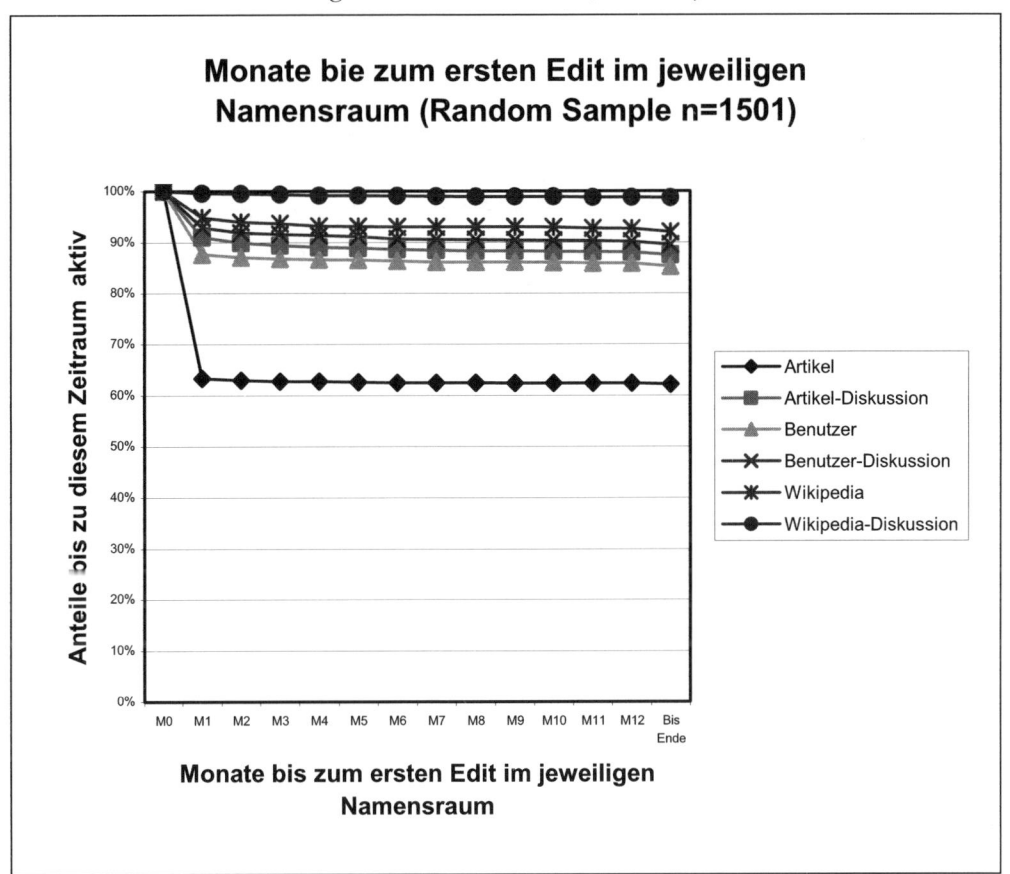

Die Teilnehmerkarrieren sind deutlich von denjenigen zu unterscheiden, die schon einmal aktiv waren. In deren Teilnehmerkarrieren findet sich ein größerer Anteil, der bis zum Kern der Organisation von Wikipedia vordringt bzw. vorgedrungen ist. Bei dieser Gruppe entscheidet es sich nicht sofort, ob sich an weiteren Namensräumen beteiligt wird oder ob es zu einer Beteiligung an der Erstellung eines oder mehrerer Artikel kommt. Hier lässt sich eine „Entwicklung" beobachten. Der größte Teil dieser Entwicklung, so kann man aufgrund der Daten sagen, findet zwar auch hier in der ersten Periode nach dem Anmelden statt, doch wird deutlich, dass es oft einige Zeit dauert, bis Aktivitäten in weiteren Namensräumen aufgenommen werden. Bis es zu einer Beteiligung an der Diskussion zu Wikipedia selbst kommt, dauert es am längsten. Offenbar durchschreiten die meisten Teilnehmer eine Entwicklung, bis sie in diesem Namensraum ankommen. Teilweise dauert diese Entwicklung weit über den in den Grafiken betrachteten Zeitraum von über einem Jahr.

Abbildung 6.6:   Wie viele Monate dauert es, bis ein neu eingetretener Teilnehmer in einem der sechs betrachteten Namensräume aktiv wird? (Teilnehmer, die sich bei 30 ausgewählten Artikeln mit Diskussion, an der Erstellung des Artikels oder an der Diskussion beteiligt haben, n= 1529)

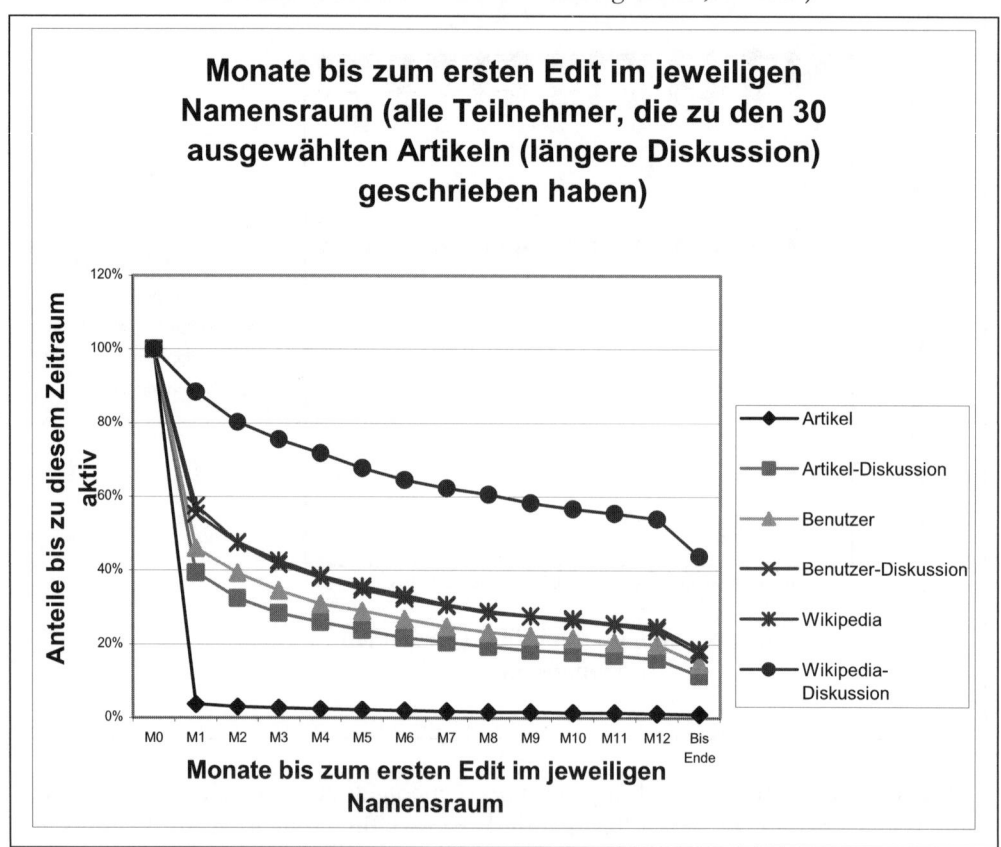

Eine solche Entwicklung kann man sich als Prozess der Aufnahme in die Wikipedia vorstellen, die nach unseren Beobachtungen häufig als Kooptation erfolgt. Den meisten Teilnehmern von Wikipedia ist gar nicht bewusst, dass es verschiedene Namensräume gibt, in denen über die Entwicklung von Wikipedia diskutiert wird (Hammwöhner 2007). Die meisten kennen nur den Artikelbereich und dieser ist es auch, der im Mittelpunkt der Veröffentlichungen in der Presse über Wikipedia steht. Auch wenn man über eine Suchmaschine (etwa Google) an Wikipedia weiter verwiesen wird, findet man nichts über die dahinter stehende Organisation. All das bleibt dem „normalen" Nutzer verborgen. Auch solche Teilnehmer wissen nichts davon, die nur einmal etwas an einem Artikel ergänzen oder etwas richtig stellen. Bei den Teilnehmerkarrieren handelt es sich um eine Kombination aus kontinuierlichem „Hineinziehen" in die Wikipedia mit kategorialen Positionswechseln. Ein solcher Wechsel in der Position bewirkt eine Änderung im Tätigkeitsprofil. Wir haben dies an mehreren Stellen beobachten können, wenn etwa aus einem Artikelschreiber der Verwalter eines Artikels wird (Stegbauer 2007), ein Teilnehmer Admin wird etc.

Wenn sich jemand signifikant beteiligt, begrüßt wird oder regelmäßig etwas beiträgt, dann entwickelt sich ein Prozess, den man mit sozialer Integration umschreiben könnte. In diesem Prozess erreichen die Teilnehmer immer größere Tiefen der Wikipedia. Es handelt sich aber auch um einen Prozess der Positionierung. Mit der sozialen Integration steigt auch der Einfluss, den die Mesoebene der Wikipedia auf den einzelnen Teilnehmer auszuüben vermag.

Wie ein Positionswechsel wirkt, wird in der nächsten Abbildung deutlich: Die verschiedenen Aufgaben sind durch unterschiedliche Grautöne dargestellt. Auf der linken Seite befinden sich die Bearbeitungen im Artikelnamensraum. Auf der rechten Seite die Aktivitäten, welche durch die Admintätigkeit hervorgerufen werden. Man sieht, dass sich die Ernennung zum Admin auch auf den Bereich der Artikelbearbeitungen niederschlägt. Man sieht also, dass sich neben einer deutlichen Steigerung der Mitarbeit, der Tätigkeitsschwerpunkt deutlich verlagert.

Abbildung 6.7:   Zeitliche Entwicklung der Namensraumverteilung der Aktivitäten eines
Teilnehmers. Im März 2005 erhält der Teilnehmer Administratorenrechte.
Während Artikelbearbeitungen (linker Balkenteil) in den folgenden
Monaten noch die Mehrzahl der Bearbeitungen ausmachen, kehrt sich das
Verhältnis später zugunsten adminbezogener Tätigkeiten (rechter
Balkenteil) wie Löschen, Sperren usw. um.[9]

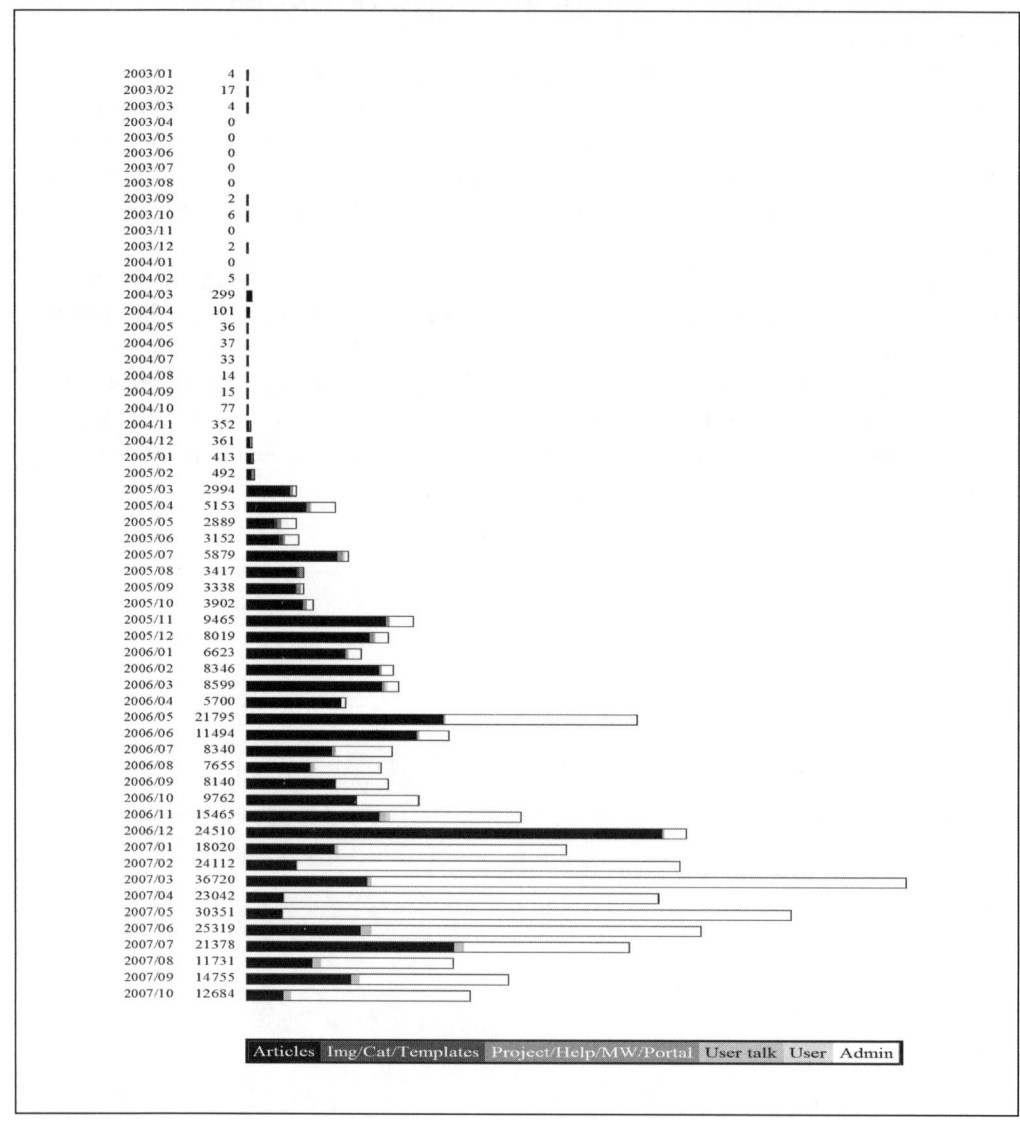

[9] Wir verzichten hier aus Datenschutzgründen auf die Angabe des Namens. Diagramm generiert von
Interiots Edit-Counter http://tools.wikimedia.de/~interiot/cgi-bin/count_edits (16.10.2007, 11:39).

Tabelle 6.2:   Durchschnittliche Anzahl der Tage von der Teilnehmeranmeldung bis zur ersten Aktivität im jeweiligen Namensraum

Namensraum	Random Sample (n = 1501)			Teilnehmer an 30 Artikeln (n = 1529)		
	Tage nach Anmeldung arith. Mittel	Tage nach Anmeldung Median	Stufe wird erreicht von %	Tage nach Anmeldung arith. Mittel	Tage nach Anmeldung Median	Stufe wird erreicht von %
Artikel	5	0	38	5	0	99
Artikel-Diskussion	50	1	12	64	7	88
Benutzerseite	45	0	15	75	9	85
Benutzerseite-Diskussion	70	2	10	96	24	83
Wikipedia	87	4	8	95	25	81
Wikipedia-Diskussion	144	81	1	188	155	56

In der Tabelle kann man ablesen, dass die Ausgangsbedingungen für beide verglichenen Gruppen durchaus ähnlich gewesen sind. Die Gruppe der in den ausgewählten 30 Artikeln Aktiven braucht ebenso lange wie die des Random-Samples, bis die einzelnen Stufen des Eindringens erreicht werden. Einige Teilnehmer brauchen sogar wesentlich länger, was wohl aber daran liegt, dass die verschiedenen Stufen von einem größeren Anteil erreicht werden. Einige Teilnehmer in beiden Teilgruppen werden entgegen der Regel bereits am Tag ihrer Anmeldung auch im Wikipedia-Diskussionsraum, der im Durchschnitt erst sehr spät in einer Nutzerkarriere erreicht wird, aktiv. Es scheint nahe zu liegen, dass es sich dabei nicht um „normale" Teilnehmer handelt. Daher haben wir diese Fälle genauer unter die Lupe genommen. Ein Teilnehmer hat sich beispielsweise den Namen „Gleiche Reichte für IPs" zugelegt, was auf Vorerfahrungen schließen lässt. Ein anderer trägt als Teilnamen „bot", was darauf schließen lässt, dass es sich um einen Bot handelt, also ein Programm, das von einem erfahrenen Teilnehmer betrieben wird.[10]

---

[10] Bots sind von technisch erfahrenen Teilnehmern betriebene Programme für automatisierbare Routinearbeiten wie dem Anpassen von Verlinkungen oder der Ergänzung von Links zu anderen Wikipedia-Sprachausgaben.

Um Genaueres über verschiedene Gruppen von Teilnehmern herauszufinden, haben wir eine Clusteranalyse durchgeführt. Für diese Clusteranalyse wurden nun nicht mehr nur die sechs wichtigsten, sondern alle 18 Wikipedia-Namensräume als Clusterungsvariablen herangezogen. Da, wie wir gesehen haben, eine sehr ungleiche Verteilung der Beiträge in den verschiedenen Namensräumen zu beobachten ist und einige Namensräume nur von relativ wenigen Teilnehmern genutzt werden, haben wir uns dazu entschlossen, für diese Analyse eine neue Stichprobe zu ziehen. Wir haben die Stichprobe um den Faktor 10 aufgestockt. Von allen angemeldeten Teilnehmern wurde also eine 15.000er Stichprobe ad random gezogen. Sowohl in der 1.501er als auch in der 15.000er Stichprobe ist erwartungsgemäß der Anteil der Teilnehmer, die sich zwar angemeldet haben, aber nicht aktiv wurden, groß. Für die kleinere Stichprobe ermitteln wir den Wert von 45,8 %, für das größere Sample 44,4%.

Tabelle 6.3:   Anzahl der Beiträge in allen Wikipedia Namensräumen nach Clusternummer (15.000er Stichprobe)

Cluster 7er Lösung	Mittel-wert	N	Minimum	Maxi-mum	% der Gesamt-anzahl derjeni-gen, die aktiv wurden	% der Gesamt-zahl der Angemel-deten	Kumu-lierte % über das gesamte Sample
0 (Teil-nehmer ohne Beiträge)	0,0	8342	0	0			55,6%
1	2,9	1318	1	93	19,8%	8,8%	64,4%
2	7,8	3554	1	813	53,4%	23,7%	88,1%
3	29,3	788	2	4603	11,8%	5,3%	93,4%
4	139,3	743	3	6524	11,2%	5,0%	98,3%
5	600,3	102	5	6043	1,5%	0,7%	99,9%
6	1488,5	108	32	15558	1,6%	0,7%	99,7%
7	8372,6	45	557	72353	,7%	0,3%	100,0%
Insgesamt	113,7	6658	1	72353	100,0%	100,00%	

Mit den verbliebenen 6658 Teilnehmern, die aktiv geworden sind, wurde die Clusteranalyse durchgeführt. Wegen der hohen Fallzahl wurde dabei die SPSS-Prozedur Quick-Cluster verwendet. Da die Cluster-Variablen sehr ungleiche Verteilungen aufweisen, wurden die Variablen dichotomisiert. Die Variablen sind nach der Dichotomisierung als Beteiligung an den verschiedenen Namensräumen zu werten. Wir akzeptieren eine Lösung mit sieben Clustern.

Eine einfache Näherung zur Beschreibung der verschiedenen Cluster ist es, die durchschnittliche Anzahl der Beiträge der verschiedenen Teilnehmergruppen zu betrachten.

Man sieht, dass die Cluster nach der Zahl der Beiträge gut trennen, obgleich es sich dabei nicht um das eigentliche Clusterungskriterium handelte. Die in Cluster 1 und 2 zusammengefassten Teilnehmer haben insgesamt nur sehr wenige Editierungen vorgenommen. Wenn man diese beiden Cluster zusammen nimmt und diejenigen, die gar nicht aktiv werden, hinzu zählt, dann zeigt sich, dass dies über 88% der angemeldeten Teilnehmer betrifft.

Wenn beispielsweise (zum Zeitpunkt dieser Erhebung) von über 400.000 angemeldeten Teilnehmern berichtet wird, dann zeigt diese Untersuchung, dass davon tatsächlich gerade mal 12% oder 48.000 Teilnehmer in einem nennenswerten Umfang aktiv wurden. Dies ist immer noch eine relativ große Zahl. Bei den Clustern stechen insbesondere Nummer 6 und 7 hervor. Von den in Cluster 6 zusammengefassten Teilnehmern wurden durchschnittlich jeweils etwa 1.500 Editierungen vorgenommen, von den Teilnehmern des Blocks 7 sogar über 8.000. In diesen beiden Clustern sind gerade einmal 1% der Teilnehmer zusammengefasst, aber auf diese entfallen etwa 70% der gesamten Änderungen in der Wikipedia.

Um die Cluster näher zu bestimmen, wird im Folgenden betrachtet, in welchen Namensräumen die Teilnehmer aktiv waren.

Tabelle 6.4:   Namensräume, in denen die Teilnehmer aktiv waren nach Clustern (Teil 1)

Cluster	Artikel	Artikel-Dis-kussion	Benut-zer	Benut-zer-Dis-kussion	Wiki-pedia	Wiki-pedia-Diskus-sion	Bild	Bild-diskus-sion	Media-Wiki	Media-Wiki-Diskus-sion
1	,0	,5	,9	,4	,4	,0	,1	,0	,0	,0
2	6,6	,4	,0	,1	,1	,0	,4	,0	,0	,0
3	23,0	1,1	3,2	,5	,2	,0	,7	,0	,0	,0
4	98,5	11,7	9,7	5,8	7,2	,0	2,1	,0	,0	,0
5	371,0	57,3	43,5	36,1	54,4	5,7	6,3	,2	,0	,0
6	1110,1	69,9	86,6	50,2	75,3	5,2	14,0	,4	,0	,0
7	5742,1	418,2	262,6	448,0	806,5	85,5	68,0	1,7	4,0	,5
Insge-samt	79,7	6,6	5,5	5,2	8,5	,8	1,3	,0	,0	,0

Tabelle 6.5:   Namensräume, in denen die Teilnehmer aktiv waren nach Clustern (Teil 2)

Cluster	Vorlage	Vorlage-Diskus-sion	Hilfe	Hilfe-diskus-sion	Katego-rie	Katego-riediskus sion	Portal	Portal-diskus-sion
1	,0	,0	,0	,0	,0	,0	,0	,0
2	,0	,0	,0	,0	,0	,0	,0	,0
3	,0	,0	,0	,0	,2	,0	,1	,0
4	,0	,0	,0	,0	,5	,1	1,3	,2
5	,0	,1	,1	,5	,8	,2	17,5	1,1
6	6,2	,2	,3	,2	5,7	,4	34,9	4,9
7	180,6	28,5	4,8	4,1	68,0	2,2	90,7	14,4
Insge-samt	1,3	,2	,1	,0	,7	,0	1,6	,2

Die Teilnehmer des insgesamt aktivsten Clusters Nr. 7 sind in den verschiedenen Namensräumen die aktivsten in allen Kategorien. Den Gegensatz dazu bilden die Teilnehmer in Cluster 1 und 2, die die wenigsten Beiträge in allen Namensräumen verfassen. Allerdings besteht zwischen diesen beiden Clustern, wie in Tabelle 6.4 gezeigt wird, ein Unterschied: Die in Cluster 1 zusammengefassten Teilnehmer schreiben praktisch gar keine Artikel. Sie sind, wenn auch ganz schwach, vor allem auf der eigenen Benutzerseite aktiv. Ein wenig Aktivität kommt noch im Wikipe-dia-Namensraum hinzu. Cluster 2 dagegen ist ebenfalls sehr schwach in den Na-mensräumen vertreten. Lediglich in den Artikelnamensräumen findet sich etwas Aktivität. Cluster 3 hat schon etwas mehr Bearbeitungen auf dem Editkonto, aller-dings finden diese ebenfalls fast ausschließlich im Artikelnamensraum statt.

Tabelle 6.6:   Anteile der Edits in den genannten Namensräumen, die auf das jeweilige Cluster entfallen

Cluster	Artant[11]	Art-Dant	Benant	Ben-Dant	Wipedi-aant	Bildant	Portant	Rest	Gesamt	N
	%	%	%	%	%	%	%	%		
1	0	26	36	15	14	5	1	3	100%	1318
2	91	4	0	1	1	3	0	0	100%	3554
3	61	5	26	3	2	2	0	1	100%	788
4	60	14	8	8	7	2	0	0	100%	743
5	56	11	8	7	11	2	1	5	100%	102
6	71	7	6	4	6	1	2	3	100%	108
7	64	7	5	6	11	1	1	5	100%	45
Insgesamt	67	9	11	5	4	3	0	1	100%	6658

Mit Hilfe der Clusteranalyse lässt sich zeigen, dass man aufgrund von Editierungen in verschiedenen Wikipedia-Namensräumen Teilnehmerprofile zusammenfassen kann. Dadurch lassen sich Gruppen mit starken Unterschieden in den Verhaltensweisen konstruieren. Nur wenige schaffen es, in die Cluster mit den besonders aktiven Teilnehmern vorzudringen. Hier ist an erster Stelle der Cluster 7 zu nennen. Die in diesem Cluster zusammengefassten Teilnehmer sind in allen Namensräumen die aktivsten. Wir haben im Sample neun Administratoren, was ungefähr den Erwartungen aufgrund ihres Anteils an den Teilnehmern der Wikipedia insgesamt entspricht. Alle neun sind im Cluster 7 und haben sich bis spätestens Oktober 2005 angemeldet.

Danach ist es kaum noch einem Teilnehmer gelungen, unter die im Cluster 7 zusammengefassten Teilnehmer, die man auch als „Führungsmannschaft" oder als Aktivisten bezeichnen kann, vorzudringen. Selbst zum Cluster der „minderaktiven Aktivisten", dem Cluster 6, kommen zu den späteren Zeitpunkten nur noch wenige neue Teilnehmer hinzu.

---

[11] Die Spaltenüberschriften stehen für: Artant (Anteil Bearbeitungen im Artikelnamensraum), ArtDant (Anteil Bearbeitungen im Artikeldiskussionsnamensraum), Benant (Anteil Bearbeitungen im Benutzernamensraum), Ben-Dant (Anteil Bearbeitungen im Benutzerdiskussionsnamensraum), Wipediaant (Anteil Bearbeitungen im Wikipedianamensraum), Bildant (Anteil Bearbeitungen im Bildernamensraum), Portant (Anteil Bearbeitungen im Portalnamensraum) etc.

Tabelle 6.7:   Clusterzugehörigkeit nach Eintrittsdatum

Circa Eintrittszeiträume aufgrund ID[12]

Cluster	Beginn – Jan 2005	Jan 2005- Okt 2005	Okt 2005- März 2006	Mär 2006- Okt 2006	Okt 2006- Apr 2007	Gesamt	N
1	6%	14%	15%	25%	40%	100%	1318
2	14%	20%	15%	27%	24%	100%	3554
3	19%	25%	14%	24%	17%	100%	788
4	23%	24%	16%	20%	17%	100%	743
5	30%	20%	17%	24%	8%	100%	102
6	38%	23%	13%	22%	5%	100%	108
7	53%	33%	9%	4%	4%	100%	45
Insgesamt	1002	1331	999	1664	1662		6658

Tabelle 6.8:   Tage zwischen erstem und letztem Edit nach Clustern

Cluster	Mittelwert	Median	N
1	12	0	1127
2	75	0	3553
3	201	75	788
4	340	255	743
5	462	393	102
6	567	572	108
7	826	811	45
Insgesamt	129	1	6466

Die Anordnung der Cluster entspricht dem Zeitraum, an dem die Teilnehmer aktiv waren. Diejenigen in Cluster 7 sind am längsten aktiv, diejenigen von Cluster 1 am kürzesten. Es kann zwar sein, dass der eine oder andere zu einem späteren Datum

---

[12] Die Identitätsnummern (IDs) werden chronologisch vergeben. Durch eine Ordnung nach ID-Nummern lassen sich die Eintrittszeiträume bestimmen.

noch einmal aktiv werden wird, dies würde aber am Gesamtbild, dass die Mehrzahl der Teilnehmer nur einen ganz kurzen Zeitraum dabei ist, nur wenig ändern.

6.4 Kapitelresümee

Die aufgrund des Teilnehmerverhaltens konstruierten Cluster könnte man auch in einem abstrakten Sinne als unterschiedliche Positionen deuten, von der einflusslosen Peripherie bis hin zu einer ganz kleinen Gruppe von Aktivisten. Es zeigt sich, dass man die Teilnahme differenziert betrachten muss – nicht jeder Teilnehmer ist gleich einem anderen. Die in diesem Kapitel zusammengefasste Untersuchung zeigt aber auch, dass unterliegende Prozesse im Gange sind, die sich mit diesem Verfahren der Clusteranalyse nicht nachweisen lassen. Wir untersuchen das Kooperationsphänomen daher in den weiteren Kapiteln auch noch mit anderen Mitteln.

Mit unserer Analyse können wir nachweisen, dass nur wenige Teilnehmer in eine zentrale Position in Wikipedia vordringen. Es sieht sogar so aus, als sei ein Vordringen heute kaum mehr möglich, denn 86% derjenigen, die in Cluster 7, dem Cluster mit den zentralen Teilnehmern zusammengefasst sind, sind bis Oktober 2005 eingestiegen. Danach war die Führungsriege für neue Teilnehmer kaum mehr erreichbar. Wenn das so ist, dann ist dies ein Argument gegen die Idee des individuellen Voluntarismus. Eine solche Argumentation wurde zu Beginn des Kapitels am Beispiel von Forte/ Bruckman (2005) aufgezeigt. Wenn die Möglichkeiten der Mitarbeit vom individuellen Wollen abhängen würden, warum sollten die später Hinzugekommenen in dieser Hinsicht eine andere Meinung vertreten, als diejenigen, die sich früher angemeldet haben? Wenn dieses Argument plausibel ist, dann kann es als gewichtiges Argument für die Bedeutung der Positionen angesehen werden. Offenbar sind die Führungspositionen nicht in gleichem Maße ausweitbar wie die Peripherie, auch sind hier viel eher Abschottungen nach außen zu beobachten, wie noch zu zeigen sein wird.

Als ein Gegenargument könnte man anführen, dass es einige Zeit dauert, bis die Teilnehmer sich in verschiedenen Bereichen bewährt haben und sich dann erst die Gelegenheit ergibt, ins Zentrum aufzurücken. Diesem Argument kann man aber entgegen halten, dass, wenn wir uns die kumulierten und normierten Teilnehmerkarrieren in den Abbildungen 6.3 und 6.4 anschauen, die meisten Teilnehmer, die es dorthin schaffen, bereits nach einem halben Jahr in die „Tiefen" der Wikipedia Namensräume eingetaucht sind. Wir finden hier aber die Situation vor, dass seit nunmehr zwei Jahren kaum mehr ein Teilnehmer zum zentralen Cluster hinzukommt. Das kann nur bedeuten, dass dies heute nicht mehr ohne weiteres möglich ist, da die zentralen Positionen heute besetzt sind.

Ein Nachwachsen von Teilnehmern, die in den Kern eindringen, ist heute also nur noch bedingt erreichbar oder mit Drehung der Worte des bereits zitierten zentralen Wikipedia-Aktivisten „die Früchte hängen heute deutlich höher als am Anfang". Die freie Enzyklopädie büßte so gesehen im Laufe der Zeit einiges an Freiheit in dem Sinne ein, dass zu Anfang viel eher „jeder" mitarbeiten konnte und alle Positionen erreichbar waren. Die Tatsache, dass die wichtigen Positionen zur Genüge besetzt sind, kann als Schließung interpretiert werden. Schließung bedeutet, dass kaum mehr jemand an die Stelle gelangt und die Hürden für ein Aufrücken immer höher gelegt werden. Interessant ist dies auch deswegen, weil die Zahl der monatlich neu hinzukommenden Artikel heute deutlich höher liegt als zu den Zeiten der „niedriger hängenden Früchte". Nach einer starken Hauptwachstumsphase im Jahr 2004 hat sich der durchschnittliche Zuwachs an neuen Artikeln heute auf etwa 500 pro Monat eingependelt.[13] Das bedeutet, dass es offenbar genug Arbeit für neue Teilnehmer gibt, ihnen allerdings nicht mehr der Raum bleibt, zur Führungsschicht in Wikipedia aufzusteigen.[14]

---

[13] http://stats.wikimedia.org/DE/TablesWikipediaDE.htm (05.10.2007, 11:01 Uhr).
[14] Geser (2008) befürchtet gar, dass es Wikipedia nicht gelingen könne, den ständig notwendigen Zustrom an neuen Mitarbeitern auf Dauer sicherzustellen.

7 Die Produktion der Inhalte, netzwerkanalytisch betrachtet

Kollaborativ erstelltes Wissen ist eine Spezialform eines öffentlichen Gutes. Da Wikipedia unser Beispiel ist, müssen wir klären, wie hier „Wissen"[1] entsteht. Die der „Wissensproduktion" unterliegenden Prozesse beruhen auf Kooperation. Um verstehen zu können, wie die Inhalte in die Enzyklopädie kommen, müssen wir uns die unterliegende Kooperation genauer ansehen. Wikipedia eignet sich in besonderer Weise, dem Rätsel der Kooperation nachzugehen. Dies liegt zum einen an den Möglichkeiten der Datenanalyse, zum anderen daran, dass die als Ursache für Kooperation oben benannten Belohnungen bei der Erstellung der Wikipedia wohl kaum eine Rolle spielen (siehe Kapitel zwei und drei).

7.1 Die Produktion der Inhalte durch die Nutzer – oder „Social Software"

Seit einigen Jahren zeichnen sich Internetapplikationen dadurch aus, dass Teilnehmer in die Produktion von Inhalten einbezogen werden. Eine solche Beteiligung der Nutzer ist der Kern dessen, was als „Web 2.0" oder als „Social Software" bezeichnet wird. Das Spektrum solcher Anwendungen ist weit. Es reicht von gemeinsam eingerichteten Internet-„Radiosendern", über Foto- und Videosammlungen und Freundschaftsnetzwerken bis hin zu gemeinsam erstellten Linksammlungen. Die Anbieter stellen die Infrastruktur zur Verfügung, geben minimalen Input und versuchen, meist über Belohnungsprogramme für reichliche Mitarbeit, etwa den „Aufstieg" in einem formal festgelegten sozialen Rang, die Teilnehmer zu weiterer Mitarbeit anzuspornen.

In die gleiche Kategorie fällt auch die Online-Enzyklopädie Wikipedia, obgleich momentan damit noch keine kommerziellen Interessen verbunden sind. Wikipedia ist aber ein Beispiel dafür, wie es möglich ist, mit Unterstützung des Internets das Handeln von Menschen zu koordinieren.

Der Erfolg von Wikipedia lässt viele Akteure hoffen, dass dieser an der Software liege. Daher wird dieselbe Software in vielen anderen Projekten angewendet, die von ähnlichen öffentlichen Informationssammlungen über betriebliches „Wissensmanagement" bis hin zum Einsatz der Software in der universitären Lehre reichen. Wikipedia regt also in vielen Gebieten dazu an, eine ähnliche Technik

---

[1] Das, was hier „Wissen" genannt wird, ist letztlich die Aushandlung von als relevant erachteten Informationen und noch nicht Wissen. Damit aus Informationen Wissen wird, ist ein Akt der Aneignung zwischenzuschalten.

einzusetzen.[2] Vor allem im Bereich des E-Learnings wird auf Wiki-Plattformen gesetzt. Der häufige Misserfolg bzw. die diffizilen Randbedingungen, unter denen solche Technologien erfolgreich eingesetzt werden können, zeigen, dass die Technik als lediglich eine Voraussetzung zur kollaborativen Erstellung von Inhalten angesehen werden kann, diese aber keineswegs ausreicht, um den Erfolg zu erklären. Kaum eines der Projekte ist so erfolgreich wie Wikipedia. Wenn man hier eine Parallele zur Techniksoziologie ziehen kann, scheint sicher zu sein, dass der Erfolg nicht alleine auf die Software zurückzuführen ist. Bei gleicher Technik kooperieren bei weitem nicht in allen Kontexten die Menschen miteinander, so wie es erwünscht ist – offensichtlich sind bestimmte Voraussetzungen zu erfüllen. Diese Voraussetzungen sind wohl vor allem Soziale. Eine technikdeterministische Betrachtung wäre also falsch, obgleich die Bedeutung der Technik nicht unterschätzt werden sollte. Es kommt auf das Zusammenspiel der „Wiki-Technik" auf der einen Seite und die Kooperation der Teilnehmer auf der anderen Seite an.

7.2 Wiki-Technik

Kern von Wikipedia ist das Mediawiki-Programm, welches speziell für Wikipedia entwickelt wurde. Es ist frei verfügbar und kann im Prinzip von jedem auf seinem eigenen Rechner installiert und genutzt werden. Es greift auf eine relationale Datenbank zu. Das Interessante daran ist vor allem, dass verschiedene Personen über das Internet an den gleichen Texten arbeiten können, sofern sie über einen Zugang zum Internet verfügen. Damit wird technisch gesehen, die Textproduktion unabhängig von den Orten, an denen sich die Teilnehmer befinden. Man braucht keine Texte hin und her zu schicken. Oft ist das auch gar nicht möglich, weil jeder die Texte ändern kann, auch ohne zu wissen, wer außerdem noch an den Inhalten arbeitet. Außer dem eigentlichen Text, der gemeinsam erstellt wird, bleibt (fast) jede Änderung im System erhalten. Von Ausnahmen abgesehen, geht nichts verloren; die alten Versionen bleiben grundsätzlich abrufbereit. Daneben gehört zu jeder inhaltlichen Seite auch eine „Metaseite", auf der über den Text und seine Gestaltung diskutiert werden kann.

Zudem stehen für die Administration noch eine Reihe von Werkzeugen zur Verfügung, um festzustellen, welches die letzten Änderungen im gesamten Wiki waren, um Teilnehmer auszuschließen, um Seiten zu sperren etc.

Nicht direkt zu Wikipedia, wohl aber zu dem Gesamtsystem gehören Mailinglisten und Chatkanäle, um unter den interessierten Teilnehmern Neuigkeiten kundzutun und darüber zu diskutieren.

---

[2] Siehe hierzu die Sonderausgabe zu Wikis von kommunikation@gesellschaft (www.kommunikation-gesellschaft.de).

Die Technik ist einfach erklärt und auch für den Anwender auf (relativ) einfache Weise nutzbar. Warum so viele Menschen teilnehmen, weiß man dadurch noch nicht. Fasst man Wikipedia als öffentliches Gut auf, ist der Wert, der durch die Mitarbeit der Teilnehmer geschaffen wird, von Bedeutung. Wikipedia ersetzt in vielen Fällen die klassischen Enzyklopädien, vor allem dort, wo keines dieser zigbändigen Werke verfügbar ist. Wikipedia ist Marktführer unter den Online-Enzyklopädien und eine der 15 in den USA am häufigsten aufgerufenen Internetsites (Hitwise 2007). Sie wird von Schülern, Studierenden, im akademischen Bereich und von Journalisten genutzt, nur um einige Gruppen zu nennen, für die die Inhalte besondere Bedeutung haben. Die Nutzung durch Journalisten ist häufig. Dies wird durch zahlreiche Beiträge in der Mailingliste der deutschen Wikipedia belegt, etwa wenn Teilnehmer aufdecken, dass ganze Abschnitte in Zeitungs- oder Zeitschriftenartikeln direkt aus Wikipedia abgeschrieben werden. Es handelt sich also um ein öffentliches Gut, welches sich durch die weite Verbreitung von Internetzugängen fast zu einem ubiquitär verfügbaren Gut entwickelt hat. Wie aber kommt dieses Gut zustande? Durch die Beteiligung von zahlreichen Teilnehmern: „jeder kann sich beteiligen" und mit seinem Wissen dazu beitragen, dass die größte Enzyklopädie der Welt entsteht.

Es ist ein Rätsel, wie es dazu kommt, dass sich so viele Menschen vom Interesse an Wikipedia anstecken lassen und an diesem Projekt mitarbeiten. Wie bereits gesagt, wird Wikipedia als „unmögliches öffentliches Gut" Ciffolilli (2003) oder als Mysterium (Viégas et al. 2007) bezeichnet, zumal die klassischen Teilnahmemotiverklärungen nicht ausreichen. Nicht der individuelle Nutzen und auch keine aus der gesellschaftlichen Metaebene hervorgehenden kollektiven Bindungen, wie sie dem *conscience collective,* dem kollektiven Bewusstsein (Durkheim 1893; 1895) oder denen, die dem Ort oder dem Blut oder tiefen religiösen Bindungen (Tönnies 1963, zuerst 1887) entspringen, können die Teilnahme erklären. Auch die Währung des akademischen Bereiches, die Reputation (Matzat 2001), wird für die meist unter Pseudonym arbeitenden Beteiligten, kaum erreichbar sein. Zwar wird sich eine gewisse Bekanntschaft unter den Wikipedia-Aktivisten ergeben können, nicht jedoch gegenüber einer breiteren Öffentlichkeit. Es gibt nämlich kaum einzelne Autoren, die ganz alleine einen Text zu verantworten hätten.

Wir starten mit der Annahme, dass es im sozialen Prozess der Positionierung zu Präferenz- und Verhaltensverschiebungen kommt. Dass sich Präferenzen in diesem Prozess wandeln, ist eine wichtige Kritik am methodologischen Individualismus. Der Individualismus geht nämlich von einer grundsätzlichen und konstanten Präkonstitution des Einzelnen, ausgestattet mit einem fixen Relevanz-, bzw.

Präferenzsystem aus (Coleman & Kreutz 1997). Die Präferenzen müssen sich wandeln, damit es überhaupt zu einer Ausfüllung der organisationalen Aufgaben innerhalb der Wikipedia kommt.

7.4 Die Bedeutung der positionalen Ebene der Wikipedia

Einige Autoren wie z.B. Schmalz (2007) sprechen im Hinblick auf Wikipedia von einer Heterarchie, also dem Gegenteil von Hierarchie. Dem widersprechen die Erfahrung und auch die Grundannahme, dass alle sozialen Räume positional strukturiert sind. Mit dieser Grundannahme ist schon eher die Überlegung von Pentzold (2007) kompatibel, der im Anschluss an Foucault den Artikelentstehungsprozess als diskursives Regime bezeichnet. Das bedeutet, dass bei der Entstehung der Artikel Machtprozesse eine Rolle spielen. Empirisch zeigt sich, wie schon gesagt, in allen sozialen Räumen eine positionale Struktur und mit den entstandenen Positionen sind immer auch spezifische Spielräume verbunden, die auch ein gewisses Maß an Macht beinhalten. Und vor allem von den Positionen hängt es ab, wie die beteiligten Personen handeln. Auf Wikipedia bezogen bedeutet dies, dass es auch hier Positionen geben muss. Noch ohne empirischen Zugang lassen sich einige nach dem Grad ihrer Einbettung unterscheiden.

Am geringsten eingebettet sind die einfachen Nutzer der Enzyklopädie. Diese kommen mit den Wirkungen der positionalen Ebene nur in sofern in Kontakt, als sie die von der sozialen Struktur beeinflussten Resultate zu lesen bekommen. Man könnte sagen, dass es sich hier um einen einseitigen (weil er sich auf die Rezeption beschränkt) und vermittelten (weil der Teilnehmer nicht an der dahinter stehenden Konstruktion des in Wikipedia präsentierten Wissens beteiligt ist) Bezug zur Wikipedia handelt.

Sobald der Leser Änderungen an irgendeiner Stelle, etwa im Text eines Artikels, vornimmt, kommt er mit der positionalen Struktur in Berührung. Damit wird die Einseitigkeit durchbrochen und die Beziehung wird wechselseitig. Durch die Unterschiedlichkeit der möglichen Reaktionen auf die vorgenommene Änderung entsteht eine Variabilität in der Zuordnung zu einer Position des Teilnehmers zu den vorhandenen Strukturen.[3] Wie kann man sich die Reaktion vorstellen?

Lassen wir uns doch eine Reihe von Möglichkeiten vor unserem geistigen Auge vorbeiziehen. Dabei ist zu bedenken, dass es sich um ein Wechselspiel handelt, das jederzeit von einer Seite unterbrochen werden kann, indem beispielsweise der „neue" Teilnehmer einfach die Reaktionen auf seine Handlungen nicht wahr-

---

[3] Die Formulierung „in Bezug zu den vorhandenen Strukturen" überzeichnet etwas das statische Element. Teil des sozialkonstruktiven Denkens ist es, dass durch die Aktion auch die Möglichkeit der Änderung der Struktur gegeben ist.

nimmt, etwa weil die vorgenommene Änderung eine spontane und einmalige Reaktion auf den vorgefundenen Text darstellt.

Die Änderung wird in der Regel sehr schnell von einem stärker involvierten Teilnehmer aufgespürt, insbesondere, wenn es sich um ein „Edit" von einem nicht angemeldeten Teilnehmer handelt. Eine größere Anzahl solcher Teilnehmer tut wenig anderes, als ständig Wikipedia auf Änderungen hin anzusehen. Diese Funktion nennt sich „Vandalenjäger" – ähnlich wichtig für die Kontrolle von Änderungen sind Teilnehmer, die sich für die Betreuung einzelner Artikel verantwortlich fühlen. Im ersten Fall, dem der Vandalenjäger, könnte man von einer formalen Kontrolle sprechen. Es wird danach geschaut, ob die Änderung der Form entspricht und im zweiten Fall, dem der „Artikelbesitzer", ob die inhaltliche Änderung „sinnvoll" zu sein scheint.

Interessiert sich also derjenige, der die Änderung vornahm, für den Verbleib seiner Modifikation, wird er reagieren. Dabei könnte es sich darum handeln, dass keine Änderung vorgenommen wird, und die Modifikation damit offensichtlich so akzeptiert wird. Es könnte aber auch sein, dass der Edit eine formale Umgestaltung oder Einpassung erfährt oder dass dieser gelöscht wird. Möglicherweise folgt auf die Löschung noch ein bissiger Kommentar.

Der neue Teilnehmer bekommt also von den anderen Akteuren im Sozialraum der Wikipedia, die aufgrund ihrer Position handeln, eine Reaktion. Bei dieser Reaktion handelt es sich um einen Hinweis auf die diesem Teilnehmer zugestandene Position. Der „Revert", die Zurücksetzung und damit ausgedrückte Ablehnung des neuen Inhalts kann beim Teilnehmer wiederum verschiedene Reaktionen hervorrufen, am wahrscheinlichsten sind die folgenden beiden: zum einen die, dass sich derjenige nicht noch einmal beteiligt, zum anderen, dass er spiegelbildlich handelt. Damit ist eine Gegenreaktion gemeint, wie man sie manchmal beobachten kann: So könnte sich der Teilnehmer beispielsweise auf der Diskussionsseite des Artikels über das Vorgehen desjenigen, der die Änderung rückgängig machte, beschweren oder die Änderung seinerseits wieder rückgängig machen. Wie in anderen sozialen Situationen auch, ist es möglich, dass sich der Streit hochschaukelt, dass auf jede Aktion eine Reaktion folgt.[4] An dem Beispiel wird deutlich, dass eine einzige Änderung schon zur Positionierung des neuen Teilnehmers im Verhältnis zu den bereits vorhandenen führt. An diesem Beispiel kann man aber auch zeigen, dass der neue Teilnehmer die Zuordnung nicht passiv ertragen muss – es sind durchaus für beide Seiten Aushandlungselemente vorhanden.

Eine andere Form der Positionierung findet sich in dem Brauch, dass neue Teilnehmer begrüßt werden: Hat sich ein neuer Teilnehmer gerade angemeldet und in einem bestimmten Feld editiert, wird er häufig von einem in diesem Feld Täti-

---

[4] Wir kennen dies einerseits aus Konflikten im Alltag, andererseits aus der soziologischen Analyse, beispielsweise aus Simmels (1908) Betrachtungen über den Streit.

gen begrüßt und zur Mitarbeit animiert. Während dieses Verhalten von den Aktivisten als freundliche Geste gemeint ist und von den neuen Teilnehmern meist auch so aufgefasst wird, ist damit aber gleichzeitig eine Positionierung des Neulings im Verhältnis zu dem Begrüßenden verbunden: Dabei findet eine Art Belehrung über Verhaltensregeln statt. Der Belehrende wird als ein Eingesessener wahrgenommen, der für Wikipedia spricht. Zudem wird auch durch das Angebot des Begrüßenden, bei Fragen zur Verfügung zu stehen, eine Art Mentorenverhältnis begründet. Durch die Begrüßung und die Reaktionen auf den neuen Teilnehmer wird dem Neuling sofort ein Platz zugewiesen. Diese Wirkung mag nicht intendiert sein, sie wirkt wohl aber dennoch im beschriebenen Sinne strukturbildend. Hierfür können mindestens zwei Gründe angefügt werden. In neuen sozialen Zusammenhängen ist man eher geneigt, sich den Bräuchen anzupassen. D.h. man wird für jede Art von Hinweisen auf das mögliche Verhaltensspektrum dankbar sein. Außerdem wird wohl der Neuling einer solchen Nachricht besondere Aufmerksamkeit schenken, weil die Ideologie (jeder kann mitarbeiten, es zählt das Argument und nicht die Person) eigentlich eine „entpersonalisierte" ist, die sich an Prinzipien orientiert und nicht an persönlichen Beziehungen. Es mag also überraschend sein, dass sich eine Person um einen „kümmern" möchte.

Kommt es im Zusammenhang mit einem Edit von einem Neuling zu einem Konflikt, hängt die Durchsetzungschance der sich streitenden Parteien nicht nur von den Argumenten ab. Es kommt durchaus auch darauf an, mit wem sich eine Partei anlegt und auf welche Weise die Inhalte verhandelt wurden. Wurden beispielsweise von einem neuen Teilnehmer Inhalte verändert, die zuvor auf der Diskussionsseite erörtert wurden, dann hat der Neue nur eine geringe Chance sich mit seiner Änderung durchzusetzen. In diesem Fall stellt der Artikel ein Ergebnis von „Verhandlungen" dar, welches manchmal in zähem Ringen mit anderen Teilnehmern erreicht wurde. Die vorhandene soziale Struktur und die unter diesem Einfluss entstandenen Inhalte wirken an dieser Stelle auf die Möglichkeiten der Änderungen ein. Sie sind aber nicht völlig erstarrt. Zwar mag man ähnliche Strukturen um die meisten inhaltlichen Bereiche finden, jedoch gibt es immer einmal wieder die Chance, dass eine Position neu besetzt werden muss.

Die innere Struktur der Wikipedia ist aufgeteilt in einen informellen und in einen formellen Teil. In letzterem ist die wesentliche Position die des Administrators. Daneben gibt es nur noch wenige weitere formale Positionen. Administratoren haben eine Reihe von formal zugeordneten Kompetenzen, die sie von „normalen" Teilnehmern unterscheiden. Wesentlich ist dabei, dass sie Artikel löschen und Benutzer sperren können. Außer diesen meist in Abstimmungen erreichten formalen Positionen bilden sich im Prozess der Auseinandersetzung zahlreiche informelle Positionen heraus. Homans (1960) unterschied zwischen einem inneren und einem äußeren System. Eine solche Unterscheidung findet sich auch bei Wikipedia. Obwohl es im Prinzip jedem offen steht, nehmen vor allem diejenigen, die schon eine formale herausgehobene Position inne haben, an Abstimmungen teil, in denen andere Teilnehmer in die gleiche Position initiiert werden oder in denen es um Meinungsbilder zum weiteren Vorgehen innerhalb des Enzyklopädieprojekts geht. Dies lässt sich so deuten, dass die Administratoren Wikipedia im Wesentlichen als ihr „eigenes Projekt" ansehen.

Im folgenden Abschnitt wird die positionale Struktur rund um einen Artikel analysiert. Dabei wird der Struktur, die im Diskussionsbereich entsteht, besondere Aufmerksamkeit gewidmet. Obwohl wie beschrieben eine Positionierung bereits aufgrund eines einzelnen Edits im Artikelbereich stattfindet, sind Diskussionsbeiträge für die Zuordnung von Rollen insofern wichtiger, als sich diese Prozesse hier besonders gut beobachten lassen.

7.5 Wissensproduktion und positionale Struktur am Beispiel eines Artikels

Wir wollen die positionale Struktur an einem Beispiel untersuchen. Hierzu werden Mittel der Netzwerkanalyse eingesetzt. Bei dem betrachteten Beispiel handelt es sich um den Artikel „Logik". Mit Bezug auf die positionale Struktur lässt die Artikelproduktion verschiedene Sichtweisen zu. Wenn wir die innerhalb von Wikipedia selbst vorhandenen Daten aufbereiten, dann kommt zunächst eine Analyse der Anzahl der Beiträge, bzw. der Menge des beigesteuerten Textes zum Artikel als ein quantifizierbares Maß der Betrachtung in Frage. Aus unserer Sicht wichtiger, weil klarer positionenbezogen, ist jedoch der Diskussionsbereich um den Artikel. Hier finden Aushandlungen statt, hier müssen sich die Teilnehmer im Diskurs bewähren. Beziehungen lassen sich hier beobachten – und außer „formalisierbaren" Beziehungsdaten finden sich hier interpretierbare Textsequenzen.

Doch schauen wir zunächst auf den Artikel selbst. Wenn wir den Stand des Artikels Logik zum Zeitpunkt der Untersuchung betrachten, dann zeigt sich, dass nur wenige Teilnehmer für den Text verantwortlich sind. Über die Hälfte des Textes stammt von einem einzigen Teilnehmer (Ma), ein Viertel von einem anderen Teilnehmer (Go), etwas über 10% stammen von einem weiteren Teilnehmer (To) und weitere Beteiligte sind mit wesentlich geringeren Anteilen vertreten. Fünf bewegen sich im 1-2% Bereich. Die anderen 24 Teilnehmer, von deren Beiträgen etwas geblieben ist, haben unter einem Prozent beigetragen, oft nur ein einziges Wort. Allerdings ist diese Statistik etwas verzerrt, da der Artikel aufgrund einer Urheberrechtsverletzung neu aufgebaut werden musste. Diese Arbeit hat Teilnehmer (Ma) auf sich genommen. Obgleich auch die Artikelproduktion für die Positionierung der Teilnehmer von Bedeutung ist, ist es sehr schwierig, mit den dort zur Verfügung stehenden Daten eine Darstellung der Struktur, also des sozialen Netzwerkes, vorzunehmen. Wir haben eine solche Analyse exemplarisch durchgeführt, siehe Kapitel 12, 13 und 14. Zahlreiche Edits erfolgen, ohne auf einen anderen

Teilnehmer einzugehen. Die Beziehungen sind in den meisten Fällen nicht klar interpretierbar, denn darüber wird nur wenig innerhalb des Systems festgehalten.

Um die Beziehungsstrukturen rund um die Erstellung von Inhalten interpretieren zu können, ist nach unserer Auffassung eine Analyse der Struktur und des Inhalts von Diskussionen viel interessanter[5]. Nun könnte man einwenden, dass in der Mehrzahl der Artikel gar keine Diskussion stattfindet. Dies ist richtig. In der Tat sind zurzeit (im Februar 2007) nur in etwa 30% der Artikel Diskussionen zu beobachten. Um die quantitative Bedeutung der Diskussionsseiten abschätzen zu können, haben wir eine Stichprobe gezogen: Von den 2754 Artikeln in unserer Stichprobe finden sich 28% mit einer aktiven Diskussionsseite. In der überwiegenden Mehrzahl der Artikel mit Diskussionsseite findet sich jedoch dort nur ein einziger Beitrag. Man kann sagen, dass die Diskussionsbeiträge über die Artikel sehr ungleich verteilt sind. In unserer Stichprobe beträgt der Modus 1, der Median 3 und das arithmetische Mittel 9,6. In der Stichprobe finden sich aber auch Artikel mit fast 500 Diskussionsbeiträgen.

Trotz dieser quantitativ eher geringen Bedeutung erscheint uns der Diskussionsbereich wichtig, da hier die Inhalte explizit ausgehandelt werden. In dem Moment, in dem die Inhalte ausdiskutiert wurden, können Änderungen nicht mehr vorgenommen werden, ohne auf die bestehende Diskussion einzugehen. Die Diskussionsinhalte werden damit zu Strukturierungselementen. Sie werden dazu in einem doppelten Sinne: Zum einen sind sie bedeutsam für die Artikelinhalte, zum anderen sind sie wichtig für die positionale Struktur um einen Artikel herum. Ein Aspekt davon sind zu beobachtende „Aneignungsprozesse". Mit der „Aneignung" strukturiert sich ein positionales System. Die Stellung innerhalb des positionalen Systems entscheidet über den Einfluss, den ein Teilnehmer auf die Inhalte eines Artikels ausüben kann. Das soll im Folgenden näher ausgeführt werden. An dieser Stelle ist aber bereits auf den Widerspruch zur Ideologie, dass Argumente wichtiger seien als Personen, hinzuweisen: Wenn die Position tatsächlich so bedeutend ist, dann trügt die Hoffnung, dass das Argument wichtiger sein könne als die Person. Wobei die Person für die von ihr eingenommene Position steht.[6]

Doch wie können wir uns das positionale System um die Produktion eines Artikels vorstellen? Dies wird in der folgenden Abbildung 7.1 dargestellt. Die verschiedenen Teilnehmer (Knoten) sind als geometrische Formen (Kreise, Dreiecke, Rauten...) dargestellt. Die Beziehungen innerhalb des Diskussionsbereiches sind als Pfeile (gerichtete Kanten) angezeigt. Die Pfeilrichtung besagt, wer sich mit seinem Beitrag an wen richtet. Je dicker ein Pfeil ist, umso mehr Beziehungssequenzen aus der Diskussion entfallen auf die entsprechenden Teilnehmer. Die

---

[5] Über Muster der Begründung von Textänderungen im Artikel auf der Diskussionsseite informiert Kallas (2008).

[6] Diese Verwechslung zwischen Eigenheiten von Personen und positionentypischem Verhalten, also den Erwartungen entsprechenden Handelns, ist typisch für die Alltagskommunikation.

Teilnehmer Go und Ro teilen beispielsweise sechs Sequenzen. Die Teilnehmerknoten sind umso dicker dargestellt, je zentraler die entsprechenden Akteure in der Diskussion sind. Mit Zentralität ist hier „Degree-Zentralität" gemeint. Der Wert der Degree-Zentralität entspricht dem Anteil der eingehenden und ausgehenden Beziehungen an der Gesamtzahl der codierten Beziehungen im gesamten Diskussionsbereich. Es ist klar, dass die isolierten Knoten am linken Bildrand über den geringsten Zentralitätswert verfügten, Teilnehmer (Go) hat den größten Zentralitätswert.

In der Graphik steckt aber noch eine weitere Information. Es wurde nämlich eine positionale Analyse durchgeführt. Die positionale Analyse ist nichts anderes als eine Clusteranalyse, hier mit einem hierarchisch arbeitenden Algorithmus (CONCOR), in dem die Cluster nach Ähnlichkeiten im Beziehungsmuster gebildet werden. Die Cluster werden auch Blöcke genannt, weswegen wir hier auch von einer Blockmodellanalyse sprechen.[7] Idealerweise werden die Teilnehmer durch die Analyse zu strukturell äquivalenten Akteuren zusammengefasst.[8] In Wirklichkeit handelt es sich höchstens um strukturell ähnliche Akteure. Diese sind zwar nicht in einem strengen Sinne strukturell äquivalent, sie werden hier aber als solche aufgefasst. Strukturell äquivalente Akteure sind gegeneinander austauschbar. Das bedeutet, dass es, wenn wir mit Positionen und Blockmodellen argumentieren, nicht auf die einzelne Person ankommt, sondern darauf, in welcher Position sich diese Person befindet.

Die Teilnehmer der Abbildung 7.1 sind entsprechend ihrer Blockzugehörigkeit dargestellt. In der graphischen Darstellung des Netzwerkes fällt auf den ersten Blick auf, dass es Knoten mit einer hohen Zentralität gibt. Als besonders herausragend stellt sich der Knoten Go heraus, der mit den meisten der Teilnehmer der Diskussion in Kontakt steht. Das andere Extrem wird von den isolierten Teilnehmern gebildet, die am linken oberen Rand der Graphik abgetragen sind. Die in der Diskussion entstandenen Beziehungen sind zwischen einigen Teilnehmern durch den Austausch mehrerer Sequenzen etwas stärker als zwischen anderen. Es fällt weiterhin auf, dass die Graphik zweigeteilt ist. Es gibt einen Zusammenhang auf der rechten Seite und es gibt einen Zusammenhang auf der linken Seite.

In der Blockmodellanalyse wird dies ebenfalls herausgearbeitet. In der gewählten 5-Block Lösung kommt Teilnehmer Go aufgrund seiner Zentralität eine eigene Position zu. Zwei andere Teilnehmer (Ha und Su) bilden mit ihm eine Clique, d.h. alle drei sind untereinander verbunden. Alle anderen mit Go verbundenen Teilnehmer sind in einem weiteren Block zusammengefasst. Die gefundene Struktur ist typisch für eine Zentrum-Peripherie Struktur. Die meisten der Teilnehmer, die mit

---

[7] Zum Verfahren, siehe White et al. (1976).
[8] Über die Bedeutung von struktureller Ähnlichkeit und strukturellen Äquivalenzbegriffen gibt es einen Text von Peter Kappelhoff (1992). Auf eine genaue Auseinandersetzung mit diesen Begriffen wird an dieser Stelle verzichtet. Sie findet sich in Stegbauer (2001a).

dem Block von Go verbunden sind, beziehen sich genau auf diesen Teilnehmer; sie sind aber untereinander weitgehend unverbunden. Neben dieser zusammenhängenden Struktur gibt es noch einen weiteren Block, der strukturell mit den eben beschriebenen Blockbeziehungen unverbunden ist. Diese Struktur findet sich auf der linken Seite des Graphen. Wenn wir die Erkenntnisse aus der Graphik auf den Punkt bringen wollen, dann kann man sagen, dass sich Go in einer herausgehobenen Position befindet. Er ist so bedeutsam, dass es keinen anderen Teilnehmer gibt, der ihm ähnlich ist.

Abbildung 7.1:   Graphische Darstellung der Diskussion um den Artikel „Logik"

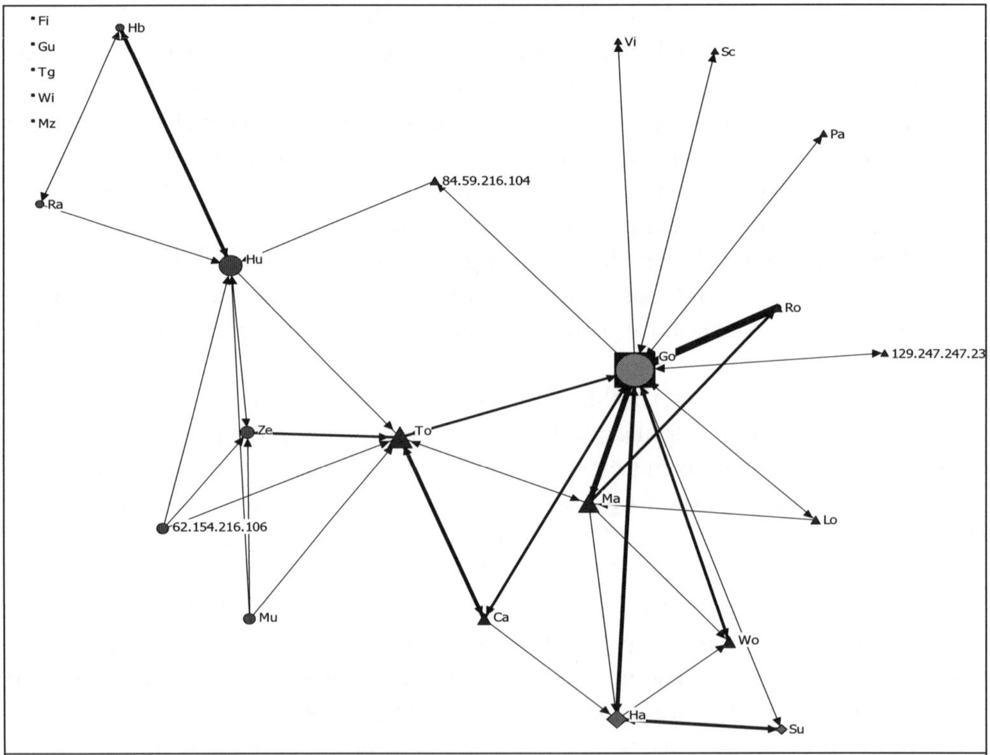

Dicke der Knoten: Degree-Zentralität, (Je dicker, um so zentraler)				
Blöcke, CONCOR 5 Block-Lösung				
Form der Knoten:				
Kreis in Quadrat	**1**	**1**	0	0
Raute	**1** **1**	0	0	0
Aufrechtes Dreieck	**1**	0	0	0
Kreis	0	0	0	**1**
Quadrat	0	0	0	0
Dicke der Kanten: Anzahl Diskussionsbeiträge, Pfeil: Kommunikationssequenz gerichtet an				

Schauen wir uns nun Abbildung 7.2 an: Hierin sind zwei wesentliche neue Informationen abgebildet. Zum einen werden Administratoren von Teilnehmern ohne formale Positionszuschreibung geschieden, zum anderen enthält die Graphik eine Information über die von den beteiligten Personen getätigten Editierungen innerhalb der deutschen Wikipedia. Unter den 25 Teilnehmern sind vier Administratoren.[9] Dies ist erstaunlich, wenn man bedenkt, dass es innerhalb der deutschen Wikipedia zum Untersuchungszeitpunkt nur 207 aktive Administratoren gibt. Auch zeigt es sich, dass die Peripherie in der Diskussion zu diesem Artikel innerhalb der Wikipedia gar nicht so peripher zu sein scheint, denn drei der fünf Personen haben mehr als 10.000 Edits in der deutschen Wikipedia vorgenommen. Selbst der Teilnehmer mit den wenigsten Beiträgen kommt immer noch auf einen ansehnlichen Betrag. Eine zur Peripherie gehörende Person ist Administrator. Es scheint so, als würden sich innerhalb der gesamten Wikipedia hauptsächlich stark engagierte Teilnehmer an Diskussionen beteiligen. Darauf weist auch die Tatsache hin, dass von den drei nur mit einer IP-Nummer bezeichneten Teilnehmern, zwei zu der Kategorie mit der geringsten Editzahl gehören. Von den vier Administratoren sind eigentlich nur zwei stärker in den Diskussionszusammenhang eingebunden. Es sind die Teilnehmer Ze und Ma. Teilnehmer Ze ist in dem, auf der linken Seite abgetragenen, weitgehend isolierten Block eine wichtige Person. Teilnehmer Ma ist im größeren Block auf der rechten Seite an wesentlicher Stelle eingebunden.

---

[9] Teilnehmer Pa, der als Administrator bezeichnet wird, war zum Untersuchungszeitpunkt noch nicht als Administrator bestätigt.

Abbildung 7.2:   Graphische Darstellung der Diskussion um den Artikel „Logik"

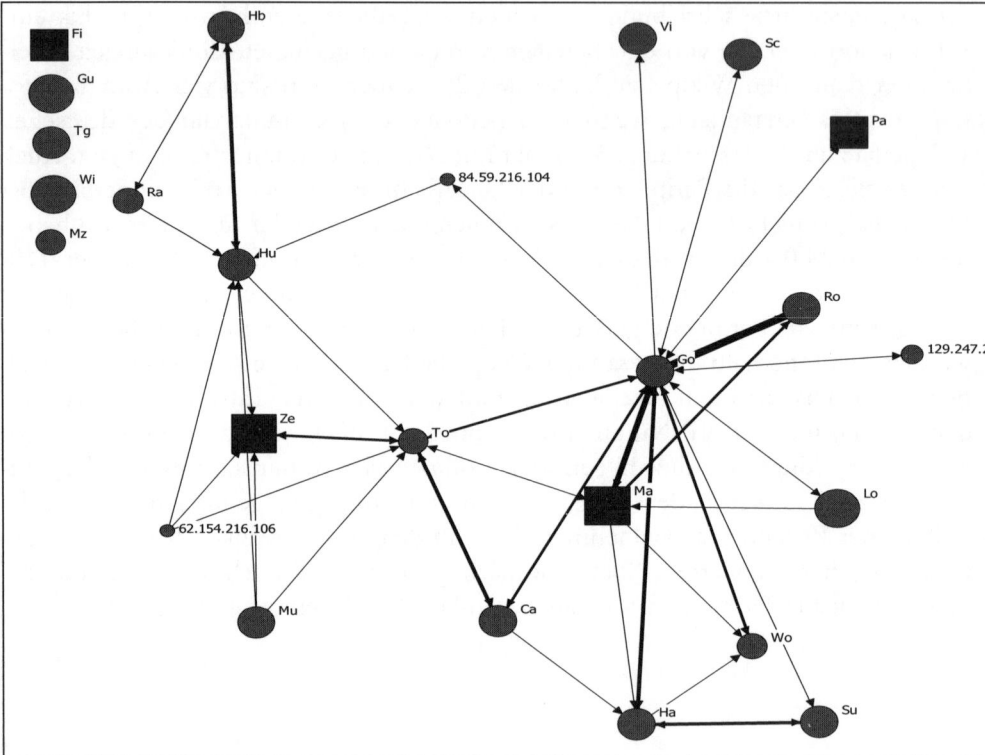

Legende:
Form der Knoten: Quadrat: Administrator, Kreis: kein Administrator

Größe der Knoten: Anzahl Edits in Wikipedia.de
Kleinster < 100
Zweitkleinster 101-1000
Zweitgrößter 1001-10000
Größter >10000

Dicke der Kanten: Anzahl Diskussionsbeiträge, Pfeile: gerichtet an

Gesamtzahl Admins Wikipedia: 256, aktiv 207

Die Bedeutung des Teilnehmers und Administrators Ma in diesem Zusammenhang
wird aber erst in der nächsten Graphik deutlich. Hier repräsentiert die Dicke der
Knoten die Anzahl der Aufforderungen, die von einem Teilnehmer ausgingen.
Teilnehmer Ma hat fünf Mal andere Teilnehmer zu einer Aktivität aufgefordert.

Damit ragt dieser Teilnehmer aus den anderen 25 Diskutanten deutlich heraus. Dies wird verständlich, wenn wir unser Kontextwissen einbeziehen: Es handelt sich bei Ma, um den Koordinator des Portals Philosophie, also um jemanden, der qua seiner formalen Position als Administrator und seiner informellen Position als Koordinator sowie seiner Position als Hauptautor des betreffenden Artikels über eine Stellung verfügt, aus der heraus es möglich ist, andere zur Mitarbeit aufzufordern.

In der Graphik ist aber noch eine weitere Information abzulesen. Es handelt sich um eine Darstellung des zeitlichen Verlaufs. Die Teilnehmer wurden aufgrund ihres ersten Erscheinens im Diskussionsraum in Quartile eingeteilt. Hierdurch wird der isolierte Charakter des einen Blocks auf der linken Seite der Graphik erklärt: Die zunächst in den Diskussionsraum eingetretenen blieben nicht konstant dabei. Alle, mit Ausnahme des Teilnehmers (To), hatten zum Zeitpunkt als Teilnehmer (Go) hinzu kam und eine herausgehobene Stellung zugewiesen bekam, den Raum schon wieder verlassen.

In der Anfangszeit waren Hu und Ze die wichtigsten Akteure – sie bildeten das Zentrum; sie wurden aber durch Go, der erst nach etwa der „Hälfte" der in die Untersuchung einbezogenen Kommunikationssequenzen den Raum betrat, abgelöst. Auch dies kann man als einen Hinweis auf das Bestehen von Positionen auffassen. Die Personen, welche die anfänglich zentralen Positionen ausfüllten, verschwinden im Zeitverlauf. Die Position selbst verschwindet aber nicht, sie wird nur von einer anderen Person ausgefüllt.

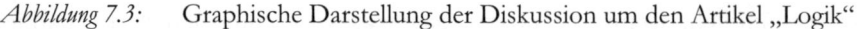

Abbildung 7.3:   Graphische Darstellung der Diskussion um den Artikel „Logik"

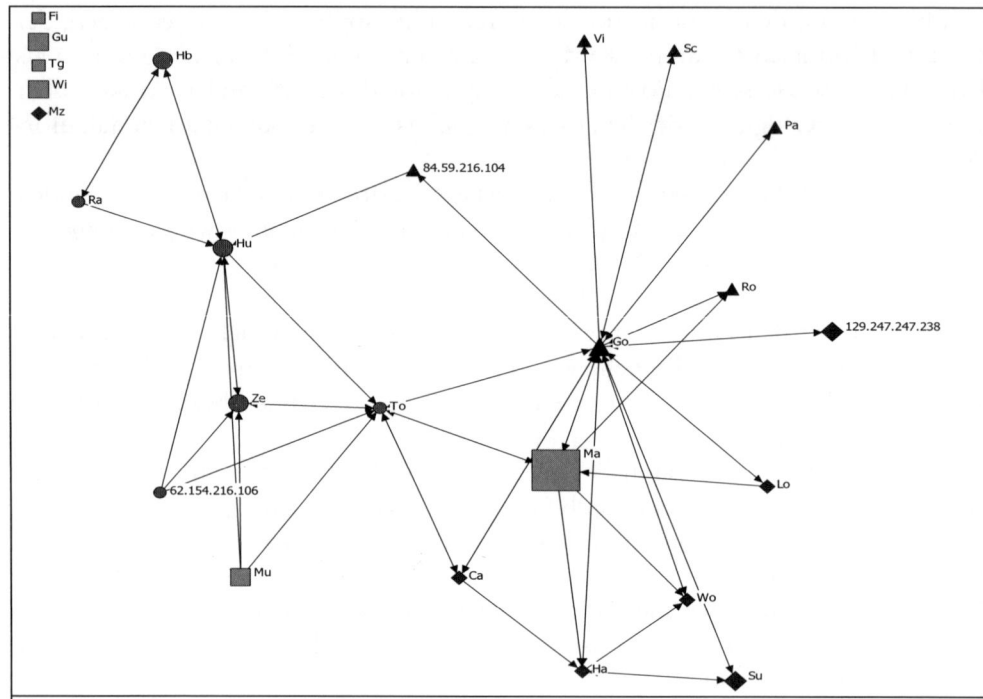

Legende:
Dicke der Knoten:
Anzahl Aufforderung an jemanden
Kleiner Knoten   = 0
Mittlere Knotengröße   = 1
Große Knotengröße   = 5

Form der Knoten: Eintrittsquartil
Kreis: erstes Viertel der Diskutanten, Quadrat: zweites Viertel der Diskutanten
Dreieck: drittes Viertel der Diskutanten, Raute: viertes Quartil

Interessant ist dennoch, dass nicht Teilnehmer Ma der informelle Artikelkoordinator ist, sondern Teilnehmer Go. Wie kommt nun Go dazu, angesichts der Anwesenheit eines in der Gesamtstruktur des Artikelbereiches wichtigeren Teilnehmers, diese Position einzunehmen? Die Antwort lautet: Aufgrund einer Kooptierung, die durch Teilnehmer Ma erfolgte. Die Kooptierung des Teilnehmers Go lässt sich anhand des Inhalts der Diskussion nachvollziehen. Dies ist in der folgenden Tabelle aufgeführt.

Tabelle 7.1:   Zuordnung des Teilnehmers Go zum Artikelkoordinator

- Durch seine Aktivitäten im Bereich der Philosophie ist Go zum Zeitpunkt seines Eintritts in den Diskussionsraum des Artikels „Logik" bereits etwas bekannt.
- Erster Beitrag in Logik-Diskussion: Go tritt am 19.12.2005 zum ersten Mal im Diskussionsbereich des Artikels auf: („Ich möchte die Kapitelstruktur zur Diskussion stellen")
- Unterstützung am 19.12.2005: Auf einen Vorschlag von Go antwortet Pa, ein bekannter Wikipedianer und späterer Admin „Gute Idee, ich finde das sinnvoll"
- Ringen um Position: In den nächsten Tagen muss Go seinen Vorschlag verteidigen und genauer begründen (vor allem gegenüber Ro)
- **Zuordnung** am 29.12.2005: – Ma an Go: „(…Inhalt…) Lass Dich nicht gleich so einschüchtern. :-) Probier's doch einfach – denk immer daran. [[WP: SM|mutig zu sein]][10]. Ich fänd's gut, wenn Du den Abschnitt hier mal überarbeiten würdest."
- Unterstützung der Position: In einer späteren Auseinandersetzung springt Ma der der Haltung von Go bei.

An den in der Tabelle dargestellten Sequenzen lässt sich nachverfolgen, wie Go die Position vor allem durch Ma zugewiesen bekommt. Diese Zuweisung und in der Folge die Einnahme der herausgehobenen Position führen dazu, dass Go sich in der folgenden Zeit stärker im Bereich Philosophie engagiert. Dies funktioniert in einer ähnlichen Weise, wie aus herumstehenden Beobachtern eines Unfalls ein Team zur Hilfeleistung wird: Die Positionen werden zugewiesen.

Die Hauptakteure kennen sich untereinander sehr gut. Dies zeigt sich in der nun folgenden und letzten Graphik. Hier ist die Einbettung der Akteure in den Bereich um den Artikel „Logik" abgebildet. Der Bereich um den Artikel „Logik" beinhaltet alle Diskussionen zu Artikeln, auf die im hier als Ausgangspunkt verwendeten Artikel durch Hyperlinks verwiesen wird. Bei der Darstellung handelt es sich um ein zweimodales Netzwerk. Das bedeutet in diesem Fall, dass sowohl die Artikel als auch die an den Diskussionen beteiligten Personen visualisiert werden. In der Graphik erkennt man, dass die Hauptdiskutanten aus dem Artikel „Logik" auch über die Aushandlungsbereiche von anderen Artikeln miteinander in Kontakt stehen.

---

[10] Wikipedia stellt eine Reihe von veröffentlichten Verhaltensnormen heraus. Diese werden oft als Ressource in den Diskussionen benutzt. Eine davon ist „Sei mutig" (http://de.wikipedia.org/wiki/Wikipedia:Sei_mutig, 19.03.2007).

Abbildung 7.4: Einbettung der Akteure in inhaltlichen Kontext: Diskussionsnetzwerk um Artikel „Logik"

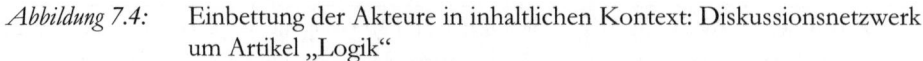

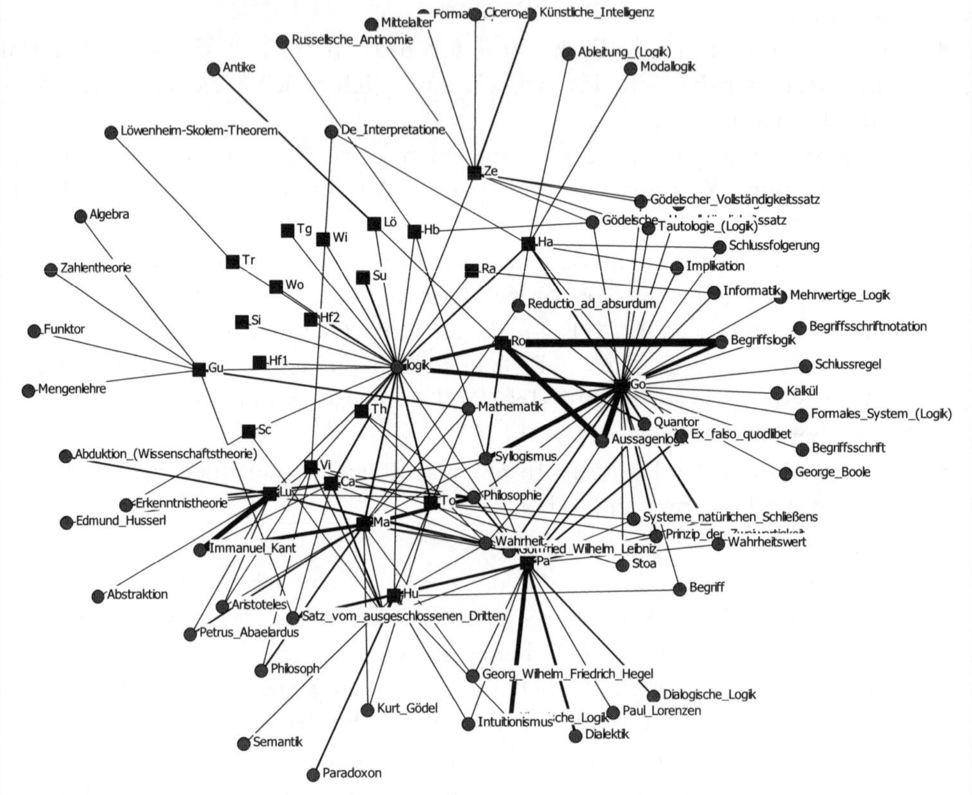

Zweimodales Netz
Quadrate: Akteure
Kreise: Artikel
Dicke der Kanten: Beziehungsdichte

Weitere Analysen, in die das gesamte Portal „Philosophie" einbezogen wurde, weisen in die gleiche Richtung. Es sind wenige Personen, die an zentraler Stelle immer wieder auftauchen. Diese stehen untereinander über eine Vielzahl von Verbindungen in Kontakt. Die durchgeführten Analysen lassen sich so interpretieren, dass sich deutlich unterscheidbare Positionen innerhalb des durch die Artikel und die Diskussion zu den Artikeln gebildeten Sozialraums finden lassen. Es sind keine anonymen Massen (Larnier 2006), die für die Inhalte der Artikel verantwortlich sind, sondern es handelt sich um einen sozialen Zusammenhang, in dem die wichtigen Akteure einander wahrnehmen. Wer zentrale Funktionen ausüben darf, wird durch etablierte Teilnehmer bestimmt, zumindest wesentlich mitbestimmt.

In unserem Projekt haben wir auf eine ähnliche Weise wie hier dargestellt, 30 weitere Diskussionen um Artikel herum untersucht. In den meisten Fällen finden wir ganz ähnliche Strukturen, wobei der Zusammenhang zwischen den Teilnehmern oft nur temporär ist und die Beteiligten nach einer Weile nicht wieder auftreten. Dann bildet sich eine neue Struktur heraus. Nicht immer ist die Beziehungsstruktur so klar auf einen oder wenige Teilnehmer hin zugeschnitten, immer ist aber die Beteiligung, gemessen an der Zahl der Beiträge, ungleich verteilt.

7.6 Folgerungen

In diesem Kapitel wurde gezeigt, dass Beteiligungsmotivationen erzeugt werden, die jenseits der individualistischen oder der holistischen Begründung liegen. Im Wesentlichen handelt es sich um zwei Faktoren, die ganz ähnlich wie in den Untersuchungen zur Hilfeleistung auch schon eine Rolle spielten: Zum einen sind es situative Faktoren, in denen ad hoc ein positionales System entsteht. Die dann zugeordneten Positionen können jemanden einerseits dazu bringen, beispielsweise bei einem Unfall von der Position des Zuschauers in die des Helfers zu wechseln, zum anderen (und von der ersten Begründung nicht unabhängig), sind es soziale Forderungen, die sich aus der Position ergeben.

Für Wikipedia bedeutet dies, dass es Momente gibt, in denen situative Faktoren eine Rolle spielen. Hier wird sich in einem schwach strukturierten Zustand meist eine Anfangsstruktur herausbilden. Ist diese anfängliche Strukturierung erst einmal gegeben, findet man zwei Entwicklungsmöglichkeiten. Die erste ist die, dass die Struktur aufgrund der häufig zu beobachtenden Flüchtigkeit auf den Diskussionsseiten wieder zerfällt. Die zweite Möglichkeit ist, dass die gebildete Struktur sich im weiteren Handeln festigt. In letzterem Falle leiten sich aus den entstandenen Positionen die Zuständigkeiten und Verantwortlichkeiten für weiteres Handeln ab. Ist ein Teilnehmer erst einmal integriert, dann ergeben sich hieraus Verpflichtungen. Mit dem Begriff „Verantwortlichkeiten" ist der verpflichtende Charakter, der sich aus der eingenommenen Position ergibt, benannt. Aus der Position ergibt sich „Rollenhandeln". Eine Schwierigkeit ist allerdings, dass die Rollen in Wikipedia erst erfunden werden müssen. Es stehen keine direkt übernehmbaren Vorbilder bereit. In Prozessen der Auseinandersetzung bilden sich aber solche Rollen heraus. Diese scheinen dann zwischen den unterschiedlichen Bereichen von Wikipedia übertragbar und von Teilen der Akteure auch akzeptiert zu sein. Allerdings beinhalten die herausgehobenen Positionen, etwa durch die Möglichkeit, etwas zu löschen, immer auch Konfliktpotential. Ein Teil der Konflikte ist produktiv, in dem Sinne, dass sie dazu beitragen, die Rollenmuster zu profilieren und für alle Beteiligten erkennbar zu machen. All dies spielt sich auf einer mittleren Ebene oberhalb des individuellen Strebens ab.

Im nächsten Kapitel soll an einem Beispiel dargestellt werden, wie die Struktur in der Diskussion zu einem moralisch aufgeladenen Thema entsteht.

8 Die Entstehung einer positionalen Struktur durch Konflikt und Kooperation[1]

In diesem Kapitel spielen Auseinandersetzungen eine noch größere Rolle als im vorangehenden Abschnitt. Eine hier zu behandelnde Frage ist, ob die Beziehungsstrukturen immer gleichförmig sind – Untersuchungen zur Struktur von Mailinglisten (Stegbauer/ Rausch 2007) legen dies nahe – oder ob diese wechselt, bzw. wie sich ein solcher Wechsel ggf. vollzieht. Wir versprechen uns von der Betrachtung eines Themas, bei dem es zu Streit kam, eine besondere Dynamik, aber auch, dass wir einen Prozess der positionalen Klärung nachvollziehen können. Wenn unterschiedliche Beziehungsstrukturen auftreten, müssten damit auch immer wieder Chancen für positionale Wechsel entstanden sein. Je nachdem, in welcher Phase sich die Struktur befindet, ergeben sich unterschiedliche Beteiligungsmöglichkeiten.

8.1 Koordination der Artikelerstellung

Das Verfassen einer Enzyklopädie in einem Wiki, d.h. einer Website, deren Seiten jeder direkt bearbeiten kann, ist auf Organisation und Koordination angewiesen. Da Wikipedia selbst nur auf eine vergleichsweise schwache formelle Organisationsstruktur zurückgreifen kann, haben wir es mit einer Art „invisible hand" zu tun, durch die die Organisation „Wikipedia" entsteht. Notwendig für diese Koordination sind zum einen Konventionen, zum anderen aber auch Zuständigkeiten, die sich durch Interaktionen und Auseinandersetzungen mit Gleichgesinnten, Gegnern, organisatorischen Schwierigkeiten, rechtlichen Problemen und anderen positiven wie negativen Einflüssen ergeben.

Blicken wir auf den Bereich, der den meisten aktiven Teilnehmern von Wikipedia am besten vertraut ist, die Erstellung von Artikeln, so finden wir sowohl Verhaltenskonventionen als auch Rollenmuster. Meist haben sich solche Konventionen bei der Erstellung von Artikeln ohne eine formelle Abstimmung durchgesetzt. Eine dieser Konventionen besagt, dass die Autoren kurz über ihre Änderung an einem Artikel informieren sollten. Es gibt verschiedene Möglichkeiten, die anderen Beteiligten über das eigene Tun zu informieren. Jeder Änderung kann eine Zusammenfassung mitgegeben werden, mit der sie begründet und kommentiert werden kann. Diese wird in der Versionsgeschichte, einer speziellen Seite, die alle Änderungen am Artikel auflistet, angezeigt. Obwohl die Länge dieses Kommentars

---

[1] An der Erstellung dieses Kapitels ist Elisabeth Bauer beteiligt gewesen. Eine andere Version des Kapitels findet sich in Tilmann Sutter/ Alexander Mehler, 2009, Medienwandel als Wandel der Intteraktionsformen. Wiesbaden: VS.

von der Software begrenzt wird, werden diese „Betreffs" von den Artikelautoren oft bereits zur Kommunikation und zu limitierten Diskussionen genutzt.

Eine weitere Möglichkeit den anderen Teilnehmern etwas über das Tun und die Absichten in einer etwas längeren Form mitzuteilen, sind die zu den Artikeln zugehörigen Diskussionsseiten. In der Mediawiki-Software ist zu jedem Artikel eine eigene Diskussionsseite implementiert, auf der Änderungen besprochen und Fragen geklärt werden können. Hier finden die Auseinandersetzungen um die Inhalte der Artikel statt. Daneben werden gelegentlich auch Benutzerdiskussionsseiten, die persönlichen Nachrichtenseiten der Autoren, für Nachfragen speziell an einen bestimmten Autor genutzt. Weitere Diskussionen zu Artikeln finden zentral im Wikipedia-Namensraum, dem Organisationsbereich der Wikipedia, statt. Zum Beispiel fällt die Entscheidung, ob ein Artikel gelöscht werden sollte, auf „Wikipedia:Löschkandidaten". Auf „Wikipedia:Review"[2] können Interessierte zu dort gelisteten Artikeln ein Review verfassen und auf „Wikipedia:Kandidaten für exzellente Artikel" ihr Votum abgeben, ob ein Artikel als besonders gelungen ausgezeichnet werden soll.

In diesem Kapitel analysieren wir an dem Beispiel einer Diskussionsseite, wie die Kooperation und die Auseinandersetzung um einen umstrittenen Artikel strukturiert sind. Wir orientieren uns, wie in der gesamten Untersuchung, wesentlich an unserer Interpretation von Whites Werk „Identity and Control", welche 1992 erschien. Die Ideen von White beruhen auf einer Reihe geistesgeschichtlicher Wurzeln, bzw. weisen starke Parallelen zu Vorläufern auf. Neben der formalen Soziologie, für die vor allem Simmel (1908) und von Wiese (1968, zuerst 1924) stehen, sind dies die Rollentheorie (hier vor allem in der Fassung von Siegfried Nadel 1954) und die Arbeiten von Elisabeth Bott (1957) und die französische Ethnologie (Levi-Strauss 1983).

Die Überlegungen unterscheiden sich vor allem von der klassischen Rollentheorie durch die Idee eines radikalen Konstruktivismus. Man kann diesen Konstruktivismus als Reaktion auf die Starrheit der Rollentheorie ansehen – hier mit dem Problem, neue Positionen zu entwickeln und für einige Zeit zu etablieren, damit einigermaßen verlässliche Erwartungs-Erwartungen entstehen können. Solche „zuverlässigen" Handlungsschemata sind notwendig, um die Komplexität des Alltagslebens zu reduzieren und handhabbar zu machen. Müsste alles ständig von vorne bis hinten ausgehandelt werden, wäre die hier betrachtete Enzyklopädie nie zustande gekommen.

D.h. es entsteht durch die Art und Weise, wie die beteiligten Personen agieren, eine neue eigene positionale Struktur. Allerdings werden die neuen und in Aushandlungen und Auseinandersetzungen geborenen positionalen Strukturen nicht auf einem leergefegten Tisch verhandelt. Es werden Erwartungen von außen

---

[2] Ins „Review" werden Artikel eigestellt, um explizit die Hilfe anderer Wikipedianer einzuholen.

in Wikipedia hineingetragen, so findet man immer wieder die Erwartung von Teilnehmern, dass es eine Leitungsstruktur gibt. Offenbar kann man sich auch aufgrund von Erfahrungen aus anderen gesellschaftlichen Bereichen, die reine Selbstverantwortlichkeit kaum vorstellen. An vielen Beispielen könnten wir belegen,[3] dass Administratoren in eine solche Leitungsposition auch von den Teilnehmern gedrängt werden, obgleich auf den entsprechenden Wikiseiten ausdrücklich betont wird, dass diese keine Sonderstellung einnehmen.[4] Dennoch kann man nicht sagen, dass dort, wo es Rollenvorbilder gibt, diese von vornherein in einer bestimmten Weise determiniert wären. Auch wenn also Erwartungen von außen an Positionen herangetragen werden, sind sie „verhandelbar", unterliegen also sozialen Aushandlungsprozessen. Die alte Rollentheorie hat oft zu Missverständnissen von weitreichender Bedeutung geführt. So spricht Goffman (1973) dort von Rollendistanz, wo die Beteiligten ein eigenes Arrangement getroffen haben, welches mit dem „hinlänglich erwarteten Rollenbild" nicht übereinstimmte. Eine solche, an einen Kontext und an Aushandlungen geknüpfte Situation ist sehr gut mit den Überlegungen von White (1992) zu positionalen Systemen vereinbar.

In unserem Beispiel betrachten wir die mittlere Ebene, wobei die Entstehung der positionalen Struktur ins Zentrum gerückt wird. White hat bei der Entwicklung der Blockmodellanalyse, die als Methode zur Aufdeckung der positionalen Struktur entwickelt wurde, gezeigt, dass in allen sozialen Beziehungen Rollenstrukturen entstehen. Dabei handelt es sich um Arrangements, die in Auseinandersetzung mit den anderen entstehen. In diese Arrangements fließen also auch stereotype Rollenbilder ein, aber die konkrete Ausgestaltung der Beziehungen unterliegt der Auseinandersetzung mit den beteiligten unterschiedlichen Teilnehmern. Das bedeutet, dass die getroffenen Arrangements variieren. Allerdings finden sich häufig auch strukturelle Ähnlichkeiten, die durch verschiedene gleichartige Restriktionen und das Wirken von groben Rollenvorbildern entstehen mögen.

In diesem Kapitel ist wichtig, dass White eine Begründung dafür liefert, warum es sinnvoll ist, Beziehungen mit Hilfe einer positionalen Analyse zu untersuchen. Wenn die Struktur von Beziehungen nicht so uniform ist, wie durch die Rollentheorie zu erwarten ist, dann variiert sie, je nachdem wie die Aushandlung erfolgt und welche Positionen ausgehandelt wurden. Damit lohnt sich eine genauer Blick auf die Struktur, die sich in den einzelnen Kontexten herausbildet.

Diesem Blick wollen wir im Zusammenhang mit der Erstellung von Artikeln in der Wikipedia folgen. Eine der bereits genannten Prämissen bei dieser Untersuchung ist, dass sich überall, wo Menschen aufeinander treffen, Beziehungsstrukturen herausbilden. Seit den Überlegungen und Untersuchungen (Davis 1977) zur Balancetheorie wissen wir, dass negative Beziehungen ganz besonders stark struk-

---

[3] Das tun wir aber in diesem Kapitel noch nicht, weil es über das hier behandelte Thema hinausgeht.
[4] http://de.wikipedia.org/wiki/Wikipedia:Administratoren (08.08.2007, 9:40).

turierend wirken. Das bedeutet, dass wir das strukturierende Moment besonders gut an einem Beispiel untersuchen können, in dem Konflikte mit starken Auseinandersetzungen zu erwarten sind. Dies ist bei kontroversen Themen der Fall, die unterschiedliche Sichtweisen unter den beteiligten Personen zulassen.

Wo finden nun die Auseinandersetzungen um die Artikelinhalte statt? In den Artikeln kommt es manchmal zu sog. „Editwars", bei denen eine von einem Teilnehmer vorgenommene Änderung von einem anderen Teilnehmer zurückgesetzt wird. Der Teilnehmer, dessen Beitrag auf diese Weise gelöscht wird, reagiert darauf, indem er wiederum die Rücksetzung rückgängig macht, usw... Editwars und andere inhaltliche Auseinandersetzungen um Artikelinhalte finden bei Wikipedia meist auch ihren Niederschlag auf den zu den verschiedenen Artikeln zugehörigen Diskussionsseiten. Wir haben uns dazu entschieden, nach der Diskussion um den Artikel „Logik" die Diskussion eines weiteren Artikels systematisch und genau unter die Lupe zu nehmen. Die Idee ist, dass durch eine Analyse von Diskussionsseiten die Auseinandersetzung um die Inhalte eines Artikels eingefangen werden kann. Wir haben uns für die Untersuchung der Diskussion um den Artikel „Massaker von Srebrenica" entschieden.

8.2 Diskussionsseiten

Technisch betrachtet sind Diskussionsseiten normale Seiten im Wiki, die genau wie andere Seiten bearbeitet werden können. Erreichbar sind sie über einen Link in der Reiterleiste jeder Seite. Als Seitennamen tragen sie den Titel der Bezugsseite mit dem Präfix „Diskussion:". Es wird allerdings längst nicht zu jedem Artikel tatsächlich eine Diskussion geführt. Bei kontroversen Themen findet man aber viele Beiträge auf den Diskussionsseiten (vgl. Tabelle 8.1).

Man kann sagen, dass auf den Diskussionsseiten zwar Auseinandersetzungen um die Artikel geführt werden, die meisten Artikel kommen offenbar ohne eine solche Diskussion zustande. Oft sind dann nur wenige Autoren im Spiel und/oder die beschriebenen Kurzmitteilungen über vorgenommene Änderungen, die auf der Versionen-/Autorenseite gespeichert werden, reichen für die Koordination aus.

Tabelle 8.1: Diskussionsseiten mit den meisten Änderungen in Wikipedia (Oktober 2006).

Seite	Anzahl der Änderungen
Hauptseite	9153
Libanonkrieg_2006	3139
Jesus_von_Nazaret	3121
Homöopathie	2558
Junge_Freiheit/Archiv_5	2140
Studentenverbindung	1909
Informationsdienst_gegen_Rechtsextremismus	1901
Sexueller_Missbrauch_von_Kindern/Archiv_9	1849
Völkermord_an_den_Armeniern/Archiv5	1724
Scientology	1478

Auf den Diskussionsseiten hat sich, seit es Wikipedia gibt, eine Reihe von Konventionen herausgebildet. So ist es üblich, Diskussionsbeiträge zu „signieren". Dies gilt für Artikel nicht, diese können auch anonym bearbeitet werden. Die Unterschriftskonvention für Diskussionsbeiträge wird von erfahrenen Teilnehmern durchgesetzt: Kennt ein Neuling diese Norm nicht oder vergisst er zu unterschreiben, tragen andere seine Unterschrift nach und ermahnen ihn. Neue Themen werden üblicherweise unter einer neuen Überschrift ergänzt. Antworten werden eingerückt unter den vorherigen Beitrag gesetzt. Oft findet sich auch ein Teilnehmer, der die Diskussion ordnet, indem die Diskussionsbeiträge bestimmten Themen zugeordnet werden. Während Artikel Kollektivgut sind, das jederzeit von jedermann redigiert werden darf, entwickelte sich die Norm, dass Beiträge von anderen auf Diskussionsseiten nicht verändert werden sollen.

8.3 Methode

In der Analyse im vorliegenden Abschnitt beschränken wir uns auf die Diskussionsseite des Artikels „Massaker von Srebrenica". Die in den Diskussionssequenzen aufscheinenden Beziehungen wurden manuell codiert. Eine direkte Antwort auf den Beitrag eines Diskussionsteilnehmers ergab eine gerichtete Beziehung zwischen den Teilnehmern. Nahm der Diskussionsteilnehmer auch auf andere Beiträge Bezug, wurde dies ebenfalls als Beziehung kodiert. Dabei notierten wir nicht nur die Quantität, sondern auch die Qualität von Beziehungen. Neben der allgemeinen, nicht qualifizierten Beziehung wurden folgende Merkmale erhoben:

- Unterstützung, Lob, Dank
- Belehrung, Ermahnung, Hinweise auf Fehler
- Arbeitsauftrag
- Erfüllung eines Arbeitsauftrags/Änderungswunsches
- Kritik, gegensätzliche Position
- Negative Beziehung (Beleidigung, persönlicher Angriff)
- Einlenken, Nachgeben

Ein zusätzliches Tie für eine Diskussion „Von Gleich zu Gleich", mit der kollegiales Verhalten aufgezeichnet werden sollte, stellte sich beim Kodieren der Beiträge als schwer interpretierbar heraus, so dass es im Folgenden nicht in die Analyse mit einfließt. Mehrfachzuordnungen waren möglich. Die daraus gewonnen Beziehungsnetzwerke wurden anschließend mit Attributen kombiniert, z.B. dem Status der Benutzer (Administrator, angemeldeter Benutzer, anonym) oder der Zahl der zum jeweiligen Artikel geleisteten Beiträge.

Als besondere Schwierigkeit erwies sich bei der Kodierung der Umgang mit nicht angemeldeten Autoren, die unter wechselnden IP-Adressen an der Diskussion teilnahmen. Hier wurden, soweit aus dem Kontext erkennbar, Beiträge derselben Personen zusammengefasst.

8.4 Beispiel „Massaker von Srebrenica"

Zahlreiche der von uns untersuchten Diskussionsseiten weisen nur schwache Beziehungsstrukturen auf, da trotz der Beschränkung auf ein Mindestmaß an Auseinandersetzung nur wenige Teilnehmer oft unabhängig voneinander zur Debatte beitrugen. Häufig war kaum ein Zusammenhang zwischen den einzelnen Beiträgen erkennbar, da diese in größerem zeitlichen Abstand zueinander erfolgten und man nicht den Eindruck hatte, dass es häufig vorkam, dass frühere Diskutanten auf eine Reaktion zu ihrem Beitrag wieder in den Diskurs einstiegen. Einige Diskussionen waren in der Hinsicht ergiebiger, besonders wenn dort Auseinandersetzungen geführt wurden und daraus eine klare Positionsstruktur entstand.[5] Die Diskussion zu dem Artikel „Massaker von Srebrenica" wurde ausgewählt, da diese mit 215 Beiträgen zu den umfangreichsten im Sample gehört. Es wurden 42 Teilnehmer

---

[5] Das bedeutet nicht, dass es im Umkreis anderer Artikel mit geringer ausgeprägter Diskussion nicht auch eine positionale Struktur vorhanden wäre. Allerdings lässt diese sich nicht unbedingt an einem einzelnen Artikel beobachten. Um Positionen im Umkreis von Themengebieten zu untersuchen, muss man mehrere Artikel zu bestimmten Themen untersuchen.

erfasst, davon 22 angemeldete Nutzer, drei Administratoren und ein Bot (ein Account, der automatisiert Wartungsaufgaben erfüllt). Wir erwarteten, dass bei dem umstrittenen Thema eine deutliche Strukturierung in den Auseinandersetzungen erkennbar sein müsste. In der Tat finden wir heftige Auseinandersetzungen: Insbesondere gilt dies für den Zeitabschnitt zwischen Februar 2006 bis in den Spätsommer des gleichen Jahres. In diesem Zeitraum werden Zahlen angezweifelt, Belege gefordert, der Tonfall ist unfreundlich und oft sogar beleidigend.

> Beispielzitat: „Und außerdem haben Sie mir immer noch keine triftigen Beweise geliefert, dass in Bosnien genauso viele serbische Zivilisten von Bosniern massakriert worden sind wie umgekehrt. Entweder sind Sie der deutschen Sprache nicht mächtig, können nicht richtig lesen oder haben schlichtweg keine."

Unter den Diskussionsteilnehmern sind mehrere Bosnier und Serben, oft wird die Nationalität und der persönliche Hintergrund der Teilnehmer in den Diskussionen auch thematisiert

> „Wer fordert das, wer ist KA, ohne Wikifizierung? Wo soll etwas nicht neutral sein? Welche Nationalität besitzt KA?"

Ein Edit-War entsteht, als ein Teilnehmer Details zu seiner Familiengeschichte aus dem Beitrag eines anderen löschen will.

8.5 Die Bedeutung des Zeitverlaufs

Ab etwa Mitte Oktober 2006 ist der Konflikt beendet. Ab diesem Zeitpunkt werden Textentwürfe disziplinierter diskutiert und der Artikel verbessert. Der Artikel wird seit dieser Zeit im Wesentlichen von einem Hamburger Politologen (Teilnehmer AT) betreut. Obgleich es sich um einen Anfänger in der Wikipedia handelt, wird der Artikel von diesem Teilnehmer durch die Institutionen der Wikipedia geschleust. Zuerst stellt er den Artikel vom 17. bis 28. November 2006 ins Review, an dem sich aber nur eine Person beteiligt. Die Institution des „ins Review Stellens" bedeutet, dass damit eine größere Anzahl an Lesern auf den Artikel aufmerksam wird und sich an der Verbesserung des Artikels beteiligen soll.[6] Ein erfolgreiches Review gilt auch als eine der Voraussetzungen für eine Lesenswert- oder Exzellenz-Kandidatur. Tatsächlich stellt der Teilnehmer AT direkt im Anschluss an diesen Prozess den Artikel auf die Seite, auf der lesenswerte Artikel gekürt werden.[7] Dort können andere Teilnehmer den Artikel bewerten. Am 5. Dezember wird der

---

[6] http://de.wikipedia.org/wiki/Wikipedia:Review (08.08.2007, 10:50).
[7] http://de.wikipedia.org/wiki/Wikipedia:Kandidaten_f%C3%BCr_lesenswerte_Artikel (08.08.2007, 10:54).

angestrebte Status mit ausschließlich Pro-Stimmen erfolgreich erreicht. Sogleich wird die nächste Auszeichnung angestrebt: Am 7. Dezember folgt die Exzellenz-Kandidatur, die der Artikel ebenfalls erfolgreich am 27. Dezember 2006 beendet. Die vorher auf der Artikeldiskussionsseite aktiven Teilnehmer beteiligen sich allerdings nicht an diesem Auswahlprozess und geben auch keine Stimme ab.

Im Folgenden beschreiben wir den Zeitablauf noch einmal anhand der Beziehungsstruktur der Diskussion und analysieren, wie es zunächst zu dem Streit und später zur Beilegung weitgehend durch einen einzelnen Teilnehmer kommen konnte. Hierzu zerlegen wir die Diskussion in vier Zeitabschnitte. Die Zeitabschnitte wurden nicht als fixe Perioden bestimmt, sondern die Gesamtzahl der Teilnehmer wurde durch die angestrebte Zahl an Perioden (4) geteilt. Die Einteilung in Perioden wurde dann nach der Zahl der in diesem Zeitraum sich neu beteiligten Teilnehmer vorgenommen. Hierdurch wurde die in der Abbildung gekennzeichnete Periodeneinteilung erreicht.

Abbildung 8.1 verdeutlicht, was wir auch bei den anderen 30 untersuchten Diskussionsseiten festgestellt haben, nämlich dass die Zeit ein wesentliches Strukturierungsmoment darstellt. Es zeigt sich, dass die Teilnehmer sich meist nur über einen bestimmten Zeitraum an der Auseinandersetzung beteiligen. Kaum ein Teilnehmer ist kontinuierlich anwesend. Die Diskutanten sind klar in unterschiedliche soziale Formationen auftrennbar, die nach Zeitabschnitten geordnet sind. Besonders die Teilnehmer der ersten „Gruppe" (Kreise) rechts unten, die intensiv untereinander diskutieren, tauchen später im Geschehen nicht mehr auf.

Lediglich über einen Teilnehmer (MH) ist diese erste Formation mit den Teilnehmern des zweiten Abschnitts verbunden. Tatsächlich findet man hier das strukturelle Merkmal einer Clique. In einer Clique ist jeder mit jedem verbunden. Zwar sind auch hier Teilnehmer zu finden, auf die sich mehr Aufmerksamkeit richtet, als auf andere – im Verhältnis zu unseren Forschungserfahrungen in anderen Feldern der internetbasierten Kommunikation (Stegbauer 2001a; Stegbauer & Rausch 2006) und zu den anderen in diesem Artikel beobachteten Perioden finden wir hier allerdings eine sehr ungewöhnlich hohe gegenseitige Verbundenheit. Zwischen der ersten und zweiten Phase kommt der Diskurs für eine Zeit zum Stillstand. Es tritt eine zweimonatige Pause ein. Die zweite Phase, deren Teilnehmer mit Quadraten gekennzeichnet sind, zeichnet sich durch sehr starke Auseinandersetzungen aus. Hierauf gehen wir im weiteren Verlauf des Kapitels noch näher ein. In der dritten Phase (Dreiecke) bricht die Struktur weitgehend zusammen, wodurch für das „neutrale" Wirken von Teilnehmer AT in der vierten Phase (gekreuzte Quadrate) das Feld bereitet wird, welches sich bereits in Ansätzen anbahnte.

Abbildung 8.1:   Beziehungsnetzwerk nach Zeitabschnitten. Kreis: Juni 05- Februar 06, Quadrat: Februar 06-Mai 06, Dreieck: Mai 06-August 06, Gekreuztes Quadrat: August 06 bis Dezember 06

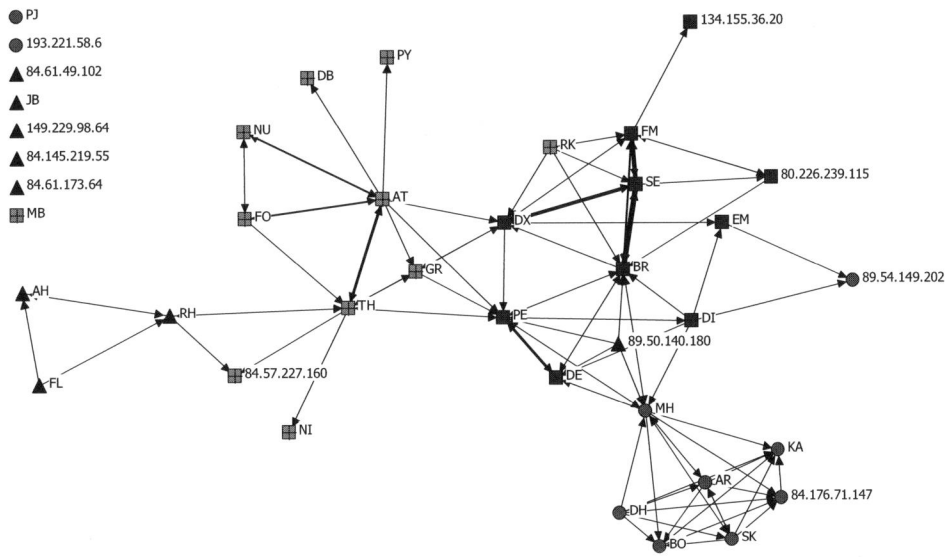

Den Verlauf kann man als ein sich „Totlaufen" des Streits beschreiben. Die im zweiten Abschnitt entstandene Struktur bricht zusammen und obgleich sich in der dritten Phase (in der Abbildung als Dreiecke zu sehen) eine Reihe von Teilnehmern mit Diskussionsbeiträgen einmischt, kommt kaum eine wirkliche Auseinandersetzung auf. Man kann sagen, dass einige der im zweiten Zeitabschnitt beteiligten Teilnehmer resigniert aufgegeben haben. Nach dem Strukturzerfall bricht mit der dritten Phase eine Zeit an, in der es nur zu wenig Kontakt zwischen den Beteiligten an der Diskussion kommt. Dies ist daran zu erkennen, dass im Graphen nur einige Teilnehmer miteinander verbunden sind und sehr viele der jetzt hinzugetretenen isoliert bleiben. Wenn, wie in diesem Zeitabschnitt keine klare Kommunikationsstruktur erkennbar ist, dann handelt es sich um eine Phase, in der vieles offen ist. Wir finden keine klare Positionierung, keinen dominierenden Teilnehmer und auch keine klare Scheidung zwischen Zentrum und Peripherie. An anderer Stelle haben wir eine solche Situation mit schwacher Strukturierung als Gelegenheit bezeichnet, in der die Chance für ein Eintreten in das Zentrum eröffnet wird (Stegbauer/ Rausch 2006: 194). Tatsächlich kommt es in der darauf folgenden vierten Phase wieder zu einer Restrukturierung. Diese Phase ist eindeutig durch die Dominanz eines Zentrums, das aus zwei Personen gebildet wird, gekennzeichnet. Nachdem die Auseinandersetzungen nach der zweiten Phase an ein Ende gekommen sind, ist für diese beiden Teilnehmer das Feld bereitet. Man kann sagen, dass ein „strukturelles Vakuum" entstanden ist. Hierdurch bestand die Möglichkeit, den hochumstrittenen Artikel sogar auf ein Niveau zu bringen, der mit dem Exzellenzstatus honoriert wurde.

Mit unserem Projekt unterliegen wir dem Zwang, die Untersuchung zu einem definierten Zeitpunkt enden zu lassen. Dieser liegt im betrachteten Fall beim Jahreswechsel 2006/2007. Wir erlauben uns aber an dieser Stelle einen Blick über diese Begrenzung hinaus: Im weiteren Verlauf zeigt sich, dass einer der beiden zentralen Teilnehmer (AT) seine Stellung als Koordinator des Artikels festigen kann. Mittlerweile hat er diese Position schon über den längsten Zeitraum inne, in dem ein einzelner Akteur der Diskussionsgeschichte aktiv war.

Wir können an der Strukturgeschichte ablesen, wie Öffnungs- und Schließungsperioden einander abwechseln. Während der ersten Phase bestand wohl eine relative Gleichheit mit einer größeren Möglichkeit zur Beteiligung. In der zweiten Phase war eine neutrale Beteiligung dagegen kaum möglich, zu sehr unterlag die Auseinandersetzung einer Polarisierung. Die Chance einer erneuten Öffnung kam durch das Zusammenbrechen der polarisierten Positionen in der dritten Phase zustande. Diese wurde in der vierten Phase hauptsächlich von dem einen Teilnehmer genutzt, der bis heute als „Artikelbesitzer" agiert. In diese Position kam er durch die Bestätigungen, die er als neuer Teilnehmer in der Phase der Offenheit mit der scheinbar gelungenen Streitbeilegung (obgleich dieser sich ja bereits totgelaufen hatte). Unterstützend wirkte sicherlich auch die erfolgreiche Nominierung „seines" Beitrags als exzellenter Artikel.

Bei seinem Wirken bekommt Teilnehmer AT bereits für seinen ersten Diskussionsbeitrag, bei dem er eine Änderung der Einleitung vorschlägt, Lob von dem erfahrenen Teilnehmer TH zu hören. Hier finden wir eine deutliche Parallele zur untersuchten Diskussion im vorangehenden Kaptitel: Die Zitate ähneln denen, mit dem Teilnehmer Go im vorhergehenden Kapitel zum Koordinator kooptiert wurde.

„Mach mal. Dein Vorhaben dürfte eine deutliche Verbesserung des Artikels bedeuten." (am 17.10.2006)

Später bekommt er von diesem Teilnehmer ein besonderes Lob und eine Ermutigung zu hören:

> „Glückwunsch, sehr gute Arbeit. „Gegenteilige Darstellungen" sind allerdings immer Zweifel und Relativierungen, daher sollte diese Überschrift bleiben, die hat sich auch in den anderen Artikeln auf WP eingebürgert." (am 26.10.2006).

Der Zuspruch und das Lob von einem erfahrenen Teilnehmer, der die Beiträge von Teilnehmer AT positiv kommentiert, lassen sich als Schlüssel für die Übernahme der Leitungsposition an dem Artikel, ähnlich wie im Beispiel des vorhergehenden Kapitels, ansehen. Die späteren Erfolge sind eine weitere Ermutigung für den in die Rolle des Verantwortlichen hineingewachsenen Teilnehmer AT, weiterhin auf diese Weise zu agieren. Wie wir mit dem Blick über die Untersuchungszeitgrenze hinaus gesehen haben, beginnt damit allerdings strukturell wieder eine Schließungsperiode. Seitdem dürfte es anderen Teilnehmern schwer fallen, sich gleichberechtigt zu beteiligen.

An diesem Beispiel kann man ein zusätzliches Prinzip zur Kooptierung für die Übernahme einer zentralen Position zeigen. Zunächst sind bestimmte strukturelle Gegebenheiten dafür Voraussetzung. Dies war nach dem Zusammenbruch des Streits der Fall, der „Artikel war auf der Suche" nach jemandem, der sich um ihn kümmert. Ein guter Beitrag oder ein guter Vorschlag für eine Änderung reicht auch in dieser Situation offenkundig nicht aus um in eine leitende Position einzunehmen, es muss die Ermutigung eines erfahreneren Teilnehmers hinzukommen. Bei diesem Prozess scheint es ebenfalls wichtig zu sein, dass der neue Teilnehmer ermutigt wird, seinen Beitrag auch gegen Widerstände durchzusetzen. Die Positionsübernahme erfolgt, wenn diese Voraussetzungen gegeben sind, in einer „enormen" Geschwindigkeit, denn es reichen offenkundig wenige Kommunikationssequenzen hierfür aus.

8.6 Die Bedeutung von formalen Positionen

In unseren Analysen finden wir immer wieder, dass bei Auseinandersetzungen der formale Status der Beteiligten ein wesentliches Kriterium für die Vorhersage des Ausgangs von Streitigkeiten ist. Im hier behandelten Beispiel sind die Administratoren die einzigen, die deutlich von den „normalen" Teilnehmern aufgrund ihres formalen Status unterscheidbar sind. Um bei Wikipedia Administrator zu werden, durchläuft man eine Art Wahlverfahren, bei dem erfahrene und bereits längere Zeit aktive Teilnehmer für oder gegen den Mitstreiter votieren. Bei der Mehrzahl der „Wähler" handelt es sich ebenfalls um Administratoren. Gewählte Kandidaten erhalten als Administratoren Zugang zu zusätzlichen Software-Funktionen, zum Beispiel die Möglichkeit Artikel zu löschen oder gegen Bearbeitung zu schützen und Benutzer zu sperren. Um Administrator zu werden, muss man sich meist durch eine intensive und längere Beteiligung an der Wikipedia, insbesondere auch als Autor ausgezeichnet haben. Aufgrund dieser Tatsachen würden wir vermuten, dass einer oder mehrere Administratoren bei der Betrachtung der Kommunikationsstruktur um den Artikel „Massaker von Srebrenica" ebenfalls als Akteure zu finden sein müssten und aufgrund der Übertragbarkeit von positionalen Attributen in diesem Artikel ebenfalls von herausragender Bedeutung sein könnte.

Abbildung 8.2:   Diskussionsnetz. Administratoren (schraffierte Punkte) nehmen eine Randposition ein.

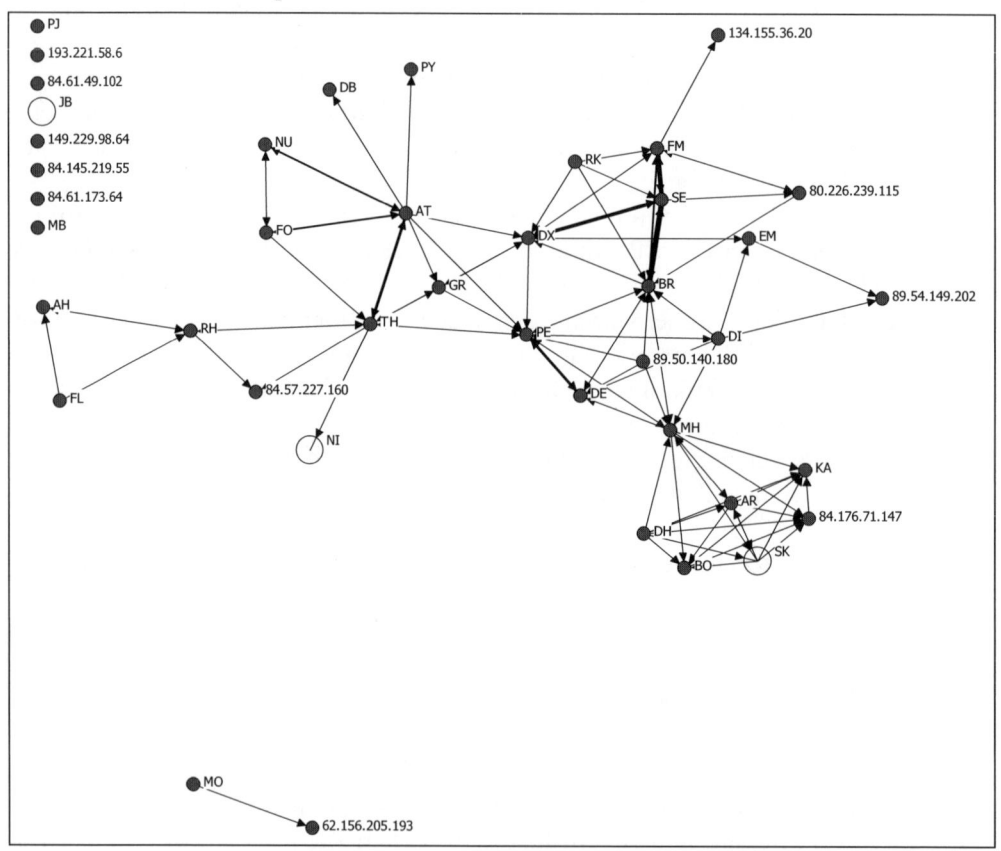

Dies ist, wie in Abbildung 8.2 gezeigt, nicht der Fall. Tatsächlich finden wir auch hier mehr Administratoren unter den Teilnehmern der Diskussion um unseren Beispielartikel als aufgrund ihres Anteils an den gesamten Wikipedia-Teilnehmern zu erwarten gewesen wäre.[8] Allerdings sind die Administratoren im diskutierten Zusammenhang keineswegs, wie geglaubt (und sich schon im Beispiel des Artikels „Logik" nicht bewahrheitet hatte), in zentralen Positionen. Sie gehören vielmehr der Peripherie an und sind kaum an den Auseinandersetzungen beteiligt.

Wenn also an dieser Stelle die Übertragung von positionalen Attributen auf die Struktur der Diskussion des Artikels nicht stattfindet, dann kann man daraus schließen, dass die positionale Struktur auf der Diskussionsseite des Artikels „Massaker von Srebrenica" auf eine andere Weise entsteht. Diesen Prozess werden wir nun näher untersuchen.

8.7 Positionen aus dem Streit

Um ein genaueres Bild vom System der unterschiedlichen Positionen zu bekommen, untersuchen wir mit einem inhaltsanalytischen Verfahren die qualitativen Beziehungen der Diskussionsteilnehmer. Die Kategorien, nach denen alle Kommunikationssequenzen kodiert wurden, sind bereits beschrieben worden. Wir qualifizieren die Beziehungen mit Hilfe unserer Klassifikation. Eine Kategorie dieser Klassifikation beschäftigt sich mit negativen Beziehungen. Man kann die kategoriale Analyse auch quantitativ betrachten, so etwa, wenn man die Beziehungsdichte in die unterschiedlichen Kategorien aufspaltet.[9] Hierdurch ist es möglich, mit geringem Aufwand anhand eines Vergleichs der Netzwerkdichten (siehe Tabelle 8.2) die Diskussion zu typisieren: Die höchste Dichte weist der Beziehungstyp „Kritik" auf, gefolgt von „Negative Beziehung". Während Kritik der Standpunkte zur normalen Auseinandersetzung gehört, kann man insbesondere durch die Erfassung des Typs der negativen Beziehungen auf den Verlauf der Konfliktlinien zurückschließen. „Unterstützung" ist in der Diskussion eher spärlich verteilt. Der seltenste Beziehungstyp ist die „Erfüllung eines Arbeitsauftrags", der bei einer gefestigten hierarchischen Struktur häufiger zu erwarten gewesen wäre.

In der Tabelle ist dem zweiten Zeitabschnitt eine eigene Spalte gewidmet. Dort werden die Anteile der Kommunikationsdichten abgetragen, die nur auf die zu diesem Zeitabschnitt zugehörigen Teilnehmer untereinander entfallen. Wäre die Kommunikation zwischen allen Teilnehmern gleichverteilt, müsste etwa ein Viertel der verschiedenen Dichtekategorien auf diesen Zeitabschnitt entfallen. Wir sehen aber, dass ein sehr viel höherer Anteil der Kommunikationsdichte des gesamten

---

[8] Zum Untersuchungszeitpunkt waren etwa 200 Administratoren bei 400.000 angemeldeten Teilnehmern aktiv. So beeindruckend dieser Vergleich auch ist, er ist nicht ganz gerechtfertigt, da bei den angemeldeten Teilnehmern viele Mehrfachanmeldungen mitgezählt werden.

[9] Die Summe der einzelnen Kategorien entspricht nicht ganz dem klassischen netzwerkanalytischen Maß der gesamten Kommunikationsdichte („overall density"), da nicht alle Kommunikationssequenzen in eine der speziellen Kategorien fallen und zudem Mehrfachkodierungen möglich waren.

Untersuchungszeitraums auf diese Periode entfällt. Dass die Auseinandersetzung besonders diesen Zeitraum betrifft, kann daran abgelesen werden, dass 9/10 der Kommunikationssequenzen, in denen negative Beziehungen zum Ausdruck gebracht werden, aus diesem Abschnitt stammen. Darüber hinaus werden auch überdurchschnittlich viele Arbeitsaufträge erteilt, diese aber nicht in gleichem Maße abgearbeitet. In weit höherem Maße, als es zu erwarten gewesen wäre, findet sich in dieser Phase Nachgeben bzw. Einlenken.

Tabelle 8.2: Kommunikationsdichten nach Beziehungskategorien

Kategorie	Dichte[10]	Dichte, die auf die Teilnehmer des zweiten Zeitabschnitts untereinander entfällt	Anteile, die auf Teilnehmer des zweiten Abschnitts entfallen
Ingesamt	0.1185	0.0621	52%
Kritik	0.0267	0.0128	48%
Negative Beziehung	0.0157	0.0139	89%
Nachgeben, Einlenken	0.0110	0.0081	74%
Unterstützung	0.0105	0.0023	22%
Arbeitsauftrag	0.0093	0.0064	69%
Belehrung, Ermahnung	0.0087	0.0052	60%
Erfüllung eines Arbeitsauftrags	0.0046	0.0012	26%

In der folgenden Abbildung 8.3 sind negative Beziehungen eingezeichnet. Die Dicke der Kanten entspricht der Zahl an Kommunikationssequenzen, in denen dieser Beziehungstyp zum Ausdruck gebracht wurde. Es wird im Einklang mit der Theorie (hier besonders die Überlegungen zur strukturellen Balance, siehe Davis/ Leinhardt 1972 etc.) deutlich, dass die Strukturierung, besonders im zweiten Zeitabschnitt, durch negative Beziehungen erfolgt. Die Darstellung belegt noch einmal den Konflikt in Phase 2. In dem von dieser Phase abgedeckten Zeitraum finden die Auseinandersetzungen vor allem zwischen SE auf der einen Seite und FM, DX und BR statt. Im Gegensatz zu den anderen aufgezeichneten negativen Beziehungen, die auch in anderen Zeiträumen registriert wurden, sieht man an der Dicke der die

---

[10] Die Dichte wurde nicht, wie sonst oft üblich dichotomisiert berechnet. Die Werte können also nicht als Anteile realisierter an den möglichen Beziehungen interpretiert werden. Da in die Berechnung auch Mehrfachbeziehungen einflossen, kann man von Mehrfach-Dichten (Stegbauer 2001: 207) sprechen. Auf diese Weise wird es möglich, die Dichten in Anteile an der Kommunikation für bestimmte Gruppen zu zerlegen, wie in der Tabelle geschehen.

Streitenden verbindenden (Simmel 1908) Kante, dass die negative Beziehung über mehrere Kommunikationssequenzen bestätigt wurde.

Abbildung 8.3:   Negative Beziehung

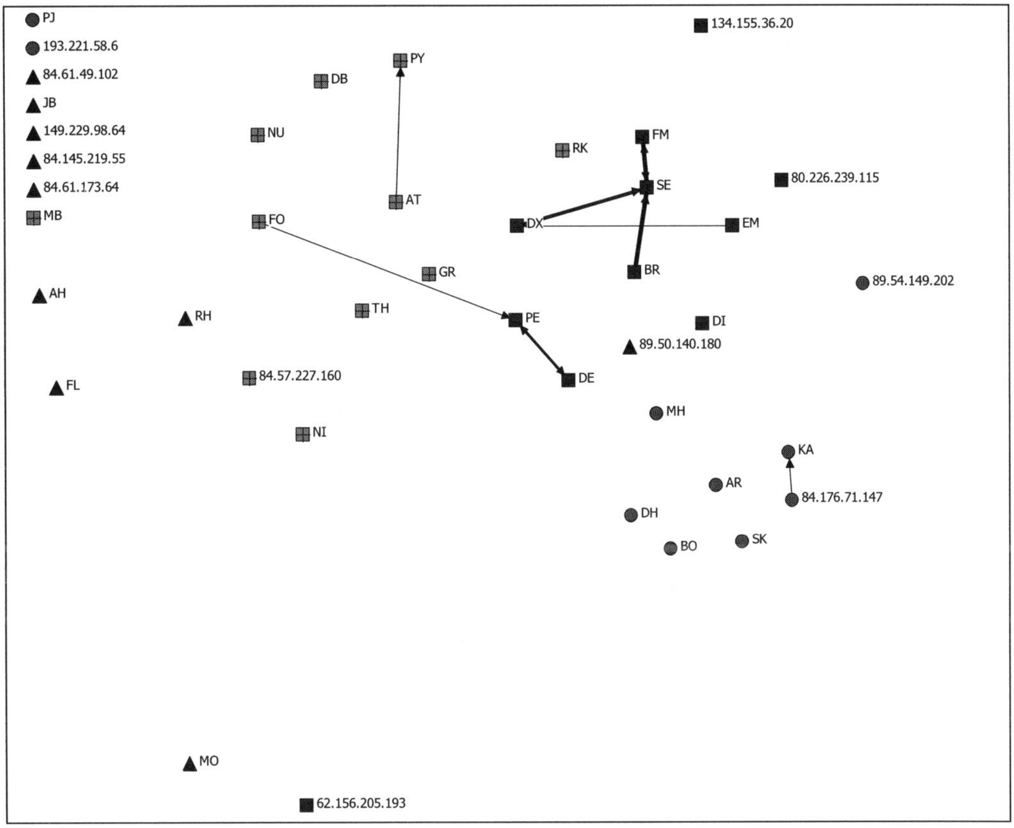

Als weitere Möglichkeit die Beziehungen zu charakterisieren, betrachten wir die Anzahl der eingehenden und ausgehenden Beziehungen der verschiedenen Teilnehmer. Hierdurch können wir die Hauptakteure in der Diskussion bestimmen.[11] Da wir die Beziehungen gerichtet erfasst haben, können wir zwischen eingehenden und ausgehenden Beziehungen unterscheiden. Von den 42 Teilnehmern haben sechs eine höhere Summe als 10, sowohl bei den eingehenden, als auch bei den ausgehenden Beziehungen. Diese Akteure werden von uns als Hauptakteure definiert. Der Durchschnitt liegt bei 4,8. Das Maximum vereinigt Teilnehmer SE auf sich. Es beträgt 37 (ausgehende -) bzw. 32 (eingehende Beziehungen).

---

[11] Eine solche Bestimmung der individuellen Stellung im Netzwerk mittels der Messung der Beziehungen wird auch beim Netzwerkmaß des Degrees (Freeman 1979) vorgenommen.

Die ein- und ausgehenden Beziehungen, der durch die Kategorialisierung gewonnenen Beziehungsnetzwerke für die sechs Hauptakteure, sind in Tabelle 8.3 aufgeführt. Mit ihnen lassen sich die Positionen der Akteure genauer bestimmen.

Wir betrachten die Tabelle zunächst unter Bezugnahme auf die zeitgebundene Analyse. In der ersten Phase ist das Muster der Kommunikationsbeteiligung relativ ausgewogen. Hier sind die Kommunikationsbeziehungen relativ schwach. Daher findet sich aus der ersten Phase auch kein einziger Teilnehmer unter den Hauptakteuren. Aus der Perspektive des gesamten Diskussionsnetzwerkes fällt die zweite Phase mit den stärksten Auseinandersetzungen besonders auf; daher gehören die Hauptkontrahenten dieses Abschnitts, SE, FM, DX und BR auch insgesamt zu den Hauptakteuren. In der dritten Phase, dem Zeitraum des weitgehenden Zusammenbruchs der Kommunikationsstruktur, findet sich ebenfalls keiner der Hauptakteure. In der letzten Phase, die man mit „Wiederaufbau" nur unzureichend beschreiben kann, kommen zwei weitere Hauptakteure hinzu, nämlich TH und AT.

Wie schon aus Abbildung 8.3 ersichtlich, verlaufen die Konfliktpositionen zwischen SE auf der einen Seite und der Position der Hauptgegner, zu denen die Teilnehmer FM, DX und in einer weniger polemischen Weise Teilnehmer BR zu rechnen sind. Man kann sagen, dass der Teilnehmer SE auch aufgrund seiner abweichenden inhaltlichen Position, die mit seiner Herkunft zu tun hat, ausgegrenzt wird. Teilnehmer SE erhält kein Lob, muss sich dafür fünfmal Ermahnungen, elfmal Kritik und neunmal sogar Beleidigungen anhören. Er selbst hält sich mit Kritik (8) und Beleidigungen (8) allerdings auch nicht zurück. Lediglich einmal schafft er es, einen Standpunkt durchzusetzen, zehnmal dagegen ist er derjenige, der aufgrund der Konstellation in der Auseinandersetzung zum Nachgeben gezwungen ist.

Tabelle 8.3: Eingehende und ausgehende Beziehungen nach Kategorien. (Vor den Schrägstrich stehen die ausgehenden Beziehungen, nach dem Schrägstrich die eingehenden Beziehungen.)[12]

Teilnehmer	Ermahnung	Kritik	Negativ	Nachgeben	Auftrag	Ausführung	Lob
SE	0/5	8/11	8/9	10/1	0/6	2/0	1/0
BR	4/0	2/3	1/0	0/5	4/0	0/2	1/2
FM	0/0	5/5	5/6	1/3	2/0	0/0	0/1
DX	2/2	4/1	3/3	0/3	2/0	0/0	0/0
TH	2/2	4/5	0/0	1/1	3/2	1/3	2/2
AT	2/1	8/5	1/0	2/2	1/3	4/0	3/3

[12] Lesehilfe: Teilnehmer SE, Kategorie Ermahnung. SE ermahnt keinen anderen Teilnehmer, wird aber selbst 5-mal von anderen Teilnehmern ermahnt.

Von seinen Hauptgegnern FM und DX stammen die Angriffe und die Kritiken, die sich gegen SE richten. Teilnehmer BR, von dem wir als einzigem unter den Streitenden wissen, dass er über weitergehende Wikipediaerfahrungen verfügt, nimmt dagegen eine Art Moderatorrolle ein: Er verteilt Ermahnungen (viermal) und Arbeitsaufträge (viermal), die auch in zwei Fällen ausgeführt werden. Er selbst wird jedoch nicht im Artikel aktiv, indem er Änderungswünsche ausführt. Seine Autorität wird akzeptiert – in fünf Fällen wird ihm nachgegeben. Zweimal erhält er Unterstützung oder Lob von anderen.

Teilnehmer AT ist am ehesten bereit, Arbeitsaufträge, die meist von dem erfahrenen Teilnehmer TH kommen, zu erfüllen. Vier mal erfüllt er Wünsche bzw. beseitigt beanstandete Mängel im Artikel.

Hinsichtlich der Beziehungsprofile unterscheiden sich die Teilnehmer AT und TH von denjenigen, die in den Streit verwickelt waren. Beide haben erst nach dem Zusammenbruch der Auseinandersetzungen den Kommunikationsraum betreten, in deutlichem zeitlichem Abstand zu den Hauptakteuren, die den beiden vorangingen. Auch aufgrund ihrer Stellung im Netzwerk weisen die Teilnehmer AT und TH (Abb. 16) strukturelle Ähnlichkeiten auf. Bei einer groben Analyse würde man sie als zur gleichen Position zugehörig betrachten. Allerdings fallen bei der Feinanalyse der ein- und ausgehenden Beziehungen doch einige Unterschiede im Binnenverhältnis auf. Und tatsächlich ist es Teilnehmer TH, dem die Kooptierung des Teilnehmers AT zuzuschreiben ist.

Der sehr schnell in die Position des „Artikelkoordinators" hineingewachsene Teilnehmer AT agiert so, wie er es durch Teilnehmer TH im Umgang mit ihm selbst zu Beginn seiner Beteiligung erfahren hatte: Er lobt eher als andere und erhält reziprok von den anderen Teilnehmern Unterstützung; ähnlich verhält es sich mit dem Nachgeben. Mit Kritik hält er nicht hinter dem Berg und wird im Gegenzug auch selbst kritisiert, doch verlaufen die Auseinandersetzungen schaukeln sich nicht zum handfesten Streit auf.

Wären beide zu einem früheren Zeitpunkt hinzugekommen, hätte man erwarten müssen, dass sie mit in den Streit hineingezogen worden wären. Das bedeutet, dass die Einflussmöglichkeiten in starkem Maße vom Stand der Strukturierung in einem Kommunikationsraum abhängig sind.

8.8 Positionen des Streits und der Beilegung von Konflikten

Wie bereits diskutiert, kann man sagen, dass Übertragungen von Rollenbildern, etwa was Erwartungen an Positionen angeht, immer wieder von Bedeutung sind. In den Auseinandersetzungen um die Artikelinhalte bilden sich strukturelle Positionen heraus. Unter „strukturelle Position" wird hier verstanden, dass sich Gegnerschaften und Koalitionen herausbilden. Auch kann man aufgrund der geringen Zahl der in den jeweiligen Zeitabschnitten aktiven Teilnehmer nur begrenzt von strukturell äquivalenten Positionen sprechen, bei denen die Positionen auch dann bestehen blieben, wenn einzelne Teilnehmer verschwänden. Solche strukturellen Äquivalenzen finden sich im betrachteten Beispiel zunächst nur auf einer ganz groben Betrachtungsebene, bei der man lediglich eine Unterscheidung zwischen Zentrum und Peripherie vornimmt. Eine solche Unterscheidung erscheint aber im hier betrachteten Fall, abgesehen von der Analyse des Rangs der Administratoren, als nicht so bedeutsam. Ansonsten finden wir unterschiedliche Kommunikationsstrukturen je nach betrachteter Phase. Während sich in der letzten Phase das von uns an anderen Beispielen häufig beobachtete und daher auch am ehesten erwartete Strukturmodell eines oder in manchen Fällen auch mehrerer Artikelbesitzer/koordinatoren durchsetzt, finden sich zwischenzeitlich ganz andere strukturelle Konstellationen. Am herausragendsten ist die Phase der Auseinandersetzungen. Hier können wir am ehesten noch von strukturell äquivalenten Gegnern des Teilnehmers SE ausgehen, wobei die Gegner durchaus voneinander unterscheidbar sind. BR etwa hat eher die Rolle eines Vermittlers inne.[13] Dieser beziehungsstrukturell erkennbare Graben zwischen den Teilnehmern drückt sich in unversöhnlich gegenüberstehenden inhaltlichen Standpunkten aus.

Welche Erklärungen gibt es nun für diese Unterschiede, zumal wir davon ausgehen, dass sich die Positionen in der Auseinandersetzung mit den anderen Beteiligten ausbilden? Der „Beziehungsraum" Diskussionsseite zum Wikipedia-Artikel „Massaker von Srebrenica" befindet sich nicht im luftleeren Raum. Die beteiligten Akteure sind, ganz im Sinne des von Georg Simmel vermittelten Bildes der sich überlagernden sozialen Kreise in eigene soziale Kreise eingebunden. In diesen eigenen sozialen Kreisen fanden ebenfalls Auseinandersetzungen statt, die zu einer Zugehörigkeit zu einer Position führten. Ein Teil dieses „Mechanismus" wird als Sozialisation bezeichnet. Diese Prozesse spielen sich zum größten Teil hinter dem Rücken der Beteiligten ab, was bedeutet, dass dies nur zu einem ganz geringen Teil einer Reflexion zugänglich ist. Es fand eine Identitätsentwicklung statt, mit der auch inhaltliche Positionen übernommen wurden. Solche inhaltlichen Positionen werden in den Bezugsgruppen über persönliche Kontakte, aber auch über die Medien vermittelt, bestimmte Aspekte werden aufgewertet und andere gar nicht thematisiert. Dadurch entsteht für eine Bezugsgruppe ein Stück weit eine Homogenisierung der Wahrnehmung. Diese unterscheidet sich zwischen den Bezugsgruppen – insbesondere dann, wenn, wie dies im vorliegenden Beispiel der Fall ist, die Schuld an einem Massaker mit einer Volksgruppe verbunden werden kann. Im Sozialraum der Diskussion prallen nun die unterschiedlichen sozialen Kreise mit

---

[13] Dies ist nicht ungewöhnlich, denn die zur gleichen Position zugehörigen Teilnehmer konkurrieren untereinander (White 1992).

ihren teilweise entgegengesetzten Wahrnehmungen und Interpretationen aufeinander. Die Kreise überschneiden sich und die Teilnehmer sind gezwungen, ein Ergebnis in Form eines sachlichen Artikels über ein moralisch hochaufgeladenes Thema mit unterschiedlichen Interpretationen fertigzustellen. Durch den gegenseitigen Kontakt und die Auseinandersetzungen im Diskussionsraum entsteht eine eigene Identität, die von den Teilnehmern geteilt wird. Wenn die von einzelnen Teilnehmern mitgebrachte und an anderen Stellen vermittelte soziale Identität mit der an dieser Stelle entstandenen Gruppenidentität absolut nicht in Einklang zu bringen ist, dann bleibt diesem Teilnehmer nur der Rückzug. Man kann noch weitergehen und behaupten, dass im betrachteten Fall die gemeinsame Identität mit einer aneinander ausgerichteten Sichtweise, also einer Gruppenidentität der Gegner des aus Serbien stammenden Teilnehmers SE, an der Auseinandersetzung und der Ausgrenzung mit diesem erst errichtet und von den Teilnehmern und Außenstehenden wahrnehmbar wurde.

Jedes moralisch hochaufgeladene Thema kennt Urteile und Vorurteile. So ist es auch hier. Vorurteile sind Zuschreibungen. Solche Zuschreibungen wirken von außen in den Diskussionsraum hinein – mit der Herkunft etwa sind Erwartungen verbunden, wer in welcher Weise einen Standpunkt vertreten wird. Und tatsächlich finden wir die erwarteten Konfliktlinien, die schon im Bosnienkrieg eine Rolle spielten, auch auf die Auseinandersetzung um den Artikel über das Massaker übertragen. Das bedeutet, dass in dem Artikel die Struktur der Bürgerkriegsauseinandersetzung im Kleinen aufscheint. Sie ist dabei gebrochen durch die wikipediaeigenen Regeln, durch die Wirkung der die Konflikte umgebenden Technik, der sozialen Infrastruktur von „neutraleren" Teilnehmern, von Administratoren und konflikterfahrenen Teilnehmern etc. Wir können also erwarten, dass um die Formulierungen im Artikel ein Stellvertreterkonflikt zwischen Serben und muslimischen Bosniern, welche die Opfer des Massakers waren, stattfindet.

Aus verschiedenen Quellen, wie der Auseinandersetzung um den Artikel selbst, der Selbstdarstellung der Teilnehmer auf ihrer persönlichen Wikipediaseite und den Einträgen aus dem Sperrlogbuch lassen sich Informationen darüber gewinnen, ob die Hauptakteure tatsächlich die vermutete Übertragung von Positionen von außen in den Sozialraum Wikipedia hinein vornehmen.

Tabelle 8.4:	Hintergrund der Hauptakteure
Teilnehmer	**Hintergrund**
SE	Serbe aus Belgrad
DX	Bosnier
BR	Österreicher aus Wien
FM	vermutlich Deutscher oder Österreicher
TH	vermutlich Deutscher oder Österreicher mit „Wahlheimat" Jugoslawien
AT	Deutscher aus Hamburg

Tatsächlich verläuft der Hauptkonflikt entlang der erwarteten ethnischen Zu-schreibungen und Identitäten. Teilnehmer SE ist Serbe aus Belgrad und befindet sich als solcher nicht nur zahlenmäßig in der Minderheit, seine zugeschriebene Position als „Vertreter derjenigen Volksgruppe, der das Massaker zugerechnet wird," bedeutet, dass er sich moralisch in der Defensive befindet. Dem „Vertreter der Opfergruppe", Teilnehmer DX wird dagegen die Unterstützung der, nennen wir sie „moralisch Gerechten", sich als neutral betrachtenden, aber aus moralischen Gründen auf Seiten der Opfer empfindenden Teilnehmer, zuteil.[14] Eine relativie-rende Haltung eines Serben ist vor diesem Hintergrund nur schwer zu dulden. Teilnehmer SE ist zuvor offenbar noch nicht in der Wikipedia aktiv gewesen. Sein erster Beitrag galt dem Artikel, bzw. der Diskussionsseite zum Massaker von Sreb-renica. Diese Position des Unerfahrenen mag zusätzlich zu der Zuschreibung als auf der „moralisch falschen Seite stehend", eine Schwächung der Durchsetzungs-möglichkeiten herbeigeführt haben. Nach der Diskussion zum Massaker leistet der zwischenzeitlich auch einmal wegen des Edit-Wars für zwei Stunden gesperrte Teilnehmer SE nur noch vereinzelt Beiträge mit langem zeitlichem Abstand. Im November 2006 leert er seine Benutzer- und Diskussionsseite, was das in der Wi-kipedia übliche Signal für einen Ausstieg aus dem Projekt ist.

Der bosnische Teilnehmer DX, einer der Hauptgegner von SE, beteiligte sich bisher nur mit wenigen Beiträgen in der deutschen Wikipedia, gibt sich aber auf seiner Benutzerseite als Administrator der bosnischen Wikipedia zu erkennen. In der Rolle eines „Bürokraten"[15] ist er auch in den bosnischen Ausgaben der Wiki-pedia-Schwesterprojekte Wikibooks und Wikisource aktiv. Er dürfte damit als erfahrener Wikipedianer gelten.

---

[14] Die zuordnenden Begriffe bitten die Autoren dieses Kapitels nicht als eine inhaltliche Stellungnahme in die eine oder andere Richtung zu interpretieren. Sie dienen lediglich einer Veranschaulichung der Zusammenhänge.

[15] "Bürokraten" heißen in Wikipedia Teilnehmer mit den Rechten, anderen Benutzern Administrator-echte zu verleihen.

Nicht ganz so klar ist die Herkunftszuordnung des zweiten starken Gegners von SE, des Teilnehmers FM. Er schreibt anonym, daher lassen sich seine Beiträge nicht über einen längeren Zeitraum verfolgen. Zur Vorstellung muss uns reichen, was er in der Diskussion von sich preisgibt. Dem Namen nach, mit dem er unterzeichnet, ist er Deutscher oder Österreicher. Ihn bewegt in der Diskussion um das Massaker die Frage der Menschenrechte:

> „Voreingenommen bin ich keineswegs, nur ekelt es mich einfach nur an, wenn ich im serbischen Fernsehen Mladic-/Karadzic-/Milosevic-treue Journalisten sehe, die versuchen Völkermord dadurch zu rechtfertigen, dass vor Jahrhunderten Osmanen menschenverachtende Taten an der serbischen Bevölkerung/Aufständischen begangen haben."

Teilnehmer BR ist seit Juni 2005 aktiv und kann bereits mehrere hundert Beiträge vor dem Eintritt in die Diskussion um den Beispielartikel auf seinem Konto verbuchen. Durch den Themenkreis, in dem er Beiträge leistet, wird sein Interesse an Balkan-Themen bestätigt. Auf To-do-Listen führt er die Artikel auf, die er noch schreiben oder überarbeiten will. Er ist ein Österreicher aus Wien und vertritt trotz struktureller Gegnerschaft zu SE eine vornehmlich moderate Rolle, die den Zuschreibungen im Zusammenhang mit seiner Herkunft durchaus entsprechen mag.

Der Teilnehmer AT, der im vierten Zeitabschnitt zum „Artikelkoordinator" aufsteigt, beginnt seine Karriere als Wikipedianer mit den Beiträgen zum betrachteten Artikel. Der Einstieg dürfte ihm leicht gefallen sein, da er aufgrund seiner „Entfernung" mit Hamburg als Herkunftsort Neutralität ausstrahlte und den richtigen Zeitpunkt für ein Eingreifen erwischte (die wesentlichen Auseinandersetzungen waren ausgetragen und die anderen Beteiligten streitmüde geworden). Durch den Erfolg (exzellenter Artikel und gelungene Moderation) wurde er bestärkt und in die Gemeinschaft der Wikipedianer so weit integriert, dass er seit seiner Teilnahme an der Diskussion zum Massaker von Srebrenica über 1000 Beiträge leistete und auch wesentlich zu mehreren Artikeln, von denen einige auch ausgezeichnet wurden, beitrug. Er wurde mittlerweile als Juror für den Wikipedia-Schreibwettbewerb vorgeschlagen und hat einige Nominierungen für diesen Wettbewerb eingereicht.

8.9 Ergebnis

Wie haben gesehen, dass unterschiedliche Beziehungsstrukturen in ein und demselben Artikel im Zeitverlauf möglich sind. Obgleich dies den Anschein erweckt, als sei die Art und Weise, wie Auseinandersetzungen um die Artikel erfolgen, grundsätzlich offen, so ist ein stabiler Zustand erst erreicht, nachdem die Koordination des Artikels auf ein Zentrum, hier einen Teilnehmer, übergegangen ist. Diese Konstellation besteht nun schon längere Zeit, auch über den eigentlichen

Untersuchungszeitraum hinaus. Dieses Ergebnis passt weit besser als die anderen, in den betrachteten Zeitabschnitten vorgefundenen Strukturen zu unserer Erfahrung, dass in internetbasierten Kommunikationsräumen fast immer eine Zentrum-Peripherie Struktur (Stegbauer 2001a; Stegbauer & Rausch 2006) entsteht.

Die Analyse verdeutlicht darüber hinaus aber auch, dass die Dynamik der Auseinandersetzung ein wesentliches Moment dafür ist, welche Beteiligungsmöglichkeiten sich eröffnen. Das bedeutet, dass der Zeitpunkt, an dem jemand in den Kommunikationsraum eintritt, dafür von Bedeutung ist, ob jemand die Chance erhält, in die „Gemeinschaft" der Wikipedianer aufgenommen zu werden oder nicht. Nur wer im richtigen Moment am richtigen Ort ist, bekommt überhaupt die Gelegenheit, sich zu bewähren. Diese Tatsache ist der sozialen Eigendynamik geschuldet, die sich aus Auseinandersetzungen und Diskussionen an einzelnen Artikeln gelegentlich entzündet. Interessant, wenngleich auch nicht wirklich überraschend ist dabei, dass die auftretenden Konfliktlinien zu einem großen Teil von außen in den Diskussionsraum hineingetragen werden. Die Beziehungen dort unterliegen zwar einer eigenen Dynamik, bei der „Gruppenidentitäten" entstehen und eine gemeinsame Sichtweise erzeugt wird. Bei diesem Prozess der gegenseitigen Annäherung im Sozialraum „Diskussionsbereich" werden allerdings auch andere, damit inkompatible Haltungen und mit ihnen die Personen, die diese vertreten, ausgeschlossen.

Gleichwohl sind die an der Auseinandersetzung mit einem „Gegner" entstehenden Beziehungen im betrachteten Fall nicht so stark, dass dabei längerfristige Bindungen entstünden, die für uns in der weiteren Entwicklung des Artikels beobachtbar gewesen wären. Es scheint gar so zu sein, dass mit dem Wegfall des Gegners auch die soziale Formation, die sich im Widerstand gegen die „falschen" Behauptungen bildete, auseinanderfällt.

Grundsätzlich abzuleiten ist, dass der Verlauf der um die Diskussion entstehenden Beziehungen zeigt, dass je nach der sich dort entwickelnden Konstellation unterschiedliche Positionen benötigt werden. Im Streit haben Vermittler nur dann eine Chance, wenn die Auseinandersetzung nicht zu sehr polarisiert ist. Am deutlichsten wurde die Strukturabhängigkeit der Position aber nachdem die Auseinandersetzung sich totgelaufen hatte. Erst ab diesem Zeitpunkt ist die Position des Koordinators offen. Dies zeigt, dass die Herausbildung von Positionen an einen Kontext gebunden ist – nicht in jeder Situation werden alle möglichen Positionen benötigt. Eine zeitweise Verfestigung von antagonistischen Positionen löst sich durch den Weggang der Streitenden auf. Eine solche Sitationsauflösung bezeichnet White (1992) als Decoupling. Hierdurch wird eine Neustrukturierung der Situation mit der Erneuerung von Positionen ermöglicht.

Auf den Enzyklopädietext bezogen, bedeutet dieses Ergebnis, dass, obgleich kaum ein anderer Artikel dermaßen mit Belegen für alle Behauptungen gespickt ist, dieser dennoch gleichzeitig auch moralischen Wertungen unterliegt, in der ein

Minderheitenstandpunkt nur geringe Durchsetzungschancen hat. Bezogen auf Wikipedia kann man im Anschluss an die hier vorgetragenen Überlegungen fragen, inwieweit die Inhalte letztlich eben auch von der Beziehungskonstellation um einen Artikel abhängig sind. Man kann etwa darüber nachdenken, wie der Streit ausgegangen wäre, wenn der aus Serbien stammende Teilnehmer von anderen Serben Unterstützung erhalten hätte. Ebenso ist es einer Überlegung wert, inwiefern durch solche Prozesse auch moralische oder politische Einflüsse trotz des Neutralitätsgebotes für Wikipediaartikel wirken. Wie auch immer solche Gedankenexperimente ausgehen, bei Wikipedia lässt sich, wie hier gezeigt wurde, sich die Auseinandersetzung darüber verfolgen und es ist grundsätzlich möglich, die Entstehung der inhaltlichen Positionen anhand der Konflikte zu untersuchen.

In dem betrachteten Beispiel musste erst ein starker, über mehrere Monate dauernder Konflikt beendet werden, bevor sich eine stabile Struktur mit der Position eines „Artikelkoordinators" ergab. Der Konflikt selbst ist durch ein Einwirken von zugeschriebenen äußeren Identitäten geprägt. Aus der Analyse lassen sich Konsequenzen für die Erstellung der Inhalte in Wikipedia ablesen. Welche Inhalte in den Artikeln stehen, ist zu einem guten Teil von der Kräftekonstellation in der Beziehungsstruktur rund um die jeweiligen Artikel abhängig.

9   Die Entstehung der Organisation aus der Dynamik des positionalen Systems

Im letzten Kapitel wurde das Zusammentreffen von Teilnehmern thematisiert, die in unterschiedlichen, von außen in einen Konflikt hineingetragenen Positionen gefangen sind. Sie sind einerseits gefangen, weil ihnen diese Positionen zugeschrieben werden – und andererseits, weil ihre Identität als Mitglied einer Gruppe ihr Verhaltensspektrum einschränkt.

In diesem Kapitel nehmen wir die Entstehung von Positionen und ihre Wirkung an einem Beispiel noch einmal genau unter die Lupe. Zu den Wirkungen gehört auch, dass Positionen notwendig sind, um Konkurrenz zu entfalten. In Positionen sind strukturell äquivalente Akteure zusammengeordnet. Diese konkurrieren untereinander. Es werden „Marktlücken"[1] gesucht, die angewandt auf die Organisation Wikipedia einerseits dazu beitragen, organisatorische Lücken zu schließen und andererseits ein Stück weit der Konkurrenz zu entgehen.

White, dem als Physiker die mathematische Soziologie nicht sehr fern liegt, machte sich seit Beginn der 1960er Jahre auf den Weg (White 1963), eine Analysemöglichkeit für positionale Systeme zu entwickeln. Mit diesem Tun gab White der sozialen Netzwerkanalyse einen Schub und zahlreiche seiner Mitarbeiter, die er in den 1960er und 1970er Jahren in Harvard hatte, sind zu bedeutenden Netzwerkforschern (Mullins 1973; Freeman 2004) geworden. White (White et al. 1976; White/ Breiger 1975) entwickelte eine Analysemöglichkeit, um aufgrund der Beziehungen zwischen Akteuren Cluster, so genannte Blöcke, zu identifizieren. Aufgrund von Ähnlichkeiten in den Beziehungen konnte man nun Teilnehmer in einem Netzwerk in verschiedene Blöcke einteilen. Die Blöcke stehen für Gruppierungen, wobei es sich allerdings nicht um Gruppen im Sinne der Gruppenforschung handelt, sondern um in den Blöcken zusammengefasste Teilnehmer, die eine strukturell ähnliche Position einnehmen. Die zu einem Block gehörenden Personen müssen nicht unbedingt untereinander in Beziehung stehen. Sie sollten aber gleichartige Beziehungen zu gleichartigen Anderen unterhalten. In der Praxis bedeutet dies, dass Akteure mit einem ähnlichen Beziehungsmuster zu Positionen zusammengefasst werden. Die Analyse zielt nicht auf einzelne Teilnehmer ab, sondern möchte die Beziehungen zwischen den Blöcken aufdecken.

Diese methodischen Überlegungen können hier aus Platzgründen nicht weiter verfolgt werden. Die konzeptionellen Grundlagen hingegen sind im Zusammenhang dieses Kapitels wichtiger. Für die Art und Weise wie Beziehungen strukturiert sind, gibt es einige Grundregeln, die immer gelten und immer für eine positionale Strukturierung sorgen. White beispielsweise nimmt an, dass Konkurrenz ein solches Grundmuster des menschlichen Umgangs ist. Er geht sogar noch weiter und

---

[1] Ähnlich hat White (2002) die Etablierung von Märkten gefasst.

bezeichnet die als Konkurrenz aufzufassenden Auseinandersetzungen (1992) als „pecking order".

Wenn die Existenz von Hackordnungen als eine Konstante angesehen werden kann, dann entstehen durch diesen Prozess überall Ungleichheiten, Hierarchien, Abschließungen etc. Diese Strukturen entstehen aber nicht völlig ungeordnet, auch dabei finden sich typische Muster, die der positionalen Analyse zugänglich sind. Ein solches System ist zwar auf einzelne Akteure angewiesen, es vermag aber durchaus auch ohne einen bestimmten Akteur auszukommen. Das bedeutet, dass solche Positionen auch dann bestehen bleiben, wenn die darin zusammengefassten Personen wechseln. Zwar entstehen Positionen in der Interaktion schon nach sehr kurzer Zeit, oft sind sie dann jedoch noch Passager, leichter zu beobachten, sind längerfristig bestehende Positionen. Wenn man hier an Luhmanns (1975) Überlegungen zu Interaktionssystemen anschließen wollte, könnte man sagen, dass an dieser Stelle so etwas wie ein Übergang zu einer Organisation zu beobachten ist.[2]

Das alles ist nicht grundsätzlich neu, schließlich geht, wie bereits festgestellt, die Rollenanalyse auf die 1950er Jahre und wenn man es erweitern möchte auf die formale Soziologie Simmels (Tenbruck 1958; siehe auch Stegbauer (2001a) und die Überlegungen von Mead 1973) zurück. Mit Whites Neubegründung der positionalen Analyse (vor allem 1992) tritt die Debatte aber in ein neues Stadium, da er nicht die von vornherein festgelegten Positionenmuster akzeptiert, sondern der Strukturierung eine radikale sozialkonstruktive Wende gibt. Die Konstruktion einerseits, aber auch die Verfestigung von Positionen geschieht in einzelnen Situationen. Dort werden die Positionen ausgehandelt. Zur Aushandlung gehört auch, dass Verhaltensweisen, die in Positionen einer bestimmten Situation entwickelt wurden, in eine andere Situation übernommen werden können. Hierbei spielen Geschichten eine besondere Rolle. Beschränkungen hinsichtlich kognitiver und zeitlicher Fähigkeiten, ebenso wie das Nichtwissen um die Entstehungsgeschichte der Positionen führen zur Akzeptanz von Verhaltensweisen. Die Akzeptanz führt hingegen wiederum zu einer Bestätigung der in die Situation eingeführten Positionen.

Das Entstehen von neuen Positionen und wie diese von den Einzelnen ausgefüllt werden, wird durch ständige Auseinandersetzungen erklärt, die das Gegenteil von Erstarrung darstellen. Diese Auseinandersetzungen finden auf der Suche nach „Control", also der Hoffnung auf Verlässlichkeit von Beziehungen statt. Die „Positionenhülsen", sind sie erst einmal konstituiert, geben im Meer der Unwägbarkeiten durchaus eine gewisse „Sicherheit". Und obgleich das Lösen von Beziehungen (Decoupling) immer möglich ist und dies bei den Beteiligten an Wikipedia auch

---

[2] Es gibt noch weitere Grundregeln, welche das Entstehen von positionalen Systemen beeinflussen, diese werden hier aber nicht näher behandelt. Zu nennen wären beispielsweise kognitive, zeitliche und gruppenbezogene Kapazitätsengpässe.

immer wieder vorkommt, werden gegenseitige Verhaltenserwartungen zumeist erfüllt und damit eine gewisse Beständigkeit erreicht.

Die grundsätzliche Idee ist nun, dass die eingenommene Position die Art und Weise, wie jemand handelt, bestimmt. Das bedeutet auch, dass dort in der Auseinandersetzung das Maß an Engagement, was jemand aufbringt, entwickelt wird. Darüber hinaus wird dort auch bestimmt, in welcher Weise das Engagement eingebracht wird. Handlungen aufgrund einer Position nennt man Rollenhandlungen. Die eingenommene Position bestimmt aber auch die Selbstwahrnehmung des Einzelnen, wobei bei dieser Betrachtung darauf geachtet werden muss, dass auch positionseigene Identitäten entstehen können. Bei diesem Identitätskonzept, welches hier vertreten wird, ist ein gewisser Gleichklang an Wahrnehmung und Reaktion auf das Verhalten der Anderen nicht unbedingt an eine Kleingruppenzugehörigkeit geknüpft (obwohl dies auch der Fall sein kann). Die Zugehörigkeit zur selben Position reicht aus, um Verhaltensähnlichkeiten hervorzurufen.

Wie werden diese Verhaltensähnlichkeiten vermittelt? Einerseits lernen die Akteure durch Abschauen bei anderen: Sie sehen, wie Positionsgleiche in verschiedenen Situationen handeln und reagieren dann in ähnlicher Weise, wenn sie in eine übertragbare Situation kommen. Es ist aber nicht nur so, dass die Art und Weise, wie Akteure in gleicher Situation handeln, abgeschaut wird. Die Reaktion auf Seiten der Akteure in anderen Positionen wird ebenfalls beobachtet und daraus werden Schlüsse für das eigene Handeln und das derjenigen, auf die das Tun gerichtet ist, gezogen. Abschauen ist eine Vermittlungsform. Das Erzählen von Geschichten über die Anderen ist eine weitere Möglichkeit, die Verhältnisse zwischen den Positionen zu klären.

Neben diesen „Mechanismen", durch die eine gegenseitige Anpassung im Verhalten der in einer Position zusammengefassten Akteure erfolgt, gilt die „pecking order" vor allem innerhalb einer Position. Hier finden „interne" Auseinandersetzungen statt. White (1992) würde sogar sagen, dass Personen aus anderen Positionen kaum als echte Konkurrenten in Frage kommen, da man sich mit diesen gar nicht messen kann oder will. In dem Konzept stecken also zwei gegenläufige Dynamiken: einerseits gegenseitige Anpassung, andererseits Konkurrenz, die sich in Variationen des Verhaltens (z.B. Distinktionen, vergl. Bourdieu 1982) äußert.

Das bedeutet, dass es kein völlig „blindes" Befolgen von positionalen Regeln oder Verhaltenserwartungen gibt. Die Regeln werden teilweise bewusst gebrochen, um sich Vorteile in der Konkurrenzsituation zu verschaffen.[3]

---

[3] Für das Brechen von Regeln mag ein gewisses Maß an Reflexivität vorhanden sein. Ich bin allerdings davon überzeugt, dass, obgleich eine Reihe von Postmodernisten (etwa Giddens, Beck, Kaufmann) die Reflexivität als „neues" Muster einführen, die meisten Regeln nach denen man sich verhält, kaum einer Reflexion zugänglich sind bzw. falls eine Zugänglichkeit möglich sein sollte, diese kaum in der konkreten Handlungssituation wirksam werden wird.

Identitäten sind im landläufigen Sinne Eigenschaften, die einer Person zuge-rechnet werden und einen gewissen Anklang an die individuelle Persönlichkeit besitzen. Diese spielt sehr wohl mit hinein, wobei hier die Identität aber immer als situationale sozial konstituiert betrachtet wird. Dadurch findet zwar auch eine Individuierung statt, deren Hauptagent, so die Vorstellung, die Kreuzung der sozia-len Kreise im Sinne von Simmel (1908) ist. Aus unserem Blickwinkel ist aber der von der sozialen Position ausgehende Uniformitätsdruck wichtiger, der eine Analy-se typischer, also typologisierbarer Kommunikationsbeziehungen erst zulässt.

All diese Prozesse finden weder auf der Makro- noch direkt auf der Mikro-ebene statt – es sind dazwischen liegende Prozesse, welche zwischen „oben" und „unten" vermitteln. Zwar findet die Beziehungsstruktur auf dieser Ebene ihren Ausdruck im individuellen Handeln – es ist aber nicht das Individuum, welches analysiert wird, es ist die Beziehungsstruktur aus der heraus am ehesten erklärt werden kann, wie sich das sozial konstituierte Individuum verhält. Wir betrachten also den Dreiklang zwischen Identitäten, die in Auseinandersetzung mit den ande-ren entstehen, Rollenerwartungen, die in starkem Maße das Handeln regieren und der Situativität. Jede Situation bringt ihre eigenen Positionen mit zugehörigem Rollenhandeln hervor, wobei Übertragungen zwischen ähnlichen Situationen mög-lich sind.

Wir wollen dies als Grundlage für das Nachdenken über die Fundierung von Handlungen in Beziehungen nehmen. Beziehungen werden durch soziale Positio-nen strukturiert. Die Positionen stellen eine halbwegs verlässliche Ordnung her, auf deren Grundlage sich die Beziehungen in Handlungen umsetzen.

Wir betrachten unsere Forschung als eine Grundlagenforschung zur Aufklä-rung von Handlungsmustern innerhalb einer sozialen Struktur. Beispielsweise fin-det man Positionen beim Schreiben von Artikeln, bei der Bekämpfung von „Van-dalen" und bei „Treffen" von Teilnehmern. Einige Positionen bedingen einander. Die Positionen sind mit speziellen Zuständigkeiten ausgestattet. Darüber hinaus sind sie mit Attributen, wie einer Verortung in der Hierarchie und mit Machtdiffe-renzierungen, verbunden. Einige der Attribute lassen sich von einem Bereich in einen anderen übertragen.

Die Etablierung und die Ausgestaltung der Positionen erfolgt in Auseinander-setzung mit den anderen Teilnehmern. Außer den direkt Beteiligten lassen sich auch Einflüsse von außen auf das positionale System beobachten. Zahlreiche Re-geln bleiben implizit, sie entwickeln sich und werden unhinterfragt von den Teil-nehmern akzeptiert. An anderen Stellen werden die neu etablierten Regeln explizit, etwa bei der Wahl neuer Administratoren. In der weitgehend informellen Organisa-tion von Wikipedia ist die Möglichkeit, neue Positionen zu „erfinden" noch not-weniger als in formalen Organisationen, da es hier keine aufgrund von formalen Positionen legitimierte Hierarchie gibt, die solche Funktionen ohne lange Diskussi-onen einführen könnte.

Die Überlegungen, die hinter der Bedeutung des Positionalen steht, gehen auf eine alte Idee zurück, die in der Soziologie bereits seit ihren Anfängen thematisiert wurde. In Georg Simmels (1908) Überlegungen zu einer formalen Soziologie steckt bereits, dass sich Handlungen an Konventionen orientieren, die sich zwar durch einen konkreten Handlungsanlass herausbilden, sich dann aber verselbständigen und zur Form gerinnen. Solche Formen stellen dann Verhaltenskonventionen dar, die oft eine enorme Wichtigkeit erlangen. Eine solche Auffassung ist mit dem Konzept der Position und dem damit zusammenhängenden Rollenverhalten kompatibel.

Mit einer Position ist hier eine Klasse von Personen gemeint, die über ein gleichartiges Beziehungsmuster untereinander und zu anderen Positionen verfügt. Positionen bestehen, obgleich die Einzelnen an der Aushandlung der Bedingungen beteiligt sind, in der Regel auch, wenn das entsprechende „Personal" darin wechselt. Positionen sind, aufgrund ihrer hier etwas unscharf gehaltenen Definition, als ähnlichen Beziehungen zu ähnlichen anderen, auch bedeutsam für die Herausbildung einer Arbeitsteilung in einer Organisation.

Die Funktionen einer Organisation werden von Positionen abgedeckt. Nennen wir dies formale Positionen. Die Spielräume, die sich in den Aushandlungen ergeben, entsprechen dem bekannten „informellen" Teil der Beziehungen, ohne den bekanntlich keine Organisationen bestehen könnten. Eine Selbstorganisation, wie sie Wikipedia darstellt, funktioniert so, dass immer wieder neue Positionen entstehen, indem „Lücken" in der Organisation entdeckt und entsprechend gefüllt werden. Das „Formale" an diesen Positionen entsteht dabei so, wie es sich Georg Simmel ausdachte: Durch einen Handlungsanlass. Durch das Verhalten entstehen Routinen auf der einen Seite und Erwartungen durch die anderen Teilnehmer auf der anderen Seite. Die Erwartungen beziehen sich auf gleichartiges Handeln in ähnlichen Situationen – so etwas nennen wir Strukturbildung. Die Struktur verfestigt sich. Es entsteht ein Bereich, der bislang von der bestehenden Organisation noch nicht abgedeckt war und der nun von Personen ausgefüllt wird. Das dort übliche Verhalten, was sehr schnell zu einer mehr oder minder formalen Position zu gerinnen vermag, wird einerseits durch die Auseinandersetzung mit anderen Positionen, mit denen die neue Funktion zu tun hat, gespeist und andererseits durch die Übertragung von Verhaltensweisen, die in anderen Zusammenhängen gelernt wurden, genährt.

Warum werden nun neue Positionen gesucht? Eine Ursache dafür mag in der Konkurrenz liegen, die nach Harrison White eine Verhaltenskonstante ist. White vergleicht die Konkurrenz mit der Hackordnung auf einem Hühnerhof. Für die Beteiligten ist die Konkurrenz innerhalb der Positionen besonders wichtig. Die Teilnehmer anderer Positionen sind dagegen im Kampf um die Hackordnung weniger wichtig. Man könnte auch sagen, dass diese nicht „satisfaktionsfähig" sind. Das bedeutet, dass die Herausbildung von Positionen zwar einen Teil der Konkurrenz ausschließt, nämlich diejenige zu anderen Positionen; intern jedoch, innerhalb der Positionen, wird eine Hackordnung festgelegt. Eine Möglichkeit der Konkurrenz zu entgehen, ist es, sich eine organisatorische Lücke zu suchen und diese zu füllen. Dies führt in der Konsequenz zur Entstehung einer neuen Position.

Auf diese Weise, so unsere Auffassung, entsteht aus einer sich dynamisch entwickelnden positionalen Ordnung eine Organisation, in der „Frieden" nur partiell herrschen kann, wichtiger sind Diskussionen, Streit, Auseinandersetzungen und Positionierungen innerhalb einer Position.

Allerdings kann die Konkurrenz innerhalb von Positionen nicht in jeder Position gleich stark sein. Sie ist von der Möglichkeit abhängig, sich gegenseitig zu beobachten oder miteinander in Kontakt zu treten. Werten wir Administratoren als eine Position, dann können wir sagen, dass sehr viele Admins einander durch Interaktionen im Internet und häufig auch durch persönliche Treffen kennen gelernt haben. Dagegen werden sog. „IPs", also Teilnehmer, die nicht einmal mit einem „Nickname" bekannt sind und nur die Identität ihrer Teilnehmernummer im Internet preisgeben, nur selten Gelegenheit haben, untereinander eine soziale Bande auszubilden.

Der Aufbau jeder Position ist nämlich wiederum durch eine Feingliederung gekennzeichnet, die ähnliche Züge wie das „Gesamtpositionensystem" trägt. Zusätzlich zu den Positionen gibt es also ein positioneninternes positionales System. Eine solche Ordnung bezeichnet man als selbstähnlich.

Das Verhältnis zwischen den unterschiedlichen Positionen wird von der positioneninternen Konkurrenz ebenfalls beeinflusst. Einerseits findet man Solidarisierungen innerhalb der Positionen nach außen hin. So wird die Position gegenüber ihrer Umwelt geschützt, vor externer Konkurrenz bewahrt und damit eine relative Sicherheit für diejenigen hergestellt, die zu dieser Position gerechnet werden. Davon unberührt ist die positioneninterne Hierarchie, über die es immer wieder Auseinandersetzungen gibt.

9.1 Das Verhältnis zwischen Positionen bei Wikipedia

Spricht man mit hochengagierten Teilnehmern der Wikipedia, die sich mit Blick auf die Zugehörigkeit zu einer „Gemeinschaft" der Teilnehmer selbst als „Wikipedianer" bezeichnen, so fällt auf, dass diese anderen Teilnehmer in Kategorien mit zugehörigen typischen Verhaltensmustern beschreiben. Eine solche Kategorie ist die „IP". Die IP ist in den Augen vieler Aktivisten, vielleicht vom expliziten Vandalismus abgesehen, die „unterste" Kategorie an Teilnehmern. Dies drückt sich darin aus, dass zahlreiche Aktivisten mit den als „IPs" auftretenden Teilnehmern sehr rüde umgehen und ihnen pauschal Nichtwissen und Fehlverhalten vorwerfen.

Tabelle 9.1: In einer Mail an die Mailingliste Wikide-l beschwert sich ein OTRS-Mitarbeiter[4] über den Umgang mit IPs und Neulingen.

Datum: Sat, 25 Aug 2007
Von: xxx
Betreff: [Wikide-l] Unfreundlichkeiten gegenüber IPs und Neulingen
Hallo,
in letzter Zeit fällt mir (und vielen aus dem OTRS-Team) auf, dass die Unfreundlichkeit gegenüber IPs und Neulingen extrem zugenommen hat. Da wird ohne Sinn und Verstand revertet und gesperrt, wo ein wenig Hilfe und Aufklärung angebracht wären. Zudem häufen sich im OTRS die Beschwerden über solche unverständlichen Löschungen und oft vollkommen überzogenen Sperren. Ich möchte einfach mal darum bitten, hin und wieder mal AGF
http://de.wikipedia.org/wiki/WP:AGF [5]
zu lesen und den Text auch mal etwas zu verinnerlichen. Ich habe jedenfalls keine Lust mehr darauf, dass wir uns bald täglich für euer Verhalten bei den Kunden im OTRS entschuldigen dürfen.

Reichlich angesäuert,
XXX

Die hier zitierte Mail macht einiges über das Verhältnis der beteiligten Positionen deutlich. Wir haben es hier direkt mit drei verschiedenen Positionen zu tun: 1. den zum Kern gehörenden „Wikipedianern", häufig sind es Administratoren, die IPs und Neulinge nicht „regelkonform" behandeln; 2. den nicht richtig oder noch nicht zur Wikipedia gehörenden, also außen stehenden IPs und Neulingen und 3. den quasi auf der Grenze zur Organisation Wikipedia arbeitenden OTRS-Mitarbeitern. Letzteren wird aufgrund ihres Kontaktes nach außen die Differenz zwischen Zugehörigen und Außenstehenden besonders eindringlich bewusst.

Man kann fragen, wie die Beziehungen zwischen diesen drei „Akteuren" zu beschreiben sind und welche Konsequenzen dies hat. Die „Wikipedianer", die an den Artikeln arbeiten und den immer präsenten Vandalismus bekämpfen, gewinnen von IPs einen Eindruck der sich schnell zu einem Vorurteil verfestigt.[6] Die meisten der Änderungen, die in den Augen der erfahrenen Teilnehmer falsch oder unsinnig sind oder als Vandalismus eingestuft werden, stammen eben von solchen unter dem Begriff „IP" zusammengefassten Teilnehmern.

---

[4] OTRS-Mitarbeiter sind mit der Beantwortung von Anfragen und Beschwerden beschäftigt, die über ein E-Mail Verkehrssystem namens „trouble ticket system" (OTRS) an Wikipedia gesandt werden.
[5] Auf der Wikipedia-Seite, auf die dieser Link führt, heißt es: „Gehe von guten Absichten aus". Es wird gefordert mit „Neuankömmlingen" geduldig umzugehen.
[6] Mit dem Zusammenhang von Norm und Rolle hat sich u.a. Popitz (2006) beschäftigt.

Einer der Grundwerte von Wikipedia, der das „Wunder" befördert und für Schlagzeilen sorgt, ist ja gerade, dass die Beteiligungsschwelle so niedrig angesetzt ist und sich „Jedermann" daran beteiligen kann. Nimmt man eine Makroperspektive an, so müssten die IPs, die potentielle „Wikipedianer" darstellen und die zunächst über die Arbeit an einem einzelnen Artikel einsteigen (Bryant et al. 2007), eigentlich höchst willkommen sein. Da IPs praktisch ohne „Identitätsrequisiten" (Wetzstein et al. 1995: 87) außer der IP genannten Computeradresse ausgestattet sind, ist es schwer, weitere positionierende Zuschreibungen vorzunehmen. Zwar wird dies an manchen Stellen gemacht,[7] dies erfordert aber im Umgang untereinander ein viel höheres Maß an Differenzierung und übereinstimmendem Wissen. Wenn man nun mitbedenkt, dass Wikipedia über weit weniger Aktivisten verfügt, als man von außen durch die hohe Zahl an Artikeln und die Menge der angemeldeten Teilnehmer annehmen kann, bekommt man den Eindruck, dass viele der Aktiven einen beträchtlichen Teil ihrer Lebenszeit dem Projekt widmen.

Wie bereits gesagt, findet man innerhalb der Position der Aktiven einen Konkurrenzdruck. Dieser drückt sich beispielsweise auch für Außenstehende wahrnehmbar im Ranking der Artikelbearbeitungen aus.[8] Hinzu kommt eine Haltung, nach der manche auch als sinnvoll erscheinenden Änderungen, die aber um sie in die Enzyklopädie einzupassen, erst bearbeitet werden müssten, gelöscht werden, da eine Bearbeitung mehr Zeit kosten würde, als zur Verfügung steht. Wir erwarten also bei den Aktivisten ein Kapazitätsproblem, was dazu führen könnte, dass bei vielen unter dem Alltagsdruck die Reflexion zu kurz kommt.

Aufgrund der fehlenden Möglichkeit, an den nichtangemeldeten Teilnehmern Eigenschaften festzumachen, erfolgt von außen eine Zuschreibung, eine Verallgemeinerung, nennen wir es Übertragung von zahlreichen erlebten Situationen auf (fast) alle anderen Situationen. Vandalismus, Unsinn und auch neuerdings aufgedeckt[9] auch Manipulationen werden IPs zugeschrieben. Dadurch erscheint die Tätigkeit einer IP aus der Binnenperspektive des Aktivisten zunächst einmal verdächtig. Mit der Übertragung ist nicht nur das Vorurteil, es ist auch die Erfahrung verbunden, dass der meiste „Mist" von IPs kommt. Der erfahrene Teilnehmer weiß, dass die Aktivität einer IP häufig nichts Gutes zu bedeuten hat. In diesem Prozess der Kategorisierung ordnet der Aktivist der IP eine Position zu. Die gemachte Erfahrung fördert die Skepsis und daher wird erst einmal besonders eindringlich geprüft, was IPs beigetragen haben. Bei einem Fehler wird dann auch

---

[7] Beispielsweise kommt in den Vandalismusmeldungen der Ausdruck „Schulvandale" oder „Schülervandale" vor. http://de.wikipedia.org/wiki/Wikipedia:Vandalismusmeldung/Archiv/2005-01 (29.08.2007); http://de.wikipedia.org/wiki/Wikipedia:Vandalismusmeldung/Archiv/2007/07/02 (29.08.2007).

[8] So kommt der Teilnehmer mit den meisten Bearbeitungen z.Zt. auf 190.000, der auf Platz 500 stehende Teilnehmer hat dagegen „nur" etwa 9.000 Edits, also rund ein Zwanzigstel auf seinem Konto. http://de.wikipedia.org/wiki/Wikipedia:Beitragszahlen (29.08.2007).

[9] http://www.spiegel.de/netzwelt/web/0,1518,500163,00.html (29.08.2007).

nicht lange gefackelt und der Beitrag wird zurückgesetzt oder der Teilnehmer sogar gesperrt. Die Position der IPs trägt also erst einmal einen Generalverdacht mit sich. Der beschriebene Prozess ist allerdings bereits in Unterstützungstools für Vandalenjäger[10] geronnen.

Durch die beschriebenen Prozesse lernen die Neulinge und IPs auch sehr schnell die aktiven „Wikipedianer" (oft Administratoren) als Gegenspieler kennen. Zwar sind die Neulinge und IPs meist nicht, wie die Position der zur Gemeinschaft Zugehörigen, untereinander verbunden, aber auch hier finden sehr schnell Verallgemeinerungen statt, wie man an vielen Beispielen sehen kann. Häufig findet man, dass der Konflikt mit einem Administrator auf die gesamte Position der Administratoren übertragen wird.

Die von außen vorgenommene Zuordnung der Admins zu einer Position, die beispielsweise gutwillig gemeinte Beiträge löscht, findet man sogar in einer Art „Selbststigmatisierung". Einige Administratoren platzieren auf ihrer persönlichen Seite ein Logo, welches die zugeschriebenen Erwartungen an das Handeln der Position „Administrator" widerspiegelt.

Abbildung 9.1:   Offizielles Wikipedia-Banner und Parodie, die auf der Teilnehmerseite zahlreicher Teilnehmer und Administratoren eingebunden sind. [11]

In Abbildung 9.2 findet sich der Versuch einer Systematisierung der Beziehungen zwischen den hier betrachteten Positionen. Durch die Annahme positionaler Bezüge zueinander, tritt der Einzelne in den Hintergrund. Und obgleich jeder Einzelne an der Ausformung der Rollenbeziehungen mitwirkt, kommt nach einer Verfestigung der verschiedenen Seiten, der Einzelne oft gar nicht mehr in die Lage, Einfluss nehmen zu können. An dieser Stelle kommt die Vermittlungsleistung der zwischen den „Wikipedianern" und den „IPs" stehenden OTRS-Mitarbeiter zum Tragen. Der in der oben zitierten Mail verbreitete Aufruf, Hilfe und Aufklärung zu

---

[10] So bezeichnet man eine Position, die häufig neben weiteren Tätigkeiten innerhalb der Wikipedia eine Spezialisierung in Richtung Vandalenjagd aufweist. Bei der hier vorgestellten Betrachtung haben wir es mit zwei unterschiedlichen Positionen zu tun: Vandalen und Vandalenjägern.

[11] http://de.wikipedia.org/wiki/Benutzer:Dundak (29.08.2007)

leisten, anstatt „ohne Sinn und Verstand" zu revertieren und zu sperren, ist ein Hinweis auf die „verhärteten" Beziehungen und gleichzeitig der Versuch, die Zuschreibungen zu lockern.

Mit diesem Aufruf des OTRS-Mitarbeiters wird gleichzeitig ein Stück Distanzierung vom Verhalten der löschenden und revertierenden Wikipedianer deutlich. Obwohl die Mitarbeit in dem Bereich der Beantwortung von Anfragen ebenso freiwillig ist, wie die Teilnahme an Wikipedia insgesamt und obgleich von den OTRS-Mitarbeitern verlangt wird, dass Sie bereits über eine längere Erfahrung in Wikipedia verfügen, wird deutlich, dass sich über spezielle Beziehungen zu anderen Positionen, auch ein Einstellungswandel vollzieht. D.h. hier finden wir einen Hinweis darauf, wie sich Positionen konstituieren, nämlich durch Beziehungsanforderungen, die auf Teilnehmer zulaufen, die eine bestimmte Funktion einnehmen.

Abbildung 9.2:   Beschreibung der Beziehungen

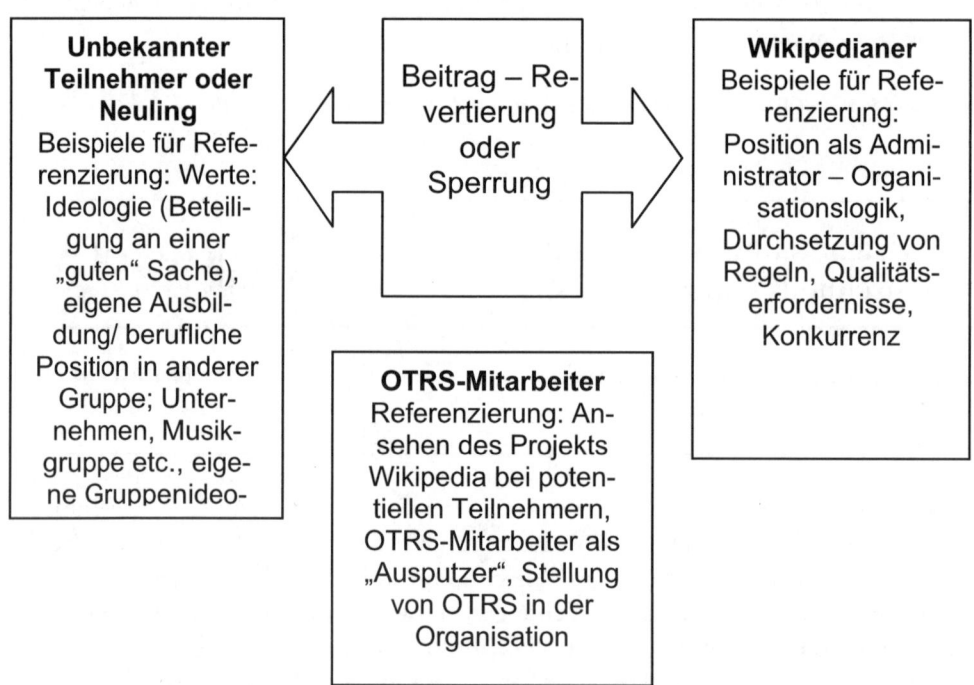

In der Abbildung wird die Distanzierung der OTRS-Mitarbeiter von den anderen Wikipedianern durch eine andere Referenzierungsgruppe deutlich. Das Verhalten einiger Wikipedianer macht diese zu Beschuldigten für eine Handlungsweise, die sie selbst weder zu verantworten haben und noch nicht einmal billigen. Ihnen scheint es, als müssten Sie für Fehler, die von anderen gemacht werden, geradestehen. Solche Fehler kommen in Teilen durch den internen Wettbewerb im Bereich der

Administratoren, hier vor allem der „Vandalenjäger" zustande, der Entscheidungen in Sekunden verlangt, wie in der folgend zitierten Kommunikationssequenz deutlich wird[12].

Tabelle 9.2: Der Wettbewerb innerhalb der Positionen wird nur selten öffentlich. Hier ist ein Beispiel, an dem die Konkurrenz zwischen zwei Vandalenjägern aufscheint[13].

Danke für die Unterstützung …
… aber etwas befremdlich ist, dass, obwohl ich keinen Konflikt beim Revertieren bekomme, trotzdem hinter dir herhänge. Hast du eine Ahnung, in welchen Zeitbereichen der Adminrevert funktioniert? — xxx 08:50, 2. Mär. 2007 (CET)

> Nein, das weiss ich nicht. Was mir aber immer wieder mal auffällt: wenn ich etwas revertiere und den Benutzer sperre, fügst du ihm noch (sicher automatisiert) einen Hinweis auf seiner Diskussionsseite ein. Richtig sinnvoll ist das ja nicht ;) -- yyy 08:52, 2. Mär. 2007 (CET)

Seh ich leider nicht, wenn du sperrst. :(Da ich nach meinem Prinzip verfahre, erst ansprechen, dann sperren, tut mir das leid. Schlimm finde ich das aber auch nicht, da selbst bei einer Sperre ja noch Leserechte vorhanden sind. So sieht wenigstens der Vandale, wofür er gesperrt und was er nächstes Mal besser machen kann. … Und dass du nicht manuell, sondern automatisch, wenigstens halbautomatisch, Testvorlagen und Sperren machst, kann ich mir auch nicht vorstellen. ;) Wenn doch, möchte ich deine Hände dabei sehen. :D … So, ich bin dann erstmal frühstücken, frohes Schaffen, — xxx 09:04, 2. Mär. 2007 (CET)

> Aber du siehst ja, wenn ich revertiere - warum auch immer du da manchmal keinen Bearbeitungskonflikt bekommst. Ich bin schon groß und weiss, ob ich ihn besser sperre oder anspreche. Und wenn ich jemanden sperre, weiss der schon sehr genau, warum - der Standardtext auf der Diskussionsseite bringt da keine Vorteile mehr. Im übrigen sperre ich per Hand, ehrlich. -- xxx 09:17, 2. Mär. 2007 (CET)

Nunja, ich bekomm' das nicht hin, innerhalb von einer Sekunde zu entscheiden, ob ich nun die Vorlage reinsetzen soll oder nicht, wenn dann kurz danach bei mir steht, dass revertiert wurde, und selbst dann weiß ich ja noch nicht, ob das nur ein Revert war oder ein Revert mit anschließendem Block. Da wär' das noch einfacher gewesen, bevor hier alle Spezialseiten eingedeutscht wurden, und damit Programme ihre Funktionen verloren. …

---

[12] In den zitierten Sequenzen wir einerseits der Wettbewerb deutlich, andererseits aber auch das Muster der Aushandlung von Verhalten (hier gegenüber Vandalen). Folge ist eine gewisse Ähnlichkeit im Handeln aus dieser Position heraus.
[13] Auch wenn manchem der Inhalt unverständlich ist, geht aus dem Zitat doch die Konkurrenzsituation hervor. http://de.wikipedia.org/wiki/Benutzer_Diskussion:Aka/Archiv011, 28.08.2007.

> Nunja, würd' mich ja brennend interessieren, wie du innerhalb von Sekunden Revert, „Zerstörungswut", Dauer, Click etc. pp. hinbekommst. (..) xxx 09:43, 2. Mär. 2007 (CET)

Der Wettbewerb zwischen den erfahrenen Teilnehmern, bezieht sich abstrakt auf Quantitäten bei der Vandalenjagd und die Anzahl der „Edits". Konkret findet man den Wettbewerb, wie aus der zitierten Sequenz in Teilen hervorgeht, in einer Art „flow-Erlebnis" – im Moment der Zurücksetzung des alten Textes erlebt der Vandalenjäger, dass ihm bereits ein anderer zuvor gekommen ist. Wettbewerb findet man auch um das Schreiben von Artikeln, etwa bei den „Artikelduellen", bei dem „hig-end"-Autoren möglichst schnell einen qualitativ hochwertigen Artikel erstellen.

Ähnliche Hinweise findet man gelegentlich in einem der zu Wikipedia zugehörigen Chat-Räume, wo über Editzahlen diskutiert wird. Ein Vandalenjäger aus der deutschen Wikipedia berichtet davon, dass er in der englischen Wikipedia auf Vandalenjagd ging[14] und dort nach bereits drei Tagen etwa 4000 Bearbeitungen durchgeführt habe. Er wurde daraufhin gefragt, ob er nicht Admin der englischsprachigen Wikipedia werden wolle. Der Teilnehmer berichtet mittlerweile auf seiner Teilnehmerseite, dass er Administrator in der deutschen und in der englischen Wikipedia sei.

Bei der Vandalenjagd kommt es auf Schnelligkeit an. Sind gleichzeitig mehrere Vandalenjäger aktiv, kann es sein, dass sie sich gegenseitig ins Gehege kommen. Davon berichtet das Zitat. Im Eifer des Gefechts und unter dem Wettbewerbsdruck mag es vorkommen, dass Artikel zurückgesetzt werden, obwohl ein sinnvoller Inhalt hinzugefügt wurde. Man spricht öfters mit Leuten, die das berichten. Experten, die bei Wikipedia etwas beigetragen haben, erzählen davon, dass ihr Beitrag nicht willkommen gewesen sei. Dieses Tun mag dazu führen, dass sich solche Teilnehmer abwenden. Bei anderen mögen dadurch „Rachegelüste" aufkommen wodurch Vandalismus geradezu provoziert werden dürfte. So gesehen schaffen sich die Vandalenjäger in Teilen das zu bekämpfende Phänomen selbst. Hier ist ein Beispielzitat, welches in einer vandalisierten Version des Artikels „Blut" vorkommt. Hier wurde eine Passage ersetzt durch: *„ ihr hnoons von wikipedia ihr habt mich schon einmal gesperrt aber nicht noch einmahl."*[15]

---

[14] http://de.wikipedia.org/wiki/Benutzer:DerHexer/Vier_Tage_in_der_englischsprachigen_Wikipedia, 13.06.2007, 17:11Uhr

[15] http://de.wikipedia.org/w/index.php?title=Blut&diff=prev&oldid=13888437 (14.09.2007).

Abbildung 9.3:   Editranking – Die quantitative Bestimmung der Editzahl macht den Wettbewerb sichtbar
(http://de.wikipedia.org/wiki/Wikipedia:Beitragszahlen, 06.08.08)

Benutzer-Statistik [Bearbeiten]

#	Benutzername	Admin	Bearb.	Artikel-Bearb.	Artikel-Bearb. (%)	mit gel. Bearb.
1	Aka	x	254 951	198 552	77.9	295 959
2	Peter200	x	158 945	152 212	95.8	181 160
4	ChristophDemmer		93 633	91 225	97.4	96 561
5	Voyager	x	89 593	70 408	78.6	96 024
6	Uwe Gille	x	86 991	48 075	55.3	89 652
7	Marcus Cyron	x	84 171	47 503	56.4	86 465
8	Jesusfreund		77 301	42 810	55.4	79 826
9	Atamari	x	75 520	26 546	35.2	79 367

Zwischen den Vandalenjägern ist der Wettbewerb aufgrund der Quantifizierbarkeit sehr gut nachzuvollziehen. Bei anderen „Subpositionen" ist das nicht ohne weiteres möglich. Nichts desto trotz findet hier ein ähnlicher Wettbewerb statt.

Bei den wikipediainternen Wettbewerben wird schnell klar, dass die Chancen für IPs und Neulinge in diesem Feld mitzumischen, eher formalen Charakter haben, als dass diese sich auf diesem Feld „aus dem Stand" realisieren ließen. Beides, das Streben nach Qualität und nach Quantität sind Zeichen für eine Aneignung des Projektes. Mit der Zeit wächst auch die Zahl der Regeln und diese sind für jemanden, der en-passant eine Änderung vornimmt, kaum durchschaubar. Für diesen Fall werden „Deppenregeln"[16] aufgestellt, die, so kann man annehmen, weniger den „Deppen" selbst gelten, und stattdessen eine Grenze einzieht. Diese entsteht zwischen denjenigen, die im Laufe der Zeit gelernt haben, wie man sich verhält und

---

[16] http://de.wikipedia.org/wiki/Benutzer:AINUNIA/Deppenregel (29.08.2007).

solchen, die von vornherein nur wenige Chancen gegeben bekommen, sich in die „Gemeinschaft der Wikipedianer" einzufügen.[17] Der den Positionen inne wohnende Charakter, sich gegenüber anderen abzuschotten, trifft also häufig auch diejenigen, die auf einem bestimmten Gebiet etwas beizutragen haben, für die aber in dem Moment kein Platz im „Wikipedia-Clan" zu sein scheint.

Abbildung 9.4:   DerHexer. A tribute to one of our best vandal fighters: http://en.wikipedia.org/wiki/User:AndonicO/Random_Data (03.09.3008)

Das bedeutet, dass Auseinandersetzungen zwischen unterschiedlichen Positionen eine Rückwirkung auf die Hierarchie innerhalb einer Position haben können. Ein Beispiel: Zieht ein Administrator in Auseinandersetzungen mit in der positionalen Hierarchie darunter stehenden Teilnehmern den Kürzeren, dann kann dies eine Auswirkung auf seine Stellung innerhalb der Hierarchie der Administratoren haben. Wenn ein Administrator in mehreren solcher Auseinandersetzungen einräumen muss, sich geirrt zu haben oder eine Handlung gegenüber einem anderen

---

[17] Ein Teilnehmer hält diese Regeln explizit nicht für Anfänger geeignet, da diese sich erst noch an den rüden Ton in der Wikipedia gewöhnen müssten (http://de.wikipedia.org/wiki/Benutzer:Birger_Fricke, 29.08.2007).

Teilnehmer dazu führt, dass er von anderen Administratoren dafür gerügt wird, kann dies zu einem Statusverlust innerhalb der eigenen Position führen.

In Abbildung 9.5 wurde versucht, diesen Zusammenhang darzustellen. Die Position mit dem größten Einfluss ist die der Administratoren. Hier gibt es nach außen den größten Zusammenhalt. Zudem sind die Teilnehmer dort einander auch am ehesten gegenseitig bekannt. Ein durch einen Fehler im Umgang mit anderen Teilnehmern entstandener „Gesichtsverlust" hat hier deswegen die größten Auswirkungen, weil die interne Position dadurch gefährdet wird. Die Position ist horizontal (also funktional) und vertikal (hierarchisch) in sich gegliedert. Die funktionale Differenzierung kommt den Anforderungen der Organisation entgegen; gleichzeitig jedoch bietet sie relative Schutzräume vor der gegenseitigen Konkurrenz. Die funktionale Gliederung bedeutet, dass es eine Arbeitsteilung gibt. So konzentrierte sich beispielsweise ein Teil der Beteiligten auf das Schreiben von Artikeln, ein Teil hat sich hauptsächlich der Vandalenjagd verschrieben und ferner gibt es Funktionäre, die durch ihre Teilnahme an Messen und überregionalen Versammlungen eine Integrationsfunktion wahrnehmen. Darüber hinaus findet man Teilnehmer, die für die technische Infrastruktur zuständig sind usw. Hin und wieder gibt es Auseinandersetzungen zwischen unterschiedlichen dieser „Subpositionen" im Bereich der Administrationsebene.[18] Häufig bleibt die Konkurrenz implizit, d.h., sie scheint nicht unbedingt auf. Manchmal wird der Wettbewerb aber auch explizit. Neulinge bekommen vor allem Nichtwissen vorgeworfen oder von ihnen neu angelegte Beiträge, auch wenn sie sinnvoll sein mögen, werden wegen mangelnder Formatierung gelöscht.

Der mittlere Bereich in Abbildung 9.5 steht für die angemeldeten Teilnehmer. Dies ist in diesem Zusammenhang die heterogenste Position. Hierin haben wir alle aufgrund des formalen Merkmals, dass sich die Teilnehmer angemeldet haben, zusammengefasst. Einige dieser Teilnehmer gehören bereits in das Umfeld der Administratoren. Andere haben sich gerade frisch angemeldet, machen eine Änderung an einem Artikel und vergessen dann ihr Passwort, um sich bei einer nächsten Änderung erneut neu anzumelden. Trotzdem beobachten wir in Auseinandersetzungen immer wieder, dass sich angemeldete Teilnehmer solidarisieren, wenn etwa ein Teilnehmer gesperrt werden soll oder von einem Administrator wegen eines Fehlverhaltens angegangen wird. Vandalenjäger unterscheiden angemeldete Teilnehmer danach, wie erfahren sie sind. Dies lässt sich auch ohne ein Programm zur Vandalenjagd[19] daran erkennen, ob ihr Nickname rot oder blau angezeigt wird. Rot steht dafür, dass sie noch keine Benutzerseite angelegt haben, was darauf hindeutet,

---

[18] Wenn man über Positionen spricht, liegt es nahe die formale Bezeichnung „Administratoren" zu verwenden. Dies ist für die soziale Position allerdings etwas unscharf, da zu dieser Position auch eine Reihe von Teilnehmern gehören, die zwar nicht über den formalen Status verfügen, aber auf dieser Ebene durchaus integriert sind.

[19] Ein Beispiel findet man hier: http://en.wikipedia.org/wiki/Wikipedia:VF (06.09.2008).

dass sie noch nicht lange dabei sind. Wenn Teilnehmer aus dieser Position in ihrem Engagement auffallen und sich konform mit den internen Normen verhalten, werden sie häufig gefragt, ob sie nicht als Administrator kandidieren wollen. D.h. es werden Kooptationen durchgeführt. Dabei wird der Positionswechsel hin zum Admin als Aufstieg gewertet. Mit dem Positionenwechsel geht meist auch ein Wechsel im Verhalten einher. Teilnehmer, die bisher Artikel geschrieben haben, verlegen sich nun eher auf Arbeiten, die nichts direkt mit der Erstellung von Inhalten zu tun haben. Sie sind dann stärker mit der Qualitätssicherung und der Weiterentwicklung der Organisation beschäftigt.

Abbildung 9.5:   Der Zusammenhang zwischen den Positionen bei Wikipedia: Schichtung und Konkurrenz

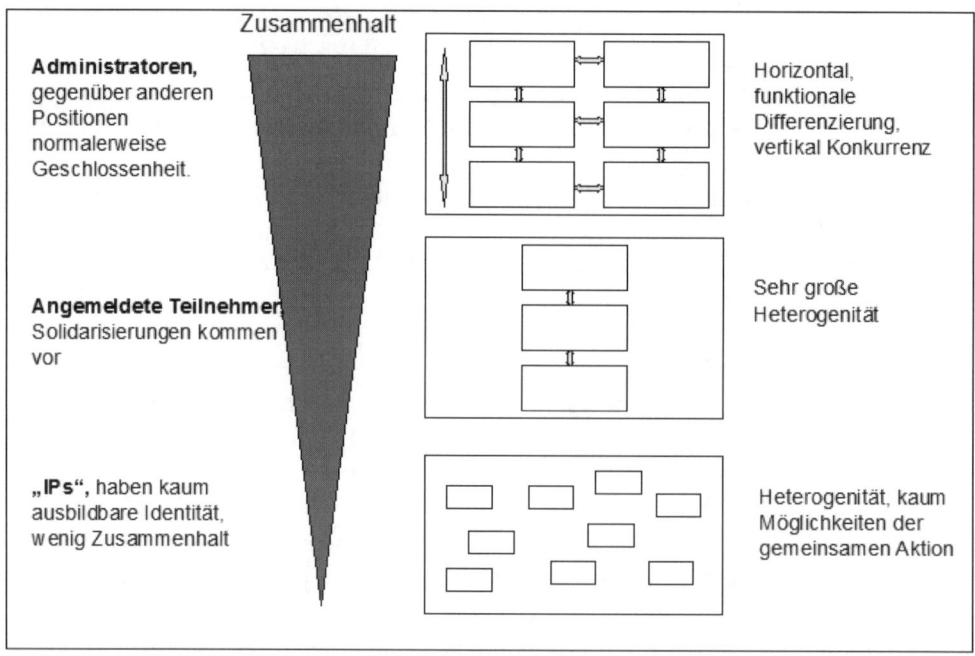

Wie schon bemerkt, befinden sich die „IPs" auf der untersten Stufe der Hierarchie. Sie sind zudem am „ärmsten" dran, denn sie haben kaum eine Chance, sich gegenseitig kennen zu lernen. D.h., obwohl es in seltenen Fällen auch einmal vorkommen mag, gibt es auf dieser positionalen Ebene die geringsten Chancen zur Solidarisierung untereinander. Beiträge, die von einer IP angelegt wurden, werden besonders kritisch betrachtet. Einerseits geschieht dies zu Recht, denn der größte Anteil an Vandalismus wird aus dieser Position heraus verursacht, sodass die im Laufe der Zeit entstehenden Vorurteile durchaus einen Bezug zu dem tatsächlich Erlebten aufweisen. Andererseits wird gelegentlich behauptet (Schwartz 2006), dass ein Großteil der Inhalte von diesen Teilnehmern beigesteuert wird.

Neben der Zuschreibung von Merkmalen, wie den genannten, findet man sehr häufig Hinweise darauf, dass die Position auch von den „IPs" selbst angenommen wird.

Diesen Abschnitt resümierend können wir festhalten, dass sich das Verhalten der Menschen an den Erfordernissen orientiert, die aus ihren freilich nicht völlig ohne ihr Zutun entstandenen Positionen erklärt werden können. Ferner wurde behauptet, dass innerhalb von Positionen eine Konkurrenzsituation vorläge. Die Positionen selbst dienen also als „Referenzsystem" für die Akteure. Da Positionierungen in diesem Sinne bei allen sozialen Interaktionen manchmal nur temporal entstehen, kann es sein, dass die Handlungen mit Blick auf unterschiedliche Referenzsysteme gleichzeitig stattfinden. Wir haben jetzt also ein gewisses Rüstzeug, um an einigen Beispielen die geschilderten Zusammenhänge anzuwenden und damit eine Erklärung von bestimmten Verhaltensweisen zu versuchen.

9.2 Die Konstitution eines positionalen Systems am Beispiel des Vandalismus

Vandalismus ist für Wikipedia eine große Herausforderung. Dies ist in zahlreichen Medienberichten dokumentiert und teilweise sogar von diesen selbst initiiert worden (Rühle 2006; Bergner/ Hinkes 2006). Man braucht auch nicht lange, um Vandalismus zu entdecken, wenn man auf der Wikipedia-Seite mit den letzten Änderungen nachschaut.[20]

Der erste Klick auf eine Änderung, die von einer sog. „IP" durchgeführt wurde, führte bereits zu einem Beispiel für Vandalismus. Der Teilnehmer änderte innerhalb der nächsten etwa fünf Minuten an dem Artikel noch einige „lustige" Sachen. Wenige Minuten später ist der Artikel jedoch bereits wiederhergestellt.

„Zur Wikipedia-Community gehören alle, die daran mitarbeiten, auch diejenigen, die nur eine kleine Verbesserung vornehmen, außer den Vandalen", so eine Aussage eines unserer Interviewpartner aus dem Kreis der Aktivisten in der Wikipedia. Die Vandalen lassen sich aufgrund der offenen Konstruktion von Wikipedia nicht verhindern. Aus Sicht der Wikipedianer stellen sie ein ernstzunehmendes Problem dar, welches unablässige Aufmerksamkeit erfordert. Diese Aufmerksamkeit wird vor allem von „Vandalenjägern" aufgebracht.

---

[20] http://de.wikipedia.org/wiki/Spezial:Letzte_%C3%84nderungen (12.09.2007).

Abbildung 9.6:   Beispiel für Vandalismus (12.09.07, 16.14 Uhr)

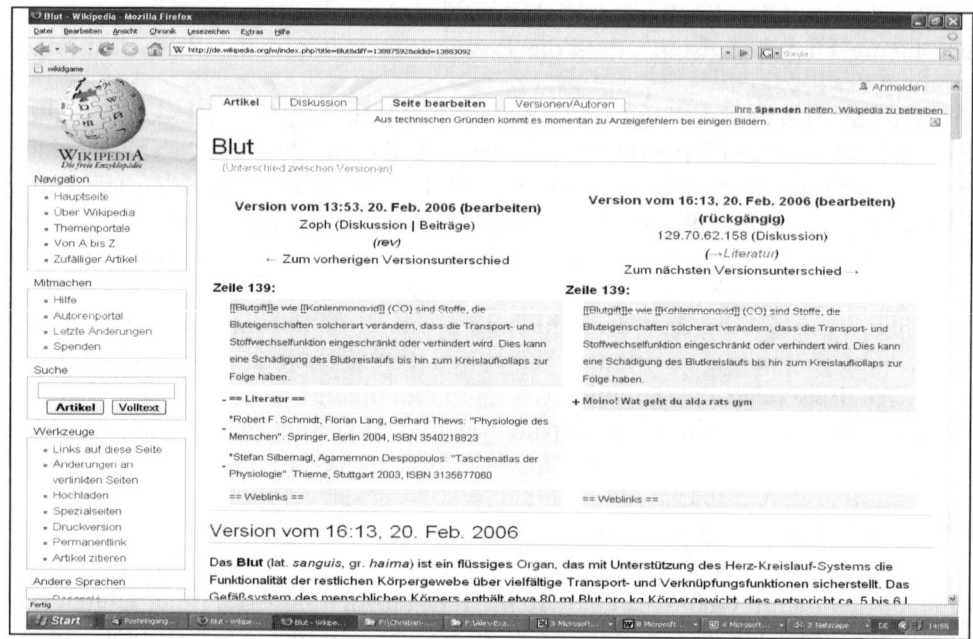

Es gibt verschiedene Anlässe für Vandalismus, die mit den jeweiligen positionalen Systemen zu tun haben, zu denen die unterschiedlichen Teilnehmer gehören: Verbreitet ist der Begriff „Schülervandalismus". So haben wir herausgefunden (Stegbauer/ Rausch 2007), dass sich diese Sorte der Vandalen bei ihrem Verhalten an einem Referenzsystem, welches außerhalb der Wikipedia liegt, orientiert. So kam es zu einer Interaktion im Artikel „Blut", in dem sich Schüler des Ratsgymnasiums und der Laborschule Bielefeld gegenseitig schmähten. Auf ein anderes positionales System rekurriert eine weitere Form des Vandalismus. Diese kann als Revanche für eine Reaktion auf den Versuch einer Teilnahme bei Wikipedia gesehen werden. Hier wird sich direkt auf ein einmal erlebtes Verhalten anderer Teilnehmer zurückbezogen. Das positionale System, auf das hier referenziert wird, ist also Wikipedia selbst bzw. der Teil des Projekts, von dem aus die Reaktion auf den Beteiligungsversuch ausging. Anlässe hierfür findet man zuhauf. Die Beschwerden darüber, wie Teilnehmer, die nur als „IPs" in Wikipedia aufscheinen, behandelt werden, legen Zeugnis darüber ab, wodurch solche Auseinandersetzungen entstehen, die dann „Rache" als Folge haben werden.

Die Fälle des Schülervandalismus sind ohne die Beziehungen der Schüler außerhalb von Wikipedia unsinnig. Zwar entstehen im Laufe der Zurücksetzung von „Spaßbeiträgen" oft auch Auseinandersetzungen mit der Position der Vandalenjäger, diese ist aber relativ folgenlos. Die zweite Form des „Rache-Vandalismus" hingegen ist für unsere Interpretationen bedeutsamer, denn diese entsteht zu einem Teil durch den Wettbewerb unter den Vandalenjägern. Die Schnelligkeit mit der sie arbeiten (vor allem vor dem Hintergrund des gegenseitigen Wettbewerbs), lässt nicht genügend Raum, um das Löschen und das Sperren von Teilnehmern ausführlich zu begründen. Die zunächst in guter Absicht handelnden unerfahrenen Teilnehmer fühlen sich durch dieses Vorgehen nicht respektvoll behandelt. Hierdurch entsteht ein Konflikt, der nach den Regeln der Reziprozität (Stegbauer 2002) eine Gegenreaktion provoziert. Man könnte auch sagen, dass hierdurch Vandalismus hervorgebracht wird. Noch weiter gedacht, bedeutet dies, dass Wikipedia einen Teil des Vandalismus selbst produziert, der dann wiederum als Grundlage für die Legitimation der Position und des Wettbewerbs der Vandalenjäger herhalten muss.

Obgleich man das Positionensystem als Netzwerk betrachten kann und dieses grundsätzlich, wie gezeigt, auch der Netzwerkanalyse zugänglich ist, trifft die Analysemöglichkeit nicht auf alle für Wikipedia bedeutsamen Positionen zu.

Einige der Positionen werden von außen beeinflusst. Dies gilt insbesondere für solche, deren Fokus nicht innerhalb der Wikipedia liegt. Diese treten zwar mit dem positionalen System in Wikipedia in Kontakt, man kann auch sagen, dass diese eigene Positionen bilden, aber ihr Handeln ist zunächst weniger durch ihre Integration in das wikipediainterne positionale System geprägt, als durch ein anderes positionales System außerhalb von Wikipedia. Hier treffen unterschiedliche Brennpunkte aufeinander und beeinflussen sich gegenseitig; an solchen Stellen kreuzen sich die sozialen Kreise und das Handeln wirkt auf die jeweilig unterschiedlichen Kreise zurück.

Als Beispiel greifen wir zwei Positionen heraus, die sich an Wikipedia beteiligen, deren Blick sich dabei aber weniger auf die Wikipedia-Community selbst richtet. Das Handeln innerhalb von Wikipedia steht im Zusammenhang mit der Sozialität, in die diese außerhalb der Wikipedia integriert sind. Ihre Position dort ist entscheidend für deren Handeln innerhalb von Wikipedia.

Abbildung 9.7:   Beispiele für Positionen innerhalb und außerhalb von Wikipedia

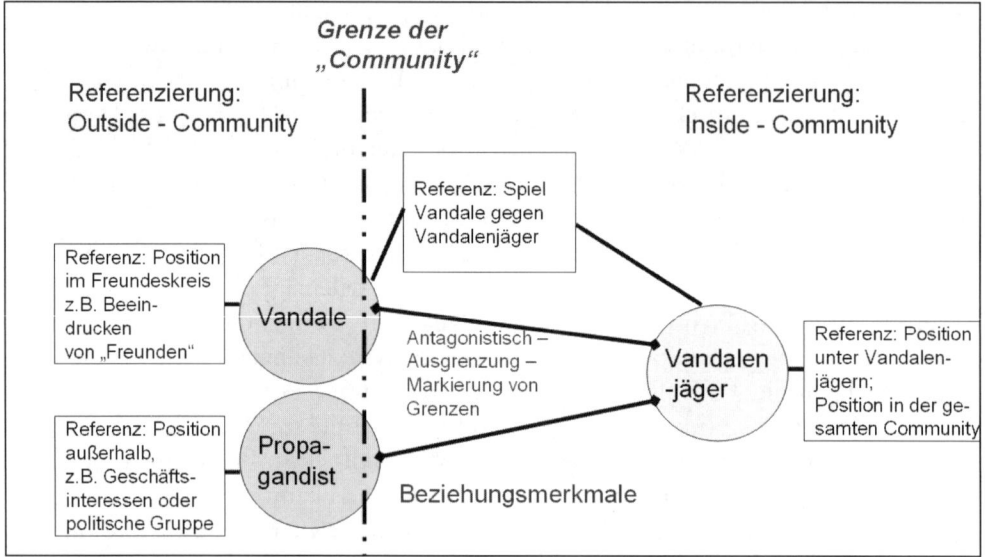

Etwas über die Motive von „Vandalen" zu sagen, ist zunächst einmal nicht einfach. Das zerstörerische Verhalten erscheint nur schwer erklärbar. Bei den Vandalen kann es möglicherweise darum gehen, die Freunde oder den Freundeskreis aus der Schule zu beeindrucken oder sich gemeinsam einfach einen Spaß zu erlauben, indem man eine Grenze übertritt oder etwas zu tun, was moralisch verwerflich ist, aber gerade hieraus seinen Reiz bezieht.

Beim Propagandisten sind Motive schon einfacher nachzuvollziehen. Er möchte das eigene Unternehmen, die eigene Person oder eine politische oder religiöse Weltanschauung in Wikipedia unterbringen. Auch hier wird auf die Sozialität außerhalb von Wikipedia mit ihrem eigenen positionalen System referenziert. Ein Unternehmen soll sichtbar werden, nach Möglichkeit in einem guten Licht dastehen.[21] Die Person, beispielsweise ein Politiker, soll geschmäht werden oder aber sein öffentliches Image verbessert werden.[22]

Obgleich wir wenig über die Ursachen von Vandalismus wissen, scheint sich an einigen Beispielen jedoch die Hypothese von der Referenzierung auf Beziehungen, die außerhalb der Wikipedia liegen, bestätigen zu lassen.

Im Folgenden werden zwei Sequenzen von Vandalismus am Beispiel des Artikels „Blut" dokumentiert. Hierbei ist es offensichtlich, dass die Beteiligten in

---

[21] Die Presse berichtet darüber, dass unrühmliche Eintragungen über den Siemens-Chef entfernt wurden (Discherl 2006).

[22] Als Beispiel der Manipulation von Wikipedia-Einträgen über Politiker im Wahlkampf kann man die Nordrhein-Westfalen Wahl 2005 ansehen (Schink 2005).

Form von Vandalismus an diesem Artikel miteinander kommunizieren. Die „Vandalen" kennen einander offensichtlich. Sie beziehen sich auf typische Differenzen, wie man sie nur allzu gut aus Auseinandersetzungen zwischen Nationalitäten, Rivalitäten zwischen Städten oder wie in diesem Fall zwischen zwei Gymnasien in Bielefeld kennt. Man kann nachvollziehen, dass die Akteure einerseits von der Laborschule Bielefeld und andererseits vom dortigen Ratsgymnasium kommen.[23]

Abbildung 9.8:   Ausschnitt aus der Versionsgeschichte von Wikipedia. Hier ist jeweils die Änderung der Eintragung gezeigt.

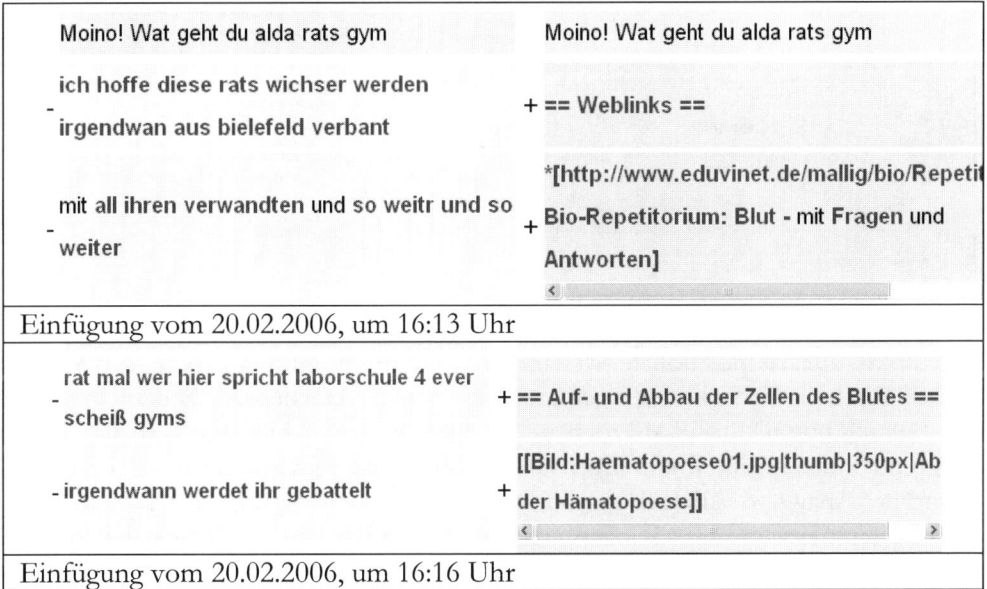

Der Inhalt der Ergänzungen im Artikel „Blut" hat offensichtlich nichts mit der Enzyklopädie selbst zu tun; es geht um Beziehungen außerhalb. Diese sind durch Laborschule, Ratsgymnasium und Bielefeld in diesem Fall ausreichend geklärt, um diese Interpretation vorzunehmen. Es findet sich eine ganze Reihe von ähnlichen Sequenzen, die offenbar von den gleichen Schülern stammen, in denen beispielsweise Schülerinnen sexuell geschmäht werden etc.

Obgleich die Auseinandersetzung zwischen Schülern zweier unterschiedlicher Schulen stattfindet, kommen diese wegen der Normverletzung darüber mit dem Wikipedia internen Positionensystem in Kontakt. Auch hier kommt es zu einer Auseinandersetzung, die auf einmal zu einem „Wettbewerb", man könnte auch sagen, zu einem „Spiel" zwischen der Position der Vandalenjäger (tatsächlich wa-

---

[23] Dies war relativ leicht herauszufinden, denn die Laborschule ist als Experimentalschule bundesweit prominent. Zudem taucht Bielefeld im Text auf und tatsächlich gibt es dort auch das Ratsgymnasium.

ren mehrere beteiligt) und den Schülern gerät. Ein Zeichen dafür findet sich in der nächsten Abbildung. Dort ist eine Sequenz daraus dokumentiert.

Abbildung 9.9: Beispiel aus der Versionsgeschichte des Artikels Blut.

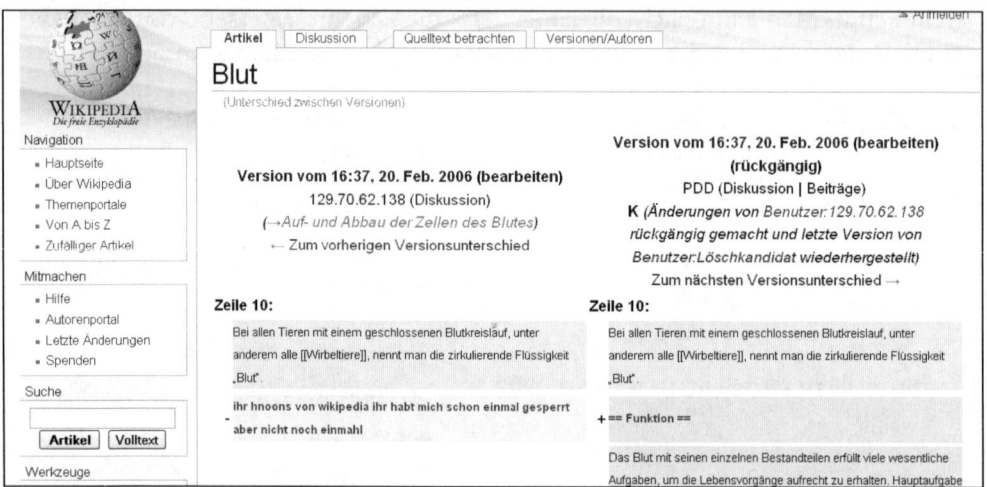

Der Fokus auf das positionale System verweist auf die mittlere Ebene der Sozialität. Obgleich es Wechselwirkungen zwischen den verschiedenen Ebenen gibt, ist in der Betrachtung nicht die Mikroebene entscheidend, weil hier das Verhalten meist aufgrund individueller Präferenzen und Motive erklärt wird. Die Erklärung aufgrund der Analyse der Beziehungsnetze auf der Mesoebene folgt der Vorannahme, dass Präferenzen und Handlungen, Motive etc. auf der Ebene des Sozialen vermittelt werden. Die Positionen bedingen einander. So ist die Position des Vandalenjägers, angesichts des Ausmaßes an Vandalismus innerhalb von Wikipedia eine bedeutende. Bekannte Vandalenjäger sind zu Administratoren aufgestiegen u.a. weil sie sich durch ihre Position unter den Jägern einen Namen gemacht haben. Man könnte also sagen, dass, obgleich Vandalismus die Online-Enzyklopädie bedroht, sie unter funktionalen Gesichtspunkten für die Möglichkeiten bei Wikipedia mitzuarbeiten durchaus wichtig ist.

Die Vandalen haben aber noch eine weitere wichtige Funktion: Durch die Übertretung der Normgrenzen, den angerichteten Schaden und die offensichtliche Bedrohung, die dieses Verhalten darstellt, wird das Kollektivbewusstsein der anderen erst geweckt. Auf solche Zusammenhänge hat bereits Emile Durkheim hingewiesen. Durkheim (1984, zuerst 1895) argumentierte, dass „Verbrechen" in einem gewissen Umfang „normal" sei und dabei auch positive Seiten besitze. Zu der positiven Wirkung von Verbrechen zählt er, dass durch Strafe das Kollektivbewusstsein für die Grenze, bzw. die Grenzüberschreitung offensichtlich gemacht würde. Bei Wikipedia würde Strafe eine Sperrung bedeuten. Ein gewisses Maß an

Grenzüberschreitung sei zudem notwendig, um die Möglichkeit von Grenzverschiebungen, also Normänderungen ebenfalls bewusst zu machen. Auch George-Herbert Mead (1918) zeigte auf, dass die Gruppenidentität durch Normverletzungen erst bewusst würde, insbesondere in einer gemeinsamen Ablehnung der Außenseiter konstituiere sich die Gemeinsamkeit der Gruppe immer wieder neu.

> „The revulsions against criminality reveal themselves in a sense of solidarity with the group, a sense of being a citizen which on the one hand excludes those who have transgressed the laws of the group on the other inhibits tendencies to criminal acts in the citizen himself" (Mead 1918: 576).

Sicherlich gibt es an vielerlei anderen Stellen weitere Normverletzungen, sodass die Wikipedia-Community hierfür nicht unbedingt auf genau jene Position der Vandalen angewiesen wäre. Dennoch kann man den Zusammenhang zwischen Entstehung, bzw. Stärkung des Kollektivbewusstseins und der Gruppenidentität durchaus als positive Funktion einer unerwünschten Position ansehen.

9.3 Resümee

Wir können festhalten, dass die Zugehörigkeit zu Positionen in sehr weitgehender Weise bestimmt, wie die Teilnehmer miteinander umgehen. Man kann zeigen, dass es einen Wettbewerb innerhalb der Positionen gibt. Der Wettbewerb ist dabei so stark, dass er zu Konflikten zwischen unterschiedlichen Positionen und auf gleicher positionaler Ebene führen kann. Man kann sagen, aus den Positionen und dem universellen Wettbewerb, der diese auszeichnet, erwachsen die wesentlichen Antriebe für die beteiligten Personen.

Die aus der Netzwerkanalyse stammende Idee, die Zugehörigkeit zu Positionen mit Handlungsmustern in Verbindung zu bringen, scheint ein aussichtsreicher Weg, Handlungen zu erklären. Damit wäre die Hauptanalyseebene nicht das Individuum und auch keine dahinter stehenden Großstrukturen, sie ergibt sich durch die Relationen und die in diesen Beziehungen entwickelten Handlungslogiken. Ohne Berücksichtigung dieses Kontexts erscheinen Handlungen als kaum mehr interpretierbar.

Nicht alle Beziehungen lassen sich mit den Methoden der sozialen Netzwerkanalyse untersuchen, wohl aber kann man die hinter den Methoden stehenden Konzepte anwenden, um Beziehungen zu interpretieren. Hiermit kommt man nach unserer Einschätzung weiter, als dies möglich wäre, wenn man den Individuen ein einheitliches Handlungsmuster unterstellt.

10 Positionen und ihre Handlungsmuster

Unsere Ausgangsfrage, nämlich, warum die Menschen miteinander kooperieren, war eng verknüpft mit der Hypothese, dass sie dies tun, weil sie in unterschiedlichen Positionen zueinander stehen. Die Positionen geben dann, freilich unter Berücksichtigung von Aushandlungen, vor, wie die Beteiligung verläuft. Hierbei spielen Zuweisung und Verantwortungsübernahme eine große Rolle, genauso wie Anerkennung.[1]

Im Zusammenhang mit der Untersuchung hatten wir versucht zu begründen, dass also rational choice Argumente nicht ausreichen. Diese müssen ergänzt werden durch klassische soziologische Theorien, die auf *soziale Ursachen* des Handelns hinweisen. Unter „soziale Ursachen" werden soziale Beziehungen verstanden, die zu einer Strukturierung des Sozialraumes führen. Eine solche Strukturierung liegt beispielsweise vor, wenn sich Positionen mit entsprechenden Rollen herausbilden. Wenn man Rollen als zugeschrieben oder aber auch als selbst übernommen betrachtet, resultiert daraus ein Erwartungsdruck an die einzelnen Teilnehmer, sich entsprechend der eingenommenen Position zu verhalten. Nun wurde bereits auf das Entstehen von Positionen hingewiesen. Im vorliegenden Kapitel sollen Positionen aufgrund verschiedener Handlungsmuster extrahiert und deren Verhalten betrachtet werden.

Eine solche strukturelle Betrachtung ist komplexer als die individualistische, weil sie nicht allen Teilnehmern die im Prinzip gleichen Verhaltenstriebkräfte unterstellt, sondern die Motivation als von der eingenommenen Position abhängig sieht. Damit ist nicht gemeint, dass alle, die sich an der Weiterentwicklung der Inhalte von Wikipedia beteiligen, in Wikipedia sozial integriert sind. Es wird neben den reinen Anwendern auch eine größere Anzahl solcher Teilnehmer geben, die en passant eine Verbesserung einfügen oder eine Richtigstellung vornehmen. Aber diese Teilnehmer nehmen gleichwohl eine Position innerhalb des sozialen Komplexes der Wikipedia ein. Es reichen bereits wenige Hinweise zur Orientierung an einer positionalen Struktur.[2] Die Position ist auch für die Selbstbeschränkung dieses Teilnehmerkreises verantwortlich.

Die positionale Netzwerkanalyse kann Aufschluss über die unterschiedlichen in Wikipedia empirisch vorzufindenden Rollen und Positionen geben.

---

[1] Hier ist schon eine Hypothese enthalten, nämlich dass es die Motivation gibt, sich an dem Projekt als Ganzem zu beteiligen. Das ist aber eine empirische Frage. Vielleicht gibt es solche globalen Motive gar nicht, sondern stattdessen nur einen Flickenteppich lokaler (z.B. inhaltsbezogener) Motive.

[2] Am Beispiel der Chat-Kommunikation konnte dies bereits sehr früh nachgewiesen werden (Wagner 1994).

Nach der dargelegten Auffassung werden individuelle Motive weitgehend ausgeblendet, da diese nicht unbedingt notwendig sind, um Handlungen zu erklären, sofern man über mächtige alternative Erklärungsmuster verfügt. Für uns sind es die Positionen, durch welche sich, ohne auf individuelle Motive zurückgreifen zu müssen, Handlungen begründen lassen. Trotzdem stehen Handlungen im Mittelpunkt der Überlegungen. An dieser Stelle sei noch einmal an die „doppelte" Gründung der Soziologie als Kritik an der individualistischen Gesellschaftsauffassung von Dilthey erinnert. Während Weber in Abgrenzung dazu die verstehende Soziologie begründet, entwickelt Simmel die formale Soziologie mit der Unterscheidung zwischen Form und Inhalt.

> Hierzu schreibt Tenbruck 1958: 600:
> „Wo Dilthey in der Einleitung stets vom Individuum als „Kreuzungspunkt kultureller Systeme" spricht, da tritt bei Simmel das Individuum als „Kreuzungspunkt sozialer Kreise" in Erscheinung. Die „Formen" sind dann die innerhalb solcher Kreise und durch sie oder mit ihnen gegebenen korrespondierenden Rollen. (...) 601: „Ganz entsprechend gilt für Simmel, dass die individuellen Motivationen (Materie) prinzipiell gar nicht mit den Rollen kollidieren. Rollenhandeln schreibt erst einmal keine Motive vor, obschon Simmel (wie später Weber) betont, dass hier Affinitäten bestehen mögen. Die grundsätzliche Gleichgültigkeit von Form und Inhalt, also Rolle und Motivationen, wird von Simmel geradezu benutzt, um die Formen als ein selbständiges Untersuchungsobjekt einer gesonderten Gesellschaftswissenschaft nachzuweisen. So ist hier aus dem Ansatz Diltheys durch eine neue Betrachtungsweise erstmals der Begriffskern der Gesellschaft und des sozialen Handelns entstanden, wie er der modernen Soziologie selbstverständlich ist. Simmels Soziologie bekommt zuerst Gesellschaft als soziale Struktur im Sinne der Verhältnisse von Gruppen, Rollen und Status (soziale Position) in den Griff. „Formale" Soziologie ist insofern auch keine besondere Theorie neben anderen. Alle Soziologie ist in diesem Sinne „formal".

Wenn wir uns am modernen Strukturalismus orientieren, dann stehen wir auch in der Tradition der formalen Soziologie, wie der amerikanische Übersetzer von Simmel, Kurt Wolf (1950), ausführt:

> „It is close to the modern concern with „social structure." Modern sociology has developed an elaborate system of concepts for describing social structure in general; the concepts of *status, role, typical expectations, typical actions,* and *norms* are foremost among these. In principle, the forms of sociation are specific roles, statuses, and norms, viewed as reciprocities and as they occur in historical complexes. Conversely, the theory of social structure is merely a theory of form per se." (hier zitiert nach Tenbruck, 1965: 81).

In einer moderneren Form als dies die Rollenanalyse tut, verweisen die Überlegungen Whites (1992) auf die Konstruierbarkeit von Positionen. Sie berücksichtigen nämlich die Flexibilität und ein größeres Maß an Veränderbarkeit. Der Fokus wird dabei, wenn man so will, auf die Herausbildung neuer Positionen in Auseinandersetzung mit anderen gelegt. Hierdurch entsteht eine Variabilität, welche die klassische Rollentheorie nicht auf ihrem Plan hatte. Will man aber Handlungen in einem „neuen" Beziehungssystem, wie es Wikipedia darstellt, erklären, kann man dies nur, wenn verständlich wird, dass Positionen entstehen, die neu sind. Neu sind sie, weil es sie zuvor nicht gab. Gleichwohl gibt es einige Prinzipien, wie noch auszuführen sein wird, die, wie es scheint, universell gelten und die unabhängig von den Aushandlungen innerhalb von Positionen als soziale Grundregeln greifen.

„Motive" im Sinne einer individuellen Handlungslogik der „zweckrationalen Abwägung von Handlungen", wie dies vom methodologischen Individualismus bekannt ist, interessieren uns nicht. Motive sind für uns aber wohl von Interesse, wenn wir diese als Bündelung des Strebens der jeweiligen Position betrachten. Solche, (hier noch mal in Gänsefüßchen geschriebenen) „Motive" können als typisch für das Handlungsmuster der jeweiligen Positionen angesehen werden. Obgleich, wie White betont, das Rollenhandeln der Positionen, sozialkonstruktivistischen Aushandlungen unterliegt und auch individuelle Variationen vorkommen (müssen), sind Positionen etwas, was für ein Stück Verlässlichkeit im Bereich der unendlichen Möglichkeiten von Verhalten und Handeln sorgt.

Wenn wir also der Kooperation auf der Spur sind, dann müssen wir nach den Ursachen des Verhaltens der Teilnehmer fragen. Diese Ursachen finden wir, wie nachzuweisen ist, in den unterschiedlichen Handlungsmustern, die mit Positionen zusammenhängen. Das bedeutet, dass wir, wenn wir Positionen nachweisen können, zum einen der Aufklärung der Art und Weise, wie kooperiert wird, ein Stück näher kommen und zum anderen, über den positionentypischen Agenden auch dem, was wir hier in Abwandlung der originären Bedeutung des Begriffs „Motive" für Kooperation nennen.

Eines unserer vorrangigen Ziele ist es also, Positionen aufzuklären. Wir beginnen im Bereich der Artikelproduktion. Im Verlauf des Buches näherten wir uns den Handlungsmustern der unterschiedlichen Positionen auf verschiedenerlei Weise: Einmal wurden Netzwerkanalysen durchgeführt und die Ergebnisse so interpretiert, dass soziale Positionen daraus abgeleitet werden konnten. Dann haben wir inhaltsanalytisch versucht, die Bedeutung von Positionen nachzuzeichnen. In diesem Kapitel betrachten wir „Positionen" aus unserem Vorwissen. Diese beruhen zum einen auf formalen Zuordnungen, etwa den Wissen darüber, dass Administratoren mittlerweile einem Wahlverfahren unterliegen. Neben dieser formalen Position lassen sich noch weitere Positionen unterscheiden: Artikelschreiber, deren Hauptaugenmerk auf der Beisteuerung von Inhalten und der Verbesserung von Artikeln liegt, „Begrüßer", die sich zur Aufgabe gemacht haben, neue Teilnehmer mittels einer Nachricht in die Community einzuladen oder Vandalenjäger. Als „parasitäre" Positionen seien hier nur „Trolle", die durch Provokationen auffallen, „Vandalen", die Inhalte zerstören und „Propagandisten", die Wikipedia als Plattform für die Verbreitung eigener Ideen nutzen, genannt. Während im ersten Fall mit Hilfe der sozialen Netzwerkanalyse über die Strukturen der Beziehungen zu Positionen gelangt werden soll, sind im zweiten Fall die Positionen durch beobachtetes Verhalten und geläufige Rollenkategorien bereits festgelegt und werden durch Definitionen bestimmt. Im Nachhinein wird dann über Verhaltensattribute eine genauere Bestimmung der Positionen vorgenommen.

Wenn unterschiedliche Positionen festgestellt werden können, kann dies als ein Hinweis darauf betrachtet werden, dass soziale Bindungen und Rollen das Handeln in einem Feld bestimmen, in dem keine vorgeformten Rollenmuster existieren. Dabei sollten weitere Positionen gefunden werden können, als diejenigen, die bereits festliegen. Als solche bereits vorhandenen Positionen können beispielsweise a.) Anwender, b.) Autoren, die nicht an Diskussionen teilnehmen, c.) Autoren, die mitdiskutieren und d.) Administratoren angesehen werden.

10.1 Positionen, die ohne Netzwerkanalyse identifiziert werden können[3]

10.1.1 Administratoren

Unter Administratoren werden solche Teilnehmer gefasst, die zu Administratoren gewählt wurden.

Tabelle 10.1:　　http://de.wikipedia.org/wiki/WP:AK (02.07.2007)

Administratoren (kurz: Admins) für die deutschsprachige Wikipedia vorgeschlagen und es wird über ihre Ernennung abgestimmt. Ergebnisse bisheriger Adminkandidaturen finden sich im Abstimmungsarchiv, die Kommentare zu den Kandidaturen im Kommentararchiv.

Leitlinien zur Wahl und Ernennung von Administratoren

- Jeder stimmberechtigte Benutzer[4] darf sich oder andere stimmberechtigte Benutzer vorschlagen. Bitte holt vor einem Vorschlag die Zustimmung des Kandidaten ein. An Diskussionen über Kandidaten können und sollen sich alle Benutzer beteiligen.

---

[3] Stand 01.06.2007
[4] „Benutzer" ist der aus der Übersetzung des Begriffs „User" entstandene missverständliche wikipediainterne Slang-Ausdruck für Teilnehmer und meint keineswegs den Leser von Wikipedia-Artikeln.

- Vorgeschlagene sollten sich mehrere Monate aktiv an der deutschsprachigen Wikipedia beteiligt haben und deutlich mehr als die für die Stimmberechtigung notwendigen 200 Edits im Artikelnamensraum vorweisen können.
- Neue Vorschläge bitte unter der Einleitung einfügen, als „Vorlage" einen der vorangehenden Abschnitte wählen, ggf. aus dem Archiv. Analog bitte den Kandidaten in die Vorlage Beteiligen eintragen.
- Jeder Benutzer kann nur mit einer *Pro*- oder *Contra*-Stimme abstimmen, Konditionalstimmen gelten als Diskussionsbeiträge und werden auf die Diskussionsseite verschoben. Gebt eure Stimme in der entsprechenden Rubrik ab und unterzeichnet mit --~~~~. Kurze Begründungen sind erwünscht, für längere Begründungen (mehr als ein Absatz) benutzt bitte, um die Übersichtlichkeit zu wahren, die Diskussionsseite.
- Abgegebene Stimmen sollen nicht von anderen Benutzern kommentiert werden. Dies kann auf der Diskussionsseite geschehen.
- Damit ein Kandidat zum Administrator ernannt werden kann, sollen innerhalb von zwei Wochen mindestens 15 Benutzer mit *Pro* abgestimmt haben, wobei mindestens 2/3 der insgesamt abgegebenen Stimmen *Pro*-Stimmen sein sollen. Enthaltungen zählen dabei nicht als abgegebene Stimmen.
- Die Bürokraten setzen das Ergebnis der Abstimmung um, haben allerdings einen Auslegungsspielraum bei der Feststellung, ob die Voraussetzungen für den Kandidaten und die Abstimmenden erfüllt sind.

Zum Zeitpunkt der Abfrage konnten nach diesem Kriterium 268 Teilnehmer extrahiert werden. Da einige „Ungereimtheiten" in den Ergebnissen der Datenbankabfrage zu verzeichnen waren, wurden acht Teilnehmer aus der Datenbank eliminiert. In die Auswertung flossen damit 260 Teilnehmer ein.

10.1.2 Vandalenjäger

Vandalenjäger sind wichtig, da es häufig vorkommt, dass einzelne Teilnehmer, aus welchem Grund auch immer, die Artikeltexte vandalisieren. Als Vandalenjäger werden von uns solche Teilnehmer bezeichnet, die eine hohe Anzahl an Reverts durchgeführt hatten. Bei einem Revert handelt es sich um eine Zurücksetzung einer Änderung in einen vorhergehenden Zustand. Das Kriterium war, dass mindestens 50 Reverts im letzten Monat durchgeführt sein mussten, was von 119 Teilnehmern erfüllt wurde.

10.1.3 Artikelschreiber

Als Artikelschreiber wurden solche Teilnehmer definiert, die im letzen Monat mehr als 3000 Byte Text an einem oder mehreren Artikeln verfasst haben. 1739 Teilnehmer erfüllen dieses Kriterium. In die Auswertung eingeflossen sind davon nur diejenigen, die angemeldet (nicht IPs) waren. Dies traf auf 1251 Teilnehmer zu. Mit 46 Artikeln in einem Monat gibt es einen „Spitzenreiter".

10.1.4 Begrüßer

Neue Teilnehmer bei Wikipedia werden häufig von teilnahmegeschichtlich älteren Wikipedia Mitarbeitern begrüßt (siehe Kapitel 7). Als Begrüßer werden solche Teilnehmer bezeichnet, die über eine überdurchschnittliche Anzahl an Erstedits auf Benutzerdiskussionsseiten verfügen. 1118 Teilnehmer haben im letzten Monat andere Benutzer (IPs - und damit Vandalismuswarnungen eingeschlossen) begrüßt. Wir haben davon solche ausgewählt, die im Monat vor der Erhebung mehr als fünf Mal neue Teilnehmer begrüßt hatten. Der „Spitzenreiter" hat 361 Benutzer begrüßt.

10.1.5 Trolle

Als Trolle werden solche Teilnehmer bezeichnet, die durch Provokationen auffallen. In unserem Fall werden diejenigen ausgewählt, die wegen „Trollerei" oder ähnlichem gesperrt waren. Insgesamt gab es 2150 Sperrungen, bei denen in der Begründung „Troll" vorkam. 25 Teilnehmer wurden infinit gesperrt. Wir können allerdings nicht alle wegen Trollerei gesperrten Teilnehmer berücksichtigen, weil bei solchen, die ihren Namen mit vielen Sonderzeichen versehen, eine Zuordnung zu einer Benutzer-ID nur sehr schwierig ist. Es bleiben dennoch 815 Teilnehmer übrig, die unter die Bedingung fallen.

10.1.6 Propagandisten

Diese werden durch das Merkmal „Sperre wegen POV" definiert. POV bedeutet dabei Point of View, was meint, dass diese Teilnehmer eine eigene Agenda verfolgen. Mit eigener Agenda ist gemeint, dass bei einem Thema beispielsweise eine bestimmte persönliche Sicht favorisiert wird. Die Datenbankabfrage ergab 77 Teilnehmer, die deswegen gesperrt waren.

10.1.7 Vandalen

Vandalen sind für uns solche Teilnehmer, die wegen Vandalismus gesperrt wurden. Da die meisten Vandalen Wert auf Anonymität legen, sind nur wenige angemeldet. Das bedeutet, dass von den 2000 Vandalen nur sehr wenige über einen Teilnehmernamen verfügen.

10.1.8 Zusammenfassung der Positionen

Tabelle 10.3:   In die Auswertung einbezogene Positionen

Position	Anzahl	Definition
Admins	260	Als Admin gewählt
Vandalenjäger	108	Mindestens 50 Reverts im letzten Monat
Artikelschreiber	1252	Mindestens 3000 Bytes Text im letzten Monat im Artikelnamensraum
Begrüßer	124	Im letzten Monat mindestens 5 Erstedits im Teilnehmernamensraum
Trolle	815	Sperrung bei der in der Begründung der Wortteil „Troll" vorkam
Propagandisten	77	Sperrung wegen POV
Vandalen	2000	Vandalismussperrung
Gesamt	4636	

Zu den Positionen ist festzuhalten, dass es mehr oder weniger kompatible Positionen gibt. Eine Kombination aus „guten" Positionseigenschaften, wie Admin und Vandalenjäger oder Artikelschreiber und Begrüßer etc. ist ohne weiteres möglich. Allerdings ist es unwahrscheinlich, dass eine Kombination eines positiven Merkmals mit einem „negativen" Merkmal, nämlich Troll, Propagandist oder Vandale zu sein, gleichzeitig vorkommt. Wir haben sieben unterschiedliche Kategorien festgelegt. Das bedeutet, dass, wenn wir die einzelnen Rollen, die sich durch diese Kategorisierung ergeben, mitberücksichtigen, es theoretisch 127 verschiedene Kombinationen unterschiedlicher Positionen in einer Person geben könnte. Tatsächlich treten nur 15 unterschiedliche Kombinationen auf.

Tabelle 10.2: Zusammen auftretende Positionen

Personen mit multiplen Positionen	Häufigkeit	Prozent
Admin + Artikelschreiber	40	27,2
Vandalenjäger + Begrüßer	18	12,2
Admin + Vandalenjäger	16	10,9
Admin, Vandalenjäger + Begrüßer	12	8,2
Admin, Artikelschreiber, Vandalenjäger + Begrüßer	12	8,2
Admin, Artikelschreiber + Vandalenjäger	11	7,5
Artikelschreiber + Begrüßer	9	6,1
Artikelschreiber, Vandalenjäger + Begrüßer	7	4,8
Admin + Begrüßer	5	3,4
Propagandist + Troll	4	2,7
Artikelschreiber + Vandalenjäger	4	2,7
Admin, Artikelschreiber + Begrüßer	4	2,7
Artikelschreiber + Vandale	3	2,0
Artikelschreiber + Propagandist	1	,7
Admin + Troll	1	,7
Gesamt (von 4636 Positionen kommen 3% mehrfach vor)	147	100,0

Von den 4636 in die Untersuchung einbezogenen Teilnehmern haben nur 147 mehrere Positionen gleichzeitig inne. Diese Kombinationen verteilen sich ungleich: Am häufigsten findet sich die Kombination von Admin und Artikelschreiber, manchmal auch in Kombination mit Vandalenjäger und Begrüßer. Die Kombination aus Admin und Artikelschreiber ist wohl deswegen so häufig, weil die Position des Admins meist über eine aktive Beteiligung an der Erstellung von Artikeln erreicht wird. Wenn Teilnehmer aufgrund ihres Verhaltens zu den Admins passen, werden diese in den meisten Fällen von Administratoren irgendwann gefragt, ob sie nicht für diese Position kandidieren möchten.

Tatsächlich kommen „negative" Positionen nur sehr selten in Kombination mit „positiv" bewerteten Positionen vor. Am ehesten findet man noch Vandalen und Propagandisten unter der Rubrik des Artikelschreibers, was mit der Unschärfe unserer Definition zu tun haben mag. Von den negativen Positionen findet man am häufigsten Propagandisten und Trolle zusammen.

Die Definitionen der Positionen sind nicht ganz konsistent. So wurde aus Kapazitätsgründen bei einigen Definitionen (z.B. Artikelschreibern und Vandalenjägern) eine Zeitbegrenzung auf den letzten Monat eingeführt. Andere Definitionen, z.B. von Administratoren, Propagandisten und Trollen umfassen alle Teilnehmer, die jemals aktiv waren. Trotz dieser Inkonsistenzen kann man aufgrund unserer Auswertung sagen, dass man insofern zu Recht von Positionen sprechen kann, als kaum Kombinationen vorkommen. Wie es aussieht, gibt es innerhalb der Wikipedia in stärkerem Maße eine Arbeitsteilung. Zwar ist es möglich, dass die weitgehende Ausschließlichkeit von Positionen in dieser Auswertung ein wenig überzeichnet wird. Wir haben in Teilen die Positionen von „der Spitze" her definiert. So sind alle als Vandalenjäger einbezogen worden, die 50 und mehr Reverts im letzten Monat hatten; alle, die mehr als 3000 Bytes im Artikelnamensraum im letzten Monat beitrugen, gelten als Artikelschreiber, etc. Auf der anderen Seite gehört zur Identitätskonstruktion die Wahrnehmbarkeit durch andere. Generalisten, die in allen Bereichen sich ein wenig beteiligen, fallen insofern kaum auf, bilden kein Profil aus. Das bedeutet, dass wir davon ausgehen, dass tatsächlich nicht alle Funktionen miteinander in einer Verbindung vorkommen. Dies ist insofern erstaunlich, als wir im vorangehenden Kapitel gesehen haben, dass sich Positionen situativ konstituieren, bzw. dort rekonstruiert werden.

11 Die Entstehung einer Führungsposition und deren Erhalt[1]

11.1 Abschottung von Positionen

Unsere Hypothese lautet, und dies wurde in den vorangegangenen Kapiteln bereits untersucht, dass das positionale System das treibende Moment für das Engagement innerhalb der Wikipedia ist. Die Theorie, vor allem in Gestalt des Werkes von H. White gibt uns diesbezüglich einige Grundregeln an die Hand, mit denen man entweder Hypothesen formulieren kann oder einfach eine Richtschnur für Fragen erhält. Die vorangehend ausgeführten Überlegungen besagen nun, dass die Positionen sich gegeneinander abschotten. Sie geraten in Teilen miteinander in Konflikt. Solche Konflikte sind weitestgehend unvermeidlich, denn sie entstehen einerseits aufgrund der unterschiedlichen Aufgaben, also der funktionalen Differenzierung und andererseits aus den positioneninternen Verhaltensregelmäßigkeiten. Zu diesen Regelmäßigkeiten gehört der interne Wettbewerb. Die relative Abschottung und die damit zusammenhängende Erhöhung der internen Kommunikation in Paarung mit dem eigenen Aufgabenbereich und der Zuschreibung von Eigenschaften von außen lässt eigene Weltsichten entstehen, die nicht von allen anderen beteiligten Positionen geteilt werden. Wir haben dies am Beispiel des Konfliktes zwischen Vandalenjägern gesehen. Diese schießen manchmal im Wettbewerb untereinander über das Ziel hinaus. Mitarbeiter, die Anfragen und Beschwerden bearbeiten (OTRS), müssen dann die Fehler, die in von den Vandalenjägern gemacht werden, ausbügeln.

Die beschriebenen Mechanismen, so die Annahme, führen zu einer Abschottung des Führungszirkels von den anderen Teilnehmern, die sich auf verschiedenen Feldern äußert. Robert Michels (1989, zuerst 1911) hat in seiner Analyse des Parteiwesens genau jene Entwicklungen analysiert, die von einer emanzipatorischen Bewegung (bei Michels war es vor allem die Sozialdemokratie) zu einer Oligarchie führen. Diesem Zusammenhang soll in diesem Kapitel nachgegangen werden. Der mit der Etablierung von Wikipedia als einflussreiche und wertvolle Organisation einhergehende Bedeutungsgewinn ist vor allem für den Führungskreis ein von außen wirkender Ansporn für ein hohes Engagement. Gleichzeitig entwickeln dieses Engagement und die von außen herangetragenen Anforderungen ein „Ver-

---

[1] Das Kapitel lehnt sich teilweise an den Beitrag von Christian Stegbauer & Elisabeth Bauer mit dem Titel, „Macht und Autorität im offenen Enzyklopädieprojekt Wikipedia" an. 241-263, erschienen in: Michael Jäckel & Manfred Mai (Hg.), 2008, Medienmacht und Gesellschaft. Frankfurt/ New York: Campus.

mittlungsproblem" nach innen, hin zu den Teilnehmern, die heute den Großteil der Inhalte erstellen.

11.2 *Bedeutung von Wikipedia*

Wikipedia ist bedeutend geworden, denn die Enzyklopädie wird von sehr vielen Nutzern zu Rate gezogen. In Suchmaschinen rangieren Wikipedia-Artikel auf den ersten Plätzen, und sogar Gerichte ziehen Wikipedia-Definitionen zur Urteilsfindung heran (Cohen 2007). Für Schüler, Studenten und viele, die im Netz recherchieren, ist die Enzyklopädie die erste Anlaufstelle – und manchmal auch die einzige.

Häufig wird Medienmacht als Konzentration von Medien, also einem hohen Marktanteil in Verbindung gebracht. Eine solche Machtdefinition trifft auch auf Wikipedia zu. Wikipedia konnte sich bereits 2005 den höchsten Marktanteil bei Online-Nachschlagewerken sichern (Burns 2005) und rangiert damit in den USA unter den 15 am häufigsten aufgerufenen Internet-Sites (Hitwise 2007). Wenn Wikipedia in vielen Fällen die einzige Anlaufstelle ist, könnte man (überspitzt) sagen, dass Wikipedia dort das „Universum" darstellt. Ähnliches verbindet man mit dem Quasi-Monopol von Google mit 87% Marktanteil (Webhits 2007) unter den Suchmaschinen. Auch hier würde man sagen, dass nur, was in Google unter den ersten Rängen gelistet wird, auch Beachtung findet.

Während der Marktanteil und damit der Einfluss von Wikipedia immer stärker wächst und sich somit immer mehr Leute an den Inhalten von Wikipedia orientieren, bleibt eine Verunsicherung gegenüber der Enzyklopädie. Es irritiert viele Beobachter, dass jeder die Inhalte ändern kann. Daher wird immer wieder sowohl über die Qualität gestaunt oder umgekehrt die Wahrhaftigkeit der Inhalte in Zweifel gezogen. Eine Reihe von Skandalen, wie die Spekulationen über eine Beteiligung am Kennedymord, die über drei Monate in der Biographie des amerikanischen Journalisten Seigenthaler standen (Seigenthaler 2005) oder die Manipulation von Politikerbiographien im Wahlkampf (Meusers 2005) zeugt davon, dass dieses Misstrauen nicht unbegründet ist.

Im Zusammenhang mit Medienmacht muss man bei dieser Bedeutung der Enzyklopädie fragen, unter welchen Bedingungen die Inhalte zustande kommen. Anders als klassische Medien besitzt Wikipedia keine zentrale, redaktionelle Kontrollinstanz, jeder Internetnutzer kann die Inhalte jederzeit ändern. Das Konzept klingt wie eine Einladung zur Manipulation und tatsächlich finden sich zahlreiche Versuche von Politikern, Unternehmen und Organisationen verdeckt oder offen Einfluss auf die Inhalte zu nehmen. Diesen Manipulationsversuchen tritt eine große Anzahl an ehrenamtlichen Mitarbeitern entgegen.

Durch die andauernde öffentliche Aufmerksamkeit wird dem Projekt „Wikipedia" vor allem von außen eine einflussreiche Rolle zugewiesen. Diese beruht auf „Einzelentscheidungen"[2] von vielen Nutzern. Mit Macht in einem klassischen soziologischen Sinne hat dies zunächst wenig zu tun. „Macht" nach den klassischen Definitionen ist eher etwas, was sich auf der interpersonalen Ebene abspielt.[3] Man denke etwa an die bekannte Definition von Max Weber, nämlich den eigenen Willen auch gegen Widerstreben durchzusetzen oder beispielsweise die formale Theorie sozialer Macht, die sich an der Analyse von Beziehungsstrukturen orientiert (French 1956).

Wenn überall da, wo Gesellschaft ist, Macht ausgeübt wird und sich Macht auf der interpersonellen Ebene abspielt, sollte es wundern, wenn es solche Prozesse nicht auch um die Artikelproduktion von Wikipedia geben würde. Wenn wir Harrison White folgen, sind soziale Prozesse immer auch mit dem Entstehen einer Hackordnung, also der Aushandlung von Machtstrukturen, verbunden. In der Auseinandersetzung mit den Anderen entsteht so eine soziale Struktur mit Positionen, die sehr starken Einfluss auf das Handeln der Beteiligten hat. In diesem Zusammenhang fragen wir danach, wie die Aushandlungsprozesse um die Artikelinhalte tatsächlich funktionieren. Gibt es Personen (oder Positionen), die ihren Willen gegen andere durchsetzen? Wie werden Grundsatzentscheidungen getroffen, wie Regeln durchgesetzt? Wie ist das Projekt selbst organisiert?

In den Medien wird Wikipedia oft als demokratisches Projekt dargestellt. Innerhalb der Wikipedia wird dies reflektiert. Daher ist die Selbstbeschreibung im Innern der Wikipedia vielfältig und vage: „Die Wikipedia weist Züge von Anarchie, Diktatur, Demokratie, Meritokratie, Oligarchie, Plutokratie und Technokratie auf."[4] Kritiker wie Jaron Lanier porträtieren die Wikipedia als Beispiel eines „digitalen Maoismus" (Lanier 2006), bei dem die Masse (oder der Schwarm) bestimmen würde.

Rund um die Artikel wirken Prozesse, in denen Führungspositionen ausgehandelt und zugewiesen werden, Neuhinzukommende werden in die Gemeinschaft eingebunden, es kommt aber auch zum Ausschluss von Teilnehmern. Wie in anderen Organisationen auch, beruht ein Teil der Macht der ehrenamtlichen Mitarbeiter in Wikipedia auf formalen Zuschreibungen, die als Status, etwa für Administratoren gewährt werden. Die Abstimmungen und Diskussionen hierzu werden öffentlich geführt. Allerdings beteiligt sich nur ein sehr kleiner Teil der Aktiven daran. Ein anderer Teil des Einflusses bildet sich informell durch Auseinandersetzungen

---

[2] Einzelentscheidung im hier gebrauchten Sinn bedeutet natürlich nicht, dass die individuelle Nutzung nicht auch auf sozialen Prozessen beruhen würde.

[3] Überlegungen zur struktureller Gewalt oder struktureller Macht haben allerdings auch ihre Berechtigung, beispielsweise bei dem komplexen (und der Gefahr des Verschwindens ausgesetzten) Machtbegriff bei Michel Foucault, auch wenn dies hier nicht Gegenstand der Betrachtungen ist.

[4] http://de.wikipedia.org/w/index.php?title=Wikipedia:Machtstruktur&oldid=33182352 (15.6.07 12:01)

heraus. Dieses Entstehen von Einfluss ist in Teilen beobachtbar. Es bildet sich Autorität und Prestige heraus. Beides ist zwischen unterschiedlichen Segmenten der Wikipedia partiell übertragbar. Damit steht in Zusammenhang, dass es zwar keinen „Chefredakteur" gibt, die „Macht" in Wikipedia aber auf eine Konzentration bei einer „Kerncommunity" zuläuft, deren Zugang für neue Teilnehmer sehr beschränkt ist.

Man findet häufig informell entstandene und meist unausgesprochene Vereinbarungen über Verantwortlichkeiten rund um Artikel oder inhaltliche Bereiche. Solche Vereinbarungen schließen den Inhalt von Artikeln mit ein. Das bedeutet, dass Aushandlungen darüber, was in Artikeln steht, erfolgt sind. Folge davon ist, dass die „Verhandlungsergebnisse" von den Beteiligten gegenüber Änderungen von Unbeteiligten „geschützt" werden. Obgleich Revisionen möglich sind, besteht dennoch eine Tendenz zu einer Verfestigung der Inhalte im Zeitablauf.

11.3 Macht und Organisation

In diesem Kapitel orientieren wir uns an Robert Michels Überlegungen zur Zwangsläufigkeit der Herausbildung von Oligarchien. Er hat untersucht, wie aus einer relativen Gleichheit, Organisationen entstehen und sich darin zwangsläufig durch die Zwänge, denen eine effiziente Organisation unterliegt, oligarchische Tendenzen herausbilden müssen.

Als Hauptergebnisse seiner Untersuchungen kann festgehalten werden,

> „dass es eine Eigenschaft menschlicher Organisation ist, sich abkapselnde Führungsgruppen hervorzubringen, die man als Oligarchien bezeichnen kann" (Pfetsch 1989: XXIV). „Die Organisation ist die Mutter der Herrschaft der Gewählten über die Wähler (..)" (Michels 1989: 370); „aus einem Mittel zum Zweck (wird ein) Selbstzweck. Das Organ siegt über den Organismus." (Michels 1989: 348)

Wir können dieses Ergebnis von Michels als Ausgangspunkt nehmen, um die Entwicklung der Machtstrukturen in Wikipedia zu beschreiben. Michels Analyse eignet sich deswegen so gut als Grundlage für eine Untersuchung von Wikipedia, weil dort Entwicklungen beschrieben werden, wie sie in der Demokratie nur durch „checks und balances" und durch ein Gegenhalten einer mittleren Führungsschicht im Zaum gehalten werden können (Alemann/ Marschall 2002).

Michels Bedeutung in diesem Zusammenhang ist, dass er die behaupteten Tendenzen zur Oligarchie gerade an solchen politischen Gruppierungen belegt, die einen emanzipatorischen Anspruch, also einen besonderen Anspruch an Mitbestimmung durch die Basis verfolgen. Auf Wikipedia trifft dies in ähnlicher Weise zu: Die „Ideologie" von Wikipedia besagt, dass die Konstruktion des Wissens von

„unten", also der „Basar gegenüber der Kathedrale" (Raymond) überlegen sei. Es soll gerade „kein Herrschaftswissen erzeugt werden", das Wissen soll jedem zur Verfügung gestellt werden. Zudem könne „Jeder" etwas beitragen. Die Erstellung der Enzyklopädie entstehe durch freiwillige Kooperation zwischen Tausenden von „Unten", wobei „freies Wissen" erzeugt werde, welches nicht einem Konzern gehört. Allein dieser Anspruch legt demokratische Kontrolle nahe, denn wenn man das Wissen dem Copyright entreißen möchte, dann wird damit ein egalitäres Ziel verfolgt. Dementsprechend müssten eigentlich der Entstehungsprozess und die Organisation transparent und demokratisch sein.

Wie transparent und demokratisch die Organisation Wikipedia ist, wird zu untersuchen sein. Jedenfalls entwickelt sich die Organisation ohne verfasste Prinzipien. Man könnte sagen, es handelt sich um eine mehr oder weniger „wild" wachsende Organisation, die sich ihre Regeln selbst schafft. Wie gezeigt, bedeutet dies, dass das Prinzip Wikipedia, das Schaffen einer „freien Enzyklopädie", an der sich jeder beteiligen kann, etwas zutiefst demokratisches ist. Demokratische Tendenzen kann man einerseits aufgrund des aufklärerischen Anspruchs und andererseits aufgrund der Aufforderung zur Beteiligung aller unterstellen. Genau dies wird von vielen Teilnehmern zunächst getan, sie unterstellen Wikipedia einen demokratischen Anspruch, werden meist aber dann, wie noch zu zeigen sein wird, schnell enttäuscht, wenn Sie Erfahrungen mit dem Führungspersonal gemacht haben.

Michels Untersuchung ist sehr umfassend. Er analysiert individualpsychologische, organisatorische und massenpsychologische Ursachen für die Entstehung einer Oligarchie. Nicht alles was Michels beschreibt, können wir an dieser Stelle nachzeichnen. Wir beschränken uns daher auf einige ausgewählte Aspekte, die wir mit dem von uns verfolgten positionalen Ansatz konfrontieren.

Die Beispiele, an denen wir die Tendenzen zur Herausbildung einer Oligarchie belegen wollen, orientieren sich vor allem an der Position der Administratoren und an den ebenfalls von Michels analysierten Bereichen: Kooptation, d.h. Selbstrekrutierung der Führungsschicht, dem überproportionalen Engagement der Administratoren, der Stabilität des Führungspersonals, der Unentbehrlichkeit durch Kompetenz, dem Durchsetzen von Forderungen durch Rücktrittsdrohungen und dem übertragenen Beispiel, dass Versammlungsbesucher meist nicht dem Durchschnitt der Mitgliedschaft entsprechen.

11.4 Führungsposition

Was Robert Michels an vielen Beispielen beschreibt, ist nichts anderes als die Herausbildung einer Führungsposition. Eine Führungsposition besitzt nach Michels Analyse die Eigenschaft, dass sie sich von den „normalen" Teilnehmern abkapselt. Während zentrale Diskussionen in Wikipedia früher in erster Linie auf einer allgemeinen Forenseite („Fragen zur Wikipedia") und einer öffentlichen Mailingliste stattfanden, werden mittlerweile einerseits auf der im November 2006 eingerichteten Seite „Wikipedia:Administratoren/Notizen"[5] geführt, auf der zwar auch „normale" Teilnehmer mitdiskutieren dürfen, die sich in der Einleitung jedoch explizit an Administratoren richtet, andererseits auf Mailinglisten, die nur einem begrenzten Kreis von Teilnehmern zugänglich sind. Wie Harrison White (1992) beschrieben hat, findet man einen Wettbewerb innerhalb der Führungsposition, wie wir am Beispiel des Widerherstellens vandalisierter Artikel und der Zahl der Artikelbearbeitungen gesehen haben. Innerhalb der Führungsschicht findet man häufig die Auffassung, dass die Mitsprache aller nur schade, weil es als ungerecht empfunden wird, dass Teilnehmer, die sich nicht in gleichem Maße engagieren, das gleiche Gewicht bei der Mitsprache haben sollten. Ferner findet man oft das Argument, dass insbesondere neue oder wenig aktive Teilnehmer nicht über ausreichend Kompetenz und Erfahrung verfügen.

Wie schon mit dem Bezug auf die „Vandalenjäger" angeklungen, findet man verschiedene Positionen bei Wikipedia. Man kann beispielsweise zwischen formalen und informellen Positionen unterscheiden. Andere Positionen werden nur temporär eingenommen. Bestimmte Positionen kann man als relationale Positionen[6] beschreiben, so hätten Vandalenjäger ohne Vandalen keine Daseinsberechtigung.

Auf organisationaler Ebene können wir zwischen Admins, Artikelschreibern, Trollen und den relationalen Positionen Vandalen und Propagandisten auf der einen Seite und Vandalenjägern auf der anderen Seite unterscheiden. Eine solche Unterscheidung trifft auch auf Neulinge und Begrüßer bzw. Mentoren zu. Dabei kommt es vor, dass einige Teilnehmer mehrere Positionen innehaben, so sind die Vandalenjäger mit den meisten Wiederherstellungen gleichzeitig Administratoren und häufig sind gute Artikelschreiber ebenfalls Administratoren.

In unserem Projekt haben wir auch untersucht, welche Positionen sich auf der Artikelebene herausbilden bzw. dort in Erscheinung treten. Die meisten dort vorhandenen Positionen bilden sich in Auseinandersetzungen, soziologisch „Aushandlungen" heraus oder sie scheinen dort auf, obgleich sie aus dem Organisationsbereich stammen. Hier findet man beispielsweise Artikelkoordinatoren, Admins, Periphere und Trolle.

Damit haben wir ein grobes Analyseraster geschaffen, an dem man sich, freilich an manchen Stellen vereinfachend, orientieren kann. Als Führungsposition greifen wir uns die formal definierte Position Administratoren[7] heraus.

---

[5] http://de.wikipedia.org/wiki/Wikipedia:Administratoren/Notizen (zuletzt aufgerufen 25.10.07 17:20)
[6] Siehe hierzu Nadel (1957)
[7] Wer Administrator ist und wer nicht, lässt sich aufgrund der existierenden Wahllisten leicht herausfinden. Dass es sich aber um eine (auch informell akzeptierte) Position handelt, sieht man daran, dass damit immer wieder Zuschreibungen verbunden werden. Oft kommt es auch vor, dass Teilnehmer wie

Genauer wird die Aufgabe dieser Position auf der Wikipediaseite: „Wikipedia:Administratoren"[8] beschrieben. Dort heißt es:

„Administratoren sind keine Vertreter oder Angestellte des Diensteanbieters, der Wikimedia Foundation. Sie haben keine Sonderstellung gegenüber anderen Benutzern, insbesondere zählt ihre Stimme nicht mehr und weniger als die anderer Benutzer. Es handelt sich um normale Benutzer, bei denen man davon ausgeht, dass sie mit den eingeräumten Rechten (Löschen von Artikeln und IP-Sperren) keinen Unfug anstellen und sie nicht zur Durchsetzung eigener Interessen verwenden. Für Nicht-Administratoren sind diese Funktionen nicht zugänglich, um Vandalismus zu unterbinden."

Nach der aktuellen Lesart bedeutet dies, dass sich Administratoren, abgesehen von den „Knöpfen" – damit ist die Berechtigung zum Artikellöschen und IP-Sperren gemeint – nicht von anderen Teilnehmern unterscheiden sollten. Wir wollen zeigen, dass dies empirisch nicht stimmt Administratoren werden von Nichtadministratoren als Angehörige der Führungsposition angesehen und umgekehrt sehen sich Admins ebenfalls gegenüber „normalen" Teilnehmern als herausgehoben an.

11.4.1 Kooptation

Schauen wir uns zunächst einmal an, was Michels zur Rekrutierung des Führungspersonals aus den eigenen Reihen sagt:

„Gleichzeitig mit ihrer Absonderung von der Masse tritt unter den Führern die Neigung zutage, etwa entstehende Lücken in ihrem Kreis nicht durch Volkswahl, sondern aus sich selbst heraus, auf dem Wege der Kooptation auszufüllen bzw. erforderlichenfalls den Kreis selbst zu erweitern." (Michels 1989 (1911): 159)

Im Gegensatz zur Anfangsphase in Wikipedia im Jahre 2001 als Administratoren in informeller Diskussion auf der Mailingliste des Projekts bestimmt wurden, findet sich heute ein formelles Wahlverfahren. Warum kann man dennoch von Kooptation sprechen?

Wir haben Mitte Juni 2007 einmal gezählt, wie die numerischen Verhältnisse hinsichtlich der Artikelbearbeitungen zwischen eingetragenen Teilnehmern, Wahlberechtigten und Administratoren aussehen. Am 15.06.2007 hatten sich etwa

---

Administratoren handeln, es aber nicht sind. Beobachter sind dann möglicherweise erstaunt darüber, dass der „offizielle" Status bei diesen Teilnehmern noch gar nicht vorhanden ist. Ausrufe wie „wie, er ist noch kein Admin?" bei Adminwahlen sind keine Seltenheit (http://de.wikipedia.org/w/index.php?title=Wikipedia:Adminkandidaturen&oldid=10890463#Pro_D 19.10.07 14:43).

[8] http://de.wikipedia.org/wiki/Wikipedia:Administratoren (17.10.07, 10:49)

412.000 Teilnehmer bei Wikipedia angemeldet. Wahlberechtigt waren aber maximal 6924 Teilnehmer. Die Wahlberechtigung ist nämlich an Bedingungen gebunden, die es zu Anfang der Wikipedia noch nicht gab und die im Laufe der Zeit eine Verschärfung erfuhren.[9] Als Bedingung sehen die Richtlinien vor, dass die Teilnehmer mindestens über 200 Artikelbearbeitungen verfügen müssen und schon zwei Monate aktiv sein müssen. An Administratorenwahlen teilgenommen haben aber insgesamt nur 1005 Teilnehmer. Zum Zeitpunkt der Auszählung gab es 274 Admins. Setzt man die Zahl der eingetragenen Teilnehmer auf 100%, dann sind nur 1,7% wahlberechtigt, an Wahlen beteiligten sich 0,24% und 0,07% der Teilnehmer sind Administratoren.

Tabelle 11.1:   Edits auf Adminwahlseiten nach Status (Nichtstimmberechtigte bei Auszählung gestrichen)

Attribut	Mittelwert	N
Nichtangemeldete	1,6	319
Nichtadmins	15,3	1695
Admins	88,9	238
Insgesamt	24,3	1933

In Tabelle 11.1 wird die durchschnittliche Anzahl an Editierungen nach den verglichenen Gruppen auf den Wahlseiten abgetragen. Dies kann als Indikator für die Wahlbeteiligung gewertet werden. Demnach beteiligten sich Administratoren im Mittel 89-mal an einer Wahl, Nichtadmins hingegen nur 15-mal. Obgleich sich etwa acht Mal so viele Nichtadmins an der Wahl beteiligten, ist die Anzahl der gesamten Edits aus dem Bereich der Administratoren nur unwesentlich kleiner als die der Nichtadmins. Diese rein quantitative Berechnung zeigt schon welchen großen Einfluss die Administratoren auf die Rekrutierung von Teilnehmern für ihre eigene Position ausüben.

Im Frühjahr 2007 wurde eine neue Organisationseinheit in der deutschen Wikipedia geschaffen, das „Wikipedia-Schiedsgericht". Die Kandidaten dazu wurden fast alle von anderen Wikipedianern vorgeschlagen.

---

[9] http://de.wikipedia.org/wiki/Wikipedia:Stimmberechtigung (19.10.07 14:33)

Tabelle 11.2:   Vorschläge für die Kandidatur zum Wikipedia Schiedsgericht

Zitat zur Kooptation	Vorschlagender
„Hallo Jörg, wie ich so sehe, hast du schon seit März viele Artikel zu Wege gebracht. Das Projekt Oberberg finde ich auch gut. Wärest du damit einverstanden, dass ich dich mal als Admin in Wikipedia: Adminkandidaturen vorschlage?“	Ein Teilnehmer mit etwa 40.000 Edits in der deutschen Wikipedia 17:29, 25. Okt 2004
An Administrator: *„Hallo. Aktuell läuft die Nominierung der Kandidaten zum Schiedsgericht. Ich sähe dich sehr gern im dortigen Schiedsgremium. Mit anderen Worten: wärst du bereit zu kandidieren?“*	Ein Administrator mit fast 60.000 Edits 10:50, 29. Apr. 2007
An Administrator: *„Könntest Du Dir Vorstellen, für das Schiedsgericht zu kandidieren? Ich würde Dich gerne für diesen sicherlich ebenso verantwortungsvollen wie undankbaren Posten vorschlagen.“*	Ein Administrator mit über 20.000 Edits in der dt. Wikipedia 22:13, 29. Apr. 2007
An Administrator: *„Fritz, ich weiss Du hast viele Baustellen, aber ich vertraue Dir und Deiner Fähigkeit in Krisensituationen immer ein objektives Auge zu bewahren und neutral und stimmungsfrei zu denken und zu handeln, würdest Du kandidieren wollen?“*	Eine langjährige Teilnehmerin mit über 18.000 Edits 18:08, 2. Mai 2007

Hierbei handelt es sich um Beispiele und keine systematische oder zufällige Auswahl, wie die Kooptation vonstatten geht. Genaueres dazu kann man erfahren, wenn man betrachtet, wer gewählt wurde. Es wurden zu einem sehr großen Anteil Administratoren ins Schiedsgericht gewählt, wie in 11.2 gezeigt.

Tabelle 11.3:   Wahl ins Schiedsgericht nach Status und Vorschlagendem
(Darstellung der ersten 10 und der letzten 10 Kandidaten)

Rang	Zustimmung (%)	Kandidat Admin?	Vorschlag von Admin?
1.	93	Nein (nach Wahl zum Admin erklärt)	Ja
2.	78	Ja	Ja
3.	86	Ja	Ja
4.	85	Ja	Ja
5.	88	Nein (nach Wahl zum Admin erklärt)	Ja
6.	78	Ja	Ja
7.	83	Ja	Ja
8.	76	Ja	Nein
9.	76	Nein (nach Wahl zum Admin erklärt)	Ja
10.	78	Ja	Ja
…	…	…	…
33.	53	Nein	Nein
34.	51	Nein	Nein
35.	49	Ja	Ja
36.	48	Ja	Ja
37.	46	Nein	Ja
38.	38	Nein	Nein
39.	41	Nein	Nein
40.	28	Nein	Nein (selbst)
41.	41	Nein	Nein
42.	22	Nein	Nein

An der Tabelle kann man ablesen, dass die Nominierung durch einen Administrator nahezu Voraussetzung für einen Wahlerfolg ist. Im Falle der Kandidaturen zum Schiedsgericht war es ferner von Vorteil, selbst Administrator zu sein. Ein Wikipedia-Teilnehmer hat eine Wahlanalyse vorgenommen, die noch besser Aufschluss darüber gibt, wie sehr die Führungsschicht die Aufnahme neuer Mitglieder selbst reguliert.

Tabelle 11.4:   Wahlanalyse der Schiedsgerichtswahlen

Wähler		Kandidaten	
		Admins	Nicht-Admins
Admins	Pro	74%	46 %
	Contra	20 %	43%
	Neutral	6%	11 %
Nicht-Admins	Pro	65%	58 %
	Contra	30 %	33 %
	Neutral	6 %	9%

925 Teilnehmer haben sich an der Wahl beteiligt. Wahlberechtigt und aktiv sind z.Zt. (14.06.2007) lediglich 5089 Teilnehmer.
http://de.wikipedia.org/wiki/Wikipedia_Diskussion:Schiedsgericht/Wahl/
Mai_2007#Administratoren_vs._Nicht-Administratoren, 14.06.2007

Es zeigt sich, dass Administratoren zu einem weit höheren Anteil für Admins stimmen als für Nichtadministratoren. Bei denjenigen, die nicht den Administratorenstatus innehaben, findet sich dagegen eine höhere Zustimmung auch für Nichtadmins.

11.4.2 Engagement von Admins: Führung ist kein Zuckerschlecken

Michels äußert sich zum einen zum Führungsbedürfnis der Masse:

> „Die Mehrzahl ist froh, wenn sich Männer finden, welche bereit sind, die Geschäfte für sie zu besorgen" (Michels 1989 (1911): 50)

Zum anderen beschreibt er, dass die Masse es eigentlich gerne sieht, dass andere die Aufgaben erledigen:

> „Das Bedürfnis der Masse nach Führung und ihre Unfähigkeit, die Initiative anders als von außen und oben her zu empfangen, bürden dem Führer aber auch gewaltige Lasten auf. Die Leiter (..) führen kein Drohnenleben. Ihre Stellen sind keine Sinekuren. Sie müssen sich ihre Herrschaft hart erkaufen. Ihr ganzes Leben steht im Zeichen des Fleißes." (Michels 1989 (1911): 53)

Der besondere Fleiß lässt sich leicht nachvollziehen. Wenn wir die Position der Administratoren anschauen, so finden wir, dass diese im Mittel mehr als 16.000 Bearbeitungen in der Wikipedia vorgenommen haben. „Normale" Teilnehmer kommen, wie wir an einer Zufallsstichprobe von 15.000 angemeldeten Teilnehmern ermittelt haben, auf einen Durchschnitt von 114 Bearbeitungen. Allerdings flossen bei dieser Berechnung nur diejenigen ein (6.658 von 15.000), die überhaupt aktiv wurden. Administratoren bearbeiten nicht nur Artikel, sie sind auch stärker in den administrativen Bereichen der Wikipedia aktiv. Dort werden strategische Entscheidungen wie solche zur Organisationsentwicklung getroffen.

Die größere Anstrengung, der sich die Administratoren unterwerfen, zeigt sich auch darin, dass diese, wie noch zu sehen sein wird, häufiger an Treffen teilnehmen. Ferner müssen diese auch unangenehme Aufgaben erfüllen, etwa was die Löschung von Inhalten angeht oder das Verhängen von Sperrungen etc., womit sie sich häufig dem Zorn anderer Teilnehmer aussetzen. Mit diesen Aktionen machen sie sich nicht überall beliebt. Von den meisten Wikipediateilnehmern wird die außergewöhnliche Anstrengung der Administratoren anerkannt.

11.4.3 Stabilität des Führungspersonals

„Eines der Momente, die dem Studierenden der Demokratie im Parteiwesen am meisten auffallen müssen, sobald er ihre Geschichte betrachtet, ist die Stabilität des demokratischen Parteien leitenden Personenkreises." (Michels 1989 (1911): 88)
„So dehnen sich die aus der indirekten Wahl hervorgehenden höheren Parteiinstanzen, ihrer Natur nach demokratische Behörden, immer mehr bis auf Lebenszeit aus." (Michels 1989 (1911): 95)

Das, was Michels für das Parteiensystem feststellt, findet sich in ähnlicher Weise auch in der Wikipedia. Allerdings ist eines bemerkenswert. Es findet sich ein enormes Wachstum der gesamten Organisation. Das bedeutet, dass im Zuge der Ausweitung immer neues Führungspersonal hinzukommt. Ansonsten finden wir ebenfalls eine hohe Stabilität.

In der deutschen Wikipedia ist die Amtszeit von Admins grundsätzlich nicht begrenzt. Einmal gewählt ist für alle Zeit gewählt. Lediglich durch eine Abwahl ist es möglich, einen Administrator seines Amtes zu entheben.

Hierzu ein Zitat, das in drei Teilen kommentiert wiedergegeben wird:

„Amtszeit" von Administratoren
Auch auf die Gefahr hin, dass ich die Antwort auf meine Frage bei der Suche bisher übersehen habe: Ist die „Amtszeit" eines Admins eigentlich begrenzt? Sprich: Müssen sich Admins regelmäßig zur Wiederwahl stellen? Und wenn nein (was ich vermute): warum eigentlich nicht? Keine Sorge: habe keine Probleme mit einem Admin und bin einfach neugierig." (ein neuer Teilnehmer) 15:10, 12. Jun. 2007 (CEST)

Wie eingangs erwähnt, liegt es nahe, bei Wikipedia, welches sich auf der ideologischen Seite einem emanzipativen Gedanken verpflichtet fühlt, daran zu denken, dass es sich um ein demokratisches Projekt handelt. Die sehr häufig bei neuen Teilnehmern anzutreffende Demokratieerwartung wird jedoch regelmäßig enttäuscht.

> Fortsetzung Zitat:
> „Du hast richtig gelesen, sie ist nicht begrenzt. Idealerweise deswegen, weil Admins, die regelmäßig Mist bauen, sowieso irgendwann ihres Amts enthoben werden. Ob das funktioniert oder nicht, steht auf einem anderen Blatt. ;)" – (anderer Teilnehmer) 15:12, 12. Jun. 2007 (CEST)
> „Und ich dachte, hier herrscht Demokratie... ;-) Fröhlich bleiben!" (der neue Teilnehmer) 15:22, 12. Jun. 2007 (CEST)
> „Wenn man sowas sagt, sollte man besser gleich in Deckung gehen... Aber das lernst du noch. :)" – (der andere Teilnehmer) 15:24, 12. Jun. 2007 (CEST)
> „angedacht wurde es mehrfach, aber bei der aktuellen Zahl an Admins und Neukandidaten wären es ca. 400 Adminwahlen im Jahr (bei jährlicher Wiederwahl), da rechtfertigt m.E. der Aufwand das Ergebnis nicht. Eine Abwahl des Admins wenn der akut Mist baut, schont die Ressourcen:o)" (weiterer Teilnehmer) 16:54, 12. Jun. 2007 (CEST)[10]

Hier wird behauptet, dass eine Wahl aufgrund des damit verbundenen hohen Aufwandes nicht möglich sei. In der niederländischen Wikipedia hingegen muss der Administratorenstatus einmal jährlich bestätigt werden.[11] Dem Teilnehmer, der hinter Wikipedia ein demokratisch legitimiertes Projekt vermutet, wird hingegen geraten, mit dieser Ansicht gleich in Deckung zu gehen. Ähnliche Diskussionen findet man an zahlreichen Stellen in der Wikipedia, verteilt über einen langen Zeitraum.[12] Die Argumente, mit denen der Demokratievermutung begegnet wird, bleiben dabei gleich. Zahlreiche Teilnehmer sind der Ansicht, dass man über Wissen nicht abstimmen könnte und Wikipedia deswegen keine Demokratie sein könne. Tatsächlich sind Abstimmungen über inhaltliche Kontroversen in Artikeln in Wikipedia verpönt.[13] Häufig hingegen übernehmen, wie wir in unserem Projekt gezeigt haben, besonders engagierte Teilnehmer die Position eines „Artikelkoordi-

---

[10] Zitate entnommen aus http://de.wikipedia.org/w/index.php?title=Wikipedia:Fragen_zur_Wikipedia &oldid=33099924 (18.10.2007, 9:28 Uhr)

[11] http://nl.wikipedia.org/wiki/Wikipedia:Regelingen_rond_moderatoren (19.10.07 16:06)

[12] Vgl. etwa folgende Begleitdiskussion zu einem Meinungsbild im Mai 2006: http://de.wikipedia.org/w/index.php?title=Wikipedia_Diskussion:Meinungsbilder/Unbegrenzte_Benut zersperrung_durch_Admin&oldid=18386656 oder http://de.wikipedia.org/w/index.php?title=Wikipedia:Administratoren/Probleme/Probleme_mit_Elia n_und_Sansculotte&oldid=26092756 aus dem Jahr 2004

[13] Ein seltener Fall einer Abstimmung betraf die Frage, welcher Fußballverein im Artikel „Allianz Arena« zuerst genannt werden sollte http://de.wikipedia.org/w/index.php?title=Diskussion:Allianz_Arena&oldid=37760735#Abstimmung (26.10.07 12:03)

nators". In dieser Position entscheiden sie oft de facto alleine, was in den Artikel aufgenommen wird und welche Beiträge verworfen werden. Das führt nicht immer zu optimalen Ergebnissen. Die Positionsstruktur mit einem Artikelkoordinator führt u.U. auch dazu, dass Änderungen mit besseren Inhalten wieder gelöscht werden. Eine Folge davon kann sein, dass neue Autoren abgeschreckt werden und sich eine einseitige Interpretation des Koordinators durchsetzt.

Auch wenn man dem Argument folgt, dass über Wissen nicht demokratisch bestimmt werden könne, so bedeutet dies noch lange nicht, dass man ebenfalls nicht über organisatorische Dinge abstimmen kann. Das heißt, dass man die Behauptung, Wikipedia sei wegen der regelmäßigen Ungleichverteilung des Wissens nicht demokratisch, als Schutzbehauptung der Etablierten gegenüber dem Aufbegehren von neuen oder in dieser Position noch nicht angekommenen Teilnehmern werten kann. Ein solches Verhalten entspricht durchaus den Überlegungen, die Harrison White anstellte. Man kann dies als ein Versuch interpretieren, „control" zu erlangen. Mit Whites Begriff, der unzureichend mit „Kontrolle" übersetzt werden kann, sind alle Anstrengungen gemeint, die unternommen werden, damit man in seiner Stellung einigermaßen gesichert bleibt. Dies entspricht berechenbaren Beziehungen.

11.4.4 Die Unentbehrlichkeit der Führer als Machtmittel

„Kompetenz ist Herrschaft, da sie in einem Wertzuwachs besteht, der aus dem in ihr enthaltenen Seltenheitswert erhellt" (Michels 1989 (1911): 82).
„Die von den Führern im letzten Grunde stets erkannte Inkompetenz der Massen wird dazu benutzt, die tatsächliche Herrschaft der Führer auch theoretisch zu rechtfertigen" (Michels 1989 (1911): 85).

In ganz ähnlicher Weise, wie es Michels für das Parteiwesen analysierte, wird auch bei Wikipedia argumentiert:

„Leider befürchte ich, dass dein Vorschlag nicht greift. Da viele den Kopf einer Seite gar nicht lesen, sondern direkt zum Meinungsbild weiterscrollen (Das dies so ist, merke ich ständig an meiner Diskussionsseite, wo neue Benutzer den Kopf der Seite ignorieren). Was da haften bleibt ist der Titel der Seite. Da steht Abstimmung, dann stimme ich hier halt über etwas (Verbindliches) ab, ohne diese Hinweise zu lesen" – ein Administrator 19:32, 29. Jul 2004 (CEST)[14].

---

[14]   http://de.wikipedia.org/wiki/Wikipedia_Diskussion:Meinungsbilder/Meinungsbild_oder_Abstim mung (14.06.2007)

Man kann eine ganze Reihe von Beispielen finden, in denen die Kompetenz der „normalen" Teilnehmer bezweifelt wird und dem gegenüber das „abgewogene" Urteil eines Angehörigen der Führungsposition gestellt wird.

Zwar kann jeder Teilnehmer – auch nicht angemeldete – Artikel wegen mangelnder Relevanz oder Qualitätsmängeln zum Löschen vorschlagen und sich in solchen Löschdebatten mit Argumenten zu Wort melden, die Entscheidung, ob ein solcher Artikel gelöscht oder bestehen bleibt, trifft jedoch einer der Administratoren.[15] Es heißt, dass über die Löschung nicht etwa abgestimmt würde, vielmehr soll nach den Löschregeln der Wikipedia der Administrator eine Ermessensentscheidung auf Basis der angeführten Argumente treffen. Diese Entscheidung wird öfters auch gegen das Votum der an der Debatte teilnehmenden Personen getroffen.

Häufig wird noch ein weiteres Argument gegen Abstimmungen ins Feld geführt. Dabei geht es darum, dass man solche einfachen Voten nicht ohne weiteres zählen könne, da diese leicht manipulierbar seien.[16] Dadurch, dass man sich auf einfache Weise mehrfach anmelden kann, ist es möglich, sog. „Sockenpuppen" zu erzeugen. Eine Sockenpuppe steht für einen Zweitaccount eines Teilnehmers. Mit ihrer Hilfe kann man den demokratischen Grundsatz „one man, one vote" aushebeln und mehrmals an der gleichen Abstimmung teilnehmen. Besteht der Verdacht, dass jemand auf diese Weise manipulierend eingreift, dann wird „Sockenpuppenalarm" gegeben.

Zwar ist das Argument der Mehrfachanmeldungen nicht völlig von der Hand zu weisen, hinsichtlich der Möglichkeit, aufgrund dieses Arguments die eigene Stellung im Sinne von Whites „Control" zu sichern, scheint es aber gerade recht zu kommen.

11.4.5 Machtausübung durch Rücktrittsdrohung

> „Die Einreichung der Demission (oder deren Androhung, C.S.) ist, soweit sie nicht ein Ausdruck der Entmutigung oder des Unwillens ist (..), in den meisten Fällen ein Mittel sich an der Herrschaft zu halten, sie zu sichern und zu befestigen." (Michels 1989 (1911): 43)

Der von Michels beschriebene Fall des Versuchs, die eigene Stellung durch Rücktritt oder Rücktrittsdrohung zu festigen, ist in Wikipedia häufig anzutreffen. Dies soll wiederum an Beispielen aufgezeigt werden.

Der erste Fall betrifft einen Konflikt um das Erscheinungsbild der Hauptseite. In einer Abstimmung, intern „Meinungsbild" genannt, wurde sich für ein neues

---

[15] http://de.wikipedia.org/wiki/Wikipedia:L%C3%B6schregeln (19.10.07 16:52)
[16] http://de.wikipedia.org/wiki/Wikipedia_Diskussion:Umfragen/Wikipedia:Sockenpuppen (30.10.07, 12:59)

Layout entschieden. Als einige Wochen später ein Administrator ein abgewähltes Element – die Links auf andere Sprachversionen – wieder einfügt, fasst ein Teilnehmer dies als Verletzung des Abstimmungsergebnisses und Missachtung des Wählerwillens auf. In der Diskussion prallen zwei Sichten auf Wikipedia aufeinander: Der Teilnehmer, der von einem Admin unterstützt wird, fordert die Geltung von Mehrheitsentscheiden ein, der Administrator beruft sich hingegen auf den Grundsatz „Ignoriere alle Regeln". Dieser von Wikipedia-Mitbegründer Larry Sanger aufgestellte Grundsatz ist nicht wörtlich zu verstehen, wie auf der entsprechenden Seite gleich zu Beginn klar gestellt wird, sondern dient dazu, Einstiegshürden, die durch das umfangreiche Regelwerk der Wikipedia entstehen können, abzubauen.[17]

Abbildung 11.1:   Banner auf der Teilnehmerseite eines Administrators

Version vom 23:54, 14. Mai 2004

Nehmt nicht an Abstimmungen teil - ignoriert alle Regeln!

BETEILIGEN

Der Administrator und ein weiterer, der sich auf seine Seite stellt, benutzen den Grundsatz dagegen als Legitimation, sich nicht an die Ergebnisse von Abstimmungen halten zu müssen. Für den Fall, dass er seine Position nicht durchsetzen kann, droht er mit seinem Rückzug:

> „Du kannst das gerne aufaddieren, aber das ist eigentlich nicht der Punkt, worauf es ankommt: Soll die Wikipedia wirklich in bürokratischen Formalismen erstarren? Sorry, dann hast du mich hier das letzte Mal gesehen. Ich überlasse dann lieber Teilnehmer1 das Feld." --[[Administrator]] 01:03, 15. Mai 2004 (CEST)[18]

Hier soll noch ein weiteres Beispiel zitiert werden, bei dem ein zum Rücktritt entschlossener zum Bleiben aufgefordert wird. Obgleich sich im folgenden Zitat Entmutigung ablesen lässt, findet sich in der Aufforderung zum Verbleib eine Aner-

---

[17] So wird dort erklärt: „Ignoriere alle Regeln" heißt nicht „brich alle Regeln". Es bedeutet schlicht: Du musst nicht alle Regeln in Wikipedia auswendig gelernt haben, um hier mitzuarbeiten. Die Regeln sollten im Idealfall so beschaffen sein, dass du als konstruktiver Mitarbeiter nicht mit ihnen in Konflikt kommst." http://de.wikipedia.org/w/index.php?title=Wikipedia:Ignoriere_alle_Regeln&oldid=3775817 4 (26.10.07 14:52)

[18] http://de.wikipedia.org/w/wiki.phtml?title=Benutzer_Diskussion:AlexR&diff=1292291&oldid=129 2274 (26.10.07 15:10)

kennung, die man als Verbesserung der Stellung interpretieren könnte. Allerdings eignet sich ein solches Vorgehen nicht zu einer inflationären Anwendung. Die Rücktrittsdrohung nutzt sich ab und es gibt eine Reihe von Fällen in der Wikipedia, die immer wieder nach einer kurzen Zeit von selbst wieder kommen, dann allerdings nicht in gestärkter Stellung.

> „Kleine Bitte an „Steward":
> Könntest Du mich bitte ent-adminen. Es macht keinen Spaß mehr, danke." (Administrator X) 12:27, 6. Jul 2006 (CEST)
> „Eine Bitte von mir: Könntest Du warten, bis er sich das gut überlegt und ich/wir mit ihm reden?" – (Anderer Teilnehmer) 12:33, 6. Jul 2006 (CEST)
> „Gib ihm doch mal die Chance. Er möchte doch auch mal was mehr inhaltliches im Artikelnamensraum machen und nicht immer nur Bausteine reinsetzen." (Teilnehmer mit IP) 13:00, 6. Jul 2006 (CEST)[19]

Eine Rücktrittsdrohung macht die ansonsten nur vermutbare Unentbehrlichkeit für einen Augenblick explizit (hier ein Beispiel von der Teilnehmerseite eines Administrators):

> 02.06.2006: „kommt mich mal auf Wikisource besuchen. Hier mache ich den Laden dicht."[20]
> 08.06.2006 Teilnehmer mit einer IP-Adresse: „nein bitte nicht, so darf es nicht enden"[21]
> „08.06.2006 anderer Teilnehmer: „Revert – lass ihn das selbst entscheiden, ich für mein Teil bin optimistisch :-)"[22]

Dann kommt die Entwarnung:
> „08.06.2006: „ok, war wohl etwas voreilig, sorry leute [sic!]"[23]

---

[19] http://de.wikipedia.org/wiki/Wikipedia_Diskussion:Adminkandidaturen/ArchivII (14.06.2007)
[20] http://de.wikipedia.org/w/index.php?title=Benutzer:Michail&diff=prev&oldid=17373692 (20.04. 2008) Anmerkung: Inhalte der Benutzerseite komplett gelöscht.
[21] http://de.wikipedia.org/w/index.php?title=Benutzer:Michail&diff=next&oldid=17373692 (20.04. 2008)
Anmerkung: Inhalte der Benutzerseite wiederhergestellt.
[22] http://de.wikipedia.org/w/index.php?title=Benutzer:Michail&diff=next&oldid=17604561 (20.04. 2008)
Anmerkung: Inhalte der Benutzerseite wieder gelöscht.
[23] http://de.wikipedia.org/w/index.php?title=Benutzer:Michail&diff=next&oldid=17604633 (20.04. 2008) Anmerkung: die Inhalte der Benutzerseite wiederhergestellt.

> „Dazu kommt noch eins: die regelmäßigen Versammlungsbesucher sind, insbesondere an kleinen Orten, häufig nicht Proletarier, die, von der Arbeit erschöpft, die sich abends früh zur Ruhe legen, sondern allerhand Zwischenexistenzen, Kleinbürger, Zeitungs- und Postkartenverkäufer, Kommis, junge, noch stellungslose Intellektuelle, die Freude daran finden, sich als authentisches Proletariat apostrophieren und als Klasse der Zukunft feiern zu lassen." Michels (1989 (1911): 49)

Zwar kann man Stammtische in Wikipedia nicht gleich in Eins setzen mit Parteiversammlungen. Aber auch in Parteien gibt es informelle Treffen, Stammtische etc., bei denen informell Informationen ausgetauscht werden und, was wesentlich wichtiger ist, Beziehungen geknüpft werden. Um Aufschluss über die Teilnahme an Treffen zu erhalten, haben wir alle in Wikipedia dokumentierten Treffen bis Oktober 2006 auf ihre Teilnehmer hin durchgesehen.

Die Teilnahme an Treffen lässt sich kurz folgendermaßen charakterisieren: An Treffen haben bis zu diesem Zeitpunkt 750 Personen teilgenommen. Setzt man diese Zahl ins Verhältnis zu den 400.000 angemeldeten Teilnehmern, so kommt man auf gerade einmal 0,2% Versammlungsteilnehmer. Von den 274 Administratoren hat etwa die Hälfte (129) schon einmal an einem Treffen teilgenommen. Man kann auch zeigen, dass Admins sehr häufig an mehreren Treffen teilgenommen haben. So sind mehr als die Hälfte von denjenigen (60), die auf 10 und mehr Treffen waren, Administratoren (33). Diese Zahlen verschleiern aber die Bedeutung der Administratoren noch immer, denn die Stammtische werden meist regional organisiert. Das bedeutet, dass beispielsweise in München, Frankfurt, Berlin oder in einer (wechselnden) Stadt im Ruhrgebiet regelmäßig Treffen stattfinden. Dort können interessierte Teilnehmer bei einigermaßen stetigem Besuch durchaus auf zehn Kneipentreffen mit Wikipedianern kommen.

Ein großer Teil der Versammlungsbesucher sind Admins. Oft findet man auch Administratoren, die nicht nur an einem Ort Versammlungen besuchen, sondern die sich durch die Teilnahme an überregionalen Treffen, etwa Messebeteiligungen oder durch den Besuch von Stammtischen anderer Regionen, auszeichnen. Folgt man dem Argument von Ronald Burt (1992), so handelt es sich bei diesem Verhalten um die Überbrückung von Wissenslücken, dadurch, dass relativ lose Verbindungen zu zahlreichen miteinander unverbundenen, aber in intensivem internen Austausch stehenden Gruppen gepflegt werden. Das bedeutet, dass überregionale Versammlungsbesuche zu einem Ansammeln von sozialem Kapital führen. Eine solche Akkumulation dieser Kapitalart kann wiederum als ein Anzeichen für eine besonders herausgehobene Position gedeutet werden.

Wenn wir Wikipedia betrachten, dann finden wir ein faszinierendes gesellschaftliches Experiment vor, bei dem etwas zu gelingen scheint, was in vielen anderen Bereichen erstrebenswert ist. Zahlreiche Personen beteiligen sich freiwillig an der Erstellung der größten Wissenssammlung weltweit. Sie tun dies ohne Bezahlung. Nicht nur der Umfang ist beeindruckend. Obgleich an einzelnen Stellen immer wieder Kritik geäußert wird, ist auch die Qualität der Inhalte vielfach keineswegs schlechter als in traditionellen Enzyklopädien.

Mit dem Erfolg hängt ein starkes Wachstum zusammen, welches ähnliche Probleme mit sich bringt, wie dies in schnell wachsenden Unternehmen auch der Fall ist: Die Organisation ist auf die schnelle Ausweitung nicht ausgelegt. Was in einem Unternehmen einfacher zu bewerkstelligen ist, nämlich Entscheidungen über die eigene Organisationsstruktur zu treffen, ist bei Wikipedia relativ schwierig, da es kaum über eine legitimierte Führungsschicht verfügt. Die Teilnehmer, die sich schon über eine längere Zeit engagieren, sind es gewohnt, dass über Detailfragen manchmal endlos und oft auch ohne konkretes Ergebnis gestritten wird.

Dabei findet dennoch eine Organisationsentwicklung statt, nämlich ein Aufbau von Organisationseinheiten. Wie Michels festgestellte, erreichen die seit einer längeren Zeit Engagierten dabei ein Kompetenzniveau, über welches erst kürzlich Hinzugetretene naturgemäß nicht verfügen können. Die Führungsschicht hat in den Auseinandersetzungen gelernt, wie man „fruchtlose" Diskussionen vermeidet. Die der Führungsposition angehörenden Teilnehmer sind aus Kapazitätsgründen, schließlich sind sie ausschließlich voluntaristisch engagiert, nicht in der Lage, sich noch mehr mit organisatorischen Fragen aufzuhalten.

Eine stärkere Einbeziehung demokratischer Elemente erscheint in dieser Situation der ständigen Herausforderung kaum möglich. Schließlich muss man das Wachstum mit den einhergehenden Begleiterscheinungen wie beispielsweise, ansteigender Vandalismus, eine Zunahme an Presseanfragen und immer mehr Leute, die mitarbeiten wollen, in den Griff bekommen und zusätzlich dem emanzipatorischen Anspruch noch gerecht werden.

Um die Aufgaben zu erledigen, sind wenigstens in einigen Bereichen „klare" Beziehungen notwendig. Man braucht eine verlässliche Grundlage, auf der man agiert. Diese entsteht durch Gewohnheit, aber auch dadurch, dass einmal etablierte Konventionen angewendet werden, ohne dass eine Hinterfragung stattfindet.

Die Auseinandersetzungen finden zudem auf mehreren Ebenen statt. Auf der einen Seite handelt es sich um die vielen, die nicht in einer Führungsposition in Wikipedia sind, geäußerte Kritik u.a. an den Umgangsweisen der Administratoren. Gemessen an den Werten, auf denen sich Wikipedia gründet, finden sich im Alltag häufig Übertretungen, gerade auch von Administratoren. Wir sollten das nicht erwarten, denn eigentlich lehrt uns die Soziologiegeschichte (Whyte 1943) das

Gegenteil. In der Street Corner Society fiel der Bandenführer gerade dadurch auf, dass er hinsichtlich der dort eingeführten Normen (etwa die, dass man sich gegenseitig helfen sollte, beispielsweise durch Geldleihen) zu einer Übererfüllung neigte. Im Gegensatz zur Street Corner Society, bei der die Positionen informell verteilt waren, sind bei Wikipedia die Administratoren aufgrund ihrer formellen Position ohne Wiederwahl verhältnismäßig geschützt. Anders als bei Whyte handelt es sich nicht um einen „Bandenführer", sondern um eine Führungsposition, die von mehreren strukturell äquivalenten Personen ausgefüllt wird. Das bedeutet, dass man sich in seinen Ansichten gegenüber den Anderen leichter stützen kann. Ein weiterer bedeutender Unterschied sind die bereits erwähnten Herausforderungen aufgrund des starken Wachstums.

Dies betrifft aber nur die eine Seite, die innere Seite. Durch ständige Beobachtung von Wikipedia in den Massenmedien entsteht zusätzlicher Druck dahingehend, dass Wikipedia als Produkt mit vergleichbaren Enzyklopädien konkurrieren muss. Obgleich Journalisten wohl zu den Hauptnutzern gehören, wird aus dieser Richtung die stärkste Kritik geäußert.

All diese Einflüsse führen dazu, dass es für Administratoren hunderttausend wichtigere Dinge in der Führungsposition zu tun gibt, als sich um die demokratischere Aufstellung des Projekts zu kümmern. Im Gegenteil, all diejenigen, die demokratische Elemente einfordern, werden als Störenfriede empfunden. Ein Befassen mit diesen Personen lenkt aus Sicht der zur Führungsposition gehörenden, von den wichtigen Tätigkeiten ab und führt am Ende noch zu Ergebnissen, die möglicherweise nicht im Sinne der Führer sind.

All die beschriebenen Mechanismen führen, wie Michels dies am Beispiel von Parteien analysierte, auch bei Wikipedia zu einer relativen Abkapselung der Führungsschicht von den „normalen" Wikipedianern.

Michels beschreibt diese Entwicklung als eine unausweichliche Tatsache. Dieser Analyse schließen wir uns der Tendenz nach an. Eine Bewegung weg von der Herrschaft einer Oligarchie hin zu einem breiteren Fundament wäre vor allem dann möglich, wenn die Macht formell kontrolliert werden könnte und institutionelle Regeln für deren Begrenzung eingeführt würden.

Allerdings scheint im Moment der Widerspruch zwischen dem emanzipatorischen Ziel des Projekts und der organisationalen Wirklichkeit durch die interne Machtverteilung in Wikipedia weiter anzusteigen.

12 Position und Gruppengröße

Artikelbearbeitungen, so die Idee von Wikipedia, finden kollaborativ statt. Das bedeutet, dass sich mehrere Teilnehmer an der Bearbeitung eines Artikels beteiligen. Auch nach unserer Hypothese und den bisher durchgeführten Untersuchungen ging es immer darum, dass durch die Zusammenarbeit und dadurch, welchen Teil der Zusammenarbeit man übernimmt, eine Positionierung vorgenommen wird. Im Folgenden geht es nun um die Bedingungen der Zusammenarbeit an einzelnen Artikeln.

Eine weitere Fragestellung, die hier untersucht werden soll, ist die nach der Bedeutung der Gruppengröße. In der Literatur zur Erstellung öffentlicher Güter wird die Bedeutung der Gruppengröße für den Erfolg kollaborativer Arbeiten immer wieder betont. Obgleich Wikipedia ein riesiges Projekt mit der Beteiligung tausender Teilnehmer darstellt, arbeiten in den verschiedenen Bereichen doch immer nur relativ wenige an einem Artikel.

Folgt man der Literatur, sollte es ein Optimum an Teilnehmern geben, die einen einzelnen Artikel bearbeiten. Diese Größe dürfte den Umfang einer Kleingruppe nicht überschreiten. Diese Annahme ist einfach zu treffen, weil die Kleingruppengröße gleichzeitig eine Kapazitätsgrenze dafür darstellt, dass jeder mit jedem gleichermaßen in Kontakt treten kann (Homans 1960). Während die ökonomistisch-individualistischen Theoretiker zu der Erstellung kollektiver Güter die Überschaubarkeit des eigenen Gewinns für eine wahrscheinlichere Beteiligung in kleineren Gruppen anführen, sind es bei uns Beschränkungsargumente, die eine bessere Zusammenarbeit in kleineren Gruppen begründen. Solche Beschränkungsargumente werden beispielsweise von Luhmann (1975) für einfache Sozialsysteme bzw. Interaktionssysteme oder von Rauch (1983) für Großgruppen formuliert.

Man kann vermuten, dass es bei Artikeln, an denen viele Teilnehmer mitarbeiten, häufiger zu Konflikten kommt als bei solchen, an denen nicht mehr als eine durch die Kleingruppengröße (8-12) beschränkte Teilnehmerzahl mitdiskutiert. Im Nachvollzug von Diskussionen soll a) der Zusammenhang von Gruppengröße und Ergebniseffizienz untersucht werden und b) die Ausdifferenzierung von Kern und Randgruppe exemplarisch aufgezeigt werden.

Während, wie bereits erwähnt, von digitalem Maoismus (Larnier 2006) gesprochen wird, weil kollaborativ angeblich nur ein schlechteres Ergebnis herauskommen könne oder in manchen Fällen ein extremes Ergebnis, findet sich in den Tiefen der Wikipedia ein eindrucksvoller Kontrast: In der Anleitung zum Schreiben von guten Artikeln wird nicht über das Verfassen von Artikeln in Gruppen gesprochen. Hier werden praktisch nur individuelle Autoren angesprochen.

Auch die Idee des Schreibwettbewerbs und die des Artikelduells richten sich praktisch nur an individuelle Autoren.

Tabelle 12.1: Auszug aus den Spielregeln für das von dem Aktivisten Achim Raschka initiierte Artikelduell[1].

Die Duell-Grundregeln

Ein Autorenduell besteht immer im spielerischen Wettstreit zweier Autoren. Beide Autoren bekommen von einem unabhängigen Dritten zu einem bestimmten Zeitpunkt ein Oberthema gestellt und haben nun die Aufgabe, möglichst schnell einen lesenswerten Artikel zu dem Thema zu schreiben. Im Regelfall wird vorgegeben, dass der Artikel neu angelegt oder aufbauend auf einen bereits vorhandenen Artikels mit einem maximalen Umfang von 3.000 Zeichen geschrieben werden muss. Das Duell endet, wenn einer der beiden Kontrahenten seinen Artikel erfolgreich in die Lesenswerten Artikel einreihen kann. Auf dem Weg dorthin sind alle in der Wikipedia üblichen Werkzeuge erlaubt, insbesondere das Review, das Auftragsreview sowie die Einbindung weitere Mitautoren - zumindest solang der Kontrahent Hauptautor mit einem Mindestanteil von etwa 70% der Textmasse des Artikels bleibt. Bei jedem Duell kann auch vorher ein Duellpreis oder ein maximaler -zeitraum vereinbart werden.

Duell de Luxe

Beim Duell de Luxe gelten im wesentlichen die gleichen Regeln wie beim Duell, nur geht es darum, das die Konkurrenten mit einem bereits als lesenswert ausgezeichneten Artikel starten und diesen in die Exzellenten Artikel schreiben müssen. (Vorschlag Southpark)

Rangliste

Die Rangliste soll nun eine dauerhaftere Variante des Duells schaffen. Hier wird eine Rangliste von allen Teilnehmern auf der Basis ihrer Duell-Ergebnisse der letzten sechs Monate geführt. Der Einstieg in die Rangliste ist jederzeit möglich und steht jedem Hauptautor von mindestens einem lesenswerten oder exzellenten Artikel offen. Der Einstieg in die Rangliste erfolgt erst nach Abschluss des ersten Duells.

Jeder Teilnehmer eines Ranglistenplatzes kann nun jeden über ihm oder an gleicher Position stehenden Teilnehmer zu einem Duell nach den Grundregeln auffordern. Nach unten darf nur gefordert werden, wenn

- der Herausforderer die Rangliste anführt oder

- alle über dem Herausforderer positionierten Teilnehmer entweder Schonfrist geniessen (siehe unten, Zusatzregel 1) oder sich aktuell in einem Duell befinden.

In diesen Fällen darf der Herausforderer einen der drei unter ihm stehenden freien Teilnehmer fordern.

Ist der Herausgeforderte bereit, sich dem Duell zu stellen, startet ein Duell nach den Grundregeln. Lehnt ein Herausgeforderter ein Duell ausserhalb der Schonfrist ab, erhält er einen Punktabzug von 2 Punkten, ein gefordertes Duell de Luxe kann folgenlos abgelehnt werden.

---

[1] Text ist wie die anderen Zitate nicht korrigiert.

Nach Abschluss des Duells werden für die Artikel Punkte wie folgt vergeben:

- Sieg: 3 Punkte

- Remis: 2 Punkte

- Niederlage bei Abgabe eines lesenswerten Artikels (spätestens 7 Tage nach Lw.-Kürung des Kontrahenten): 1 Punkt

- Niederlage ohne Abgabe eines lesenswerten Artikels: 0 Punkte

Die Aktualisierung der Tabelle ist dem Punktwart vorbehalten.

http://de.wikipedia.org/wiki/Benutzer:Achim_Raschka/Spielkiste   (20.02.2008,   16:18 Uhr)

Es besteht immer die Möglichkeit, einen Artikel ins Review zu stellen. Damit ist gemeint, dass man sich von anderen Wikipedianern eine Hilfestellung für die Bearbeitung eines Artikels erwartet.

Tabelle 12.2:   Das Review ist der Punkt, an dem explizit die Zusammenarbeit mit Anderen in Wikipedia gesucht wird.

Wikipedia:Review

Das Wikipedia-Review dient der Verbesserung von Artikeln, in die die Autoren bereits erhebliche Arbeit und Mühe gesteckt haben. Sie sollen hier eingestellt werden, um weitere Meinungen über Fehler und Unvollständigkeiten einzuholen und die Artikel einer größeren Gruppe von Lesern vorzustellen. Das Review kann nur dann sinnvoll arbeiten, wenn der Artikel entweder von einem der beteiligten Autoren direkt oder zumindest in Absprache mit ihnen hier eingestellt wird, und die Autoren auch bereit sind, die Anregungen aus dem Review aufzugreifen und den Artikel zu verbessern.

Artikel sollten erst eingestellt werden, wenn die beteiligten Autoren sich nicht mehr in der Lage sehen, alleine den Text zu verbessern. Nach einem erfolgreichen Review-Prozess kann der Artikel je nach seiner Qualität für die lesenswerten oder die exzellenten Artikel kandidieren. Artikel werden aus dem Review entfernt, wenn sie entweder für die lesenswerten oder exzellenten Artikel kandidieren, wenn offensichtlich nicht mehr an ihnen gearbeitet wird (ungefähre Richtlinie: 14 Tage seit dem letzten Diskussionsbeitrag) oder wenn sie nicht die oben genannten Bedingungen erfüllen. Spätestens nach ca. sechs bis acht Wochen sollte der Review-Prozess zum Abschluss gebracht werden. Die entfernten Reviews werden auf den Diskussionsseiten der entsprechenden Artikel archiviert.

Der Review-Prozess basiert auf Gegenseitigkeit: Wenn du Artikel hier einstellst, nimm dir im Gegenzug auch die Zeit und hilf anderen mit sachlicher Kritik.

http://de.wikipedia.org/wiki/Wikipedia:Review (20.02.08, 16:21 Uhr)

In unseren speziell untersuchten 30 Artikeln, erfolgt mehr Zusammenarbeit als in anderen Artikeln, weil diese aus einer Stichprobe gezogen wurden, in denen schon weit mehr Diskussionsbeiträge zu finden waren, als im Durchschnitt der Artikel. Zur Erinnerung: Von 4400 zufällig gezogenen Artikeln finden sich nur 62 (1,41%) mit 20 und mehr Edits auf den Diskussionsseiten. Hieraus wurden zufällig 30 Artikel gezogen. Obgleich die Zusammenarbeit direkt bei der Bearbeitung der Artikel stattfindet, gehen wir davon aus, dass sich die Gemeinschaftlichkeit in der „sozialen Konstruktion" von Inhalten bei Wikipedia vor allem im Artikeldiskussionsbereich manifestiert.

Wenn die Anleitung für das Schreiben von Artikeln stimmt, dann handelt es sich zumindest zu Beginn keineswegs um eine wie auch immer geartete „Weisheit der Massen" (Surowiecki 2004) oder einen Schwarmgeist (Larnier 2006).

In unserem zugegebenermaßen kleinen Datenausschnitt können wir das bestätigen. Wir finden in der untersuchten Stichprobe von 30 Artikeln einen Artikel, der zum Zeitpunkt der Analyse exzellent war, ein weiterer wurde kurz nach Ende unserer Untersuchung als exzellenter Artikel anerkannt und zwei weitere Artikel galten als lesenswert.

Tabelle 12.3:   Was heißt lesenswerter, bzw. exzellenter Artikel

---

Wikipedia:Lesenswerte Artikel

Die folgenden Artikel sind ausführlich, informativ und aus diesem Grund mit 🅛gekennzeichnet. Zwar erfüllen sie die strengen Kriterien für einen exzellenten Artikel (noch) nicht, aber es sind hervorragende Beispiele für unser aller Anspruch. Wenn du über einen besonders gut geschriebenen Artikel stolperst, trage ihn bitte in die Liste der Kandidaten für lesenswerte Artikel ein, um damit den Autoren ein kleines Lob zukommen zu lassen. Bist du jedoch der Meinung, dass dieser Artikel bereits herausragend, wenn nicht gar exzellent ist, dann nominiere ihn bitte für die Kandidaten für exzellente Artikel. Derzeit befinden sich 2.350 Artikel (Statistik) in dieser Liste. Bist Du der Ansicht, dass einer dieser Artikel dem Prädikat „Lesenswerter Artikel" nicht mehr gerecht wird, so nominiere ihn bitte auf der Kandidatenseite für lesenswerte Artikel für eine Abwahl. Autoren, die vor einer Nominierung noch Feedback benötigen, können ihre Artikel ins Wikipedia:Review stellen.
http://de.wikipedia.org/wiki/Wikipedia:Lesenswerte_Artikel (20.02.2008, 16.06 Uhr)

Wikipedia: Exzellente Artikel

Die folgenden Artikel finden viele Wikipedianer *sehr lesenswert*. Es ist nur eine Auswahl, da wir unter den Tausenden von Einträgen in der Wikipedia nicht alle bemerkenswerten hier erwähnen können. Wenn du über einen besonders guten Artikel stolperst, trag ihn bei den Kandidaten für exzellente Artikel ein, um seinen Autoren ein *Gute Arbeit, danke!* zukommen zu lassen. Derzeit enthält die Liste *1.271* Artikel (Statistik). Exzellente Illustrationen und Fotos besitzt die Wikipedia übrigens auch: Exzellente Bilder. Auf der Hauptseite wird jeden Tag ein Artikel vorgestellt, eine Übersicht über die früheren Artikel des Tages und die aktuellen Vorschläge findet sich hier. Eine weitere Artikelauswahl findet sich unter den *lesenswerten Artikeln*. Ein paar Hinweise, wie du einen guten oder gar exzellenten Artikel

Inwieweit sich verschiedene Teilnehmer gleichmäßig an der Diskussion und an den Artikelbearbeitungen beteiligt haben, kann man mit einem Ungleichheitskoeffizienten wie dem Gini-Koeffizienten messen. Wir haben für alle 30 Artikel Maße für die Ungleichverteilung der Diskussionsbeiträge und der Artikelbearbeitungen berechnet.

Obgleich fast alle Artikel eine ungleiche Verteilung bei den Diskussionsbeiträgen und den Artikelbearbeitungen aufweisen, stehen die vier Artikel mit herausgehobener Qualität für eine noch stärkere Ungleichheit in dieser Beziehung. Sie weisen bis auf einen eine weit überdurchschnittliche Konzentration auf wenige Autoren auf (siehe Tabelle 12.4). Je näher der Koeffizient an 1 ist, umso ungleicher sind die Beiträge verteilt. Dies spricht dafür, dass nur eine Person oder nur wenige für einen Artikel verantwortlich sind, wenn, wie hier festzustellen ist, die Diskussionsbeiträge sich etwas ausgeglichener verteilen als die Artikelbearbeitungen. Meist werden hier Vorschläge unterbreitet, aber nicht unbedingt von jedem der Teilnehmer selbst umgesetzt.

Tabelle 12.4: Konzentrationsmaße für die Erstellung von Artikeln

Exzellent	Gini-Koeffizient für Diskussion	Anzahl Teilnehmer an der Diskussion	Gini-Koeffizient für Artikel	Anzahl Teilnehmer an den Artikelbearbeitungen
Badminton	0,62	36	0,90	85
Massaker von Srebrenica (1 Monat nach Beendigung der Untersuchung)	0,66	42	0,96	40
Lesenswert				
Georg Elser	0,33	18	0,69	63
Zurna	0,55	7	0,90	24
Durchschnitt 30 Artikel	0,43	24	0,74	42

Die Ungleichverteilung in der Diskussion und den Artikelbearbeitungen lässt sich graphisch mit Hilfe der Lorenz-Kurve darstellen. Bei einer annähernden Gleichverteilung der Zahl der Beiträge wäre die Lorenzkurve in der Nähe der Diagonalen angeordnet. Die Diskrepanz zwischen einer gleichverteilten kollaborativen Arbeit und dem empirisch zu verzeichnenden Ergebnis ist evident. Auf der Ebene der einzelnen Artikel wird weit weniger zusammengearbeitet, als oft behauptet wird.

Tabelle 12.5: Lorenz-Kurven zur Visualisierung der Ungleichheit im Diskussions- und Artikelbearbeitungsbereich

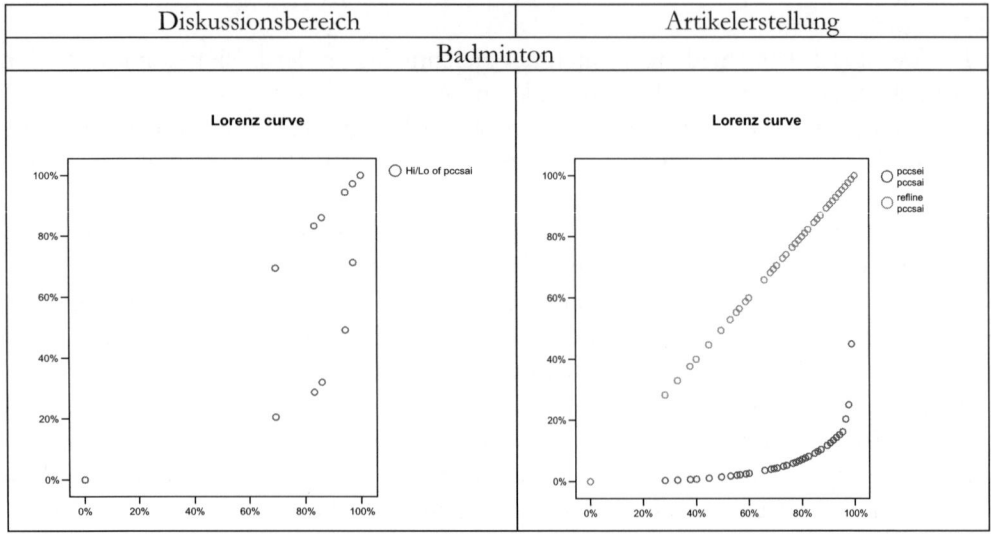

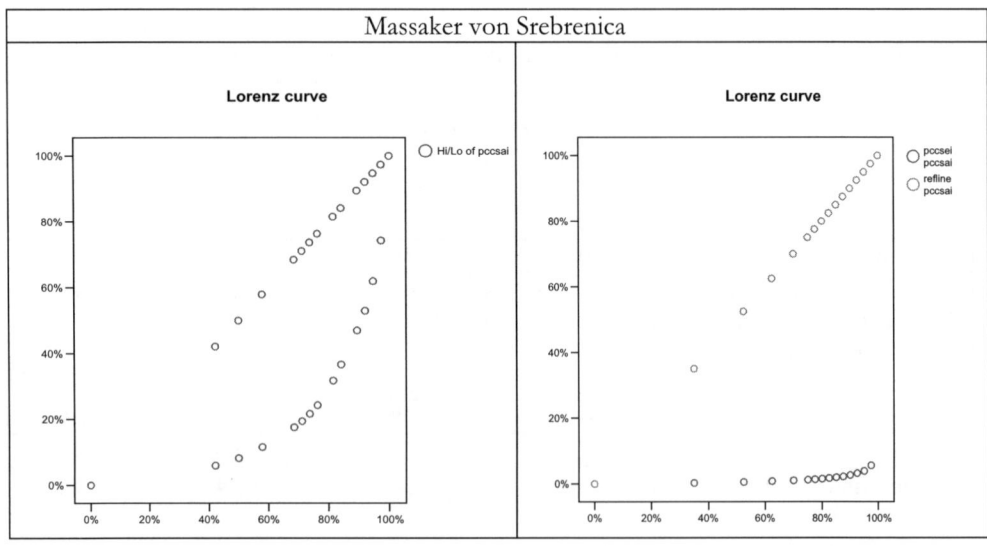

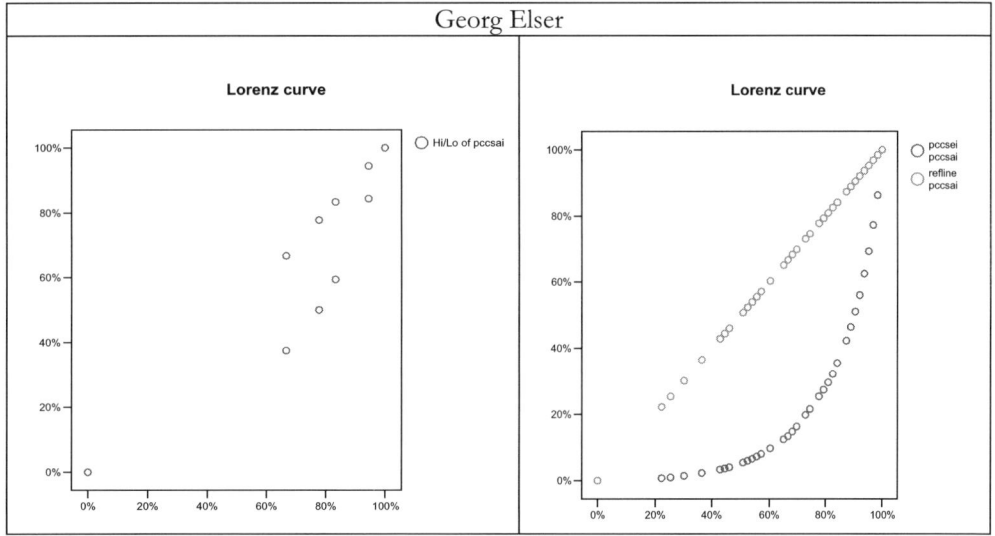

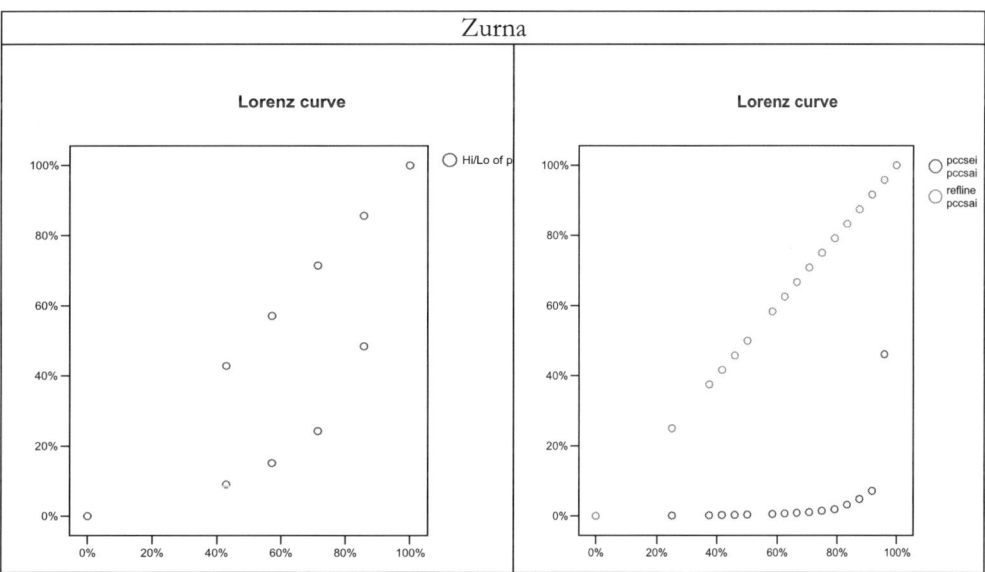

Wir haben dargelegt, dass es, wendet man die Literatur zur Kleingruppenforschung an, für gemeinschaftliche Artikelbearbeitungen so etwas wie eine optimale Anzahl an Teilnehmern geben müsste. Mit unseren Daten können wir das für die betrachteten Bereiche innerhalb der Wikipedia nicht bestätigen. Die Teilnehmerzahl bei den Diskussionen zu den Artikeln (30 Artikel) schwankt zwischen 5 und 83, ohne dass sich eine Beziehung zur Qualität der Artikel feststellen ließe. Hinzu kommt, dass die Diskussionen sich über einen längeren Zeitraum hinziehen und die Diskussionsteilnehmer nicht zu jedem Zeitpunkt dieselben sind.

Wir können dies an den Graphen der Diskussion zu den Artikeln nachweisen. Wir haben dort die Teilnehmer in vier oder fünf verschiedene Gruppen je nach Eintritt in die Diskussion eingeteilt.

Es zeigt sich, dass immer relativ wenige Personen in einem Zeitabschnitt an der Diskussion beteiligt sind. Da die Bezüge in der Diskussion codiert wurden, können wir darüber Auskunft geben, dass auch hier immer nur wenige Teilnehmer in Diskussionsstränge direkt involviert sind.

Der Artikel „Satanismus" mit den zweitmeisten Diskussionsbeiträgen aus der 30-Artikel-Auswahl hatte 71 Diskutanten. Genauer gesagt handelt es sich um 71 Teilnehmernamen oder unterschiedliche IP-Nummern. D.h. man kann gar nicht genau sagen, ob sich hinter unterschiedlichen IPs nicht die gleichen Personen verbergen. Genauso wenig wissen wir darüber Bescheid, ob nicht ein und dieselbe Person unterschiedliche Teilnehmernamen benutzt.

Um die Struktur der Diskussion aufzuklären, wählen wir eine graphische Darstellung mit den von uns vercodeten Bezügen innerhalb der Diskussion.

In Abbildung 12.1 lassen sich drei verschiedene Positionen ablesen. Zum einen handelt es sich um die Peripherie, die zwar einen Beitrag schrieb, auf den aber in der weiteren Diskussion niemand einging. Diese Knoten befinden sich in einer Reihe am linken oberen Bildrand. Es bleiben zwei weitere Positionen übrig. Die quadratisch dargestellten Akteure zeichnen sich dadurch aus, dass sie mit den hier als Hauptakteuren gekennzeichneten Teilnehmern im Zentrum nur in einer indirekten Verbindung stehen. Für die meisten dieser Teilnehmer ist dies insofern kein Wunder, da von diesen die Diskussion begonnen wurde, aber nicht weitergeführt wurde.

Abbildung 12.1: Graphische Darstellung der Diskussion des Artikels Satanismus. Form nach Position (CONCOR 3-Blocklösung), Größe der Knoten nach Indegree, Dicke der Kanten Anzahl Verbindungen.

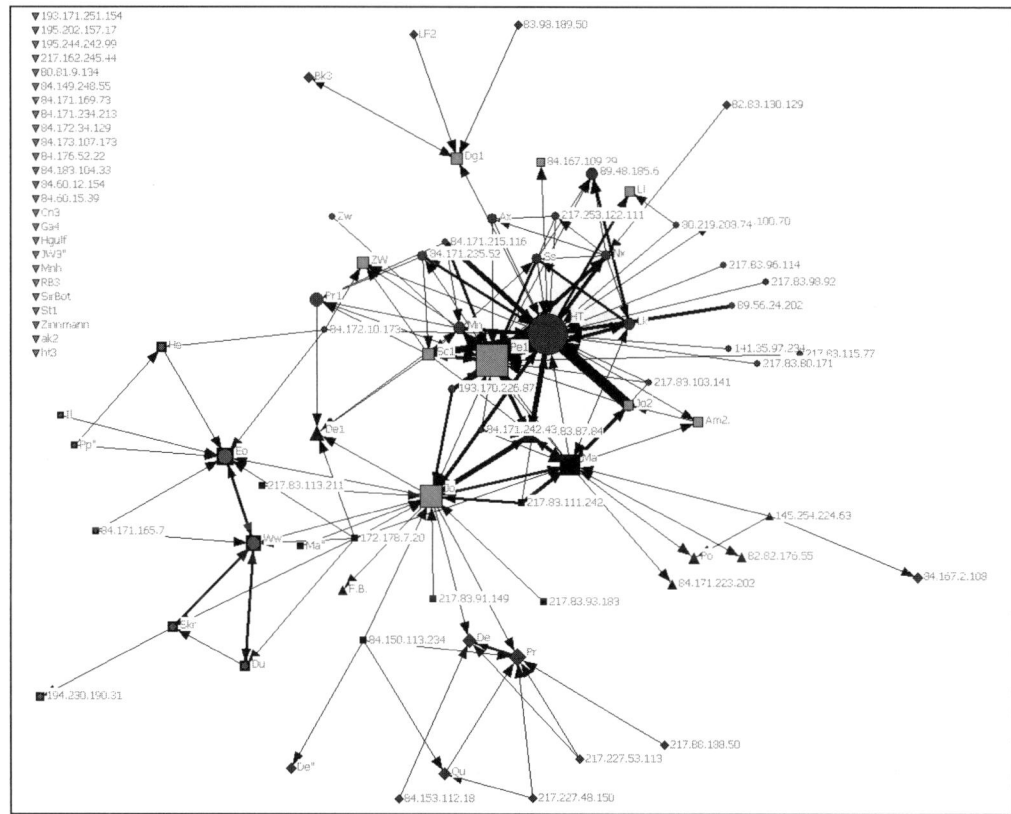

Ein zentrales Merkmal von Gruppen ist nach Homans (1960), dass sie gegenseitig in Verbindung treten können. Als eine Gruppe wird man selten Personen bezeich nen, die nur ein einziges Mal miteinander in Kontakt kamen. Wenn wir also in diesem Falle von einer Gruppe (oder gruppenähnlichen Beziehungen) sprechen wollen, dann müssen wir ein Kriterium einführen, mit dessen Hilfe es möglich ist, eine Gruppe zu identifizieren. Als Kriterium führen wir an dieser Stelle ein, dass die Beteiligten mindestens drei Mal aufeinander eingegangen sein müssen.

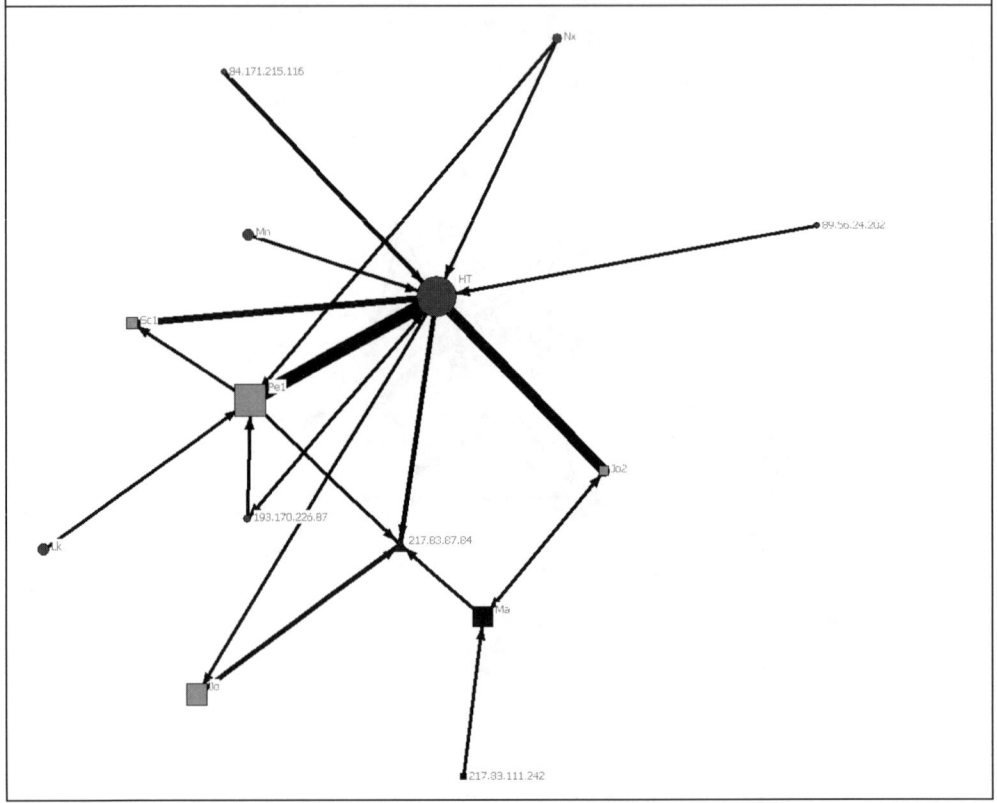

Abbildung 12.1: Graphische Darstellung der Diskussion des Artikels Satanismus. Einfärbung und Form nach CONCOR 3-Blocklösung, Größe der Knoten nach Indegree, Dicke der Kanten Anzahl Verbindungen – es werden nur Kanten dargestellt, die >2 sind.

Die Abbildung zeigt im Prinzip die gleiche Grafik wie die vorangehende Abbildung. Einzig wurden alle Knoten und Kanten gelöscht, die < 3 sind. Das bedeutet, dass wenn wir hier von einer Gruppe, die um den Diskussionsbereich des Artikels „Satanismus" entstand, sprechen wollen, dann gehören ihr genau 11 Personen an. Obgleich sich insgesamt 71 Personen an der Diskussion um den Artikel Satanismus beteiligt haben, bleiben aber höchstens 11 übrig, wenn wir ein Kriterium von mindestens 3 Kontakten in der Diskussion als Kriterium anlegen. Damit wird die Kleingruppengröße hier nicht überstiegen.

Interessant ist, dass kaum einer der Hauptdiskutanten zu Hauptautoren des Artikels gehört. 16 Teilnehmer haben mehr als 1% des zum Untersuchungszeitpunkt aktuellen Artikels geschrieben. Teilnehmer Pe1, der den zweithöchsten Indegree besitzt, steuerte etwa ein Drittel der Worte zum aktuellen Artikel bei. Von

HT, demjenigen mit dem höchsten Indegree, sind aber nur 18 Worte bzw. 1,1% des Artikels.

Die Artikeldiskussionen in unserem Sample, an denen sich die meisten Personen beteiligten, sind die Auseinandersetzungen um den Artikel „Stanley Williams" mit 83 Personen und den Artikel „Kurt Cobain" mit 63 Teilnehmern. Beide Diskussionen sind dadurch geprägt, dass sehr viele isolierte Teilnehmer vorhanden sind. Im Diskussionsbereich des Artikels „Kurt Cobain" sind nur zwei Paare vorhanden, die in drei und mehr Kommunikationssequenzen miteinander in Kontakt stehen. Genau so ist es mit den Gruppenbeziehungen um den Artikel „Stanley Williams". Hier ist die Diskussion sehr stark durch einen zentralen Akteur beherrscht. Allerdings bleiben nur noch zwei Paare übrig, wenn man als Kriterium anlegt, dass drei und mehr Kommunikationssequenzen aufeinander Bezug nehmen sollen. Selbst in Diskussionen, die sehr intensiv geführt wurden, findet man nur noch Strukturfragmente, wenn man das Kriterium anlegt, dass die Teilnehmer mindestens drei Mal aufeinander Bezug genommen haben, so etwa bei der Diskussion zum „Massaker von Srebrenica", an der wir 42 Teilnehmer registrieren. Man findet hier im letzten Zeitabschnitt eine zentralisierte Beziehung zum Artikelkoordinator. In einem davor liegenden Zeitabschnitt, in dem die Auseinandersetzungen stattfanden, finden sich intensive Beziehungen zwischen dem Hauptgegner und drei Widersachern. Ansonsten ist lediglich noch eine Paarbeziehung vorhanden. Das bedeutet, dass hier niemals mehr als 4 Personen in eine intensive Diskussion involviert waren.

Am exzellenten Artikel „Badminton" waren 5 Personen mit mehr als 2 Interaktionssequenzen beteiligt, bei den lesenswerten Artikeln „Georg Elser" und dem Artikel „Zurna" sind es jeweils ein Paar.

Die folgende Tabelle gibt einen Überblick über die verbleibenden Gruppengrößen, wenn als Kriterium 3 und mehr Interaktionssequenzen als Mindestkontaktdichte angelegt werden. Tatsächlich bleiben bei den meisten Artikeln nur noch wenige Beziehungen übrig, bei manchen gar keine mehr. Problematisch ist es angesichts dieser Beziehungskonstellationen von „Gruppen" zu sprechen.

Tabelle 12.6:   Gruppengrößen bei Artikeldiskussionen mit 3 und mehr Interaktionssequenzen (je dicker die Kante, um so mehr Diskussionssequenzen)

Artikel	Übrig bleibende Struktur	Artikel	Übrig bleibende Struktur
Anaclitismus	Keine Beziehung erreicht das Kriterium	Aromaten	
Badminton		Bijektivität	Keine Beziehung erreicht das Kriterium
Braunschweigs Viewegs Gartenhaus		Chinesische Raumfahrt	
Digital Multimedia Broadcasting	Keine Beziehung erreicht das Kriterium	Feuerwehrfahrzeuge in Deutschland	Keine Beziehung erreicht das Kriterium
Flipflop	Keine Beziehung erreicht das Kriterium	Georg Elser	
Josef Ackermann (Banker)		Karl Fürst zu Schwarzenberg	
Komplementärwährung		Korrelationskoeffizient	Keine Beziehung erreicht das Kriterium
Kurt Cobain		Lenkberechtigung	

Massaker von Srebrenica		Matthias Platzeck	
Maut	Keine Beziehung erreicht das Kriterium	Meiose	Keine Beziehung erreicht das Kriterium
Meterstab		Moin	
Nomen Nudum		Österreichische Kultur	
Satanismus		Schalldruckpegel	
Spagyrik	Keine Beziehung erreicht das Kriterium	Stanley Williams	
Teufelsanbetung	Keine Beziehung erreicht das Kriterium	Zurna	

Die ursprüngliche Annahme lautete, dass es eine optimale Gruppengröße für die Arbeit an einem Artikel geben würde. Wir können hier resümieren, dass in keiner von uns untersuchten Diskussion die Größe einer Kleingruppe bei denjenigen, die aufgrund der Interaktionsfrequenz in der Lage gewesen Teilnehmer, überschritten wird. Meist sind die für eine Gruppenbildung relevanten Größen noch viel geringer. Auch wenn sich mehr Personen an der Diskussion um einen Artikel beteiligen und die Diskussionssequenzen über einen längeren Zeitraum sichtbar bleiben (in seltenen Fällen werden sie archiviert, sind dann aber auch noch einsehbar), sind die Diskussionspartner nach einer gewissen Zeit nicht mehr vorhanden. In diesem Fall sind die Beziehungen in starker Weise durch den Weggang von Teilnehmern geprägt ist. Das bedeutet, dass sich in Wirklichkeit nur sehr wenige Teilnehmer über die Inhalte auseinandersetzen. Am häufigsten kommen Paare von

Teilnehmern vor, selten sind mehr Teilnehmer an intensiven Diskussionen beteiligt. Wir können zusammenfassen, dass relevante Gruppengrößen bei der Auseinandersetzung um Artikel zumindest bis zum Zeitpunkt der Erfassung im Herbst 2006 kaum vorhanden waren. Daher lässt sich auch kaum von einer „optimalen" Gruppengröße sprechen.

Dies zeigt erneut, dass Positionen um die Bearbeitung von Artikeln entstehen – Teilnehmer, welche die Bearbeitung und die Diskussion zu Artikeln in die Hand nehmen und dadurch den Platz für andere einschränken. Von einer bearbeitenden amorphen Masse kann keine Rede sein.

13 Einschränkung der Handlungsmöglichkeiten durch die Herausbildung einer Beziehungsstruktur

Obgleich die technische Basis niemanden einschränkt, einen Artikel nach seinen eigenen Vorstellungen zu verändern, wird es durch die Herausbildung gemeinschaftlicher Strukturen mit der Zeit schwieriger, Änderungen an den Texten vorzunehmen. Es erhöht sich die Anforderung auf Rücksichtnahme gegenüber den anderen Teilnehmern; Ideen eine Änderung vorzunehmen, werden dann zuerst einmal zur Diskussion gestellt, bevor sie vorgenommen werden. Ist dies tatsächlich der Fall? Nun – Änderungen und die Diskussion hierzu kann man an den Artikeln parallel betrachten. Auf diese Weise ist es möglich zu beobachten, inwiefern sich die Diskussion zu einem Artikel auf Änderungen daran beziehen. Unsere ursprüngliche Annahme lautete, dass wenn die Strukturierung um einen Artikel herum stark ist, kaum noch Änderungen ohne vorherige Diskussion aufgenommen werden. Allerdings ist dabei zu beachten, dass bei einer hohen Anzahl an Teilnehmern keine so hohe Beziehungsdichte erreicht werden kann, wie bei nur wenigen Diskutierenden. Daher sind andere bereits von uns untersuchte Merkmale von Internetdiskussionen an dieser Stelle ebenfalls heranzuziehen, beispielsweise die Zahl der Diskussionsbeiträge und die Zahl der Diskutanten (Stegbauer 2001a).

Ferner wird hier ein Untersuchungsaspekt zur Dynamik der Entwicklung von Netzwerken angesprochen. Obgleich wir auf diesem Gebiet über Erfahrungen verfügen (Stegbauer 2001a; Stegbauer & Rausch 2005), werden an dieser Stelle für die Erfassung der Dynamik eigene Messmethoden zu entwickeln sein. Um Messungen in diesem Bereich vornehmen zu können, müssen Änderungen an den Artikeln qualifiziert werden. Damit ist gemeint, dass Unterscheidungen zwischen wesentlichen und marginalen Modifikationen eingeführt werden müssen.

Vereinfacht kann man sagen, dass in einem Fachgebiet diejenigen, die zum „Kern" zu rechnen sind, Änderungen problemlos vornehmen können; jemand, der neu in einem Bereich ist, wird es dagegen schwerer haben, einen Beitrag durchzusetzen. Dies mag zum einen an der Strukturierung liegen. Ein anderer Grund dafür kann sein, dass durch eine Zahl bereits diskutierter Fälle der Spielraum kleiner wird.

Wie kann man diese Hypothesen untersuchen? Eine Möglichkeit sich der Antwort zu nähern, ist, das Verhältnis von Artikeländerungen zur zugehörigen Diskussion zu betrachten. Steigt der Anteil der Diskussion über die Zeit, so kann man dies als einen Hinweis darauf sehen, dass bei Artikeln in einem fortgeschrittenen Stadium (in dem eine soziale Strukturierung um den Artikel bereits stattfand) nicht mehr ohne weiteres Änderungen vorgenommen werden können.

Um dies zu überprüfen werden fünf Artikel genauer untersucht. Die Auswahl der Artikel erfolgte aus den 30 näher untersuchten Artikeln, zu denen bereits diskutiert wurde. Man kann sehen, dass bei den meisten Artikeln zunächst keine Beiträge auf den Diskussionsseiten zu finden sind. Mit der Zeit steigt jedoch die Anzahl der Beiträge auf den Diskussionsseiten an. In Tabelle 13.1 wird mit Hilfe des Rangkorrelationskoeffizienten gezeigt, dass in der Regel die Zahl der Beiträge im Zeitverlauf ansteigt. Hier wird dies durch eine Einteilung des Ablaufs der Diskussion in gleichgroße Zeitabschnitte belegt. Je mehr Änderungen am Artikel vorgenommen wurden, umso mehr Diskussionsbeiträge finden wir zu diesem Artikel.

Tabelle 13.1: Korrelationskoeffizienten zur Beschreibung der Entwicklung der Beiträge zu den Artikeln

	Korrelationskoeffizienten der 5 Artikel zwischen Anzahl der Beiträge in der Diskussion und Anzahl der Änderungen im Artikel	Rangkorrelationskoeffizient: Vergleich des Ranges der Diskussionsbeiträge mit der Folge der Perioden (Der Koeffizient ist umso größer, je eher das Diskussionsvolumen mit der Periode ansteigt).
Artikel	Pearsons r	Spearman Rho
Meiose	0,554	0,631
Moin	0,821	0,414
Massaker von Srebrenica	0,391	0,595
Matthias Platzeck	0,554	0,631
Kurt Cobain	0,463	0,429

Es zeigen sich deutliche Zusammenhänge zwischen der Anzahl der Änderungen, die in einem Artikel erfolgten und der Anzahl der Diskussionsbeiträge. Man kann sagen, dass mit der Zahl der Beiträge zur Diskussion auch die Zahl der Beiträge zum Artikel ansteigt. Insofern könnte man die Hypothese als bestätigt ansehen. Es ergibt sich allerdings ein Problem: Die Richtung des Zusammenhangs ist nicht eindeutig. Wenn etwa auf der Diskussionsseite ein Hilferuf erscheint, weil im Artikel vandalisiert wurde oder es zu einem „edit-war" kommt und diese Ereignisse ihren Niederschlag auf der Diskussionsseite finden, dann kann man kaum behaupten, dass die auf der Diskussionsseite aufscheinende Beziehungsstruktur die Handlungsmöglichkeiten einschränkt. Dennoch ist bereits die Tatsache, dass eine Diskussionsseite besteht und dass dort über Artikelinhalte diskutiert wird, ein Anzeichen dafür, dass Handlungsmöglichkeiten eingeschränkt werden. So wird häufig gefordert, dass bevor Änderungen am Artikel vorgenommen werden, dies auf der Diskussionsseite begründet wird bzw., dass dort wenigstens ein Hinweis auf die Gründe von Löschungen hinterlassen wird. Löschen durch Administratoren ohne eine Rückmeldung über die Diskussionsseite führt oft zu Beschwerden.

Tabelle 13.2:	Einige Beispiele für Beschwerden, weil die Diskussionsseite nicht genutzt wurde, um eine Aktion anzukündigen/begründen (Originaltext unkorrigiert)

Danke für die schnelle Antwort. Bezog mich einerseits auf Änderung im Artikel „Hermann Josef Spital" - die angeregte Diskussion hat dazu geführt, dass der entsprechende Absatz mittlerweile anderweilig überarbeitet wurde - , andererseits auf den Eintrag „lieber Freund Hexer". Nichtdestotrotz hatte ich das Löschen in der Diskussion durchaus begründet. Solte diese Begründung an anderer Stelle geschehen, bin ich für eine Belehrung durchaus offen...—[Teilnehmer KB] 18:32, 27. Feb. 2007 (CET)

Dann gib' bitte einen Verweis auf die Diskussionsseite. Es werden täglich hunderte solche Änderungen gemacht, die zu über 90 % Vandalismus sind. Der Rest kann umgangen werden, wenn man eine Begründung direkt in der Zusammenfassungszeile setzt, dafür ist sie da und dafür *muss* sie genutzt werden. … Wenn man sich täglich stundenlang hinsetzt, um Vandalismus zu revertieren, kann man von der Person nicht noch erwarten, dass man sich noch den ganzen Artikel und die komplette Diskussionsseite dazu durchliest. Es wird sekündlich vandaliert. … Diese Diskussion wurde auch bei mir schon mehrmals geführt. Nutze die Zusammenfassung und es wird keine Probleme mehr geben. — DerHexer (Disk., Bew.) 18:47, 27. Feb. 2007 (CET) P. S.: Ich hoffe, du willst mir nicht erzählen, dass diese Änderung mit dem Entfernen der Wikipediasyntax kein Vandalismus ist. … Schön, dass du dich übrigens angemeldet hast. So kann man dich besser ansprechen und dir Hinweise geben.

http://de.wikipedia.org/wiki/Benutzer_Diskussion:DerHexer/Archiv05 (28.08.2007, 13:19)

Ich finde es nicht in Ordnung, Beiträge einfach zu löschen (sofern es nicht um POV geht), ohne sich zuvor inhaltlich auseinanderzusetzen. Deshalb finde ich es nicht fair, dass Du die Seite nach der Löschung der von mir eingebrachten Fußnoten gesperrt hast. --C-8 19:44, 4. Jan. 2007 (CET)

Es ist doch wohl bekannt, dass grundsätzlich in der falschen Version gesperrt wird. Im Ernst: Diskutier' mit auf der Diskussionsseite des gesperrten Artikels. Danke, — DerHexer (Disk., Bew.) 20:09, 4. Jan. 2007 (CET)

Danke für die rasche Antwort. Schon dabei. Ich selbst hatte es bisher üblicherweise so gehalten, zuerst das „Gespräch" zu suchen, anstatt Inhalte einfach zu löschen (außer bei offenkundigen Nonsens oder rv. von Vandalismus), daher meine obige Kritik. --C-8 22:59, 5. Jan. 2007 (CET)

http://de.wikipedia.org/wiki/Benutzer_Diskussion:DerHexer/Archiv04 (28.08.2007, 13:25)

Unkommentierte Löschung report-k.de
> Löschung Text report-k.de / Kölns Internetzeitung. Warum löschen Sie eine sachlich geschriebene Information zu einem deutschsprachigen Medium? (..)
> Ich konnte und kann nicht erkennen, warum diese Internetseite relevant für eine Enzyklopädie sein soll. Siehe bitte Wikipedia:Relevanzkriterien. -- Gruß, aka 11:53, 11. Mär. 2007 (CET)
>
> Dann müssen Sie erklären warum Netzeitung, Kölner Stadtanzeiger, Kölnische Rundschau (Letztere weist im übrigen für ihr OnlinePortal genau die gleichen Monatszugriffszahlen aus und ist für wikipedia relevant) und diese Liste läßt sich weiterführen, also Medien überhaupt relevant für eine Enzyklopädie sind (..)
> Große Worte (Meinungsfreiheit, Pressefreiheit, Grundrechte, ...). Du solltest die Löschung nicht überbewerten - ich habe die Seite nur deshalb gelöscht, weil ich den Artikel nicht für relevant halte - siehe oben. Ich habe ihn nun wiederhergestellt, gehe aber davon aus, dass ihn jemand anderes wieder löschen wird. -- aka 13:09, 11. Mär. 2007 (CET)
>
> http://de.wikipedia.org/wiki/Benutzer_Diskussion:Aka/Archiv011#Unkommentierte_L.C3.B6schung_report-k.de (28.08.2007, 13:39)

An den Beispielen kann man sehen, dass Diskussionen um die Inhalte der Artikel geführt werden. Allerdings stammen die Beispiele nicht von der Artikeldiskussionsseite, sondern von Teilnehmerdiskussionsseiten. Wenn ein Artikel gelöscht wurde, und das wird hier verhandelt, ist die Artikeldiskussionsseite ebenfalls verschwunden. Dies macht aber eine zusätzliche Schwierigkeit für die Analyse der Beziehungen in Wikipedia deutlich: Die Artikeldiskussionsseite enthält nicht alle Diskussionen zu einem Artikel. Aus systematischen Gründen bleiben wir im Folgenden dennoch bei der Beschränkung auf die Artikeldiskussionsseiten.

Bei Betrachtung der fünf Artikeldiskussionsseiten kann als weiterer Indikator für die Beziehung zwischen Diskussion und Artikelinhalt der Rangkorrelationskoeffizient herangezogen werden. Im vorliegenden Fall wird damit gemessen, inwieweit die Zahl der Editierungen auf der jeweiligen Diskussionsseite mit der Periode ansteigt. Hierzu wurde die Anzahl der Diskussionen jeweils für einen 3-4 Monatszeitraum zusammengefasst. Wenn man sich den Rangkorrelationskoeffizienten anschaut, dann findet man einen deutlichen Zusammenhang mit der Zeit. Man kann auch hier sagen, dass mit zunehmender „Reife" eines Artikels die durchschnittliche Zahl der Diskussionsbeiträge ansteigt. Mit zunehmender Reife eines Artikels steigt somit offensichtlich auch der Koordinierungsbedarf an. Es ist dann notwendig, vor einer Änderung (manchmal auch danach) eine Begründung zu liefern, wieso ein eigentlich „fertiger" Artikel noch verbessert werden kann/ muss.

Da wir für die untersuchten Artikel die über die Diskussion entstandenen Beziehungen codiert haben, lässt sich ein visueller Eindruck der Beziehungsstruktur auf den Diskussionsseiten der Artikel gewinnen. Im Folgenden wird die Diskussionsstruktur dargestellt und mit Blick auf die hier zu diskutierende Frage, inwieweit die Diskussion die Handlungsmöglichkeiten einschränkt, erörtert.

13.1 Beispiel 1 - der Artikel „Massaker von Srebrenica"

Hier finden sich drei, eigentlich sogar vier Komponenten. Diese Komponenten sind deutlich durch die jeweiligen Perioden, in denen sie entstanden, abgegrenzt. Angefangen mit den runden Knoten, die keine Dominanz in der ersten Periode aufweisen, über die mit dunklen Quadraten dargestellte Struktur, die durch harte Auseinandersetzungen um die Inhalte des Artikels gekennzeichnet ist, bis zur mit grauen gekreuzten Quadraten gekennzeichneten Struktur, bei der ein Teilnehmer (AT) dominierend ist. Hier ist zu erwarten, dass im Zeitabschnitt mit dem dominierenden Teilnehmer, die Änderungen hauptsächlich von ihm ausgehen. Zu Beginn der Diskussion hingegen dürfte bei den Editierungen am Artikel keine Dominanz zu finden sein. Nach dem Streit kommt es zu einem Zusammenbruch der Struktur (Teilnehmer werden durch schwarze Dreiecke gekennzeichnet). Während dieser Zeit dürfte keine Dominanz von einzelnen Teilnehmern zu erwarten sein.

Abbildung 13.1:   Visualisierung der Beziehungsstruktur der Diskussion zum Artikel
„Massaker von Srebrenica". Beziehungsnetzwerk nach
Zeitabschnitten. Kreis: Juni 05-Februar 06, Quadrat: Februar 06-
Mai 06, Dreieck: Mai 06-August 06, Gekreuztes Quadrat: August 06
bis Dezember 06

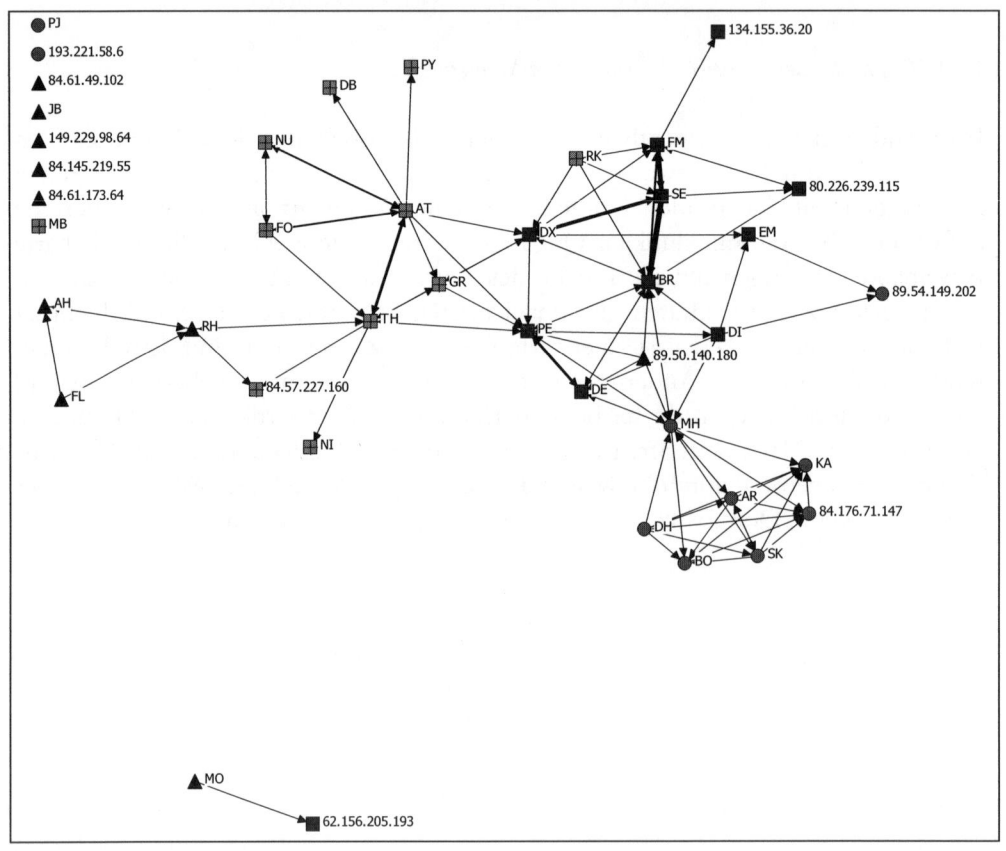

Man kann analysieren, wie viele Beiträge von einzelnen Teilnehmern in den verschiedenen Strukturierungsphasen beigetragen wurden.

In der ersten Phase (Kreise), die am 11.02.2006 beginnt, sind dies 94 Teilnehmer, die entweder an der Diskussion teilgenommen oder Artikeländerungen
durchgeführt haben. Im Durchschnitt wurden 2,1 Artikeländerungen bei 0,2 Diskussionsbeiträgen pro Teilnehmer durchgeführt. Der Gini-Koeffizient, mit dem
wir die Ungleichheit bei der Artikelerstellung messen, beträgt für die Artikeländerungen 0,47 und für die Diskussion 0,9. Von den 199 Artikeländerungen innerhalb
dieser Phase wurden 8% von einem Teilnehmer durchgeführt, 20% der 22 Diskussionsbeiträge wurden ebenfalls von nur einem der Teilnehmer bestritten.

In der zweiten Phase (Quadrate), der Phase des Streits (12.02.2006-12.05.2006), wurden von 31 Teilnehmern im Schnitt 2,9 Artikeländerungen durchgeführt und 5,35 Diskussionsbeiträge beigesteuert. Man kann sagen, dass die Streitphase eine Phase mit starker Strukturierungswirkung ist, daher die hohe Zahl an Diskussionsbeiträgen in diesem Zeitraum. Der Gini-Koeffizient beträgt 0,67 für die Artikeländerungen und 0,77 für die Diskussionsteilnahme. Von den 91 Artikeländerungen wurden 22% von einem Teilnehmer getätigt, von den 166 Diskussionsbeiträgen entfielen 38% auf einen Teilnehmer. Die Teilnehmer, welche die Diskussion dominieren, sind auch diejenigen, welche die meisten Änderungen durchführen.

In der dritten Phase (dunkel Dreiecke), die vom 14.05.2006 bis zum 27.08.2006 dauerte, ist die Struktur nach dem Streit zusammengebrochen. Hier wurden von 22 Teilnehmern im Durchschnitt 0,8 Artikeländerungen bei 1,0 Diskussionsbeiträgen durchgeführt. Gini für Artikel: 0,55, für Diskussion 0,7. Von den 18 Artikeländerungen wurden 17% von einem Teilnehmer getätigt; 43% der 23 Diskussionsbeiträge gehen auf das Konto eines Teilnehmers. Eine IP tätigte 10 Änderungen im Diskussionsbereich, wobei abschnittsweise die alte Diskussion gelöscht wurde und lediglich ein Teilnehmer auf 3 Änderungen am Artikel kam. In dieser Phase, man kann es am Graphen ablesen, ist nur eine schwache Strukturierung der Diskussion gegeben. Auch am Artikel tut sich während dieses Zeitabschnitts wenig.

In der vierten Phase (gekreuztes Quadrat) mit der Dauer vom 28.08.2006-07.12.2006 beteiligten sich 63 Teilnehmer mit durchschnittlich 3,0 Artikeländerungen pro Person, bei 0,9 Diskussionsbeiträgen. Dies ist die Phase, in der zwei Teilnehmer die Diskussion beherrschen. Hier beträgt der Gini-Koeffizient für Artikeländerungen 0,65, für die Diskussion 0,9. Von den 188 Artikeländerungen hat ein Teilnehmer 34 % getätigt; 42% der 57 Diskussionsbeiträge kamen von demselben Teilnehmer. Hier entsprechen sich die Struktur der Diskussion und die Struktur der Beteiligung. Die Produktion des Artikels wird vor allem von diesem einen Teilnehmer und einem zweiten, ebenfalls relativ zentralen Teilnehmer in dieser Phase beherrscht.

Tabelle 13.3:   Artikel „Massaker vorn Srebrenica": Durchschnittliche Zahl von Artikeländerungen und durchschnittliche Zahl von Diskussionsbeiträgen nach Periode

	Artikelände-rungen: An-zahl Teilneh-mer	Durchschnitt-liche Zahl der Änderungen pro Teilneh-mer (Artikel)	Diskussion: Anzahl Teil-nehmer	Durchschnitt-liche Zahl der Änderungen pro Teilneh-mer (Diskussi-on)
Beginn 05.10.2005-11.02.2006 – schwacher Zusammenhang zwischen den Diskutanten	29	2,1	10	0,2
02.2006-12.05.2006 Phase der Auseinander-setzung – diese dominiert die Struktur	31	2,9	11	5,35
14.05.2006 - 27.08.2006 Struktur bricht zusam-men, es kommt kaum zu einer Diskussion und kaum zu Artikeländerun-gen	22	0,8	10	1,0
28.08.2006-07.12.2006 klare Zentrum-Peripherie Struktur, ein Teilnehmer dominiert die Struktur	63	3,0	11	0,9

Ein weiterer Indikator für die Beziehung zwischen Diskussion und Artikel ist, inwiefern in der Diskussion konkret auf Änderungen am Artikel eingegangen wur-de. Wir haben bei allen 30 näher untersuchten Artikeln die Diskussionssequenzen aufgrund ihres Inhalts kodiert. Als einen direkten Bezug zwischen Diskussion und Artikel wurden die folgenden Kriterien zusammengefasst: Fragen nach Beweisen, Belegen, zum Verständnis, zum Inhalt des Artikels, Beantwortung von Fragen, Berichte, Begründung eigener Änderungen am Artikel bzw. einer Nichtaktion (Beispielsweise das Einfügen von Inhalt, der Umfang der Änderung, Löschung von Inhalt, Änderungen am Artikel, Aufforderungen, Bitten, Ermutigung, Vorschlag für Überarbeitung und Änderung, Überprüfung der durchgeführten Arbeit, des Artikelinhalts, Verdeutlichung eines Vorschlags, Anforderung einer besseren Refe-renz, Unterstützung, Hilfe von Experten, Vorschlag zur Überarbeitung von Inhalt oder Struktur, Begründung für die Notwendigkeit der Überarbeitung, Ankündigun-gen, Information zum Artikel und weitere Literatur zum Artikel. Die Idee ist nun, dass in Phasen, in denen sich die Diskussion stärker um die Artikelinhalte als um andere Dinge, sei es Streit oder eine Diskussion ohne Bezug zum Artikel selbst o.ä., dreht, auch mehr am Artikel gearbeitet werden müsste. Einen solchen Zusammenhang finden wir beim „Massaker von Srebrenica". In der Phase des Streits wird sehr viel diskutiert, aber nur vergleichsweise wenig am Artikel geändert.

Tabelle 13.4: Massaker von Srebrenica – Bezug zum Artikel in der Diskussion, es sind Mehrfachkodierungen einer Diskussionssequenz möglich

Periode	Anteil Beiträge mit Bezug zum Artikel selbst	Insgesamt Beiträge Diskussion	Beiträge Artikeländerungen	Artikeländerungen ohne kleine- und zeitnahe Änderungen[1] und Reverts	Nur Reverts
Beginn bis 05.10.2005-11.02.2006 – schwacher Zusammenhang zwischen den Diskutanten	23% (5)	22	199	92 (46%)	37 (19%)
02.2006-12.05.2006 Phase der Auseinandersetzung – diese dominiert die Struktur	27% (45)	166	91	34 (37%)	31 (34%)
14.05.2006 - 27.08.2006 Struktur bricht zusammen, es kommt kaum zu einer Diskussion und kaum zu Artikeländerungen	17% (4)	23	18	8 (44%)	3 (17%)
28.08.2006-07.12.2006 klare Zentrum-Peripherie Struktur, ein Teilnehmer dominiert die Struktur	46% (26)	57	188	72 (38%)	21 (11%)

In dem Zeitabschnitt, in dem die Teilnehmer zerstritten waren, findet sich der höchste Anteil an Reverts. In der letzten Phase findet man nur noch wenige und dafür eine große Anzahl inhaltlicher Änderungen, denen aber auch ein großer Anteil an Diskussionen zu den Artikelinhalten gegenübersteht. Man kann sagen, dass persistente und wichtige Änderungen an den Artikeln tatsächlich nur selten ohne Diskussion vorgenommen werden. Man findet zwar auch den umgekehrten Weg, dass ein (meist neuer) Teilnehmer das Wikiprinzip ernst nimmt und eine Veränderung an einem Artikel vornimmt und sich nach dem Revert dann eine Diskussion über den Sinn der Änderung entfacht. Aber auch hier ist der bleibende Text mit der Billigung im Diskussionsbereich verbunden.

An der Struktur der Diskussion um den Artikel „Massaker von Srebrenica" kann man festmachen, was in der Artikelbearbeitung passiert. Man findet eine klare Verbindung zwischen der Beziehungsstruktur, die im Diskussionsbereich aufscheint und den Änderungen im Artikel. In der ersten Phase, als der Artikel sich

---

[1] Es wird davon ausgegangen, dass kleine Änderungen nicht diskutiert zu werden brauchen. Zeitnahe Änderungen sind häufig Zwischenspeicherungen während eines Bearbeitungsvorgangs. Reverts werden meist wegen Vandalismus vorgenommen – allerdings finden manchmal auch von einer Seite als ungerecht empfundene Reverts einen Nachhall auf der Diskussionsseite.

noch im Aufbau befand, war noch wenig Koordinierungsbedarf vorhanden. Dieser erhöhte sich deutlich als ein Streit um die Inhalte zu diesem moralisch aufgeladenen Thema entstand (siehe Kapitel 8). In dieser Phase der starken Strukturierung der Diskussion entstand ein wesentlich höherer Abstimmungsbedarf, bei dem allerdings die Zahl der Änderungen an dem Artikel relativ gering blieb. Die darauf folgende Phase zeichnete sich durch einen Zusammenbruch aus. Der Streit lief sich tot und die Struktur der Diskussion zerfiel. In dieser Zeit wurde nur wenig diskutiert und entsprechend wenig wurde auch am Artikel gearbeitet. In der letzten der hier betrachteten Perioden wurde die Diskussion von einer zentralen Person beherrscht. Eine solche Kommunikationsstruktur verringert offensichtlich den Abstimmungsbedarf. Dies äußert sich darin, dass auf einen Diskussionsbeitrag drei Artikeländerungen kommen. Nur wenige der Diskutanten zum „Massaker in Srebrenica" sind über Diskussionsräume anderer Artikel, die mit diesem Artikel verknüpft sind, untereinander verbunden. Eine diesbezüglich interessante Beziehung findet sich zwischen den Kontrahenten des Streites, namentlich die Teilnehmer Se und De, über den Artikel „Zagreb".

Abbildung 13.2:　Zweimodales Netzwerk um den Artikel Massaker von Srebrenica (Artikel werden durch Kreise repräsentiert, Akteure durch Quadrate).

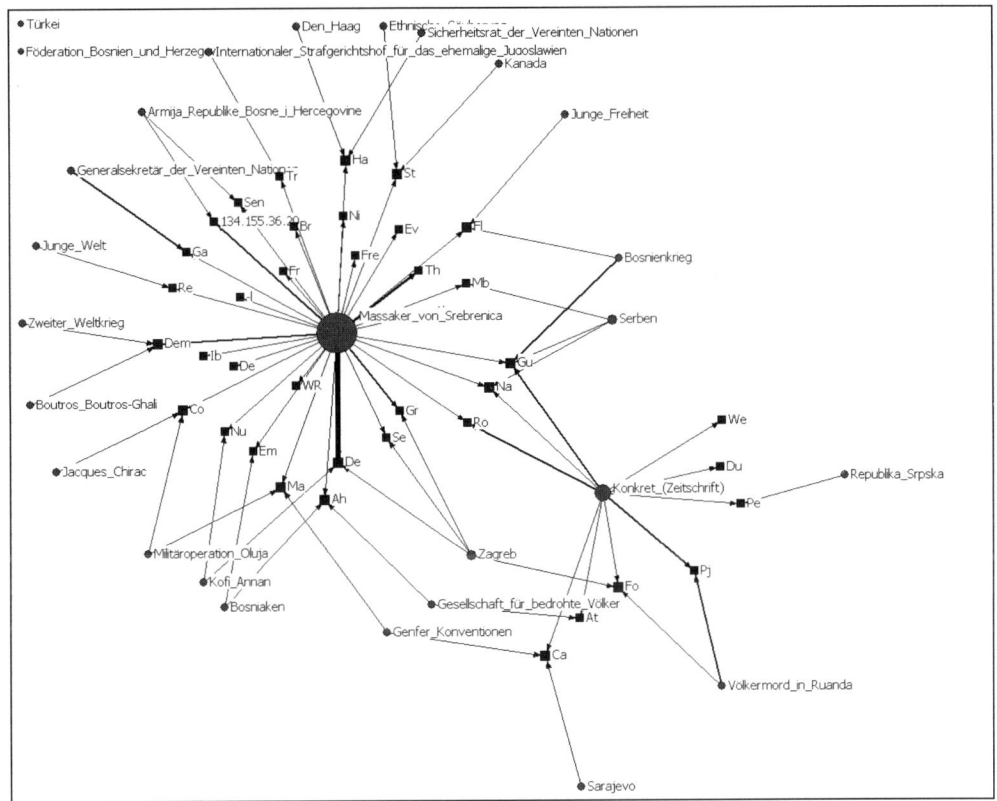

13.2 Beispiel 2 - der Artikel „Kurt Cobain"

Grundsätzlich ergibt sich das Problem, dass in der Phase, in der wir unsere Erhebung durchgeführt haben, noch nicht so viele Artikel über Diskussionsseiten verfügten. Wir haben nach einer Stichprobenziehung Artikel ausgewählt, die mindestens 30 Kommunikationssequenzen auf ihrer Diskussionsseite hatten, also über eine „Masse" verfügten, die eine Analyse möglich machte. Dominierend sind hier unzusammenhängende Diskussionsbeiträge. Einzig während der zweiten Periode entwickelt sich um den Teilnehmer „Ah" eine inhaltliche Diskussion, bei der dieser Teilnehmer beherrschend ist. Es ist anzunehmen, dass die Artikelbeiträge zu dieser Zeit von ihm dominiert werden.

Abbildung 13.3: Visualisierung der Beziehungsstruktur der Diskussion zum Artikel „Kurt Cobain" (Beginn der Diskussion bis Mitte Dezember 2006).

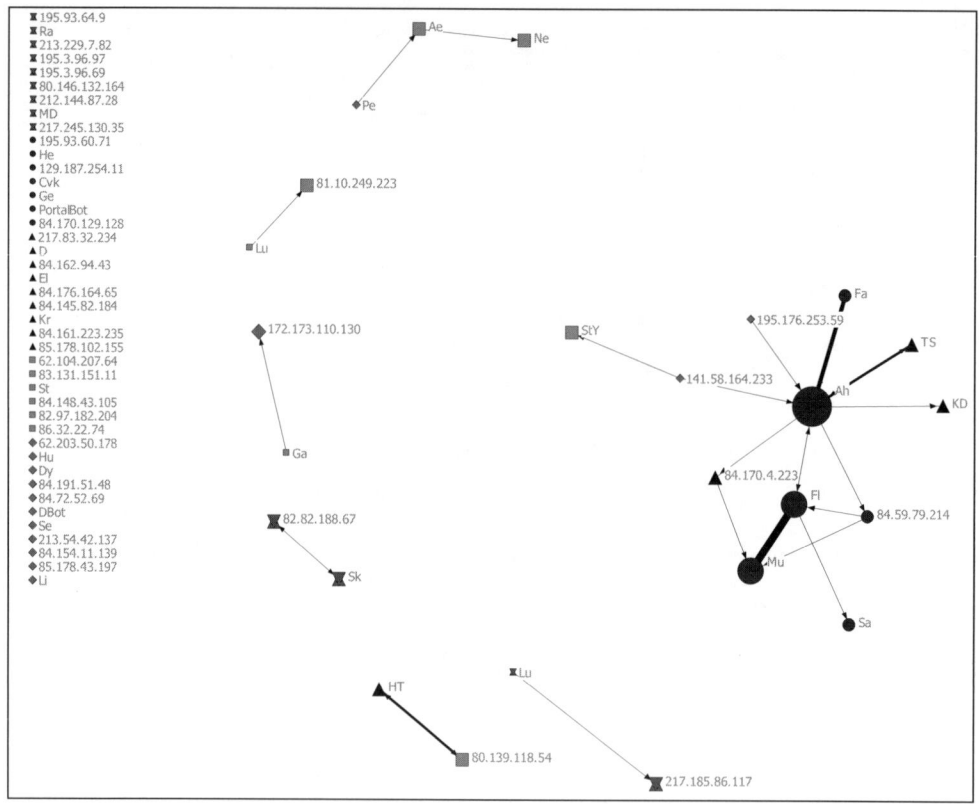

Und tatsächlich beherrscht Teilnehmer Ah nicht nur die Diskussion in diesen Zeitraum, er ist auch derjenige, der die meisten Beiträge verfasst. Für ihn werden im Diskussionsraum 15 Edits und im Artikelraum 57 Bearbeitungen registriert. Damit kommt er auf fast vier Mal so viele Edits wie Teilnehmer Fl, der im selben Zeitraum aktiv ist. Der Zeitabschnitt, in dem die besagten Änderungen vorgenommen werden, ist 10 Monate lang und hat eine Dichte von 0,53. Betrachtet man den weiteren Kontext des Artikels, nämlich die Diskussion zu weiteren mit dem Artikel verlinkten Artikeln, dann fällt auf, dass Teilnehmer Fl als einer der wenigen Aktiven im Artikel zu Kurt Cobain auch bei weiteren Artikeln in diesem Bereich mitdiskutiert. Zudem ist er Administrator. Teilnehmer Ah dagegen ist Spezialist für Kurt Cobain und an keiner weiteren Diskussion in diesem Bereich beteiligt. Lediglich die letzte Periode, die nur vier Monate dauert, kommt auf eine ähnliche Dichte – und dies ohne eine klare Beziehungsstruktur. Die Ursache dafür ist, dass bei dem

Artikel eine „Halbsperrung" erfolgte. Das bedeutet, dass er nur noch von angemeldeten Teilnehmern bearbeitet werden konnte. Der Rest der Abschnitte ist unauffällig und nicht durch einen wahrnehmbaren Bezug der Teilnehmer untereinander geprägt. In den meisten Beiträgen im Diskussionsbereich wird darüber spekuliert, ob der Pop-Sänger Suizid begangen hat oder ermordet wurde, wie in einigen Publikationen zu diesem Thema behauptet wird.

In der besagten aktiven Phase (Phase 2) findet man nicht nur die meisten Artikeländerungen, es sind im Verhältnis auch die meisten Artikelbezüge zu verzeichnen.

Tabelle 13.5:   Artikel „Kurt Cobain": Durchschnittliche Zahl von Artikeländerungen und durchschnittliche Zahl von Diskussionsbeiträgen nach Periode

	Artikeländerungen: Anzahl Teilnehmer	Durchschnittliche Zahl der Änderungen pro Teilnehmer (Artikel)	Diskussion: Anzahl Teilnehmer	Durchschnittliche Zahl der Änderungen pro Teilnehmer (Diskussion)
Beginn bis 28.10.03-26.02.2006 Keine zusammenhängende Diskussionsstruktur erkennbar	83	1,3	13	1,1
27.02.2006-18.12.2006 Phase mit der stärksten Strukturierung	266	1,7	13	3,2
19.12.2006 – 02.04.2006 kaum Struktur erkennbar, einige Teilnehmer docken an Struktur von Periode 2 an	146	1,7	13	1,6
03.04.06-09.08.2006 auf Diskussionsseite wird nur vereinzelt aufeinander eingegangen	144	1,7	13	1,9
10.08.06-11.12.2006 gar keine Struktur erkennbar, nur vereinzelte Beiträge (Artikel unterliegt seit der Hälfte von Phase 4 bis zum Ende des Untersuchungszeitraums einer Halbsperrung)[2]	18	1,3	15	3,6

Hinsichtlich eines Vergleichs der Bearbeitungen der Artikelseite mit denen auf der zugehörigen Diskussionsseite lässt sich ein Zusammenhang herstellen, allerdings nur, wenn man den Hintergrund z.B. die Halbsperrung mitbeachtet. Hier hat sich das Bedürfnis sich zu dem Tode des Idols zu äußern, von einem hohen Anteil an Vandalismus im Artikel auf die Diskussionsseite verlagert. Daher betrachten wir nun die Anzahl der Diskussionsbeiträge, die sich substantiell auf Artikeländerungen

---

[2] Das bedeutet, dass nur angemeldete Teilnehmer, die seit mindestens vier Tagen dabei sind, Änderungen vornehmen dürfen.

beziehen und setzen diese in Beziehung zu Änderungen am Artikel. Auch hierbei lassen sich die Änderungen bewerten.

Tabelle 13.6:   „Kurt Cobain" – Bezug zum Artikel in der Diskussion, Mehrfachkodierungen einer Diskussionssequenz sind möglich

Periode	Anteil Beiträge mit Bezug zum Artikel selbst	Insgesamt Beiträge Diskussion	Beiträge Artikelän- derungen	Artikelände- rungen (ohne kleine – und zeitnahe Änd. und Reverts)	Nur Reverts
Beginn bis 28.10.03- 26.02.2006 – Keine zusammenhängende Diskussionsstruktur erkenn- bar	36% (5)	14	108	58 (54%)	3 (3%)
27.02.2006-18.12.2006 Phase mit der stärksten Strukturierung	90% (37)	41	465	250 (54%)	58 (12%)
19.12.2006 – 02.04.2006 kaum Struktur erkennbar, einige Teilnehmer docken an Struktur von Periode 2 an	33% (7)	21	245	116 (47%)	82 (33%)
03.04.06-09.08.2006 auf Diskussionsseite wird nur vereinzelt aufeinander eingegangen	68% (17)	25	243	116 (47%)	28 (12%)
10.08.06-11.12.2006 gar keine Struktur erkennbar, nur vereinzelte Beiträge (Artikel unterliegt seit der Hälfte von Phase 4 bis zum Ende des Untersuchungszeit- raums einer Halbsperrung)[3]	56% (18)	55* *Vandalisie- rung hat sich teilwei- se vom Artikel auf die Diskus- sionsseite verlagert	24	5 (21%)	2 (8%)

Die Analyse der substantiellen Änderungen bestätigt das Ergebnis aus dem Artikel zum Massaker von Srebrenica. Wenn viel inhaltlich diskutiert wird, werden auch tendenziell mehr Änderungen durchgeführt. Dies betrifft insbesondere die Phase 2 mit der stärksten Strukturierung. Auch wenn man kleine Änderungen, Reverts und zeitnahe Änderungen herausnimmt, bleibt hier der Zusammenhang erhalten. Auch hier kann man sagen, dass ein Zusammenhang zwischen Änderungen in der Diskussion und im Artikel erkennbar ist.

---

[3] Das bedeutet, dass nur angemeldete Teilnehmer, die seit mindestens vier Tagen dabei sind, Änderungen vornehmen dürfen.

13.3 Beispiel 3 - der Artikel „Moin"

Die Diskussion um den Artikel „Moin" wird in der letzten Periode von zwei zentralen Teilnehmern dominiert. Auch hier ist zu erwarten, dass die Beiträge im Artikel hauptsächlich durch diese beiden Teilnehmer erfolgen bzw. in Bezug auf ihre Beiträge getätigt werden.

Abbildung 13.4: Visualisierung der Beziehungsstruktur der Diskussion zum Artikel „Moin" (Beginn der Diskussion bis Mitte Dezember 2006).

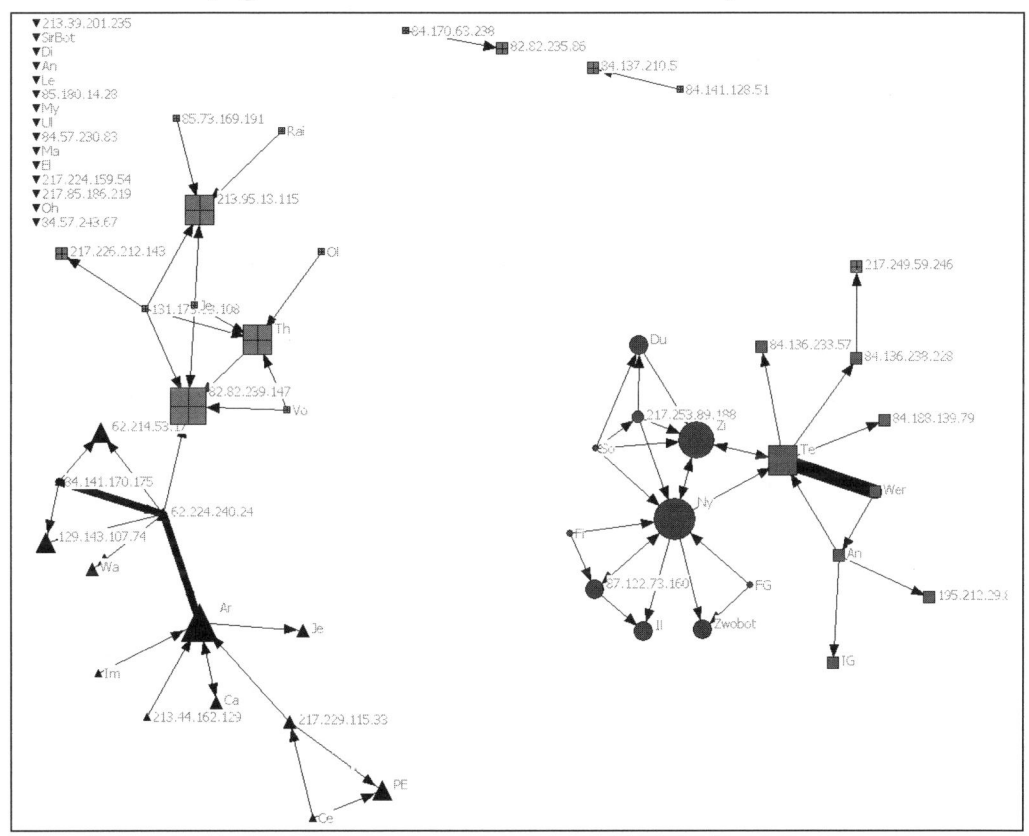

221

Tabelle 13.7:   „Moin" – Bezug zum Artikel in der Diskussion, es sind Mehrfachkodierungen einer Diskussionssequenz möglich

Periode	Anteil Beiträge mit Bezug zum Artikel selbst	Insgesamt Beiträge Diskussion	Beiträge Artikel-änderungen	Artikeländerungen ohne kleine -, zeit-nahe Änd. und Reverts	Nur Reverts
Beginn 27.06.03-22.01.2005	31% (8)	26	108	36 (33%)	2 (2%)
23.01.2005-30.08.2005	22% (5)	23	52	31 (60%)	2 (4%)
31.08.2005-26.04.2006	41% (11)	27	62	34 (55%)	9 (15%)
27.04.06-08.12.2006	39% (12)	31	125	62 (50%)	29 (23%)

In der dritten Periode lässt sich am klarsten die Struktur erkennen. Die in der vierten Periode hinzukommenden Teilnehmer orientieren sich, wie in Abbildung 13.4 erkennbar, an der in der dritten Periode entstandenen Struktur. Auffällig ist, dass ab der dritten Periode der Artikel selbst stärker diskutiert wird. Allerdings steigt auch die Anzahl an Reverts, die vielfach vandalismusbedingt sind. Während dieser Zeit passen die zentralen Akteure auch besser auf den Artikel auf, sodass man daran auch ablesen kann, dass es bei stärkerer Strukturierung schwieriger wird, dauerhafte Änderungen durchzusetzen.

Die Diskussionen um die Artikel „Matthias Platzeck" und „Meiose" werden hier nur kurz betrachtet, da die Strukturierung der Diskussionen in diesen Artikeln so schwach ist, dass kaum ein größerer Einfluss der Diskussionen auf die Handlungsmöglichkeiten zu erwarten ist.

Die Frage, die gestellt wurde, war, inwiefern eine starke Strukturierung der Diskussion die Möglichkeiten beschränkt, Änderungen am Artikel vorzunehmen. Je stärker die Strukturierung, so die Ausgangsüberlegung, umso schwieriger sollte es sein, Änderungen am Artikel vorzunehmen. Hier ist zunächst einmal zu fragen, wie man die Strukturiertheit der Diskussion um einen Artikel herum misst. Unsere Ausgangsidee hierzu war es, die Strukturierung anhand der Dichte (overall-density) zu messen. Da sich die Struktur erst mit der Zeit aufbaut, ist es jedoch klar, dass ein Dichtemaß für die Diskussion über den gesamten Zeitraum nicht in Frage kommt. Eine Aufschlüsselung der Dichte für kürzere Zeiträume hingegen ist nicht geeignet, da die Dichte zu sehr von der Anzahl der an der Diskussion beteiligten Personen abhängig ist. Haben sich viele Akteure beteiligt, dann ist die Dichte in der Regel gering. Beteiligen sich nur wenige, kann man dagegen kaum von einer Strukturierung der Diskussion reden. Eine Lösung hierfür ist, dass man versucht, die Zahl der beteiligten Teilnehmer für die jeweils untersuchten Zeiträume konstant zu halten. Dies haben wir getan. Wir haben die betrachteten Zeitabschnitte nach der

Anzahl der neu hinzukommenden Personen eingeteilt. Hierdurch ist die Zahl der Akteure in den betrachteten Abschnitten annähernd gleich, sodass man die Dichten vergleichen kann. In der folgenden Tabelle sind einige Merkmale der verschiedenen Artikel abgebildet.

Tabelle 13.8:   Struktureigenschaften Diskussionen und Artikelbearbeitungen

Diskussion					Artikel		
Ungefährer Zeitraum/ Monate	Teilnehmer	Beiträge	Ø Beiträge	Dichte	Teilnehmer	Änderungen	Ø Änd.
"Massaker von Srebrenica"							
9	10	22	2,2	0,5	92	204	2,2
3	11	166	15,1	3,0	19	85	4,5
3	10	23	2,3	0,5	11	13	2,2
5	11	57	5,2	1,0	54	177	3,3
"Moin"							
18	16	26	1,6	0,2	52	108	2,1
7	15	23	1,5	0,2	39	52	1,3
7	15	27	1,8	0,3	45	62	1,4
7,5	15	31	2,1	0,3	80	125	1,6
"Kurt Cobain"							
16	13	14	1,1	0,2	83	108	1,3
10	13	41	3,2	0,5	266	465	1,7
4	13	21	1,6	0,3	146	245	1,7
4	13	25	1,9	0,3	144	243	1,7
4	15	55	3,6	0,5	18	24	1,3
Ab etwa der Mitte der vorletzten Periode kommt es zu einer Halbsperrung, d.h., dass der Artikel für nichtangemeldete Teilnehmer und neue Teilnehmer gesperrt ist. Dies erklärt, wieso in der letzten betrachteten Periode die Anzahl der Diskussionen anstieg und die Zahl der Editierungen zurückging. Insgesamt handelt es sich um einen Artikel mit hoher Vandalismusanfälligkeit.							
"Matthias Platzeck"							
3	6	8	1,3	0,53	128	197	1,5
3	6	7	1,2	0,47	27	40	1,5
1	6	13	2,2	0,87	21	37	1,8
7	6	10	1,7	0,67	16	50	3,1
In der letzten Periode gehen 27 der 50 Änderungen auf das Konto eines Vandalismusangriffs an einem Tag. Ohne diese Anomalie würde der Durchschnittswert 1,4 betragen							
"Meiose"							
14	6	9	1,5	0,6	82	120	1,5
8	6	7	1,2	0,5	75	109	1,5
4	6	6	1	0,4	20	32	1,6
2	5	6	1,2	0,6	19	33	1,7

Auffällig ist, dass es auf den ersten Blick eine hohe Konstanz in den Dichtewerten und in der durchschnittlichen Beteiligung pro Teilnehmer gibt. Außer in Perioden mit Anomalien, etwa der Auseinandersetzung um den Artikel „Massaker von Srebrenica" in der zweiten Periode oder dem Vandalismus in der 4. Periode im Artikel zu Matthias Platzeck, der letzten Periode der Diskussion zu Kurt Cobain, in der sich der Vandalismus aufgrund der „Halbsperrung" des Artikels auf die Diskussion verlagerte, scheint es so zu sein, als hätten die Artikel konstante durchschnittliche Dichten, Diskussionsbeiträge und Edits pro Person. In den meisten der hier näher untersuchten Artikel verkürzt sich jedoch über die Zeit die Periode, in der die periodeneinteilende Zahl an neuen Teilnehmern hinzukommt. Eindeutig ist dies bei den Artikeln zu „Kurt Cobain", „Moin" und „Meiose". Bei den Artikeln zum „Massaker von Srebrenica" und zu „Matthias Platzeck" ist das anders. Hier ist es die Auseinandersetzung, die für eine aufgeregte Diskussion sorgt – allerdings lässt sich hier auch der Zusammenhang zwischen Struktur der Diskussion und der Erstellung des Artikels sehr gut nachvollziehen. Beim Artikel zu Matthias Platzeck war es die tagespolitische Aktualität, die den Artikel zeitweise ins Blickfeld von Wikipedia-Teilnehmern rücken ließ. Nach dem Rückzug von Platzeck vom SPD-Vorsitz ging auch ein Stück weit das Interesse am Artikel zu seiner Person verloren. Dies ist ebenfalls ein klares Zeichen dafür, dass der Diskussionsbedarf im Laufe der Zeit zunimmt und dadurch der faktisch etablierte Text für eine Verringerung der Möglichkeiten Veränderungen vorzunehmen sorgt. Viégas et al. (2007) nahmen einen Vergleich der Größe der verschiedenen Namensräume zwischen den Jahren 2003 bis 2005 vor und konnten zeigen, dass sich die Größe des Diskussionsbereichs verachtundsiebzigfacht hat, während der Artikelbereich „nur" um das neunfache angewachsen ist.

14 Die Verschränkung der Artikeldiskussion mit der Konstruktion von Inhalten

Im vorangehenden Kapitel haben wir uns mit der Zahl der beteiligten Personen an den Diskussionen beschäftigt. Hier nun geht es um das Verhältnis von Diskussion und Artikelkonstruktion. Eine ursprüngliche Idee dieser Untersuchung war es, auf diese Weise die Entstehung der Artikel, wenn man so will, die soziale Konstruktion des Wissens (Knorr-Cetina 2002), sichtbar zu machen. Natürlich ging es hierbei nicht um den Anspruch der Laborstudien, wohl aber wird – im Falle von Wikipedia – Wissen zusammengetragen und durch die Präsentation, so könnte man sagen, auch erzeugt. Es geht bei Wikipedia zwar nicht um originäres Wissen, aber um einen ähnlichen Prozess wie er von Knorr-Cetina beschrieben wird, es geht um die soziale Bewertung des Wissens, also um einen Fall der sozialen Konstruktion. Nach unseren Vorüberlegungen kommen natürlich auch hier wieder Positionen ins Spiel. Zwar sind alle Teilnehmer vor vornherein positional nicht ungleich, im Prozess der Auseinandersetzung entstehen Ungleichheiten aber sehr schnell. Es etabliert sich eine Hierarchie. Feind eines solchen sozialen Gebildes ist die Zeit im Zusammenhang mit der relativen Unverbindlichkeit. Die Struktur, obgleich durch die Dokumentation vor dem Vergessen gehindert, verliert im Zeitverlauf an Bedeutung, sofern Teilnehmer den Prozess nicht über einen langen Zeitraum begleiten.

Die Analyse wird an zwei ausgewählten Artikeln mit Diskussionen durchgeführt. Diese Artikel gehören zum Sample der 31 von uns näher untersuchten, an denen sich eine Diskussionsstruktur analysieren ließ.

14.1 Josef Ackermann

Wenn wir den Diskussionsverlauf analysieren, stellen wir fest, dass dieser sich in weiten Teilen unabhängig von der eigentlichen Artikelerstellung vollzieht. Wir haben an einigen Artikeln Inhaltsanalysen durchgeführt und den Verlauf der Diskussion mit den Artikeländerungen verglichen. Beim Artikel „Josef Ackermann" wurden, obgleich im Untersuchungszeitraum 62 Interaktionssequenzen im Artikeldiskussionsbereich vorhanden waren, nur in zwei Fällen Sequenzen der Diskussion im Artikel berücksichtigt.

Im Untersuchungsverlauf wuchs der Umfang des Artikels gleichzeitig von 263 auf 7911 Zeichen. Wir können zwar aufgrund der Bearbeitungen am Artikel kein Beziehungsnetzwerk konstruieren, wenn wir nur auf einen Artikel schauen, wir können aber das Muster der Beteiligung an der Konstruktion eines Artikels ansehen. Wir helfen uns dabei, indem wir das Hauptautorenskript zur Untersuchung heranziehen. Wenn wir die Tabelle für die Hauptautoren betrachten, zeigt sich, dass zwar viele Teilnehmer an der Artikelerstellung beteiligt sind, sich aber dennoch eine Konzentration auf wenige beobachten lässt.

Tabelle 14.1:   Anteile am Artikel durch einzelne Teilnehmer

Wörter	Anteil in %	Teilnehmer
165	14,6	Eh
73	6,5	193.158.96.42
63	5,6	RG
63	5,6	80.219.87.248
60	5,3	TD
59	5,2	SS
51	4,5	217.231.20.182
45	4,0	85.176.237.5
44	3,9	195.37.64.253
43	3,8	CH
41	3,6	Ha
39	3,5	212.144.158.88
Die aufgelisteten Teilnehmer	66,1	

In Tabelle 14.1 ist ersichtlich, dass von den ersten 12 Autoren zwei Drittel der Worte stammen.

In Abbildung 14.1 sind auf der linken Seite all diejenigen abgebildet, die sich an der Artikelbearbeitung beteiligt haben; auf der rechten Seite findet man die Diskussionsteilnehmer. Es sind nur drei Teilnehmer, die sich sowohl an der Diskussion als auch an der Artikelbearbeitung beteiligt haben.

In der weiteren Analyse bleiben wir bei der Beschränkung auf die angemeldeten Teilnehmer. Inhaltlich kann man dies dadurch begründen, dass Teilnehmer, die durch eine IP repräsentiert werden, nur selten eine für andere wahrnehmbare klare Identität in der Auseinandersetzung mit anderen ausbilden. Da reine IPs oft dynamisch vergeben werden, gibt es zudem kaum eine Möglichkeit mit diesen Daten weitere Untersuchungen anzustellen. Beim betrachteten Artikel liegt der Anteil an Worten, der von IPs beigesteuert wird, bei 40%, im Diskussionsbereich bei 45%.

Abbildung 14.1: Bimodaler Graph zum Artikel und Diskussionsbereich: „Josef Ackermann (Banker)". Die Stärke der Kanten wird durch ihre Dicke repräsentiert.

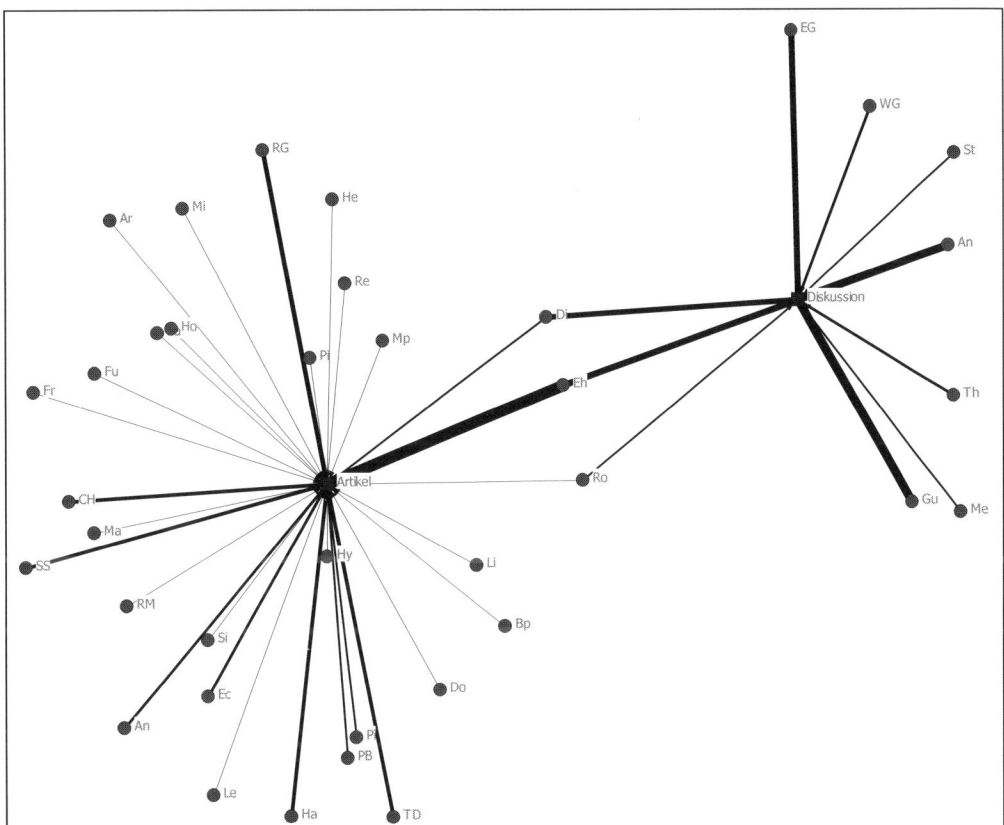

Es wird deutlich, dass die Teilnehmer des Diskussionsbereiches nur über drei Teilnehmer mit den Artikelbearbeitenden verbunden sind. (In der Abbildung sind nichtangemeldete Teilnehmer ausgeschlossen).

Das bedeutet, dass es an dieser Stelle nicht möglich ist, die Konstruktion des Artikels aufgrund der inhaltsanalytischen Auswertung des Diskussionsverlaufes zu klären. Wie bereits gesagt, finden sich kaum Rückwirkungen von der Diskussion auf den Artikel selbst. Die meisten Beiträge behandeln zwar den Inhalt des Artikels, jedoch nicht immer mit einem direkten Bezug zum Text.

Dies erklärt sich, wenn wir die Hauptautoren des Artikels mit den Hauptautoren der Diskussion vergleichen.

Teilnehmername	Anteile Artikelbeitrag in %	Anteile Diskussionsbeitrag in %	Admin	Treffen
Gu		11,3		
An		9,7	Admin	
Eh	14,6	8,1		Treffen
EG		8,1		
Di	1,8	6,5		
Th		3,2		
WG		3,2		
Ro	0,9	1,6		
Me		1,6	Admin	
St		1,6		
RG	5,6			
TD	5,3			
SS	5,2			
CH	3,8			
Ha	3,6		Admin	Treffen
Ec	2,9			
An	2,8			
PB	1,6			Treffen
Pi	1,6		Admin	Treffen
Fr	1,3			
DL	1,2			
Si	1,2			
Ma	1,1			
Fa	0,8			
Ho	0,7			
Hy	0,6			
Bp	0,4			
Fu	0,4			
Le	0,4			
Pi	0,4			
RM	0,4			
Mi	0,3			
Mp	0,3			
Ar	0,2			
He	0,1		Admin	Treffen
Li	0,1			
Re	0,1			
Abdeckung durch angemeldete Teilnehmer	59,7	54,9		

Tabelle 14.2: Beiträge zum Artikel und zur Diskussion (Artikel „Josef Ackermann, Banker") – Hintergrundinformation: Welcher Teilnehmer ist Admin? Hat er an Treffen teilgenommen?

In der Tabelle können wir ebenfalls ersehen, dass sich bis auf drei Ausnahmen kein Diskussionsteilnehmer mit der Artikelbearbeitung beschäftigt. Nur ein Diskutant

(Teilnehmer Eh), der die Koordination des Artikels auch mitübernommen hat, ist in größerem Umfang an der Diskussion beteiligt. Es handelt sich auch um denjenigen Teilnehmer, der den größten Teil zum Artikel beisteuerte. Wenn hier die Konstruktion von Wissen aufscheint, dann vor allem durch einen Teilnehmer, der offensichtlich sehr gut in die Gemeinschaft der Wikipedianer integriert ist. Zwar war er nie Administrator, aber er hat an Treffen teilgenommen. Genauer gesagt, war er sogar auf fünf Treffen an zwei verschiedenen Orten.

14.2 Braunschweigs-Viewegs Garten-Bebelhof

Dieser Artikel beschreibt ein Stadtviertel in Braunschweig. Er entsteht im März 2006 zunächst mit 50 Worten. Bis zum Beginn der Diskussion 5 Monate später im August 2006 ist der Artikel auf 278 Worte angewachsen. Insgesamt sind an der Erstellung des Artikels 15 Artikelschreiber beteiligt; es gibt nur 5 Diskutanten mit insgesamt 49 Beiträgen.

Die Tabelle weist die sehr starke Konzentration der Beiträge aus. Der Teilnehmer mit dem größten Anteil an der Artikelerstellung (knapp 83%) beteiligt sich auch am meisten an der Diskussion. Derjenige, der am zweitmeisten zur Diskussion beiträgt, ist zwar mit dem drittgrößten Beitrag an der Erstellung beteiligt. Dieser Beitrag umfasst aber nur 2,4% der Wortzahl am Artikel, obwohl er über 30 % Anteil an der Diskussion hat. Ähnlich ergeht es dem Teilnehmer „Br", der ebenfalls einen viel höheren Anteil für die Diskussion aufwendet, als er zum Artikel beiträgt.

Tabelle 14.3:   Beiträge zum Artikel und zur Diskussion („Braunschweigs-Viewegs Garten-Bebelhof") – Hintergrundinformation: Welcher Teilnehmer ist Admin? Hat er an Treffen teilgenommen? Arbeitet er an einem der drei von uns untersuchten Portale mit?

Benutzername	D_Brauns	A_Brauns	Admin	Treffen	Portale
Ch	42,9	82,9			Portale
Li	30,6	2,4			
Br	12,2	0,5		Treffen	Portale
Jo	8,2	11,8			
Ol	6,1	0,1			
MC		1,0			
VF		0,2	Admin	Treffen	Portale
Ma		0,1		Treffen	Portale
Ts		0,1			Portale
Ak		0,0	Admin	Treffen	Portale
JC		0,0	Admin	Treffen	Portale
St		0,0			Portale
Ze		0,0			Portale

Anders als im in diesem Zusammenhang untersuchten, ersten Artikel über Josef Ackermann ist die Diskussion zu diesem Artikel auf den Artikelinhalt fokussiert.

Man kann die Kontakte zwischen den Diskutanten in Form einer Matrix darstellen:

Tabelle 14.4:   Kontaktmatrix zwischen den Diskutanten zum Artikel „Braunschweigs Viewegs Garten Bebelhof"

	Ch	Li	Br	Jo	Ol
Ch	0	8	7	3	1
Li	8	0	6	1	0
Br	2	2	0	0	0
Jo	2	2	1	0	0
Ol	0	0	0	0	0

Ebenfalls kann man die Beziehungen bimodal als Graphen darstellen:

Abbildung 14.2: Bimodaler Graph zum Artikel „Braunschweigs Viewegs Garten Bebelhof". Die Stärke der Kanten wird durch ihre Dicke repräsentiert.

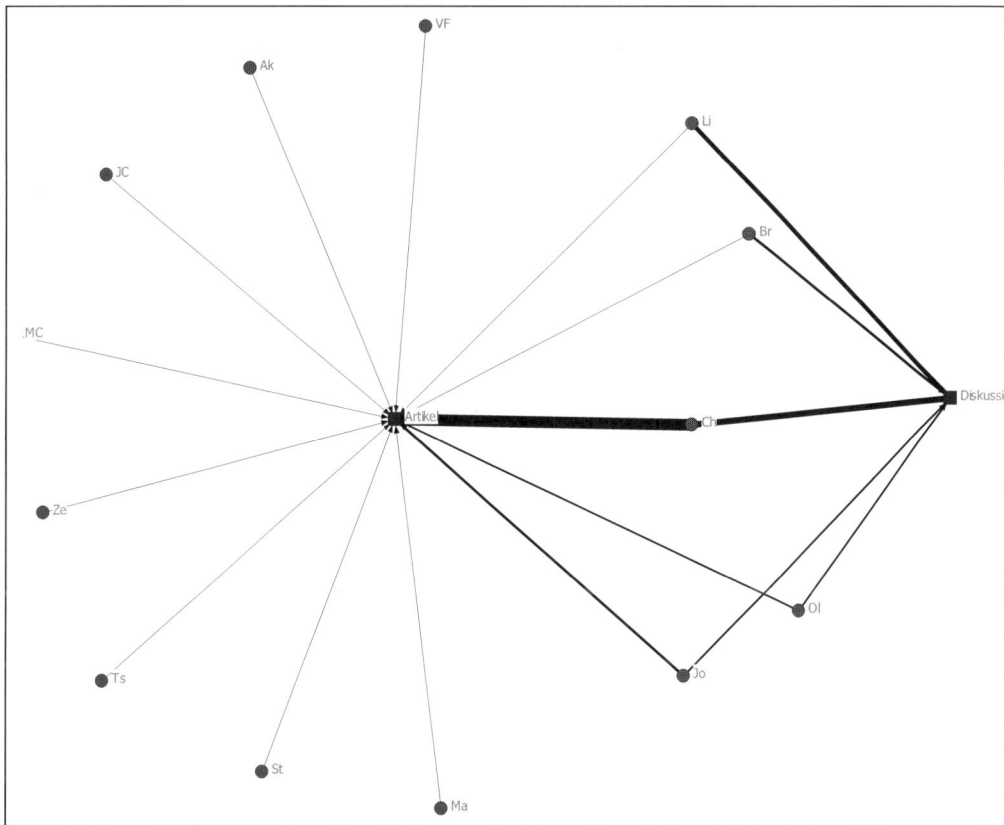

Dabei wird klar, dass der größte Teil der Kommunikationssequenzen zwischen dem Hauptautor Ch und Teilnehmer Li ausgetauscht wird. Zwischen diesen beiden hat sich eine reziproke Beziehung herausgebildet, was bedeutet, dass genauso oft der Kontakt von Teilnehmer Ch gesucht wird, wie von Teilnehmer Li. Anders ist es bei der Beziehung zwischen den Teilnehmern Ch und Br. Hier ist Ch sehr viel öfter der Initiator als umgekehrt. Ähnliches gilt für die Beziehung zwischen den Teilnehmern Li und Br. Der Diskutant Ol spielt kaum eine Rolle und wird nur ein einziges Mal angesprochen.

Die Diskussion ist durch einen freundlichen Umgangston geprägt.

Bis zum ersten Diskussionsbeitrag wurden 13 Versionen des Artikels abgespeichert. Hieran waren die Teilnehmer Br und Jo bereits beteiligt. Der erste Diskussionsbeitrag stammt von Ch am 12.02.2006, der zunächst, wie es scheint, mit sich selbst diskutiert: Der Hauptautor Ch dialogisiert mit sich selbst und stellt die Frage, ob ein bestimmter städtischer Bereich tatsächlich zu dem besagten Stadtviertel gehört. Hierüber kommt er mit dem Teilnehmer Li in einen Austausch.

> „Der Bereich Streitberg - Am Hauptfriedhof gehört zu Viewegs Garten?
> Was halte ich davon (zumindest zunächst einmal Viewegs-Garten auf Braunschweig -
> Viewegs-Garten / Bebelhof zu verlinken. Die vorherige Schreibweise halte ich übrigens für wenige irritierend. – (Ch|LRB) 10:03, 12. Aug 2006" (Beim Zitat handelt es sich um den zweiten Diskussionsbeitrag zu dem Artikel).

Kurz danach schalten sich auch die anderen beiden bisherigen Autoren in die Diskussion ein. Insgesamt wird an diesem Tag mit 25 Kommunikationssequenzen diskutiert. Das bedeutet, dass sich die Hälfte der gesamten Diskussion an diesem Tag abspielt. Weitere 16 Sequenzen werden in den nächsten vier Tagen ausgetauscht. Das bedeutet, dass sich 41 von 49 im Untersuchungszeitraum vorgefundenen Interaktionen innerhalb der fünf Tage abspielen.

In dieser Zeit wächst der Artikel auf 558 Wörter an, womit sich die Artikellänge während dieser Arbeitsphase etwa verdoppelt. Neben Ch, der als treibende Kraft fungiert, beteiligen sich Li und Br. Der Teilnehmer Jo ist erst ein paar Tage später wieder mit einer Artikeländerung dabei. Im Diskussionsbereich werden Artikeländerungen angekündigt und Ungenauigkeiten geklärt. Wenn ein Teilnehmer bei seiner Recherche auf einen interessanten Link trifft, wird dies in der Diskussion mitgeteilt. Die Teilnehmer definieren dabei Bereiche, in denen Änderungen und Ergänzungen notwendig sind.

Abbildung 14.3:   Der Überarbeitenbaustein wird am 12. August 2008
                    Spätnachmittags gesetzt

Dieser Artikel oder Abschnitt bedarf einer Überarbeitung. Näheres ist auf der Diskussionsseite angegeben. Hilf bitte mit, ihn zu verbessern, und entferne anschließend diese Markierung.

An dem ersten Tag der Diskussion entstehen alleine 12 neue Versionen des Artikels, wobei allerdings oft nur Kleinigkeiten eingefügt werden. Zehn Versionen stammen von Ch, an zwei Stellen fügt Li, während Ch offensichtlich an dem Artikel arbeitet, etwas ein. Zwei Tage später beteiligt sich auch Teilnehmer Br an der Ergänzung des Artikels.

> Separater Artikel Viewegs Garten ?
> wie wär's damit – soll heißen: Entstehung & Entwicklung (bis heute). Von da aus könnte man dann die Familie Vieweg (+ Verlag) abarbeiten (mit Verlinkung auf Braunschweig-Viewegs Garten-Bebelhof & v. a. Braunschweig) sowie den „Wirtschaftsstandort" Viewegs Garten-Bebelhof (der sollte ein Unterkapitel des jetzigen werden … --Br 17:05, 12. Aug 2006

In solchen Sequenzen wird der Inhalt des Artikels verhandelt. Man kann sagen, dass hier „Wissen" tatsächlich sozial konstruiert wird.

> „Mach doch ;-)" – (Teilnehmer: Li) 17:09, 12. Aug 2006

Eine solche Aufforderung gibt Teilnehmern Sicherheit, sie werden in Ihren Vorhaben bestärkt. Der Artikel wird aber offenbar zu diesem Zeitpunkt nicht neu angelegt, weil dies von dem in diesem Moment am stärksten engagierten Teilnehmer kritisiert wird.

> Ich weiß nicht recht, Viewegs Garten als eigener Artikel für den Park (mit Würdigung von Campe und Vieweg) kann Sinn aber auch viel Arbeit machen. Das entbebt aber nicht einer Aufteilung der Wohnbereiche / Stadtbereiche. Außerdem hängt die Geschichte des Stadtbezirks und ihren Veränderungen mit dem Bau des Hauptbahnhofs und der „Teilzerstörung" zusammen. Die Aufteilung der Gebiete weiter oben machte auch seinen Sinn. Industriegeschichtlich hat der Stadtteil mit Rollei, Brauereien, Siemens ... einiges zu bieten. Sollte m.E. ein eigenes Kapitel des Gesamtbereichs sein. Die einzelnen Siedlungsbereiche, Bebelhof (Arbeitersiedlung), Zuckerberg mit Villen, Gehörlosenschule und Klinik, Stadthalle mit hist. Friedhöfe, Streitberg/Hauptbahnhof halte ich für sinnvoll. -- LRB 17:51, 12. Aug 2006 (Der Teilnehmer Ch unterschreibt seine Beiträge mit „LRB").

Tatsächlich wird in diesem Moment der Artikel „Viewegs Garten" noch nicht angelegt. Er entsteht erst vier Monate später durch den Teilnehmer Ol, der in der Diskussion um den Artikel zu Braunschweigs-Viewegs Garten-Bebelhof erst sehr spät, im Dezember 2006 kurz vor Ende des Beobachtungszeitraums, eingreift. Die anderen Autoren des Stadtviertelartikels beteiligen sich im Verlauf aber auch an der Erstellung des separaten Artikels.

Ein anderes Mal wird einer der Teilnehmer, der selbst ein Bild aufgenommen hat und in den Artikel integrierte, für das Bild kritisiert. Das Bild wird wieder herausgenommen und der momentane Hauptautor füllt die Lücke im Artikel:

> Ok, OK, lade gerade ein paar Bilder unter (..) vom Dach hoch, unterschiedliche Qualität aber frei um hier einzubauen. Dauert aber ein wenig. Gruß – (Ch|LRB) 18:56, 12. Aug 2006

An den beiden Sequenzen, einerseits zum Artikel „Viewegs Garten", bei der sich der in diesem Moment am stärksten engagierte Teilnehmer Ch durchsetzt und andererseits der Sequenz zum Thema „Fotos", lässt sich die Rollenverteilung bestimmen: Ch füllt die Lücke, die durch das Löschen des ersten Bildes entstanden war.

== Was (u. a.) noch fehlt ==

es sieht so aus, als würde das Ganze jetzt anfangen kompliziert zu werden und in richtig viel Arbeit ausarten … was ist z.B. mit [[Schloss Richmond]] (inkl. „Neu Richmond") und dem [[Zuckerberg]], was mit der [[Akademie für deutsche Jugendführung]] (aus Nazi-Zeiten, dann „Deutsche Müller-Schule" ? jetzt „Braunschweig Kolleg"), was mit AEG (Ackerstraße), dem alten Ostbahnhof (heutiger Hauptbahnhof, wenn ich nicht irre). Wie sieht die Gebietsgrenze nach Osten hin aus? Leonhardtstraße oder bereits Schillstraße? Wenn Leonhardtstraße, dann sollte auch das Landgestüt mit rein. Beim Ostbahnhof war übrigens auch die [[Eisenbahn Signal-Bauanstalt Max Jüdel A. G.]] s. [[Max Jüdel]]), dann wären da noch „Holsts Garten" und nicht zu vergessen „Hollands Garten", „Windmühlenberg" und [[Löwenwall]], der [[Dom-Friedhof (Braunschweig)|Dom-Friedhof]] und der [[Magni-Friedhof (Braunschweig)|Magni-Friedhof]], die [[Rimpausche Villa]] (zu Nazi-Zeiten das „Braune Haus"), die [[Johanniskirche (Braunschweig)|Johanniskirche]] und das [[Marienstift (Braunschweig)|Marienstift]] … und wenn ich noch ein bisschen länger nachdenke, fallen mir bestimmt noch zwei Dutzend weitere Artikel ein … z. B. [[Augusttor (Braunschweig)|Augusttor]] und die Schule an der Ottmerstraße, sowie der Bau der fürchterlichen Kurt-Schumacher-Straße … ich hör' jetzt lieber auf … frohes Schaffen einstweilen ;o) – (Br) 23:08, 12. Aug 2006

Richmond und Akadamie … gehören zu Melverode wie die amtliche Karte zeigt, ist also hier nicht das Problem.
Ein Blick auf die Stadtteilkarte zeigt dies, ebenso, das Windmühlenberg und Löwenwall zur Innenstadt gehören und das die Ost-Grenze (Besser Nord-Ost-Grenze durch die Helmstedter Straße geht. Dagegen gehören Haus Salve Hospes und Städtische Musikschule B VG B.
Auch die Sportvereine / Sportanlagen sollten nicht vergessen werden.
Es gibt viel zu tun richtig.
Allerdings sollten wir uns erstmal über die Gebietsgliederung und die Gliederung des Artikels einig werden. – (Ch|LRB) 08:07, 13. Aug 2006

In diesen beiden Sequenzen wird wieder die Zusammenarbeit deutlich. Man bestärkt sich gegenseitig in der Auffassung, dass noch viel Arbeit zu tun sei. Tatsächlich arbeiten die Teilnehmer zusammen. Obgleich Teilnehmer Ch die meisten Edits am Artikel beisteuerte, ist er nicht sehr stark herausgehoben. Es handelt sich vielmehr tatsächlich um eine kollaborative Arbeit, wobei allerdings im Zeitverlauf immer mehr Arbeit durch Ch erledigt wird. Am Ende des untersuchten Zeitraums kann man tatsächlich vom „Artikelbesitzer" Ch sprechen.

Dies ist aber noch nicht alles. Am 13. August, kurz nach Beginn der Diskussion eröffnet Teilnehmer Ch eine Materialsammlung auf seiner Teilnehmerseite. Diese Seite wird nach Gründung des „WikiProjekts Braunschweig" am 09. November 2006 auf die Projektseite verschoben. Die Materialsammlung ist weit umfangreicher als der eigentliche Artikel. Sie umfasst am Ende des Untersuchungszeitraums 11551 Wörter und 20 Bilder und ist damit um das 20-fache umfangreicher als der eigentliche Artikel.

Auch auf diesen ausgelagerten Seiten wird das Geschehen von Teilnehmer Ch dominiert.

Von der Seite „Braunschweigs-Vieweg Garten-Bebelhof" des „Projekts Braunschweig" gibt es 224 Versionen, von der zugehörigen Diskussionsseite 27.

Tabelle 14.5:   Beteiligung an der zum „WikiProjekt Braunschweig" gehörenden Seite „Braunschweigs-Vieweg Garten-Bebelhof"

Teilnehmer	Versionen „Materialsammlung"		Versionen zugehörige Diskussion	
	absolut	%	absolut	%
Ch	140	63	16	59
Li	64	29	6	22
Br	17	8	5	19
Jo	1	0		
Rd	1	0		
To	1	0		
Gesamt	224	100	27	

Tabelle 14.6:   Merkmale der
Diskussionsteilnehmer am Artikel Braunschweigs-Vieweg   Garten-
Bebelhof

Benutzer-name	Gesamtzahl Edits in der Wikipedia	Edits an unterschiedlichen Artikeln	Ratio Edits gesamt/ Edits unterschiedl. Artikel	Seit wann aktiv?	Kommentar
Ch	4368	641	6,8	11/2005	Teilnehmer, der sich am stärksten auf einzelne Artikel konzentriert
Br	6991	2017	3,5	04/2005	Teilnehmername weist Beziehung zu Herkunft auf
Li	2880	1012	2,8	08/2006	Teilnehmername weist Beziehung zu Herkunft auf
Jo	1776	719	2,5	05/2005	
Ol	17	7	2,4	12/2006	

Wir können zwar feststellen, dass die meisten Elemente, die einmal in den Artikel eingefügt wurden, erhalten blieben. Aber wir können trotz der Verfolgung der Diskussion nicht genau sagen, warum dies so ist. Andererseits ist der hier untersuchte Artikel ein Beispiel dafür, dass die Diskussion tatsächlich zur Koordination des Artikelinhalts im wesentlichen Umfang benutzt wurde. Auch hier haben sich trotz einer einigermaßen ausgeglichenen Teilnahme aller an der Diskussion Positionen herausgebildet. Diese führten dazu, dass ein Teilnehmer, der später erst dazu kam, zum „Artikelkoordinator" wurde. Obgleich man bei der Analyse des Artikels nicht den Eindruck hat, als seien die anderen engagierten Autoren tatsächlich zurückgesetzt, entsteht im Laufe der Zeit eine herausragende Position für Teilnehmer Ch.

Diesen Abschnitt resümierend kann man sagen, dass keinesfalls immer ein klarer Zusammenhang zwischen den Diskussionen zu Artikeln und der Entstehung des Artikelinhalts gegeben ist. In der Regel beteiligen sich mehr Teilnehmer an der Artikelbearbeitung als an der Auseinandersetzung um einen Artikel. Dies ist nicht weiter verwunderlich, da die meisten Artikelbearbeitungen nur kleine Änderungen darstellen, bei denen vielleicht ein Schreibfehler beseitigt wird oder eine kleine Information beigetragen wird.

Wird ein Artikel von einem Teilnehmer unter seine Fittiche genommen, so sieht man an den Beispielen, dass er sich auch auf der Diskussionsseite beteiligt.

15   Die Bedeutung der Treffen für das Handeln in der Wikipedia[1]

15.1 Treffen von Wikipedianern

Es wurde bereits erwähnt, dass Wikipedia kein reines Internettool für Zusammenarbeit ist. Die über die Enzyklopädie entstehenden Kontakte werden über das Internet hinaus auch auf andere Bereiche ausgedehnt. Solche Kontakte werden beispielsweise in Form von Treffen gepflegt. Treffen innerhalb der Wikipedia werden meist als Stammtische bezeichnet, häufig selbst dann, wenn es sich um ein erstes Treffen handelt. Da wir unterschiedliche Bereiche in die Untersuchung einbeziehen wollen, bietet es sich an, solche Face-to-face Kontakte mit zu untersuchen. Hierfür ist es von Vorteil, dass die meisten Treffen einen offenen Charakter besitzen sollen. Prinzipiell kann jeder teilnehmen und häufig dienen die Treffen dem Kennenlernen. Daher werden sie innerhalb der Wikipedia-Organisationsöffentlichkeit angekündigt. Diese Ankündigungen lassen sich über die wikipediaeigene Datenbank abrufen. In den allermeisten Fällen finden sich auch Protokolle der Treffen und Anwesenheitslisten. Vor der Untersuchung haben wir uns überlegt, dass die Teilnahme an Treffen eine besondere Form der Bindung an das Projekt, an die anderen Teilnehmer und eine Bestätigung der Position bewirken müsste. Ebenso vermuten wir, dass in manchen Fällen Teilnehmer ihren ersten Kontakt zu Aktiven in der Wikipedia über eine Teilnahme an einem Stammtisch knüpfen. Das bedeutet, dass eine Positionierung nicht nur über die Reaktionen der anderen auf die Bearbeitung eines Artikels vorgenommen wird, den Stammtischen kommt dabei ebenfalls eine besondere Bedeutung zu.

Wie wichtig solche persönlichen Kontakte sind, das soll auf den nächsten Seiten geklärt werden.

15.2 Vorgehen bei der Untersuchung

Innerhalb der Wikipedia-Organisationsseiten werden die verschiedenen Formen der Zusammenkunft auf der Seite „Treffen der Wikipedianer" angekündigt[2]. Alle dort angekündigten und dokumentierten Zusammenkünfte bis Anfang November 2006 wurden in die Untersuchung einbezogen. Insgesamt handelt es sich im Zeitraum vom 18. Oktober 2003 bis zum 3. November 2006 um 240 Treffen in 51 Orten. Da nicht immer alle Teilnehmer mit ihrem Wikipedianamen beziehungsweise mit leichten Abwandlungen davon unterzeichneten und es im Zeitverlauf zu einigen Umbenennungen der Nicknames, meist vom Nickname zum Klarnamen,

---

[1] Die Auswertungen zur örtlichen Verteilung der Teilnehmer von Treffen stammen von Alexander Rausch.
[2] http://de.wikipedia.org/wiki/Wikipedia:Treffen_der_Wikipedianer (06.08.2008)

kam, mussten wir einige Namen manuell zuordnen. Auf diese Weise konnten wir 750 Personen ermitteln, die mindestens einmal an Treffen teilnahmen.

Abbildung 15.1:   Darstellung des bimodalen Netzwerkes: Die 750 Teilnehmer sind als Kreise und die 240 Treffen als Quadrate dargestellt. Die 2532 Kanten geben an, welcher Teilnehmer an welchem Treffen teilgenommen hat.

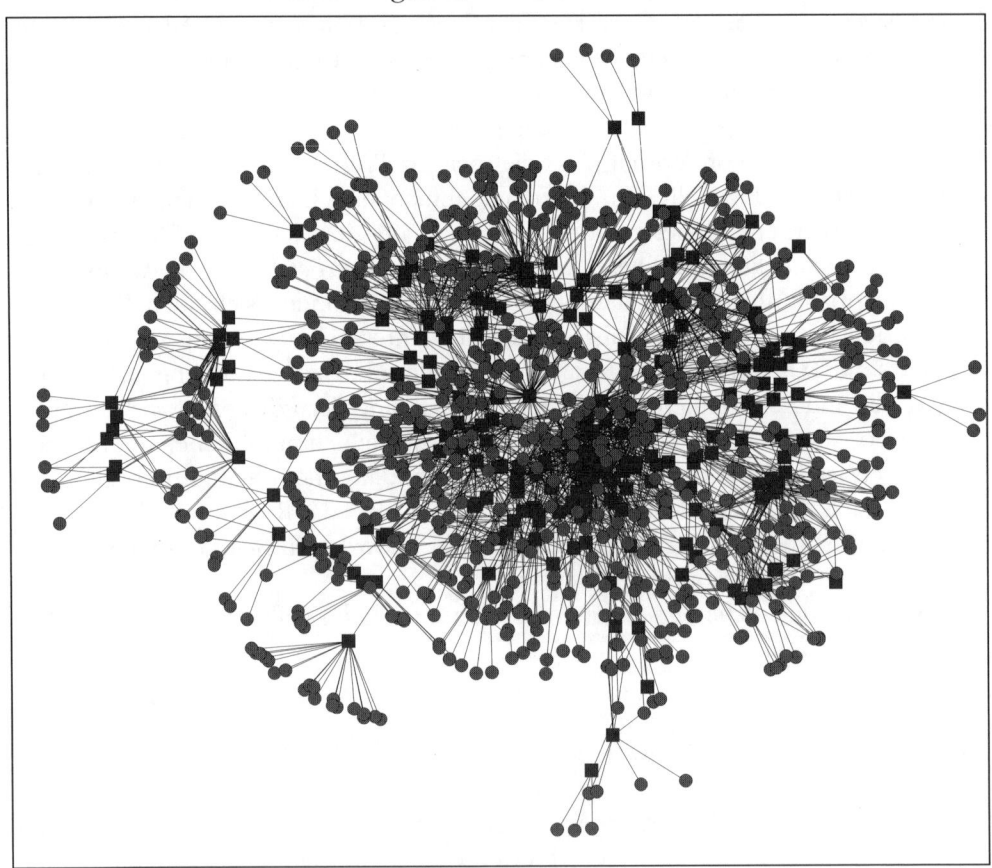

Einen ersten Eindruck der Daten vermittelt die Darstellung der Treffen als bimodaler Graph. Hierbei sind die Treffen als Quadrate dargestellt, die einzelnen Teilnehmer als Kreise. Schon auf den ersten Blick erkennt man, dass es Bereiche im Netzwerk gibt, die stärker vernetzt sind als andere. Zahlreiche Teilnehmer, besonders die an den Rändern des Graphen angeordneten, haben auch tatsächlich nur ein einziges Treffen besucht. Andere Teilnehmer, besonders die in der Mitte angeordneten, waren auf einer größeren Anzahl an Treffen.

Die gewählte Darstellung zeigt, dass zahlreiche Teilnehmer sich in nur einem sehr geringen Maße beteiligt haben. Die Verteilung kann man genauer untersuchen. Dabei finden wir heraus, dass die Verteilung so ungleich ist, dass man zeigen kann, dass sie einem Potenzgesetz (Power Law) folgt. Die Analyse der bimodalen Daten gibt für die Anzahl der von einem Teilnehmer besuchten Treffen die in der nächsten Tabelle abgebildete Verteilung:

Tabelle 15.1: Treffen und Teilnehmer: Die Tabelle lässt sich folgendermaßen verstehen: Von den 750 Teilnehmern waren 373 nur auf einem einzigen Treffen, 133 auf zweien; ein Teilnehmer hat 39 Zusammenkünfte besucht, ein weiterer 38 etc.

# Treffen	1	2	3	4	5	6	7	8	9	10	11	12	13	14	15	16	17	18	19	21	22	23	25	26	27	28	29	38	39
# Teilnehmer	373	133	68	46	28	21	14	18	7	9	7	7	5	2	4	2	3	2	1	3	3	1	1	1	1	2	1	1	1

Dabei handelt es sich um eine Verteilung, die dem Potenzgesetz $y = 457 \cdot x^{-1,79}$ folgt.

Abbildung 15.2: Verteilung der Anzahl besuchter Treffen

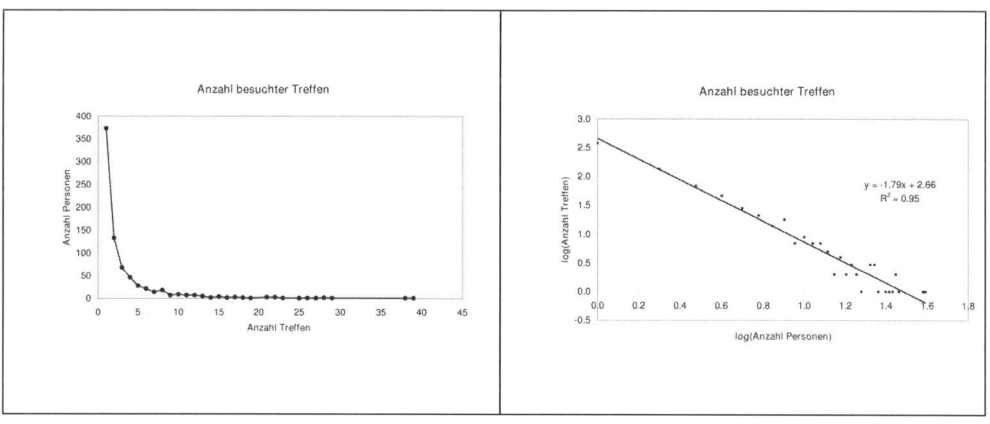

Daraus lässt sich einerseits schließen, dass es sinnvoll ist, die Teilnehmer, die ein oder nur wenige Treffen besucht haben, von den Teilnehmern getrennt zu betrachten, die an sehr vielen Treffen beteiligt waren. Andererseits liegt es nahe, dass es zumindest einige überörtlich oder gar überregional agierende Akteure unter den Teilnehmern gibt.

Abbildung 15.3:   Verteilung der Treffen auf Monate und Orte

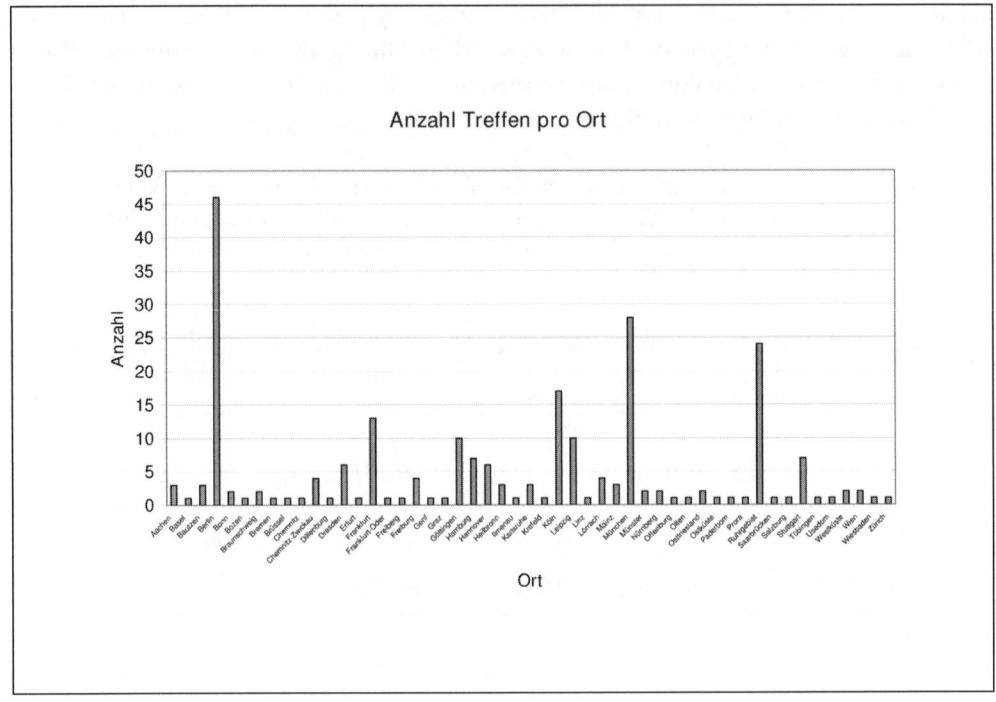

Abbildung 15.3 zeigt, dass es Schwerpunkte bei den Treffen gibt. Die meisten Treffen fanden in Berlin statt, gefolgt von München, dem Ruhrgebiet, Köln und Frankfurt. An den allermeisten Orten fand nur ein einziges Mal ein Treffen statt. Man findet eine ganz ähnliche Ungleichverteilung wie bei der Teilnahme an Treffen. Die Chance auf Treffen andere Wikipedianer kennenzulernen, ist also über die Republik sehr ungleich verteilt. Lebt ein Teilnehmer in Berlin, bestehen also weit bessere Möglichkeiten mit anderen in Kontakt zu kommen als andernorts. Wenn man nun bedenkt, was uns anekdotisch berichtet wurde, dass auf manchen Treffen jedes Mal ein neuer Adminkandidat ausgesucht wurde, dann zeigt dies auch, dass Raum und Zeit auch für die Teilnahmechancen in der Organisation „Wikipedia" bedeutungsvoll sind. Diese Wirkung spielt natürlich nicht nur bei den Kandidaten für die Führungspositionen eine Rolle. Wenn wir davon ausgehen, dass die Einbindung in ein soziales Gefüge und das Einrücken in eine Position mit sozialer Anerkennung wichtig für die Teilnahme sind, dann dürften die Treffen hierbei eine entscheidende Rolle spielen.

Mit den bis hierhin durchgeführten Analysen lässt sich die in den Treffen zum Ausdruck kommende positionale Struktur noch nicht genauer beschreiben. Im Prinzip könnten wir diese Zusammenhänge aber noch tiefer analysieren. Wie kann man sich vorstellen, dass in der Teilnahme von Treffen eine positionale Struktur zum Ausdruck kommt?

Abbildung 15.4:   Anzahl Treffen pro Monat

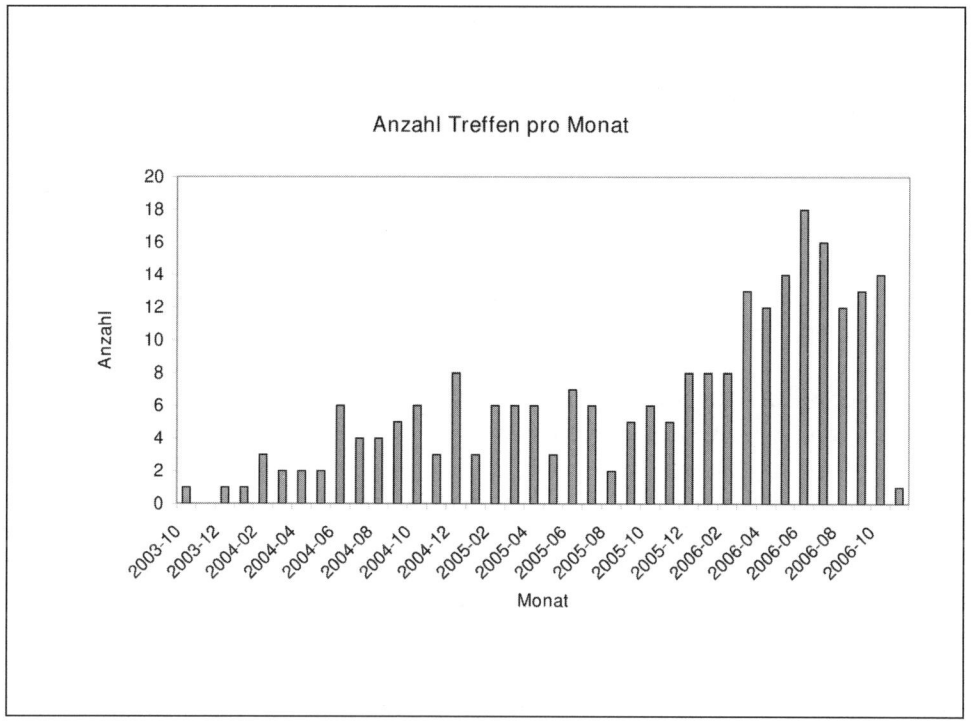

Zunächst einmal muss das nicht sein. Würden wir die Verteilung noch nicht kennen, könnten wir uns auch vorstellen, dass sich die Wikipedianertreffen und auch die Wikipedianer einigermaßen gleichmäßig über die Bundesrepublik verteilen – oder besser den Siedlungsschwerpunkten entsprechend. Das würde nahe liegen, da es sich bei der Wikitechnologie um ein Tool handelt, mit dem ortsunabhängige Zusammenarbeit ermöglicht wird. Man könnte daraus schließen, dass es noch andere Mechanismen zur Mitarbeit in Wikipedia gibt, etwa personale Netzwerke, die über Bekannte Teilnehmer gewinnen. Dies wäre ein Zeichen dafür, dass es Einstiegshürden gibt, die durch persönliche Bekanntschaft verkleinert werden können. Obgleich solche „Barrieren" auch unser Thema sind, soll dies hier nicht weiter vertieft werden. Man hätte sich auch vorstellen können, dass alle 750 Teilnehmer auf einer kleinen Anzahl an Treffen waren. Dies ist aber offensichtlich nicht der Fall.

An dieser Stelle möchten wir überlegen, wie die Beteiligung an Wikipediatreffen strukturiert ist. Wir haben ja bereits eine ungleiche Verteilung der Treffen hinsichtlich der Orte, an denen sie stattfinden, beobachtet. Außerdem haben wir herausgefunden, dass die Teilnahme an Treffen auch sehr ungleich ist. Es gibt Teilnehmer, die waren auf mehr als 15% aller untersuchten Zusammenkünfte. Unsere hier gestellte Forschungsfrage lautet also, ob es ein Muster der Verteilung der Treffensteilnahme gibt. Im Anschluss daran fragen wir weiter, ob diese Struktur etwas mit Positionen zu tun hat. Positionen sind dabei wiederum für die Interpretation des Verhaltens der Teilnehmer von Bedeutung.

Es lässt sich zeigen, dass die Zahl der Treffen im Zeitverlauf zugenommen hat. Einerseits dürfte dies Ausdruck der gestiegenen Anzahl an Teilnehmern in Wikipedia sein, andererseits aber auch reflektieren, dass persönliche Bindungen entstanden sind.

15.3 Die Berliner Szene

Die Berliner Szene umfasst 181 Akteure. Da wir die aufgrund der Treffen erzeugten Netzwerke aus bimodalen Netzwerken ableiten und die Zahl der Treffen in Berlin mit 46 sehr groß ist, entsteht ein sehr dichtes Netz, dessen Interpretation für sich genommen nicht einfach ist. Erzeugt man ein Affiliationsnetz, erhält man einen (hier nicht abgebildet) Graphen mit 9728 Kanten, die Dichte des Netzwerkes beträgt demnach 59,7%. Das bedeutet, wenn man aus der Berliner Szene ein beliebiges Paar herausgreift, besteht eine 60%-ige Wahrscheinlichkeit, dass diese beiden Personen bereits mindestens einmal gemeinsam auf einem Treffen waren.

Das bedeutet, dass es zunächst so aussieht, als habe man kaum eine Chance zur Bestimmung von Positionen, außer man schaut nach der Varianz der Zahl der besuchten Treffen und der Zahl der dort getroffenen Personen.

Abbildung 15.5: Berliner Szene (es sind nur diejenigen abgebildet, die an mehr als 10 Treffen von 46 teilgenommen haben)

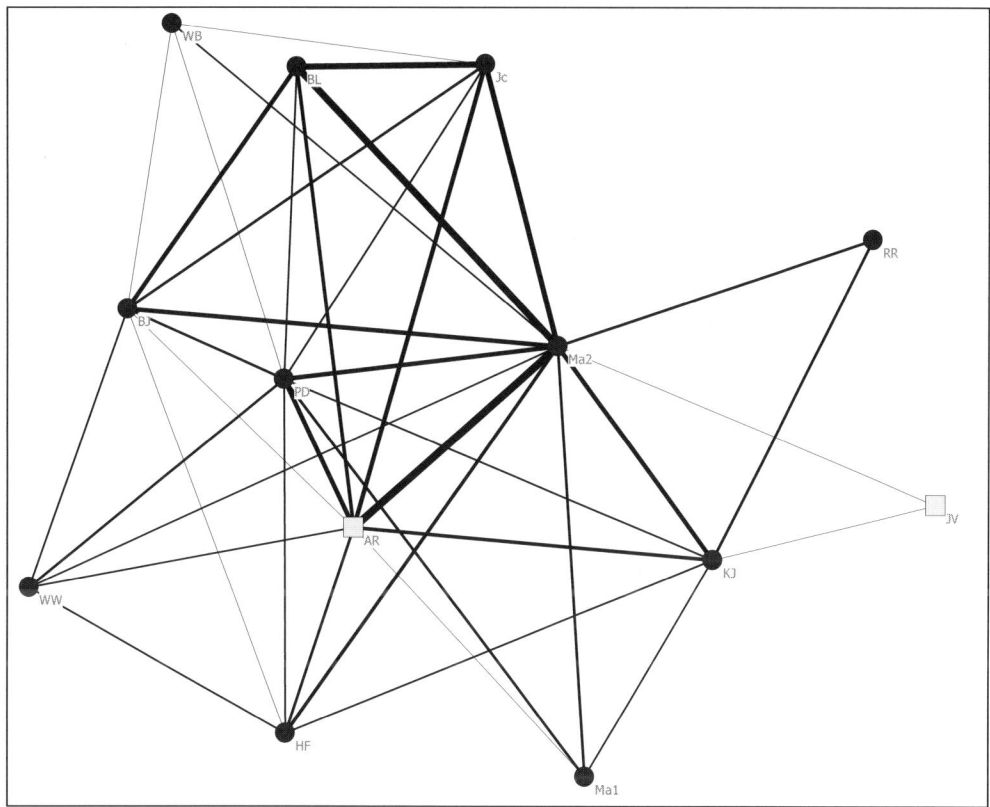

Die Abbildung zeigt den Kern der Berliner Szene, wobei hier auch noch einmal deutlich wird, dass es selbst im Kern noch strukturelle Unterschiede gibt. Die hier mit den Nummern PD, AR und Ma2 benannten Teilnehmer sind im Kern deutlich zentraler als einige andere Akteure.

Wir haben hier noch eine weitere Möglichkeit gewählt, die Unterschiede zwischen den Teilnehmern zu verdeutlichen. Wir haben den Kern danach untersucht, ob es Teilnehmer gibt, die nur Berliner Treffen besucht haben und solche, die auch auf Treffen in anderen Orten waren. Nimmt man so die Matrix auseinander und stellt die Daten graphisch dar, dann kommt man zur folgenden Abbildung.

Abbildung 15.6:   Berliner Szene: überörtliches Engagement (zweimodale Darstellung, Orte werden durch Quadrate repräsentiert, Akteure durch Kreise)

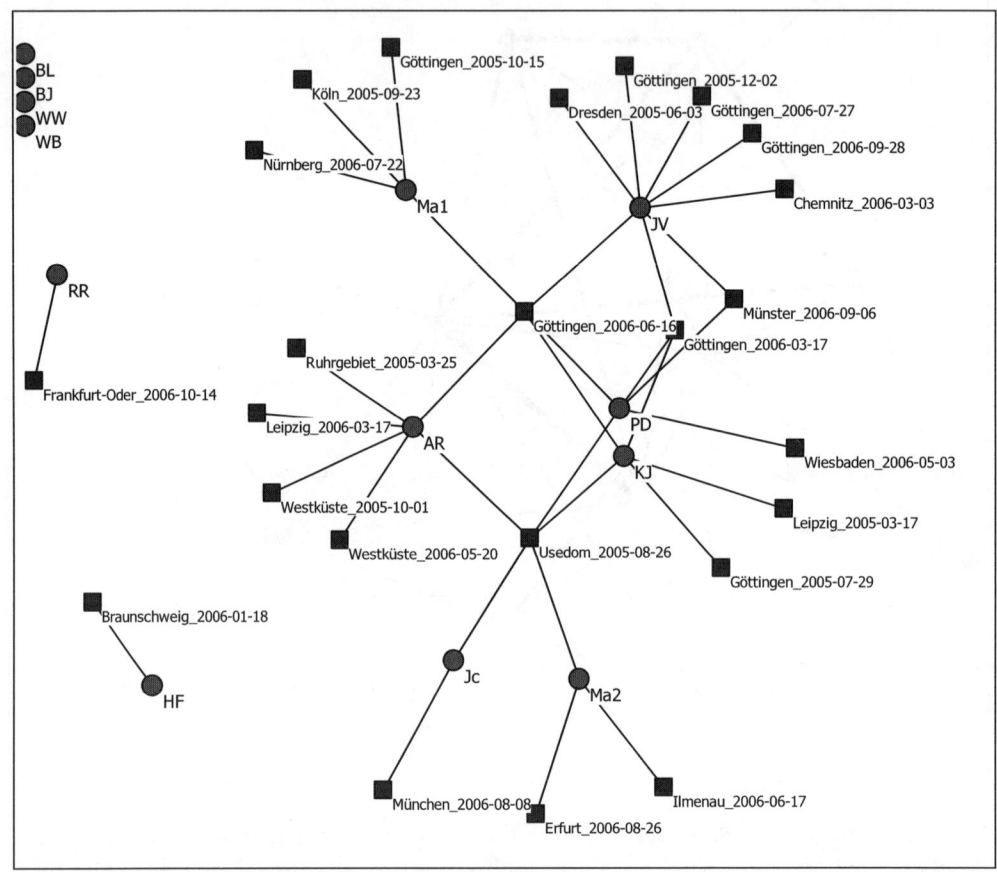

Von den 181 Teilnehmern sind ganze 9 in einem größeren Maße auch überregional aktiv geworden. Da die meisten Teilnehmer nur lokal orientiert sind, kommt den überregional Aktiven eine besondere Rolle zu. Die überregionalen Aktivitäten können mit Burt (1992) gesprochen, strukturelle Löcher überbrücken. Das bedeutet, dass diesen Informationen über andere Regionen zur Verfügung stehen und sie in anderen Regionen mit Infos aus dem eigenen Bereich glänzen können. Da es eine ganze Zahl solcher Aktiven und die beschriebene Überbrückungsfunktion allen überörtlich Engagierten gemein ist, kann man von einer Position sprechen. Diesen strukturell äquivalenten Teilnehmern obliegt es, über schwache Verbindungen das Gefühl einer deutschlandweiten Community zu formen und ansonsten eben nicht verfügbare Informationen weiterzutragen.

Diese Analyse lässt sich auch für die Münchener Szene durchführen. Dort fanden im Untersuchungszeitraum 28 Treffen statt. Wir haben solche Teilnehmer als zum Kern zugehörig definiert, die an mindestens 5 Treffen teilnahmen. In der folgenden Tabelle findet sich der zugehörige Graph.

Abbildung 15.7:   Münchener Szene. Teilnehmer, die mehr als 5 von 28 Treffen besucht haben

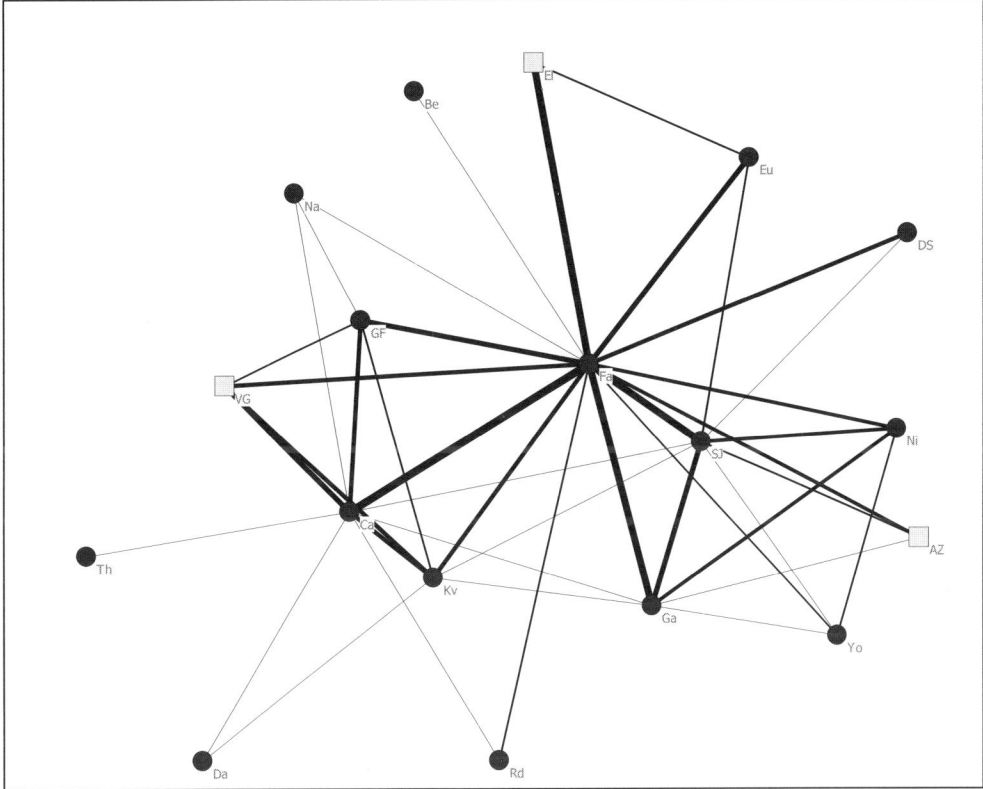

Auch in München gibt es einen zentralen Teilnehmer. Dieser ist jedoch nicht überregional orientiert. Die Münchener Szene ist viel stärker auf sich selbst bezogen als die Berliner Szene. Eigentlich findet sich nur ein Teilnehmer, der in einem stärkeren Maße überörtlich engagiert ist. Ein weiterer Teilnehmer wurde neben dem Münchener Engagement nach einer Weile auf Treffen in Köln gesichtet. Offensichtlich handelt es sich hierbei um einen Teilnehmer, der umgezogen ist.

Abbildung 15.8: Münchener Szene – Regional und überregional orientierte
Teilnehmer

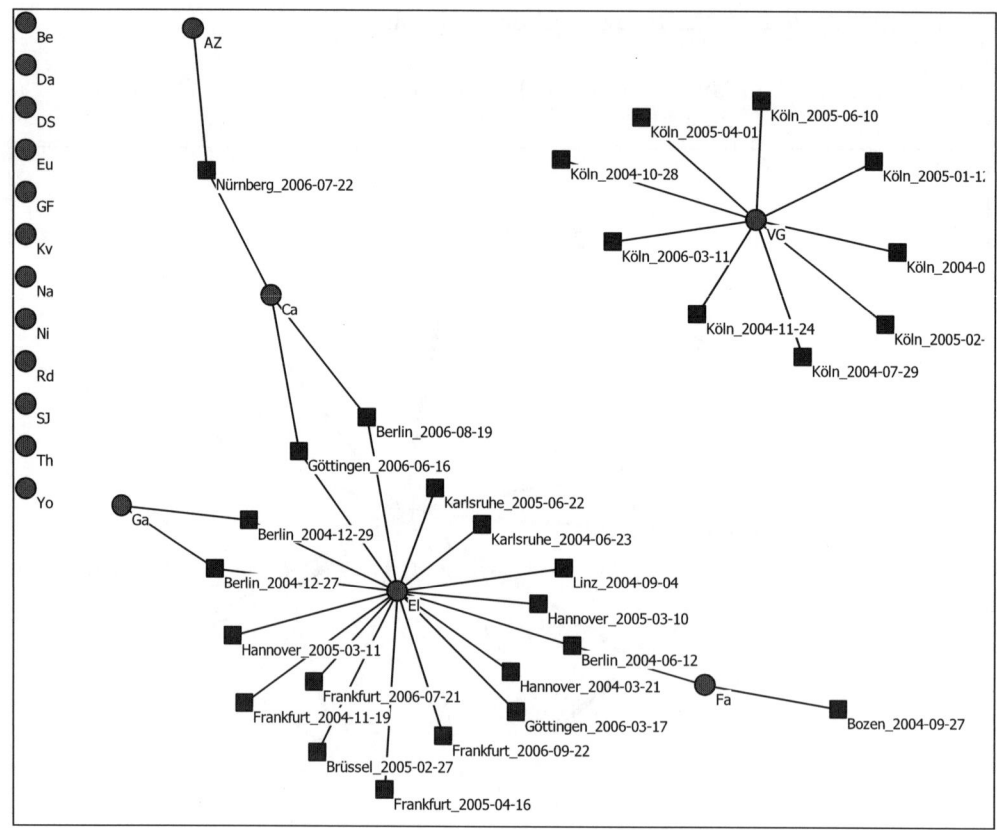

Wir können festhalten, dass sich die Aktivisten in solche, die vor allem mit den lokal Tätigen zu tun haben und in solche, die sehr stark auch in überregionalen Zusammenhängen engagiert sind, unterscheiden lassen. Durch die Unterschiedlichkeit empfehlen sich diese Teilnehmer natürlich auch für Funktionen außerhalb der örtlichen Szene. Der häufig überörtlich anzutreffende Akteur der Münchener Szene ist beispielsweise nicht nur Administrator, er ist auch im Wikisystem als Ansprechpartner für die Presse eingetragen.

Man kann auch zeigen, dass die überörtlich Engagierten meist über einen längeren Zeitraum in verschiedenen Umfeldern aktiv sind. Allerdings ist es mit dieser Analyse nicht möglich eine Kausalität festzustellen: Wir können nicht sagen, ob die Reisetätigkeit eine Folge der Position der Teilnehmer ist oder ob die Position aus der Anwesenheit an verschiedenen Orten erwuchs. Sollte die Position zuerst gekommen sein, dann kann man allerdings mutmaßen, dass der Ortswechsel die

Verbundenheit und so auch die Position stärken. Hierdurch wird nicht nur aufgrund des Informationsflusses die Stellung gesichert, es baut sich auch eine Expertise auf. Diese, so wurde im Kapitel zur Entstehung von Führungspositionen argumentiert, ist für Machtprozesse von außerordentlicher Bedeutung.

15.4 Die Wirkung der Teilnahme an Treffen

In diesem zweiten Abschnitt des Kapitels wird untersucht, ob sich eine Auswirkung in der Art und im Umfang der Beteiligung finden lässt, wenn Teilnehmer zum ersten Mal auf einem Treffen waren.

Tabelle 15.2:   Wie verändert sich die Aktivität nach der Teilnahme an einem Treffen?

	Häufigkeit	Insg. Prozent	Gültige Prozente
Vorher keine und nachher keine Edits	18	2,5	ungültig
Nach dem Treffen keine Edits mehr oder gar nicht mehr anwesend	78	10,9	11,2
Bis 50% (bis halb so viele Änderungen nach Treffen, wie vorher)	179	25,0	25,6
Zwischen 50 und 100%	156	21,8	22,3
		Nach Treffen weniger Edits insgesamt	59,2
Vorher keine Edits, danach mit Editierungen begonnen	26	3,6	3,9
100-200%	150	20,9	21,5
>200%	109	15,2	15,6
		Nach Treffen mehr Edits insgesamt	40,8
Gesamt	698	100,0	100,0

Mit Hilfe unserer Daten lassen sich Aktivitäten auch zeitlich zuordnen. Dies ist insofern interessant, als wir Aktivität in verschiedenen Bereichen mit einem Ereignis in eine Verbindung bringen können. Wir können die Aktivität in durchschnittliche Aktivität vor und nach dem Besuch eines Treffens aufschlüsseln und in Aktivität vor und nach der Ernennung zum Administrator. Unsere Hypothese, dass die Positionierung für die Art und Weise, wie sich jemand verhält, von entscheidender Bedeutung ist, kann dadurch verfolgt werden. Wir gehen davon aus, dass von der Teilnahme an einem Treffen eine Stärkung der Eingebundenheit ausgeht. Das bedeutet, dass wir uns von einem Treffen zusätzliche Motivation zur Mitarbeit erwarten. Dies müsste sich in einem messbar stärkeren Engagement niederschlagen. Es müsste sich also eine Änderung im Verhalten durch den persönlichen

Kontakt ergeben. Bei der Ernennung zum Administrator dürfte die Verhaltensänderung noch stärker durchschlagen, weil damit eine formale Positionsänderung verbunden ist. Auf solchen Treffen werden Pläne geschmiedet, es wird diskutiert, in welchen Bereichen noch Arbeit zu erledigen ist etc.

Entgegen unserer Annahme verringern etwa 60% der Teilnehmer nach einem Treffen ihre Aktivität. Woran kann das liegen? Es könnte natürlich sein, dass bei dieser Gruppe der Beteiligten die Integration nicht funktionierte, dass Bedingungen für eine Integration fehlten. So könnte man sich fragen, ob bestimmte Homophilieaspekte, die zum Aufbau einer positiven Beziehung notwendig sind, nicht gegeben waren.

Tabelle 15.3: Aktivitätssteigerung nach erstem Treffen danach, ob jemand später Admin wird (Chi^2-Test, signifikant auf dem 1% Niveau).

	Nichtadmins	Admins	% / N
Weniger Aktivität nach Treffen	63%	46%	59% 413
Mehr Aktivität nach Treffen	37%	54%	41% 285
	541 (100%)	157 (100%)	698

Es könnte aber auch sein, dass die Anwesenden eine Art Grenze zwischen sich und den anderen aufbauen, die für Neulinge nur schwer durchdringbar ist. Wertet man aus, wer später Administrator geworden ist, so findet man heraus, dass künftige Administratoren im Durchschnitt ihre Aktivität nach einem Treffen eher erhöhen, Nichtadministratoren hingegen eher einschränken. Diese Überlegung liegt nahe, wenn man davon ausgeht, dass die Aktivitätsänderung von der Position abhängt. Wird man beim ersten Treffen hingegen in die Gemeinschaft aufgenommen, wirkt sich das auf die danach folgende Aktivität aus. Aus Anekdoten wissen wir, dass auf Treffen häufig neue Administratoren ausgewählt wurden, denen dann angeraten wurde, sich zur Wahl zu stellen. Das bedeutet, dass man sagen kann, dass das erste wirkliche Treffen mit anderen Wikipedianern bedeutsam für die Positionierung der Akteure ist. Es kann sein, dass dieses Treffen „gut" ausgeht und die Akteure später zu Administratoren gekürt werden oder aber es geht schlecht aus und die Chance der Motivation durch den Gruppenprozess wird vertan und ein Teil der Beteiligten schränkt danach ihre Mitarbeit ein.

Wir können untersuchen, wie sich das erste Treffen auf die darauf folgende Aktivität auswirkt. Hierbei untersuchen wir die Aktivität im Monat vor dem Treffen und die Aktivität im Monat nach dem Treffen getrennt für verschiedene Namensräume der Wikipedia-Datenbank. Hierbei sind drei Namensräume besonders wichtig: Der Artikelnamensraum, weil dort Beiträge zur Substanz von Wikipedia geleistet werden, der Wikipedia-Namensraum und der Wikipedia-Diskussionsnamensraum, weil dort über das Wikipediaprojekt selbst diskutiert und mitbestimmt werden kann.

Unsere Hypothese lautet, dass durch den persönlichen Kontakt eine Verhaltensänderung zustande kommt. Wir haben jeweils die Aktivität einen Monat vor dem ersten Treffen und einen Monat nach dem Treffen miteinander verglichen. Da die Aktivitäten nur monatsweise vorliegen, haben wir den Monat, in dem das Treffen stattfand aus dem Vergleich herausgenommen.

Es zeigt sich, dass eine kleine Veränderung in der Aktivität zu verzeichnen ist. Im Artikel- und Artikeldiskussionsnamensraum haben 56% (N=648) der Teilnehmer im auf das erste Treffen folgenden Monat weniger Beiträge geleistet als im Monat vor dem ersten Treffen. Im Wikipedia-Namensraum (inkl. Wikipedia-Diskussion) haben ebenfalls mehr Teilnehmer nach dem ersten Treffen weniger geschrieben als vorher, wenngleich man sagen muss, dass der Unterschied zu vorher nicht sehr groß ist. Administratoren und Personen, die später zu Administratoren geworden sind, dagegen haben nach einem Treffen zu 54% mehr geschrieben, Nichtadmins nur zu 37%.

Abbildung 15.9: Die Wirkung des ersten Treffens auf die weitere Aktivität (der Chi2 Test besagt, dass die Unterschiede zwischen den Gruppen auf dem 1% Niveau signifikant sind). Lesehilfe: Von denjenigen, die später auf 3 oder mehr Folgetreffen waren, haben 58% im Monat nach dem ersten Treffen mehr geschrieben)

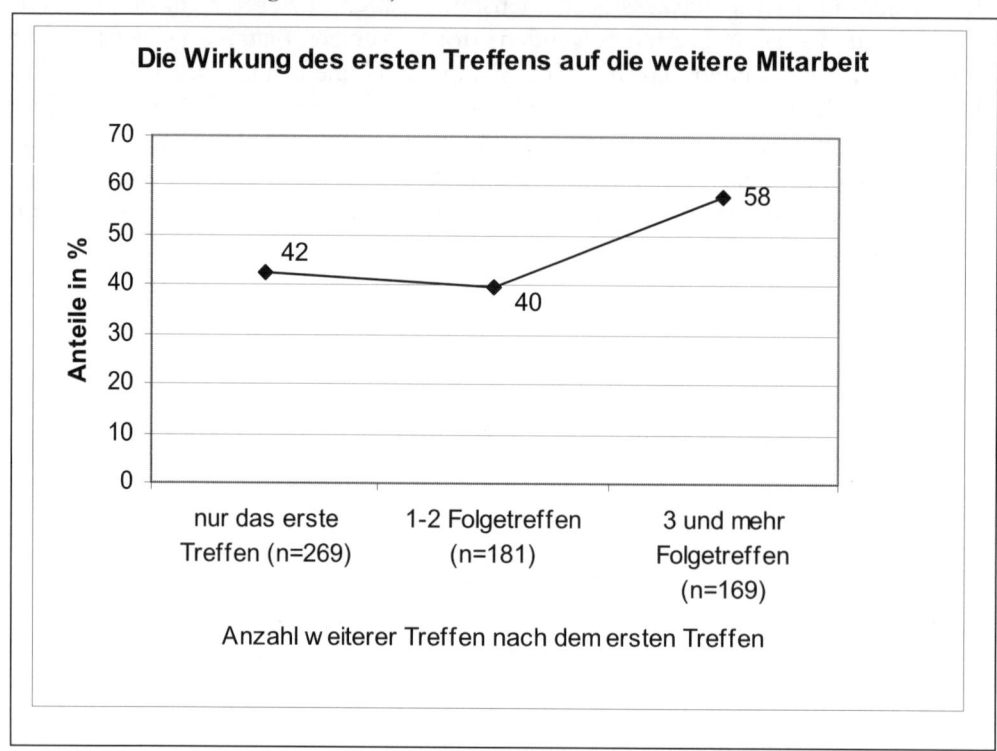

Die Wirkung des ersten Treffens auf die weitere Mitarbeit

Wir können untersuchen, wie sich das erste Treffen auf die Aktivität im Folgemonat auswirkt. Bei denjenigen, bei denen der Besuch von Treffen zur Gewohnheit wird, die also auf 3 oder mehr Folgetreffen gehen, findet sich mit 58% im Folgemonat eine erhöhte Aktivität. Wenn ein Teilnehmer nur das erste Treffen besucht oder nur ein bis zwei Folgetreffen, dann sind im Durchschnitt nur um die 40% im Monat nach dem ersten Treffen aktiver als im Monat davor. Wir können dies so interpretieren, dass wohl für einen Teil der längerfristig aktiven Mitarbeiter bei Wikipedia das erste Treffen, mit persönlichem Bekanntwerden mit Mitstreitern eine Rolle für die weitere Mitarbeit an Wikipedia spielt.

Abbildung 15.10: Die Wirkung des ersten Treffens auf die weitere Aktivität (Der Chi² Test besagt, dass die Unterschiede zwischen den Gruppen auf dem 1% Niveau signifikant sind)

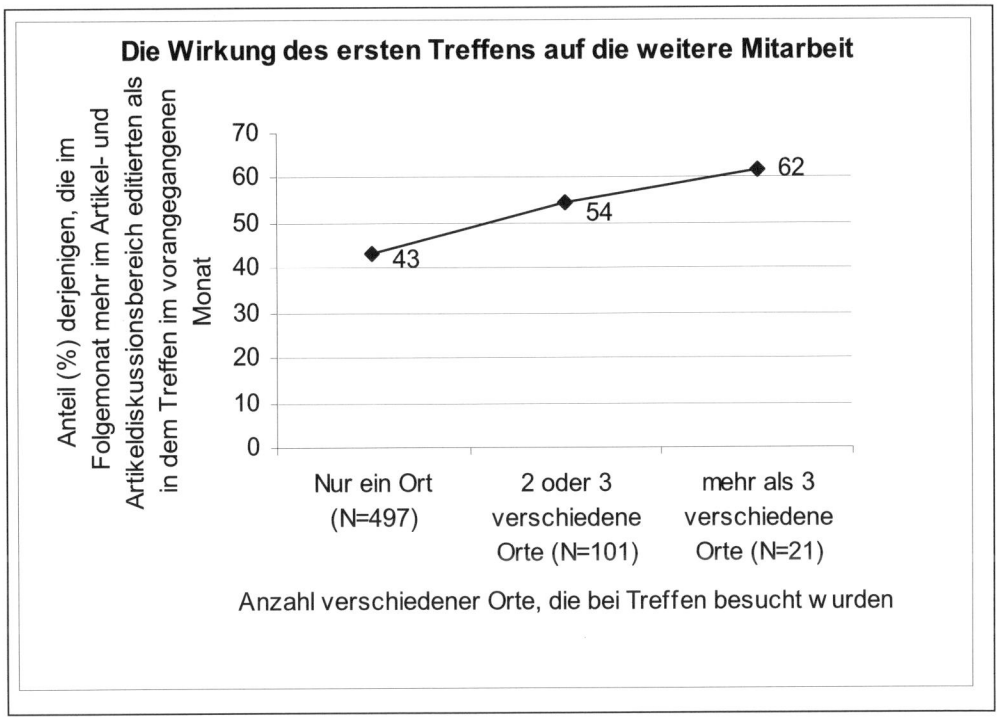

Je nachdem, wann jemand Administrator wurde, hat sich die Teilnahme an dem ersten Treffen offensichtlich unterschiedlich ausgewirkt. Das erste Treffen ist für die weitere Mitarbeit umso bedeutender, je später jemand Admin geworden ist.

Im Zeitverlauf steigen immer weniger Teilnehmer zu Administratoren auf und offenbar sind es vor allem solche, die sich auf Treffen durch Aktivitäten anstecken lassen. Außerdem, steigt die Anforderung Admin zu werden, sodass heutige Admins wohl auch über ein höheres Engagement verfügen müssen, als dies früher der Fall war.

Abbildung 15.11: Die Wirkung des ersten Treffens auf weitere Aktivität (Der Chi^2 Test besagt, dass die Unterschieden zwischen den Gruppen auf dem 10% Niveau signifikant sind.

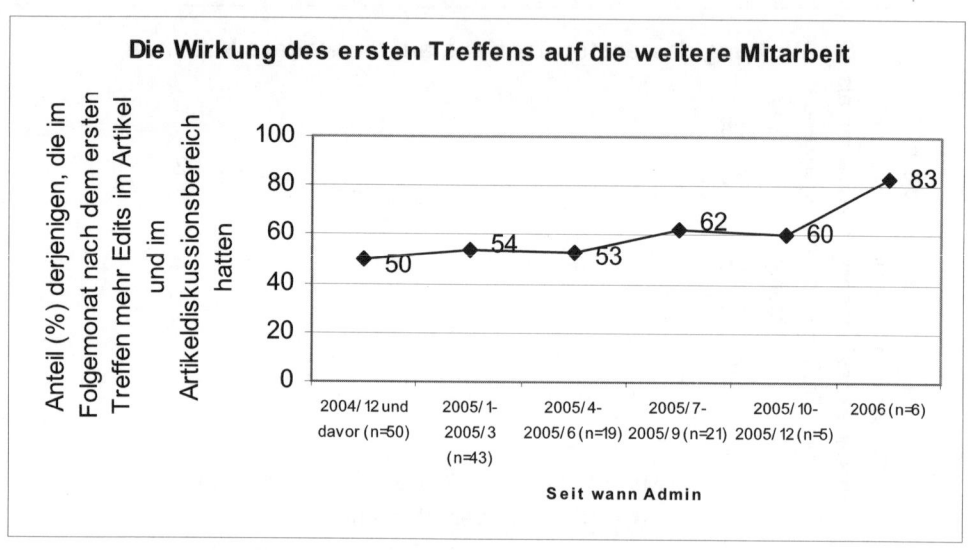

15.5 Resümee

In diesem Kapitel wird die Teilnahme an Treffen, meist handelt es sich um Stammtische, ausgewertet. Mitglieder im Führungsteam sind oft nicht nur lokal aktiv, sondern besuchen auch überregionale Zusammenkünfte. Im zweiten Teil wurde analysiert, inwiefern die Teilnahme an einem Treffen zu einer messbaren Verhaltensänderung führte. Solcherlei Daten, mit denen sich ausgelöst durch ein Schlüsselereignis Handeln untersuchen lässt, sind sehr selten in der Sozialforschung. Hier mussten wir die ursprüngliche Annahme verwerfen, dass die Teilnahme an einem Stammtisch zu einer verstärkten Eingebundenheit und damit zu einem erhöhten Engagement führt. Über die Veränderung hinsichtlich der Eingebundenheit können wir zwar keine Aussage treffen, dafür aber darüber, wie sich das Treffen auf die Fortsetzung des Engagements auswirkte. In der Mehrzahl der Fälle verringert sich das Aktivitätsniveau nach dem persönlichen Kennenlernen der anderen Wikipedianer. Unserer Auffassung nach lässt sich dies vor allem so erklären, dass es besonders Neulingen nicht immer gelingt, in einen Kreis, der sich untereinander bereits kennt, aufgenommen zu werden. Das bedeutet, dass nicht jeder Teilnehmer bei solch einem Treffen Anschluss findet – gut möglich ist, dass dort zu sehr gefachsimpelt wird. Es mag sein, dass die Bindungskapazität der etablierten Teilnehmer bereits erschöpft ist. Hinweise darauf finden wir bei der Aussage eines unserer Interviewpartner. Er sagte uns, er sei einmal auf einem Treffen gewesen und habe sich dort aber nicht zu erkennen gegeben. Stattdessen habe er am Nachbartisch Platz genommen und sich die Szenerie erst einmal angeschaut. Nun habe er auch kein Interesse, an weiteren Treffen teilzunehmen, weil es sich seiner Wahrnehmung nach um Admintreffen handele.

Anders ergeht es denjenigen, bei denen die erste Teilnahme zu einer Aufnahme in die Gemeinschaft gerät. Sie strengen sich danach mehr an und viele davon werden später zu Administratoren. Wir interpretieren dies als eine Wirkung des durch das Treffen ausgelösten Positionswechsels, der mit der Integration einhergeht. Stimmt die kausale Interpretation, dann finden wir hier einen Beleg dafür, wie die Integration in eine Gruppe das Handeln beeinflusst. Wir können resümieren, dass die Engagementsbereitschaft neuer Besucher in hohem Maße von der Fähigkeit der schon untereinander bekannten Teilnehmer abhängt, diese am ersten Stammtischabend in die eigenen Reihen zu integrieren.

16   Positionen aus der Kombination von Artikelproduktion, Portalen und Treffen[1]

An zahlreichen Stellen wurde argumentiert, dass Positionen eine situative Komponente haben. Im vorangehenden Kapitel wurden entstehende Positionen aufgrund regionaler und überregionaler Treffen analysiert. Hier nun, so ist die Idee, werden Metapositionen gebildet. Dies geschieht indem drei unterschiedliche Bereiche simultan in die Untersuchung einbezogen werden.

Im Einzelnen werden die Schnittmengen dreier voneinander unabhängiger Bereiche in der Wikipedia betrachtet. Aus Umfragedaten könnten wir die Schnittmenge zwischen den Variablen „Teilnahme an einem Treffen", „Mitarbeit in einem Portal" und „Teilnahme an der Diskussion in einem der näher untersuchten Diskussionsseiten" bilden. Wir haben aber aufgrund unserer netzwerkanalytischen Herangehensweise genauere Informationen. Wir können herausfinden, ob die Teilnehmer auf genau demselben Treffen waren, sich an genau derselben Diskussion mit den jeweils anderen beteiligt haben oder eben an genau demselben Artikel im Portal mitgearbeitet haben. Beide Vorgehensweisen werden hier einander gegenübergestellt. Beim netzwerkanalytischen Vorgehen werden zusätzlich zu den Schnittmengen nur diejenigen Akteure in die Positionskonstruktion einbezogen, die miteinander in den verschiedenen Bereichen in Kontakt standen. Bei dieser Analyse fließen nicht nur unterschiedliche Tietypen ein, es werden auch simultan drei gegenseitig „unabhängige" Teilnetzwerke aufeinander bezogen.

16.1 Beziehungsdimensionen

Die Teilnehmer an Wikipedia haben verschiedene Möglichkeiten der Beteiligung. Man kann diese in Bereiche, wir sagen in „Dimensionen" oder im Anschluss an Leopold von Wiese (1968) in „Sozialräume", analytisch aufteilen: den Bereich der Artikel, der Organisation (hier etwas unscharf durch drei Wikipedia-Portale repräsentiert) und die Gemeinschaft (die durch gemeinsame Beteiligung an Face-to-face-Treffen operationalisiert wird).

Klar, dass eine Einteilung in diese Bereiche oft Unschärfen aufweisen wird, denn es gibt zahlreiche Überschneidungen und unsere Möglichkeiten der empirischen Messung sind begrenzt. Jedoch nehmen wir an, dass sich die Positionen mit Hilfe einer simultanen Betrachtung von drei unterschiedlichen Dimensionen be-

---

[1] An den Auswertungen zu diesem Kapitel hat Alexander Rausch wesentlich mitgearbeitet. Eine ähnliche Version des Kapitels findet sich in: Häußling, Roger (Hrsg.), 2009, Grenzen von Netzwerken. Wiesbaden: VS.

schreiben lassen. Teilnehmer, die nur an Artikeln mitarbeiten, aber keinen weitergehenden Kontakt zur „Community" und „Organisation" haben, werden eher die Außensicht auf Wikipedia teilen. Solche Teilnehmer, die mit der Organisation in Kontakt kommen, lernen die Schwachstellen kennen, wissen um die Probleme mit sog. „Trollen" und „Vandalen", die Beantwortung von Anfragen von Menschen, die das Wikiprinzip nicht verstanden haben, werden zu Experten in Urheberrechtsfragen und kümmern sich um die Außendarstellung des Projekts. Dort behandelte Probleme sind beispielsweise Fragen dazu, wie die Qualität der Artikel sichergestellt werden kann oder wie konventionell ein Artikel aufgebaut sein soll. Häufig werden diese Teilnehmer auch auf Treffen der Gemeinschaft zu finden sein. Die Treffen haben die Funktion, eine soziale Bande zwischen den Aktivisten herzustellen. Zum Teil finden solche Diskussionen auch auf den Mailinglisten oder im Chat statt. Auf den Treffen wird viel mehr über das soziale Projekt Wikipedia gesprochen, hier werden Erfolge gefeiert und das Projekt wird mit gedruckten Lexika verglichen und es wird über Journalisten gewettert, die aus Wikipedia zitieren ohne dies kenntlich zu machen. In beiden Bereichen, mehr noch vielleicht in der Community als in der Organisation, findet Ideologieproduktion statt.

Unsere Überlegung ist, dass keiner der Bereiche alleine Auskunft über die Struktur der Mesoebene geben kann. Erst eine Kombination von unterschiedlichen Bereichen, wie den hier beschriebenen, ermöglicht es, ein genaueres Bild der Beteiligung zu erlangen.

Wir sind in der Lage, mittels Daten über Treffen von Wikipedianern den Freizeitbereich zu betrachten. Für die Mitarbeit bei der Bearbeitung von Artikeln stehen die 31 zufällig ausgewählten Artikel. Die Organisation wird in unserem Beispiel durch die Mitarbeit im Bereich eines von drei Portalen repräsentiert. Zwar sind Portalartikel in einem strengen Sinne nicht zur Organisation selbst zugehörig. Da wir aber die Koordinierungsseiten der Portale in unsere Betrachtung mit einbeziehen, ist die organisatorische Ebene an dieser Stelle ebenfalls berücksichtigt.

Da keiner dieser drei Bereiche alleine ausreicht, um die Beteiligung aus einer Gesamtsicht am Enzyklopädieprojekt ausreichend zu beschreiben, soll hier eine Perspektive eingenommen werden, mit der alle drei Bereiche simultan mit ihren Schnittstellen betrachtet werden können.

16.2 Die Bedeutsamkeit bimodaler Netzwerke

Theoretisch lässt sich ein solches Vorgehen durch eine Orientierung an Giddens (1988) Überlegungen zu einer Strukturierung der Gesellschaft begründen. Für Giddens ist einer der entscheidenden Marksteine, dass die Strukturierung durch Raum-Zeit-Bezüge (Stegbauer 2008b) erfolgt. In einer ähnlichen Weise erzwingen Routinen, Tagesabläufe, die Art und Weise, wie und wo jemand arbeitet und wohnt und somit auch die Positionen, die jemand in den gesellschaftlichen Teilsystemen zugeordnet bekommen hat (Blau/ Schwartz 1984) und also die Grenzen der Möglichkeiten zur Kontaktaufnahme. Man kann sagen, dass auch hier die unterliegende Struktur von Beziehungen, die Bedingungen der Möglichkeit in gegenseitigen Kontakt zu kommen, bestimmt. Und dies ist unabhängig von Handlungstheorien. Es sind objektive Begrenzungen, welche die Möglichkeiten zu Handeln einschränken. Viele der scheinbar multiplen Optionen (Gross 1994) sind dadurch jenseits der individuellen Fähigkeiten von vornherein ausgeschlossen. Nur innerhalb der sozialen Kreise sind Kontaktmöglichkeiten gegeben. Kontakte sind dort wahrscheinlicher, wo sich die sozialen Kreise tatsächlich überschneiden. Innerhalb der Schnittflächen ist eine höhere Chance (Mal der Anzahl der Überschneidungen, für mehrere Personen) gegeben, eine Beziehung herzustellen, weil dort, man kann sagen, mehr als eine Chance zu einem Kontakt besteht. Es lässt sich die Überlegung anstellen, dass je mehr Überschneidungen sozialer Kreise zwei Personen teilen, um so eher die Wahrscheinlichkeit gegeben ist, dass es zu einem realen Kontakt kommt.

In der Netzwerkforschung wird die Möglichkeit, gegenseitig in Kontakt zu kommen, durch zweimodale Netzwerke abgebildet. Die klassische Studie hierzu von Davis und anderen (1941) stellt die Teilnahme an Kaffeekränzchen zwischen Frauen in den Vordergrund. Nur wer am Treffen auch wirklich teilgenommen hat, auf den traf die Bedingung der Möglichkeit zu, diese Gelegenheit für die Ausbildung und Vertiefung von Beziehungen nutzen zu können. Natürlich schließt dies nicht die Möglichkeit aus, über andere Wege Beziehungen untereinander aufzubauen, aber hinsichtlich der Teilnahme an den betrachteten Events ist dies messbar. So wie nun das Kaffeetrinken eine Möglichkeit ist, sich über andere Dinge auszutauschen, kann man annehmen, dass auch die Teilnahme an der Bearbeitung eines Artikels in einem internetbasierten Sozialraum wie Wikipedia eine Gelegenheit für Kontakte ist. Man könnte sagen, dass die gemeinsame Bearbeitung (inkl. der Diskussion zu einem Artikel) eine Mindestvoraussetzung dazu ist, um in diesem Feld eine Beziehung aufzunehmen. Allerdings gilt auch hier die durch Giddens (1988) stark gemachte, raum-zeitliche Verschränkung wiederum als begrenzender Faktor. Man kann morgens auf dem Weg zur Arbeit die gleiche U-Bahn-Linie benutzen und hat dennoch nicht den Hauch einer Chance miteinander in Kontakt zu kommen, wenn nicht außer der Besetzung des Raumes auch eine zeitliche Übereinstimmung gegeben ist. Die Schriftlichkeit im Internetmedium dehnt zwar an dieser Stelle die Zeit ein Stück weit und verlagert den Raum in eine Vorstellungswelt der Beteiligten (bzw. physisch auf einen Server, der irgendwo stehen kann), das bedeutet jedoch nicht, dass diese Dimensionen bedeutungslos geworden wären. Die Artikelbearbeitung erfolgt sequenziell und häufig sind diejenigen, die den Artikel anlegten, nach einiger Zeit nicht mehr damit beschäftigt. Die Diskussionen, die einmal geführt wurden, müssen die damaligen Diskutanten nach einer Weile nicht mehr interessieren; vielleicht verschwinden die Diskurse auch in einem Archiv.

Dies ist das Problem der zeitversetzten (asynchronen) Diskussion. Die Beiträge bleiben erhalten, aber nicht unbedingt die Diskutanten, die notwendig wären, um eine gegenseitige Beziehung einzugehen. Übertragen auf das Beispiel im Giddensschen Sinne bedeutet dies, dass diejenigen, die morgens früh mit der Bahn fuhren, bereits die Bahn verlassen haben, wenn die später kommenden in dieselbe Linie einsteigen. Die Nutzung derselben Linie ist also nur eine Bedingung, die für einen Kontakt auf der Fahrt notwendig ist. Die Überschneidung der zeitlichen Nutzungskreise ist die zweite Bedingung, die gegeben sein muss. Mit unserem hier vorgestellten Vorgehen, können wir, so lange wir nur die Nutzung der Bahn (die Beteiligung an einem Portal, an Treffen oder an den 31 näher untersuchten Artikeln) betrachten, zunächst nur die eine Bedingung erfüllen. Über die Gleichzeitigkeit wissen wir nichts. Wir können aber die Wahrscheinlichkeit eines „Kontakts" erhöhen, wenn wir unter der Menge der Beteiligten in diesen drei Teilbereichen nur diejenigen betrachten, die an mehreren dieser „Events" teilgenommen haben. Die Trefferquote lässt sich noch weiter erhöhen, wenn wir nicht nur die Events als Ganzes betrachten, sondern tatsächlich schauen, ob Personen sowohl an Treffen teilgenommen haben, als auch gemeinsam an Artikeln mitgearbeitet haben. Dies untersuchen wir sowohl in unserer Stichprobe von 31 Artikeln, als auch in einem der drei untersuchten Portale (näheres hierzu, siehe unten).

Zu dem, was hier als Bedingung der Möglichkeit für die Etablierung bzw. die Pflege einer Beziehung bezeichnet wird, kommt hinzu, dass in der klassischen Studie von Davis und anderen (1941) in der Anwesenheit der Damen sicherlich auch eine schon bestehende Beziehung zum Ausdruck kommt, die sich durch die zweimodale Erfassung des Netzwerkes einfangen lässt. Bei der Bearbeitung von Artikeln in Wikipedia, der Mitarbeit an Portalen und der Anwesenheit an Treffen wird ein solches Kriterium ebenfalls eine Rolle spielen, besonders dann, wenn man in einem Themenfeld mit anderen zusammenarbeitet, sich also bei der Bearbeitung mehrerer Artikel über den „Weg läuft" oder öfters zu einem Treffen geht. Das bedeutet, dass in der bimodalen Erfassung neben der Voraussetzung für das Zustandekommen einer Beziehung gleichzeitig auch ein Maß für die Stärke von Beziehungen gesehen werden kann.

Wir schauen also nach Überschneidungen von Aktivitäten in unterschiedlichen Bereichen der Wikipedia. Eine solche Betrachtung von Überschneidungen kann theoretisch durch einen Bezug auf Ronald Burts (1992) Überlegungen zu strukturellen Löchern gerechtfertigt werden. Wir können annehmen, dass es in den unterschiedlichen Bereichen Spezialisten gibt. Diese werden im hier gebrauchten Zusammenhang definiert, als Akteure, die nur in einem Bereich tätig werden/geworden sind. Neben diesen „Spezialisten" dürften auch Akteure zu finden sein, die in mehreren unterschiedlichen Feldern gleichzeitig engagiert sind. Die Spezialisten dürften nur relativ wenig von den organisatorischen Entwicklungen mitbekommen, zumindest gegenüber denjenigen, die über ihre Aktivitäten mehrere Bereiche miteinander verbinden. Letztere hingegen dürften über Kenntnisse aus den unterschiedlichen Bereichen verfügen. Durch ihre Position kommen sie mit mehr Menschen und unterschiedlichen Personenkreisen in Kontakt.

Burt (1992) orientiert sich in seiner Analyse zu strukturellen Löchern sehr stark am Informationsaustausch und an für Manager zu erzielenden Gewinnen, wenn sie sich an seine Empfehlung, nicht oder nur schwach interagierende Gruppen miteinander zu verbinden halten. Die Idee von Burt ist es, dass der Einzelne über die Mitgliedschaft in verschiedenen Cliquen, Kleingruppen etc. an eine höhere Diversität von Informationen gelangt. Diese Informationen stellen für ihn eine Handlungsressource dar, die zum eigenen Vorteil genutzt werden kann. Ein Beispiel wäre ein Kaufmann, der weiß, wo er bestimmte Dinge günstig einkauft, um sie auf einem anderen Markt wieder teurer zu verkaufen. Burt fundiert seine Überlegungen in der klassischen Arbeit Granovetters zur Stärke schwacher Beziehungen (1973). Wenn man in einer starken Beziehung zu jemand anderem steht, dann bedeutet dies, dass man oft miteinander kommuniziert. Dies wiederum führt dazu, dass sich der Informationsstand aneinander angleicht. Bei schwachen Beziehungen ist die Informationsredundanz geringer, sodass ein Akteur durch schwache Kontakte eher an solche Informationen gelangen kann, die innerhalb seiner starken Beziehungen nicht vorhanden sind. Diese wiederum könne nach Burt ein Akteur dann zu seinen Gunsten verwenden. Obgleich wir höchstens partiell dem bei Burt mitschwingenden methodologischen Individualismus folgen können, halten wir die darin steckenden strukturtheoretischen Überlegungen für gehaltvoll.

Ein anderes Argument, welches unser Vorgehen rechtfertigt, ist das individualisierungstheoretische Muster, welches Georg Simmel (1908) mit seiner Arbeit zum Menschen als im Schnittpunkt von sozialen Kreisen benannte. Man kann behaupten, dass Simmel 1908 (wie White 1992) davon überzeugt war, dass Identitäten im Kontakt mit anderen Menschen entstehen. Die spezifischen Schnittflächen der sozialen Kreise sind für jeden Menschen aufgrund seiner vielfältigen „Mitgliedschaften" jeweils unterschiedlich. Durch die Unterschiedlichkeit der Schnittflächen entstehen die Individuen. Mit Harrison White (1992) würden wir aber sagen, dass es zwar so etwas gibt, wie eine lebensgeschichtlich geprägte Einheit des Menschen, dass aber durch die unterschiedlichen Positionen in den verschiedenen sozialen Kreisen hier sehr starke Variationen vor liegen. Die Teilnahme an unterschiedlichen Kreisen, so können wir Simmel weiterführen, sorgt dafür, dass die beteiligten Personen in einer ganzen Reihe unterschiedlicher Positionen „sozialisiert" werden. Aus den verschiedenen Positionen heraus werden Probleme und Anforderungen unterschiedlich wahrgenommen. Es entstehen auch unterschiedliche Motivationen und soziale Beziehungen in den Kontaktflächen, die spezifisch für die Bereiche zur Verfügung stehen.

Unsere Überlegungen greifen solche Denkmuster auf, wir interpretieren den Zusammenhang aber in Verbindung mit unserem positionalen Vorgehen. Das, was bei Burt als individuelle Eigenschaften gedeutet wird, die der Einzelne verbessern kann, leitet sich bei unserer Sichtweise hauptsächlich von der Position ab. Das bedeutet z.B., dass ein Manager allein schon aufgrund seiner Position mit vielen unterschiedlichen Akteuren in Kontakt tritt. Die dadurch im Zusammenhang mit seiner Position gewonnenen Informationen bestätigen wiederum seine Stellung innerhalb des Beziehungssystems einer Organisation. Ein Teilnehmer, der in Wikipedia zur formalen Position der Administratoren gehört, kommt aufgrund dieser Stellung mit ganz anderen Kreisen der Wikipedia in Kontakt als ein spezialisierter Artikelschreiber oder jemand, der nur gelegentlich teilnimmt. Das trifft auch auf Teilnehmer zu, die Treffen an verschiedenen Orten besuchten.

Die folgenden Analysen sind also zum einen theoretisch motiviert, zum anderen methodologisch. Wir untersuchen im Folgenden, inwieweit Akteure in verschiedenen Bereichen der Wikipedia Aktivitäten entfalten.

16.3 Die Bedeutung der Position: Lebensgeschichte und (situative) Identität

Handlung wird von der Identität bestimmt. Die Identität setzt sich aus mindestens den beiden folgenden Komponenten zusammen, a) einer Lebensgeschichte und b) der Situativität.

a.) Lebensgeschichtliche Prägung der Identität aufgrund von Positionierungen in unterschiedlichen sozialen Kreisen. Nach Simmel (1908) der Mensch folgendermaßen konstituiert – seine Identität besitzt der Mensch soziologisch gesehen nicht aufgrund seiner Einzigartigkeit mit seiner speziellen Genausstattung, seiner speziellen Psyche oder was auch sonst. Die Einzigartigkeit beruht auf dem je eigenen sozialisatorischen Mischungsverhältnis der sozialen Kreise, in denen jemand im Laufe seines Lebens verkehrte. Es sind aber nicht nur diese Kreise, mit denen jemand in Berührung kam, die die lebensgeschichtliche Identität prägen, es sind auch die Positionierungen in den verschiedenen Kreisen, die hinsichtlich der lebensgeschichtlichen Identitätsausprägung eine wesentliche Rolle spielen.

b.) Situative Prägung der Identität. Hierzu wurden ja oben bereits einige Überlegungen angestrengt. Wir folgen der Hypothese, dass diejenigen, die in heterogenen Kreisen aktiv sind, über eine andere Identität verfügen, als diejenigen, die sich nur in einem Kreis bewegen. Da sich die klassische Netzwerkanalyse in der Regel auf einen kleinen lebensgeschichtlichen Abschnitt in einem einzigen sozialen Kreis beschränkt, kann diesem Punkt in der Netzwerkforschung nicht so viel Aufmerksamkeit geschenkt werden. Ja, in der Regel ist dieser Aspekt überhaupt nicht analysierbar, vor allem, weil die Daten fehlen. Damit ist nicht gesagt, dass nicht auch Möglichkeiten in diesem Bereich zu forschen, denkbar wären. Dies müsste vor allem die qualitative Netzwerkforschung leisten. Positionale Bestimmungen befassen sich aber eher mit dem Aspekt der situativen Identität. „Situativität" umfasst nach dieser Anschauung nicht nur eine einzige konkrete Situation, sie bezieht sich auf in Organisationen geronnene (also formelle) und durch die Interaktion mit anderen erworbene, eher als informell zu bezeichnende Positionen, die relativ stabil sein mögen.

Es wird argumentiert, dass das Positionensystem die Handlungsweisen der Akteure je nach ihrer Stellung im System erst hervorbringt. Das bedeutet, dass einerseits das Muster der Beziehung zwischen unterschiedlichen Positionen bedeutsam ist, andererseits auch die Verhältnisse innerhalb einer Position (Konkurrenz/ Pecking Order nach innen und Verteidigung der Position nach außen (White 1992)) die Handlungen prägen. Hinzu kommen die nicht beeinflussbaren Beschränkungen (wie die von Giddens 1988 angesprochenen raum-zeitlichen-Beschränkungen), die als Bedingungen der Möglichkeit Beziehungen einzugehen, angesehen werden müssen. Bei der situativen Hervorbringung von Handlungsmustern können weitere Beschränkungen der Möglichkeiten für Handlungen angenommen werden: Handlungen orientieren sich auch hier vorwiegend an Normen und Konventionen, die in Teilen für alle gelten und in anderen Teilen spezifisch für die jeweilige Position, in der man sich befindet. Während die für alle gültigen Normen nur sehr schwer einer Aushandlung in einer sozialen Situation zugänglich sind, ist derjenige Teil der Handlungskonventionen, der an eine Position gebunden ist, einer Infragestellung in den jeweiligen Situationen ausgesetzt. Solche Handlungsmuster müssen flexibel an die Situation anpassbar sein. Sie können daher nicht so stabil sein, wie solche, die als gesellschaftliche Normen vielfach durch Erwartungs-Erwartungen abgesichert sind. In der Position selbst kommt das Wechselverhältnis zwischen Gesellschaft und Personen zum Ausdruck. Allerdings sind Positionen meist nicht auf bestimmte Personen angewiesen, Positionen verleihen auch nicht nur einer Person eine Identität, es entwickelt sich gleichermaßen eine durch die Position bedingte Identität. Die positionale Identität ist gleichsam eine Identitätsfacette der Position selbst. Man kann sagen, dass soziale Gebilde und die einzelnen Menschen in ihrem Sozialisationsprozess in unterschiedlichen sozialen Kreisen mit einem Vorrat an Identitäten ausgestattet werden, die situativ aktualisiert werden. Manchmal scheinen solche unterschiedlichen Identitäten im Alltag für jedermann wahrnehmbar auf, etwa wenn ein Parteifunktionär sagt, dass er als Privatmann diese oder jene Meinung vertritt, als Mitarbeiter der Partei aber eine andere Haltung zu repräsentieren hat.

Kommen wir auf die Probleme der empirischen Forschung bei der Bestimmung und der Messung von Positionen zurück.

Da wir die Positionen als die wirkungsmächtigsten kleinsten sozialen Einheiten ansehen, beschäftigen wir uns immer wieder mit der Frage, wie sich Positionen empirisch bestimmen lassen. Dies ist notwendig, um diesen theoretischen Standpunkt empirisch überprüfen, bzw. untermauern zu können. Da nach unserer Vorstellung in Positionen strukturelle Äquivalenzen aufscheinen, müssten sich solche strukturellen Äquivalenzen über ein gemeinsames Handlungsmuster, hier durch Beteiligung an unterschiedlichen Wikipediabereichen, bestimmen lassen. Positionen werden innerhalb der Netzwerkforschung meist so definiert, dass innerhalb von einer Position äquivalente (man könnte sagen, gegeneinander austauschbare) Akteure zu einem Block (Blockmodellanalyse) zusammengefasst werden. Man unterscheidet unterschiedliche „Stärken" der Äquivalenzforderung: Die stärkste Äquivalenzforderung ist die nach „struktureller Äquivalenz". Hier sollen alle Akteure, die dieselbe Position einnehmen, untereinander und zu den anderen Akteuren anderer Positionen jeweils in derselben Beziehung (bzw. Nichtbeziehung) stehen (vergl. Kappelhoff 1992; Hanneman/ Riddle 2005; Wasserman/ Faust 1997; Stegbauer 2001a). Das Problem dieser konzeptionellen Forderung ist nun, dass strikte strukturelle Äquivalenz kaum empirisch aufgefunden werden kann. In dieser Situation ist die Reaktion der Forscher geteilt: Die einen bleiben grundsätzlich bei diesem Konzept und schwächen die Forderung ab, indem aus der Forschungspraxis gewonnene Konzepte angewendet werden; die anderen führen andere Konzepte ein, die aber letztenendes ebenfalls auf eine Abschwächung dieser Forderung hinauslaufen. Solche Konzepte sind die „automorphe" und die „reguläre" Äquivalenz. Formales Kriterium der automorphen Äquivalenz ist, dass sich zwei Akteure im Netzwerk vertauschen lassen müssen, ohne dass sich die Struktur ändert (Kappelhoff 1992: 253; Hannemann/ Riddle 2005). Dagegen sind zwei Akteure dann regulär äquivalent, wenn sie eine gleichartige Beziehung zu äquivalenten Anderen unterhalten.

Positionen sind Aggregate von Akteuren, die untereinander und zu anderen Positionen in gleichen oder ähnlichen Beziehungen stehen. Üblicherweise werden Positionen durch Umsortierung und Partitionierung einer oder mehrerer Netzwerkmatrizen bestimmt. Hierzu gibt es neben kombinatorischen Verfahren z.B. das CONCOR-Verfahren.[2]

Diese Herangehensweise hat aber den entscheidenden Nachteil, dass man zwischen verschiedenen Lösungen zu wählen hat – auch hierzu gibt es natürlich statistische Hilfsmittel. Gleichwohl bleibt einem aber nichts anderes übrig, als die Auswahl einer Lösung inhaltlich zu begründen. Hierzu bedient man sich üblicherweise solcher Merkmale, die nicht in die Netzwerkanalyse selbst eingegangen sind,

---

[2] Für eine Beschreibung siehe White et al. 1976; Stegbauer/ Rausch 1999; Heidler 2006.

etwa attributiver Merkmale der Akteure. Thomas Schweizer nannte diese Vorgehensweise „flesh and bone"-Verfahren.

Auch wenn hiermit eine inhaltlich geprägte Entscheidung für die eine oder andere algorithmisch erzeugte Lösung des Problems der Zerlegung eines Netzwerkes in Positionen möglich ist, bleibt auch dieses Verfahren unbefriedigend, da zu leicht die Theorie der einen oder anderen Lösung angepasst wird. Ein solches induktivistisches Vorgehen ist jedoch menschlich, von einem Ergebnis ausgehend zu argumentieren und die Theorie um das Ergebnis herum zu bauen.

Ein weiteres Problem bei der Bestimmung von Positionen ist, dass man nicht mit dem ganzen Netzwerk Analysen durchführen kann. Zudem haben wir es mit unterschiedlich konstruierbaren Teilnetzwerken zu tun. Hier war zu überlegen, wie die Flut an Daten reduzierbar ist, ohne Wesentliches dabei über Bord zu werfen. Das Netzwerk der Teilnehmer des Wikipedia-Projekts ist zu groß, um mit den gängigen Verfahren Positionen bestimmen zu können. Dies ist der Fall, weil weder kombinatorische noch numerische Blockmodellverfahren anwendbar sind. Diese Beschränkung greift einerseits aufgrund der Größe des Netzes, andererseits aufgrund der Heterogenität der unterschiedlichen einzubeziehenden Teilnetzwerke.

16.5 Ein neues Konzept der Äquivalenzbestimmung: schnittmengeninduzierte (qualitative)
Äquivalenz

Abschwächungen der Äquivalenzforderung lassen sich empirisch auch dann erreichen, wenn man die Beziehungsdefinition lockert und verschiedene Beziehungsdimensionen miteinander kombiniert. Auf diese Weise lassen sich Ähnlichkeiten in den Verhaltensmustern der Teilnehmer aufdecken. White und andere (1976) haben das Verfahren der Blockmodellanalyse ausdrücklich mit der Idee, simultan unterschiedliche Types of Tie zu untersuchen, verknüpft. Dies ist für die Bestimmung von Positionen eine zentrale Forderung, da erst durch die Verknüpfung unterschiedlicher Tietypen die Positionierung aufgedeckt werden könne. Am Beispiel der Sampson-Daten, die in einem Kloster die Beziehungen von Novizen untersuchten, wurde dies in den Originalwerken auch eindringlich aufgezeigt. Dort wurden allerdings nicht Kontakte, sondern (subjektive und reaktive) Befragungsdaten hinsichtlich der Beziehungsattribute „Mögen", „Nicht-Mögen", „Vertrauen" etc. erhoben. Hier haben wir es aber nicht mit für Situationseffekte anfälligen Befragungsdaten zu tun, sondern mit nichtreaktiven Verhaltensdaten, die allerdings an Events orientiert sind. Die Forderung nach Unterschiedlichkeit der Types of Tie kann man aber auch so verstehen, dass bei der Untersuchung einer Organisation verschiedene Organisationsbereiche gleichzeitig einbezogen werden. Im Unterschied zu den „emotionsanfälligeren" Sampson-Daten, handelt es sich bei den von uns analysierten nichtreaktiven Daten um „Eventnetzwerke", also zweimodale

Daten. Hier entscheidet nicht die momentane Stimmung über die Zuordnung zu einer Beziehungskategorie, sondern die Teilnahme an verschiedenen Klassen von Events bestimmt darüber, zu welcher Position jemand gerechnet werden kann. Dennoch kann man hoffen, bei der Erhebung von Daten über Emotionen, zumal wenn man ein konsistentes Bild der Beziehungen bekommt, auf das Verhalten zurückschließen zu können. Im Falle der Reanalyse der Sampson-Daten durch White u.a. (1976) ist dies auch weitgehend gelungen, denn mit Hilfe der Blockmodellanalyse war es möglich (bei der retrospektiven Analyse) „vorherzusagen", wer von den Novizen im Kloster verbleiben würde. Wie anfällig solche Umfragedaten sind, ist in der Geschichte der Methodenforschung vielfach nachgewiesen worden (z.B. Steinert 1984; Kiesler/ Sproull 1986; Noelle-Neumann/ Petersen 1996). Allerdings scheinen abgefragte Beziehungsinformationen von Erwachsenen einigermaßen stabil zu sein (Moreno 1934). Die Idee der Ausklammerung der sozialen Situation „Interview", mit dem Hintergrund, es handele sich bei Befragungen um ein Reiz-Reaktionsexperiment, bei dem der Reiz bzw., die Stimulation von der genauen Fragestellung ausgehe (Noelle-Neumann/ Petersen 1996), macht diese Form der Erhebung anfällig für Erwünschtheitseffekte, Interaktionseffekte und unkontrollierbare Interviewerfehler unterschiedlichster Art. Zudem weiß man aus der Motivationsforschung, dass etwa die Abfrage von Kaufmotiven sehr leicht in die Irre führen kann. Es kommt also häufig vor, dass durch das Abfragen von Einstellungen auf Verhalten zurückgeschlossen werden soll. Die Einstellung steht in diesem Zusammenhang für Verhalten. Von Einstellungen auf Positionen wird eher selten zurückgeschlossen, eher schon gelten attributive Merkmale als Gradmesser für Positionen (üblicherweise sogar wird dieser Rückschluss in der Umfrageforschung vorgenommen). So sind in der umfragegestützten Sozialstrukturanalyse die Strukturmerkmale Geschlecht, Einkommen, Bildung, z.T. auch Land oder Stadt Hinweise auf Positionen.

Durch die Auswertung von Verhaltensdaten kann man dieses Problem umgehen. Man kann aber auch von Positionen in einem weitesten Sinn auf Käuferverhalten schließen. Dies wird beispielsweise von dem Marktforschungsinstitut Sinus bei ihrer Milieuanalyse getan.

16.6 Ist ein Rückschluss von Personenattributen auf Positionen möglich?

Gehen wir so vor, wie in der Umfrageforschung üblich, müsste man von gemeinsamen Verhaltensmustern auf Positionen schließen können. Dann müssten diese Verhaltensmuster nach den Überlegungen der Wirkungen strukturell äquivalenter Beziehungen aufgrund einer gemeinsamen Position zustande gekommen sein. Wenn dieser Schluss zulässig wäre, dann eröffnete sich von der Netzwerktheorie inspiriert, ein neues Universum, dass bislang noch nicht beachtet wurde. Netzwerkanalyse und Umfrageforschung würden in ein neues Wechselverhältnis treten, vom „Fleischlieferanten" für das „Knochengerüst", hin zu der Möglichkeit, im Sinne der Netzwerktheorie Verhaltensdaten als „Struktur" (also Knochen) zu interpretieren. Die Netzwerkforschung definiert ihre Bedeutung sehr stark durch die Abgrenzung zu der als „Variablensoziologie" bezeichneten Umfrageforschung. Dort werden Attribute zur Aggregation und Kombination verwendet, die dann als „Sozialstrukturanalyse" bezeichnet werden. Wenn es stimmt, dass die Zugehörigkeit zu einer Position mit bestimmten Handlungs-/Verhaltensmustern einhergeht, dann müsste man von den Verhaltensmustern eben auch auf die Position zurückschließen können (und hierdurch zur Netzwerkforschung äquivalent sein bzw. diese ersetzen können).

Ein solcher Rückschluss wird im Alltag häufig vorgenommen, er fällt uns als Beobachtern aber immer erst dann auf, wenn das Handeln und die Position nicht übereinstimmen. Ein Beispiel ist, dass jemand ein „professorales Gehabe" an den Tag legt, obgleich es sich bei ihm erst um einen Promovenden handelt. Es lässt sich an vielen Beispielen und Sprichwörtern belegen „Er will gerne mit den großen *Hunden* pinkeln (meist ergänzt: aber kriegt das Bein nicht hoch)."

Es besteht also eine gewisse Evidenz, von Handlungsmustern auf die Position zurückzuschließen. Wir können behaupten, dass, wenn aus einer Position bestimmte Verhaltensweisen resultieren, die den in dieser Position zusammengefassten strukturell äquivalenten Akteuren eigen sind, man von einem Verhaltensmuster auf die Position zurückschließen können müsste. Eine Position repräsentiert die Stellung in einem Netzwerk. Sie kommt durch Handlungen zur Geltung, die man in diesem Zusammenhang Rollenhandlung nennt (Parsons 1951; Nadel 1957; Goffman 1973). Das bedeutet, dass mit jeder Position ein typisches Handlungsmuster verbunden ist. Es wird von einem Verhalten, etwa dem Muster der Teilnahme an Kaffeekränzchen (Davis et al. 1941) auf eine Position geschlossen (siehe die zahlreichen Reanalysen, etwa Freeman/ White 1993).

Bei der Teilnahme an einem Event ist aber nicht nur der direkte Kontakt, bei dem die Möglichkeit einer sozialen Integration oder einem Ausschluss besteht, von Bedeutung. Ein Event stellt ein Ereignis dar, bei dem kulturelle Muster, Verhaltensmuster und Konventionen offenbar werden. Es wird ein Verhaltensrepertoire gezeigt, dass sich dann auf andere Events übertragen lässt (Kieserling 1999). Umgangsformen werden erlernt, die in anderen ähnlichen Situationen von Bedeutung sein können und denjenigen, die solche Situationen bereits erlebt haben, eine Verhaltenssicherheit geben. Mit Harrison White (1992) könnte man davon sprechen, dass alleine schon die Teilnahme im Sinne der Möglichkeit sich nach den Erwartungen der Anderen verhalten zu können, ein gewisses Maß an „Control" hervorbringt.

Wäre jedoch der Rückschluss von Verhaltensattributen auf die Position nicht ohne weiteres möglich, dann würde das bedeuten, dass man die unterliegenden

Netzwerke nicht vernachlässigen darf. Die Konstruktion der Positionen und nicht nur das, wäre ein Nachweis dafür, dass Beziehungen (Beziehungsstrukturen) zur Erklärung von Verhalten von essentieller Bedeutung sind. Um eine Aussage zu dieser Hypothese treffen zu können, wird ein vergleichendes Vorgehen gewählt. Es werden zwei unterschiedliche Positionsindikatoren, die sich auf dieselben Daten beziehen, miteinander verglichen: Einerseits die Überschneidung von Event-netzwerken (bimodale Netzwerke) mit hoher Wahrscheinlichkeit eines gegenseitigen Kontakts und andererseits die Teilnahme an verschiedenen Bereichen der Wikipedia, die attributiven Daten der Umfrageforschung ähneln. Die Einbeziehung von bimodalen Netzwerken kann als eine Erhöhung der Chance, eine Beziehungs-wirkung festzustellen, angesehen werden, denn dies ist auch bei diesem Vorgehen keineswegs sicher.

Solche bimodalen Netzwerke vergleichen wir mit einer Kombination ver-schiedener Verhaltensattribute, nämlich der Teilnahme an verschiedenen Bereichen der Wikipedia. Die Kombinationen von Verhaltensattributen könnte man in einem allerweitesten Sinne ebenfalls als zweimodale Netzwerke betrachten, wobei die gegenseitige Kontaktmöglichkeit nicht ausgeschlossen ist. Sie ist aber wesentlich unwahrscheinlicher. Dies lässt sich allerdings nur behaupten, wenn man mit einer sehr großen Toleranz hinsichtlich der Wahrscheinlichkeit, eine Beziehung zu ande-ren Teilnehmern einzugehen, auskommt. Mit dem hier „bimodale Netzwerke" genannten Vorgehen, wird die Wahrscheinlichkeit, dass unterliegende Beziehungen vorhanden sind, wesentlich erhöht (siehe Tabelle).

Tabelle 16.1:   Vergleich attributives Vorgehen vs. bimodales Vorgehen

	Attributives Vorgehen	Bimodale Netzwerke
Treffen	Teilgenommen an mindes-tens einem	Beziehung besteht, wenn ein Teilnehmer mit einem anderen mindestens ein Treffen besucht hat
3 Portale	Mindestens eine Bearbeitung an einem Artikel oder einer Diskussion, die zum Portal gehören	Beziehung: Ein Teilnehmer hat mit einem anderen an einem Artikel mitgearbeitet bzw. (im Diskussionsbe-reich teilgenommen)
31 Artikel + 31 Diskussi-onen	Mindestens eine Bearbeitung an einem Artikel oder einer Diskussion dieser 31 Artikel	Beziehung: Ein Teilnehmer hat mit einem anderen an einem Artikel mitgearbeitet bzw. (im Diskussionsbe-reich teilgenommen)

An dieser Stelle sind also zwei Dinge festzuhalten. Erstens: Beim Vorgehen, lediglich die Teilnahme an einem Bereich zu betrachten, handelt es sich um ein Verhaltensmuster, welches prinzipiell auch mittels eines Fragebogens erfasst werden könnte (vorausgesetzt, die Teilnehmer erinnerten sich genau an die von ihnen bearbeiteten Artikel). Durch die Teilnahme an den Bereichen, die Voraussetzung für die Ermittlung der Überschneidungen ist, werden Verhaltensmuster ebenfalls offenbar. Außerdem ist damit eine gewisse Wahrscheinlichkeit verbunden, miteinander in Kontakt zu kommen. Zweitens: Dem ersten Vorgehen können wir das bimodale Netzwerk gegenüberstellen. Hier werden Bezüge aus der bimodalen Analyse mit dem ersten Vorgehen kontrastiert. Neben den methodischen Fragen interessiert uns hier insbesondere die Bestimmung von „Metapositionen". Positionen also, die über Ressourcen verfügen, die aus jenseits der aktuellen Situation gewonnenen Beziehungsstrukturen ihre Bedeutsamkeit herleiten können (siehe Kapitel 4).

16.7 Kann man von einem Handlungsmuster auf die Position rückschließen?

Wenn man sich mit dem Entstehen von Wikipedia beschäftigt und nicht nur das Produkt, die Enzyklopädie selbst, anschaut, sondern gelegentlich die Versionsgeschichte oder die zu den Artikeln zugehörenden Diskussionsseiten betrachtet, bekommt man schon nach kurzer Zeit den Eindruck, dass immer wieder dieselben Akteure beteiligt sind. Bei der Menge an Artikeln und Daten verwundert dies. Es gibt in der deutschsprachigen Wikipedia (05.03.08) 718.082 Artikel, mehr als 2 Mio. Seiten in der Datenbank, über 45 Mio. Seitenbearbeitungen und 526.000 registrierte Teilnehmer (wobei diese Zahl aufgrund von Mehrfachanmeldungen nur begrenzt aussagefähig ist).[3]

Wir fragen danach, ob es einen Kern von Wikipedia gibt, zumal sich aufgrund unserer Untersuchungen, aber auch aufgrund des subjektiven Eindrucks bei einer Sichtung von Artikeln, die Frage stellt, ob nicht die Schicht der Aktivisten relativ klein ist. Aktivisten in diesem Sinne sind diejenigen, die dem Beobachter immer wieder auffallen, wenn danach geschaut wird, wer Artikel in einem Bereich geschrieben oder mitgeschrieben hat. Die Frage ist, ob es die gleichen Personen sind, die sich auch in der Freizeit zu Treffen verabreden oder an Treffen teilnehmen und ob die Teilnehmer auch als „Generalisten" in verschiedenen Bereichen der Artikelkonstruktion immer wieder auftreten.

Wir fragen, ob man aufgrund von Überlappungen von Teilnetzwerken auf eine Gesamtstruktur des Netzwerks schließen kann. Und schließlich vergleichen wir

---

[3] http://de.wikipedia.org/wiki/Spezial:Statistik (05.03.2008, 14:57)

ein attributives Vorgehen, wie wir es beispielsweise aus der Umfrageforschung kennen mit bimodalen unterliegenden Netzwerken und fragen danach, welches Vorgehen mehr Relevanz hat. Wir verbinden also die inhaltliche Frage mit einer methodologischen Frage.

Aufgrund der fehlenden Wiederidentifizierbarkeit werden bei dieser Auswertung nicht angemeldete Teilnehmer ausgeschlossen. Wir untersuchen die Teilnahme an Treffen, den drei untersuchten Portalen (Olympische Spiele, Philosophie und Bildende Kunst) und die 31 näher untersuchten Artikel, die über einen Diskussionsbereich verfügen. Dabei werden die bimodalen Netzwerke in Beziehungsnetze umgewandelt. Die resultierenden Beziehungen sind bewertet (Anzahl der Events, an denen Teilnehmer a und b gemeinsam teilgenommen haben).

Tabelle 16.2:   Für die bimodalen Netzwerke ergeben sich folgende Kennzahlen:

Treffen	240 Ereignisse 765 Teilnehmer	Das resultierende bimodale Netzwerk ist unbewertet.	
Artikel	62 Ereignisse 790 Teilnehmer	Der Umfang der Beteiligung wird nicht ausgewertet. Das resultierende bimodale Netzwerk ist unbewertet.	
Portale	711 Ereignisse 5699 Teilnehmer	Die Portal-Daten wurden zunächst für jedes Portal getrennt bearbeitet. Dabei ergaben sich die folgenden Kennzahlen.	
		Bildende Kunst	240 Ereignisse 2521 Teilnehmer
		Olympische Spiele	274 Ereignisse 2848 Teilnehmer
		Philosophie	197 Ereignisse 2451 Teilnehmer
		Dabei ist zu beachten, dass es sowohl im Portal Bildende Kunst, wie im Portal Philosophie einen Artikel mit den Namen Ästhetik gibt.	

Mit Treffen sind in der Mehrzahl sogenannte Stammtische gemeint. Es sind aber auch gemeinsame Messebeteiligungen, Ausflüge, Grillfeste oder Wikipedianerpartys darunter. Die Zahl der Beteiligten schwankt zwischen 1 und 77 mit einem Mittelwert von 11 und einem Modalwert von 6. Es handelt sich um ein bimodales unbewertetes Netzwerk. Man kann sich vorstellen, dass, wenn man gemeinsam mit anderen ein Treffen besucht, die Wahrscheinlichkeit groß ist, dass die Teilnehmer tatsächlich in gegenseitigen Kontakt gekommen sind.

Das zweite Netzwerk, welches simultan in die Analyse miteinbezogen wird, ist ein Beziehungsnetzwerk, welches durch 31 Artikel und die dazugehörende Diskussion erzeugt wird. Die 31 Artikel wurden im Projekt näher untersucht und zunächst wurde unter denjenigen, die mindestens 20 Diskussionsbeiträge hatten, als ein Zufallssample gezogen. Auf diese Weise stehen 62 Ereignisse zur Verfügung. Eine Beziehung wird dann als konstituiert betrachtet, wenn zwei Personen sich an einem bestimmten Artikel oder zu einer Diskussion zu einem bestimmten Artikel gemeinsam beteiligt haben. Dabei ist es ganz egal, ob sie in Kontakt gekommen sind oder nicht. Man kann diese Art der Konstruktion eines Netzwerks als eine Erhöhung der Chance ansehen, dass die unterliegenden Kontakte tatsächlich zustande kommen. Möglich ist beispielsweise, dass ein Teilnehmer vor Jahren an einem Artikel eine kleine Änderung unternahm und ein zweiter erst kurz vor Ende des Beobachtungszeitraumes einen inhaltlichen Beitrag leistete. D.h. die beiden Teilnehmer, die über diesen Type of Tie verbunden werden, müssen gar nicht wirklich miteinander in Kontakt gekommen sein. Insgesamt können wir 790 Teilnehmer (ohne IPs) unterscheiden.

Das dritte beachtete Netzwerk setzt sich aus Beziehungen zusammen, die aus Artikeln der Portale „Bildende Kunst", „Olympische Spiele" und „Philosophie" konstruiert werden. Das Kriterium für die Anwesenheit einer Beziehung ist die gemeinsame Mitarbeit an einem Artikel, sei es an der Diskussion oder dem Artikel selbst. Beim hier verwendeten Type of Tie ist die Wahrscheinlichkeit, dass zwei Teilnehmer miteinander in Kontakt gekommen sind, etwas geringer als bei der Mitarbeit an einem der ausgewählten 31 Artikel, da hier nicht zwischen Diskussion und Artikel unterschieden wird. So wird beispielsweise auch dann eine Beziehung zwischen zwei Teilnehmern konstruiert, wenn der eine einen Diskussionsbeitrag leistete und der andere im zugehörigen Artikel einen Kommafehler verbesserte. Die Portale verfügen jeweils zwischen 7.000 und 10.000 Teilnehmern (mit IPs, die Zahl der angemeldeten Teilnehmer ist geringer und liegt insgesamt für alle Portale zusammen bei 5.699). Die Portale verfügen über einen Umfang von 309 Seiten beim kleinsten und 405 Seiten beim größten untersuchten (in der Seitenzahl sind Artikel, Artikel-Diskussionsseiten und Portal- und Projektseiten eingeschlossen).

Im Unterschied zu den 31 zufällig ausgewählten Artikeln sind die Portale, obgleich es sich darunter auch um Artikel handelt, selbst eine Struktur, d.h. es gibt ein „Portalprojekt", bei dem es einen thematischen und organisatorischen Zusammenhang gibt (Gruppe und Koordinator). Aktivisten kommen auf jeden Fall über die Portaldiskussion bzw. die Projektdiskussionsseiten miteinander in Kontakt.

Man kann feststellen, dass die untersuchten einzelnen Bereiche über ähnliche Teilnehmerzahlen verfügen. Bei 15 Teilnehmern, die in keinem der unterschiedlichen Bereiche aktiv waren, handelt es sich um Administratoren.

Abbildung 16.1: Darstellung der beiden miteinander verglichenen Modelle zur Bestimmung von Positionen

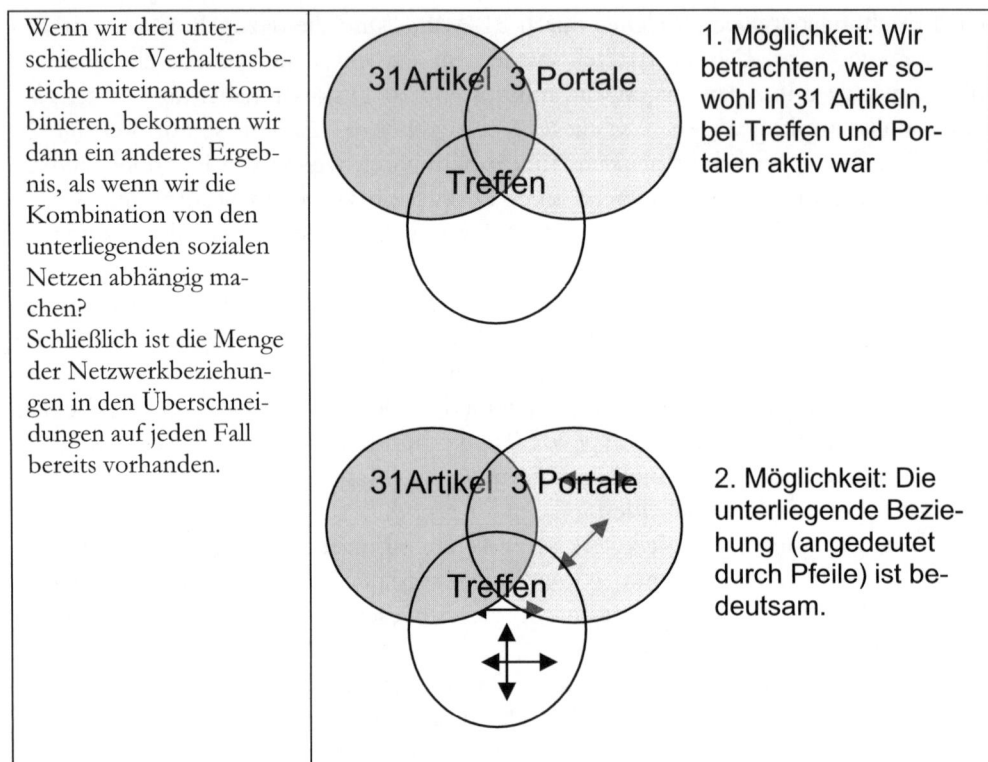

Wenn wir drei unterschiedliche Verhaltensbereiche miteinander kombinieren, bekommen wir dann ein anderes Ergebnis, als wenn wir die Kombination von den unterliegenden sozialen Netzen abhängig machen?
Schließlich ist die Menge der Netzwerkbeziehungen in den Überschneidungen auf jeden Fall bereits vorhanden.

1. Möglichkeit: Wir betrachten, wer sowohl in 31 Artikeln, bei Treffen und Portalen aktiv war

2. Möglichkeit: Die unterliegende Beziehung (angedeutet durch Pfeile) ist bedeutsam.

Während man normalerweise lediglich ein einzelnes Netzwerk für sich betrachtet, werden hier als Datenbasis sehr heterogene Netzwerke eingeführt. Davon wurde eines auf Artikelbasis konstruiert, ein weiteres beruht auf einer Zusammenfassung der Mitarbeit in Artikeln auf Portalbasis und ein letzteres auf der „Realwelt" der Stammtische und Treffen auf Messen u.ä.

Abbildung 16.2: Sitzplan eines Treffens in München.[4]

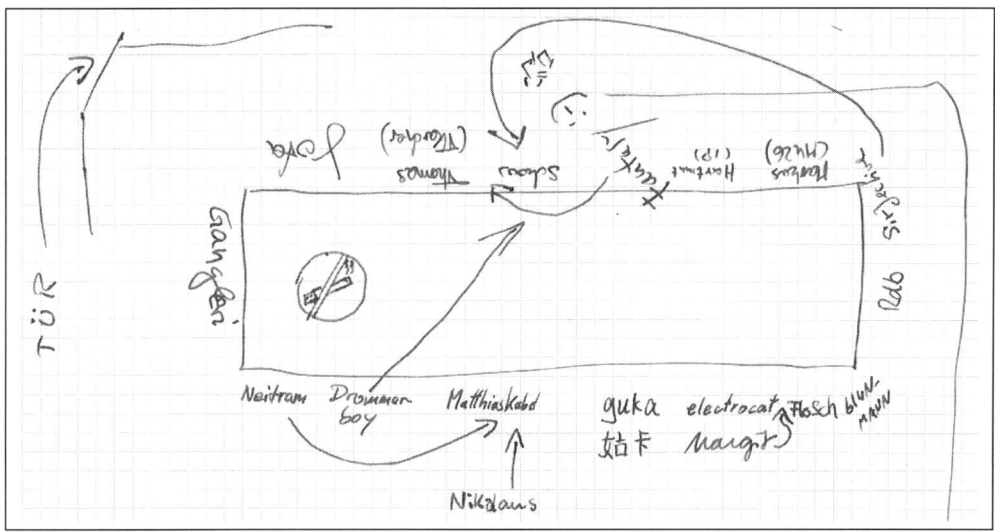

Von einem Treffen in München im Jahre 2005 findet sich ein Sitzplan, in dem sogar die Platzwechsel verzeichnet sind. Man kann annehmen, dass die meisten Teilnehmer an diesem Abend einander wahrgenommen haben und miteinander in Kontakt gekommen sind.

Es soll nun einerseits untersucht werden, ob die beschriebene schnittmengen-induzierte Positionenbestimmung ein gangbarer Weg ist und ob eine kombinierte Betrachtung dieser heterogenen „Netzwerke" ein „mehr" an Aufklärung vor allem hinsichtlich der Positionen innerhalb der Wikipedia bringt. Besonders betrachtet wird dabei, ob sich die auf diese Weise konstruierten Netzwerke (mit, wie im Falle des Portalnetzwerkes, fast attributivem Charakter) verwenden lassen, um Beziehungsstrukturen in der „Gesamtheit" von Wikipedia aufzuklären. Es wird die Frage angerissen, in wieweit sich Erkenntnisse aus dieser „Einzelfallstudie" auf andere Netzwerkkonstrukte übertragen lassen.

Selten gelingt es, multiplexe Beziehungen in quantitative Untersuchungen ein-zubeziehen. In unserem Projekt haben wir die Möglichkeit, unterschiedliche Berei-che miteinander zu verknüpfen. Wir tun dies, indem wir die Teilnahme an Treffen (meist Stammtische, teilweise aber auch Aktivitäten wie gemeinsame Wanderungen, gemeinsames Zelten oder die Beteiligung an einer Ausstellung oder einem Messe-

---

[4] Interessant ist, dass offenbar die Frage, ob jemand Raucher oder Nichtraucher ist, für die Strukturbil-dung bedeutsam ist.
http://www.biologie.de/w/images/0/08/Wikipedia_2005-02_m%C3%BCnchen_sitzplan.jpg (27.05.2008).

stand) registrieren und diese Tätigkeit in eine Beziehung zur Aktivität innerhalb der Wikipedia wie Artikelbearbeitungen und Bearbeitungen in bestimmten anderen Bereichen setzen. Wir erwarten abgestufte Beteiligungen für unterschiedliche Arbeitsbereiche.

Um die Breite der Aktivitäten von Teilnehmern zu erfassen, haben wir unsere Hauptuntersuchungsgebiete zusammengefasst. Dort wollen wir betrachten, in wiefern es zu Überschneidungen zwischen den unterschiedlichen Gebieten kommt. Dabei verfolgen wir die Überlegung, dass sich hierdurch unterschiedliche Typen von Teilnehmern identifizieren lassen. Unterschiedliche Typen bedeutet, dass diese auf differenzierte Weise in den Sozialraum Wikipedia eingebunden sind.

So erwarten wir, dass wir in Spezialabteilungen, etwa bei Teilnahme an nur einem Portal oder einem Artikel und einem Portal, eine fachliche Spezialisierung vorliegt. Demgegenüber stehen „Generalisten", die in allen Feldern aktiv sind. Das bedeutet, dass wir im Sinne einer von uns in unserer Forschungsperspektive angestrebten positionalen Analyse, die Teilnahme an „unterschiedlichen" Netzwerken und deren Überschneidung/ Nichtüberschneidung als Indikatoren für die Positionen der Teilnehmer in der gesamten Wikipedia betrachten können.

Unser Vergleich des attributiven Vorgehens mit dem eines verfeinerten Vorgehens durch bimodale Netzwerke soll zeigen, ob dieser Forschungsansatz ein „mehr" an Aufklärung bietet als das rein attributive Vorgehen.

Tabelle 16.3:   Quantitative Verteilung der Teilnehmer auf die einzelnen Überschneidungsklassen

Bereich	Anzahl Teilnehmer	
	bei Durchschnitt über Teilnehmer (umfrageanaloge Vorgehensweise)	bei Durchschnitt über Beziehungen (netzwerkanalytische Vorgehensweise)
Treffen ∩ Artikel	102	44
Treffen ∩ Portale	437	376
Artikel ∩ Portale	431	390
Treffen ∩ Artikel ∩ Portale	96	33

Mit „Durchschnitt über Teilnehmer" ist das beschriebene attributive Vorgehen gemeint. Es wird jeweils nur danach gefragt, ob ein Teilnehmer sich gleichzeitig an Treffen und Artikeln (102), an Treffen und Portalen (437) beteiligt hat usw. Beim „Durchschnitt über Beziehungen" wird danach gefragt, ob zwei Teilnehmer auf ein und demselben Treffen waren und an ein und demselben Artikel (44) sowie an ein und demselben Artikel in einem der drei untersuchten Portale mitgearbeitet haben. Die 33 Akteure, die sich im Schnittpunkt der Treffen, Artikel und Portale befinden, haben also mit jeweils einem anderen an mindestens einem Treffen gemeinsam teilgenommen, an mindestens einem der 31 zufällig ausgewählten Artikel mitge-schrieben und an einem Artikel aus einem der drei untersuchten Portale gemein-sam editiert. Das bedeutet, dass hier die Wahrscheinlichkeit sehr groß ist, dass diese Teilnehmer ein gewisses Maß an sozialer Beziehung untereinander aufweisen.

Die Teilnehmer, die beim „Durchschnitt über Beziehungen" auftauchen, sind jeweils eine Teilmenge der Gesamtzahl der Überschneidungen, sofern man nur die Attribute berücksichtigt. Das bedeutet, dass diese die hier definierten Attribute ebenfalls teilen, es kommt aber noch eine „nähere" Beziehung (Schnittpunkt von bimodalen Netzwerken) zu anderen hinzu.

Abbildung 16.3: Die Ergebnisse aus beiden Vorgehensweisen lassen sich graphisch darstellen

Subnetzwerk: *Durchschnitt über Teilnehmer* von Treffen, Artikeln und Portalen	Subnetzwerk: *Durchschnitt über Beziehungen* von Treffen, Artikeln und Portalen

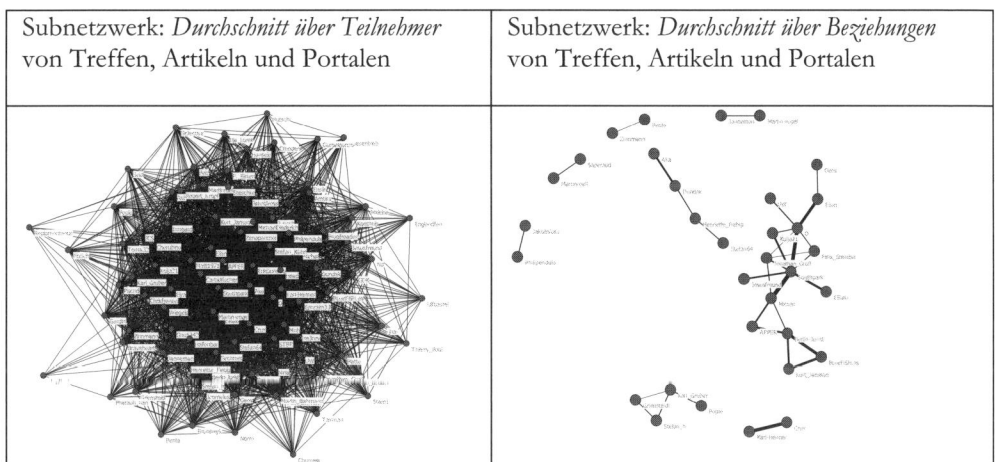

Aufgrund der Definition des Durchschnitts über die Teilnehmer, lassen sich auf der linken Seite der Tabelle kaum Beziehungen erkennen. Auf der rechten Seite hingegen ist eine klare Beziehungsstruktur vorhanden.

Man kann nun fragen, ob sich die als Durchschnitte über Beziehungen defi-nierten Netzwerke von den Durchschnitten über die Teilnehmer (reine Beteiligung) unterscheiden.

Hierzu haben wir die Möglichkeit, quantitative Attribute zu vergleichen.

Tabelle 16.4: Bearbeitungszahlen nach Bestimmung der Schnittmengen. Die Unterschiede zwischen netzwerkanalytischer Bestimmung und attributivem Vorgehen sind in fast allen betrachteten Namensräumen signifikant

Durch-schnitte	n	Edits insgesamt		Artikeledits / Monat		Artikel-Diskussion / Monat		Wikipedia / Monat		Wikipedia-Diskussion / Monat	
		∩ Teil-nehmer	∩ Bezie-hung	∩ Teil-nehmer	∩ Bezie-hung	∩ Teil-nehmer	∩ Bezie-hung	∩ Teil-nehmer	∩ Bezie-hung	∩ Teil-nehmer	∩ Bezie-hung
Treffen ∩ Artikel	104	16306*	23949*	282	350	18*	31*	48**	76**	4*	7*
Treffen ∩ Portal	431	4878***	11840***	95***	187***	8**	15**	22**	44**	1**	4**
Artikel ∩ Portal	431	4795**	12717**	90**	239**	12	17	16**	35**	1*	3*
Treffen ∩ Artikel ∩ Portal	96	16743**	28207**	280*	419*	19*	34*	54*	80*	5**	8**

Signifikanzen: *** - 1%; ** - 5%; * - 10%

Die Unterschiede zwischen dem attributiven Vorgehen (∩ Teilnehmer) und netzwerkanalytischen Vorgehen (∩ Beziehungen) sind klar ersichtlich. In der Tabelle werden Kontrastgruppen verglichen. Damit ist gemeint, dass obgleich der ∩ der Beziehungen eigentlich eine Teilmenge der unter dem ∩ Teilnehmer zusammengefassten Akteure bildet, hier die beiden Gruppen getrennt betrachtet werden. D.h. der Durchschnitt der Teilnehmer umfasst an dieser Stelle diejenigen nicht, die nach unserer Definition in Beziehung zueinander stehen. Es zeigt sich, dass über alle verglichenen Kategorien die messbaren Zahlen für das Engagement bei denjenigen, die in Beziehung miteinander stehen, wesentlich höher sind. Die Differenz ist bei den meisten verglichenen Indikatoren signifikant.

Abbildung 16.4: Es zeigt sich, dass der Anteil der Admins unter den Beziehungsaspekt konstruierten Schnittmengen größer ist, als wenn man die Kategorien alleine betrachtet.

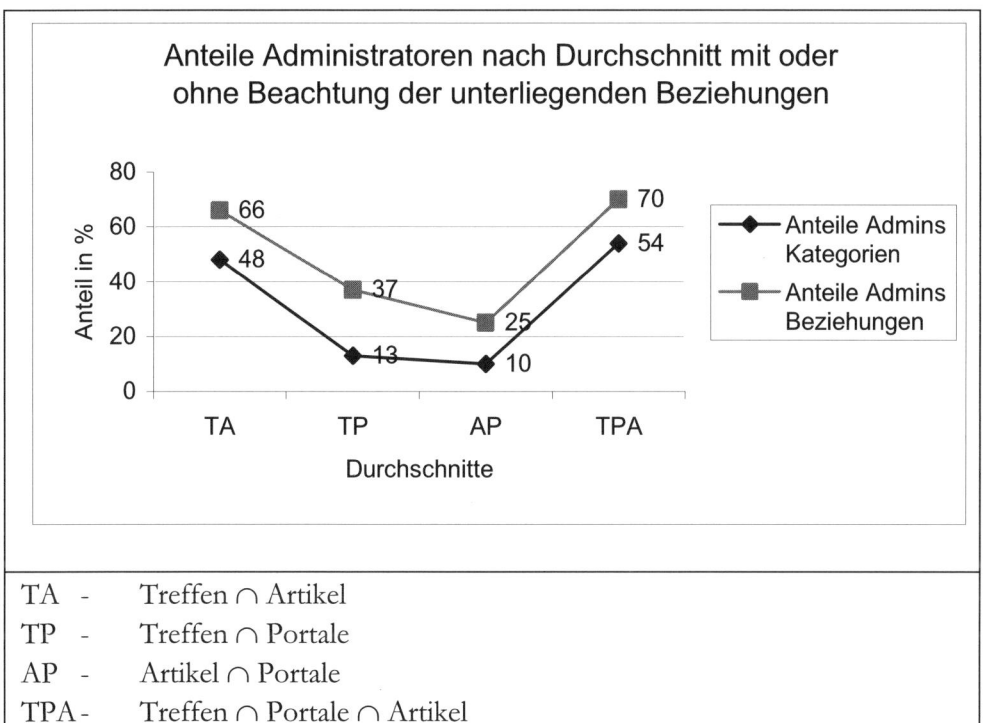

TA   -   Treffen ∩ Artikel
TP   -   Treffen ∩ Portale
AP   -   Artikel ∩ Portale
TPA -   Treffen ∩ Portale ∩ Artikel

Es ist möglich eine Position des Wikipedia-Kerns mit Hilfe dieses Vorgehens zum Vorschein zu bringen. Hierbei handelt es sich sicherlich nicht um den gesamten Kern, da in dieser Analyse eine starke Restriktion durch die gemeinsame Teilnahme am Verfassen eines von 31 zufällig ausgewählten Artikels mit Diskussion vorgenommen wurde. Die Tatsache jedoch, dass es trotz dieser Restriktion möglich ist, einen Kern zu finden, weist darauf hin, dass tatsächlich ein solches Zentrum existiert. Aufgrund der in die Analyse eingeflossenen Kriterien handelt es sich bei diesen zentralen Wikipedianern eher um Generalisten. Würde man eine größere Anzahl an Artikeln in die Analyse einfließen lassen, würde der Kern etwas größer werden. An der Analyse ist von besonderer Bedeutung, dass durch den Vergleich des unterliegenden Beziehungsnetzes mit einem rein attributiven Vorgehen, in dem lediglich die Teilnahme eine Rolle spielt, nicht aber unterliegende Beziehungen berücksichtigt wird, eine viel genauere Bestimmung des Zentrums der Aktivisten möglich wird.

Dieses Ergebnis zeigt den Wert der Netzwerkanalyse auf. Es kann auch als Kritik an der „Variablensoziologie" verstanden werden, bei der bestenfalls Kombinationen von Kategorien (in Umfragedaten beispielsweise stehen keine anderen Informationen zur Verfügung) betrachtet werden können. Häufig werden Variablenkombinationen etwa bei Clusteranalysen als Indikatoren für eine Zugehörigkeit zu einem Milieu betrachtet. Wenn die Teilnehmer aus ihren sozialen Zusammenhängen herausgerissen betrachtet werden, sind die Ergebnisse weniger differenziert als unter Berücksichtigung des Zusammenhangs. Dies bedeutet nicht, dass die Umfrageforschung nicht in der Lage wäre, solche interessanten und gehaltvollen Ergebnisse herauszubekommen. Die Ergebnisse sind jedoch nicht so zielgenau, wie sie sein könnten, wenn die Methoden kombiniert würden. In der Umfrageforschung wird mit dem Kontakt- oder Netzwerkargument implizit umgegangen, ohne dass dies explizit verwendet wird.

Das Vorgehen mit dem unterliegende Beziehungen berücksichtigt werden, bestätigt aber auch die Wirksamkeit des Netzwerkes vor notwendig individualisierenden Betrachtungen in der Umfrageforschung. Die tatsächlich vorhandenen Beziehungen müssen eine starke Wirkung entfalten! Besäße das unterliegende Beziehungsmuster keine Wirksamkeit, müssten die beiden betrachteten Teilgruppen, ob mit oder ohne zweimodales Netz, ungefähr die gleichen Merkmale aufweisen. Wir können behaupten, dass dort, wo Beziehungen im Spiel sind, ein stärkeres Engagement der Teilnehmer zu verzeichnen ist.

Eine andere Erkenntnis, die sich aus der vorliegenden Analyse gewinnen lässt, ist, dass Netzwerke emergente Eigenschaften besitzen müssen. Das bedeutet, dass ein Rückschluss von Verhaltensmustern auf Positionen, nicht ohne weiteres möglich ist. Dies wird an der wesentlichen Verbesserung der Charakterisierung des Kerns durch Einbeziehung der Beziehungsstruktur offenbar. Die unterliegenden Beziehungen sind offenbar so bedeutungsvoll, dass man aus dem sich überschneidenden Engagement nicht ohne die Betrachtung der unterliegenden Beziehungen zurückschließen kann bzw. sich mit viel schlechteren Ergebnissen zufrieden geben müsste.

Es wurde behauptet, dass eine bimodale Tie-Konstruktion nicht wirklich Beziehung misst, sondern immer nur für eine Chance auf eine Beziehung steht. Die hier durchgeführte Untersuchung zeigt, dass eine Verbesserung der Ergebnisse möglich ist, auch wenn in einigen Fällen ein „Streuverlust" zu verzeichnen ist. Dieser ist dem Umstand geschuldet, dass die Anzahl der tatsächlichen Beziehungen mit diesem Verfahren überschätzt wird. Das heißt, dass es sinnvoll ist, leicht zugängliche zweimodale Netzwerke in die Bestimmung von Positionen einzubeziehen.

Neben diesem aus methodologischer Sicht interessanten Ergebnis können wir mit der Analyse einen Kern von Teilnehmern bestimmen, der in allen drei als bedeutend definierten Bereichen der Wikipedia aktiv ist. Nimmt man die Gesamtwikipedia, so gehört die durch dieses Vorgehen aufgedeckte Position sicherlich zum Führungsstab, der sich hier freilich informell mit der Zeit entwickelte. Dies zeigt sich auch an der außergewöhnlichen Aktivität, welche die Teilnehmer entfaltet haben.

17 Ideologiewandel von der Aufklärung zur besten Enzyklopädie der Welt - eine Analyse der Teilnehmerseiten[1]

17.1 Ideologiewandel und Enttäuschung

In Kapitel 4 hatten wir festgestellt, dass sich mit der Zeit die Einstellung der Aktivisten in Wikipedia wandelt. Der Wandel hängt mit organisatorischen und von außen auferlegten Zwängen zusammen. Im Einzelnen handelt es sich um einen Wandel von einer „Aufklärungsideologie" hin zu einer „Produktideologie". Stichworte für die Aufklärungsideologie sind, „jeder kann teilnehmen", die „Befreiung" des Wissens aus den Zwängen des Copyrights und der „Basar" gegenüber der „Kathedrale". Die Produktideologie hingegen steht in einem Zusammenhang damit, die beste Enzyklopädie zu erstellen und damit in einen Wettbewerb mit etablierten Nachschlagewerken zu treten. Wir sind davon ausgegangen, dass wir einen Wandel in der Sichtweise besonders dort feststellen können, wo die Teilnehmer Positionen angehören, die zum Kern bzw. zu Führungspositionen gehören.

Wenn sich bei einigen Wikipedia-Teilnehmern mit der Zeit ein Ideologiewandel vollzieht und sie realisieren, dass es bei Wikipedia nicht mehr vorrangig darum geht, dass jeder sich beteiligen kann, und dass das Wissen aus den Fängen der privaten Aneignung befreit wird, sondern um die Erstellung der besten und größten Enzyklopädie der Welt, dann ist es wahrscheinlich, dass sich auch die Einstellung eines Teils der Positionen wandelt. Hierauf haben wir in Kapitel 4 (Abbildung 4.1) hingewiesen, als wir unser Modell der modifizierten Badewanne vorstellten. Ein solcher Wandel hin zu einer Professionalisierung wird vor allem von den Führungspositionen vorangetrieben. Diese werden wie beschrieben in Teilen auch von außen getrieben.

Eine Enttäuschung kann man als kognitive Dissonanz fassen. Diese tritt typischerweise dann auf, wenn neugewonnene Erkenntnisse der bislang bestehenden eigenen Meinung (auch Werten, Überzeugungen) widersprechen oder eine Entscheidung als falsch aufdecken. Wir untersuchen nun folgend Teilnehmerseiten, also von einzelnen Teilnehmern erstellte Inhalte. Wir glauben jedoch, dass die dort ausgedrückten Einstellungen sich zum einen durch eine relativ hohe Ähnlichkeit im Aufbau auszeichnen und je nach Position auch typische Variationen des Inhalts auftauchen. Das ist allerdings nicht unser Untersuchungsgegenstand. Wir interessieren uns für Verhaltensänderungen in Bezug auf den Wandel der Ideologie, der mit der Professionalisierung der Enzyklopädie einhergeht. Das bedeutet auch, dass Dissonanzen zwar auf der Ebene des Einzelnen auftreten, aber nicht als ein indivi-

---

[1] Dieses Kapitel beruht in starkem Maße auf Auswertungen von Victoria Kartashova.

duelles Phänomen betrachtet werden, sondern Ausdruck einer Stellung innerhalb der Wikipedia sind.

Unsere Ausgangsidee ist, dass Präferenzen in Abhängigkeit zur eingenommenen Position stehen. Das bedeutet, dass Neulinge, die noch in keine zentrale Position gekommen sind, über andere Einstellungen verfügen müssten, als solche, die im Laufe der Zeit ins Zentrum gewechselt sind. Wir gehen ferner davon aus, dass Hinweise auf die Einstellungen auf den Teilnehmerseiten zu finden sind. Aufgrund der dort einsehbaren Versionsgeschichte müssten sich, wäre die Annahme des Einstellungswandels aufgrund der eingenommenen Position und des dem Prozess der Erstellung der Enzyklopädie inhärenten Ideologiewandels richtig, solche Veränderungen auf den Teilnehmerseiten nachweisen lassen. In eine ähnliche Richtung gehen Überlegungen aus der Ökonomie, nach denen sich die Präferenzen der Akteure erst im Laufe der Handlungen herausbilden. Im Fall von Wikipedia würde dies bedeuten, dass die Akteure mit der Zeit über Informationen und Nutzenschätzungen verfügten, die zu der Einstellung führten, dass die Idee der Befreiung des Wissens zwar sehr attraktiv sein mag, für Wikipedia an sich und für die Öffentlichkeit es jedoch besser wäre, wenn daraus ein hochwertiges Lexikon entstehen würde, auch wenn dann nicht mehr jeder teilnehmen könnte (Cyert/ De Groot 1975). Unsere Überlegungen widersprechen jedoch diesem Ansatz insofern, als wir unterschiedliche Einstellungen je nach eingenommener Position annehmen.

17.2 Teilnehmerseiten in Wikipedia

Angemeldete Teilnehmer können sich eine Teilnehmerseite ähnlich einer Internethomepage einrichten. Diese Seite wird wikipediaintern „Benutzerseite" genannt. Sie soll, laut den Anweisungen auf einer Hilfeseite[2] der Selbstdarstellung von Teilnehmern dienen. Außerdem kann man hier verschiedene Lesezeichen-Links speichern sowie eine eigene Spielwiese[3] erstellen.

Nach der Anmeldung können alle Beiträge, die unter einem Teilnehmernamen erstellt wurden, nachverfolgt werden. Veröffentlicht man seinen eigenen Namen auf der Benutzerseite oder benutzt diesen als Pseudonym, so lässt es sich nicht vermeiden, dass in vielen Suchmaschinen eine Namenssuche die Wikipedia-Seiten mit dem Namen als erste Ergebnisse listet. Nach der erfolgreichen Registrierung, die die Angaben von Teilnehmernamen, Passwort und einem Sicherheitscode erfordert, bekommt der Teilnehmer eine eigene Seite, die seinem Benutzernamen zugeordnet wird: http://de.wikipedia.org/wiki/Benutzer:username. Die Seite ist

---

[2] http://de.wikipedia.org/wiki/Wikipedia:Benutzernamensraum (05.06.2008)
[3] Eine Spielwiese dient unter anderem dazu, Artikel vor ihrer Veröffentlichung zu erstellen und zu bearbeiten.

zunächst leer und enthält den Hinweis „Diese Benutzerseite existiert noch nicht."
Fügt man beliebige Inhalte hinzu, verschwindet der Hinweis.

Abbildung 17.1:   Beispiel einer Teilnehmerseite

Jede Teilnehmerseite verfügt ähnlich wie im Artikelnamensbereich über eine Diskussionsseite, auf der persönliche Nachrichten und Kommentare von anderen Teilnehmern hinterlassen werden können.

Da die Teilnehmerseite in der gleichen Datenbank erstellt wird, sind wie bei Artikeln auch, alle Änderungen, die auf der Seite vorgenommen wurden, auf einer speziellen Seite „Versionen/Autoren" nachvollziehbar. Außerdem ist es möglich, verschiedene Versionen der Seite miteinander zu vergleichen oder ältere Versionen wiederherzustellen.

Obwohl es jedem Teilnehmer freisteht, sich beliebige Inhalte und eine Gestaltung der Seite zu überlegen, entwickelten sich Regeln:

> „Die Gestaltungsfreiheit der Benutzerseite hat Grenzen. Verletzungen der Wikiquette, persönliche Angriffe, Beleidigungen, den Ruf der Wikipedia schädigende oder strafbare Inhalte sind nicht zulässig. Genauso vermeiden sollte man exzessive Selbstdarstellungen, die nichts mit der Aktivität in Wikipedia zu tun haben, und Publikation von längeren Texten ohne Wikipedia-Bezug. Kostenlosen Webspace für eine Homepage

gibt es heutzutage zuhauf, die Benutzerseite in Wikipedia dient der Mitarbeit am Projekt."[4]

Es wird auf die Wirkung von Positionen außerhalb der Wikipedia auf einen möglichen Rang innerhalb der Wikipedianer hingewiesen. So findet man folgende Anmerkung auf einer Hilfeseite:

> „Auch solltest du dir bewusst sein, dass deine Selbstdarstellung auch das Diskussionsverhalten anderer dir gegenüber beeinflusst: Manche nehmen vielleicht einen 18-jährigen Schüler nicht ernst, egal wie kompetent er in einem Gebiet sein mag, andere trauen sich vielleicht nicht, einem Professor zu widersprechen, auch wenn er sich einmal irrt."[5]

Weiterhin findet man auf den Hilfeseiten auch Tipps für die Gestaltung einer Teilnehmerseite:

> „Manche Leute schreiben darin Kurzbiografien, andere führen eine Liste der Artikel, an denen sie mitgearbeitet haben, notieren dort ihre Gedanken zur Wikipedia oder kopieren dort nützliche Vorlagen hinein und benutzen sie so als eine Art Werkzeugkiste."[6]

17.3 Vorgehensweise

Um Querverbindungen zwischen den unterschiedlichen, in diesem Buch vorgestellten Analysen herstellen zu können, haben wir uns bei dieser Analyse auf die Teilnehmerseiten derjenigen beschränkt, die sich an den Diskussionen der von uns genauer untersuchten 30 Artikel mitgearbeitet haben.[7]

Tabelle 17.1:   Auswahl der Teilnehmer (Grundlage Diskussionsteilnehmer der 30 von uns besonders untersuchten Artikel)

Gesamtzahl der Diskussionsteilnehmer (inkl. IPs und registrierter Teilnehmer ohne Benutzerseiten)	845
Anzahl registrierter Teilnehmer mit einer und ohne eine Teilnehmerseite	383
Anzahl registrierter Teilnehmer mit einer Teilnehmerseite	306

---

[4] http://de.wikipedia.org/wiki/Wikipedia:Benutzernamensraum#Konventionen (13.03.2008)

[5] http://de.wikipedia.org/wiki/Wikipedia:Benutzernamensraum (12.02.2008)

[6] Ebd.

[7] Eine Analyse von Teilnehmerseiten hat auch Wolf (2006) vorgelegt. Sie untersuchte die Teilnehmerseiten von 200 Aktivisten.

Der bereinigte Datensatz bestand aus 306 Teilnehmern, die über eine Teilnehmerseite mit Inhalten verfügten. Mit Hilfe der Inhaltsanalyse wurden die Teilnehmerseiten (exklusive der Unterseiten) der 306 ausgewählten Wikipedia-Teilnehmer analysiert. Wir suchten dabei vor allem nach Hinweisen zur Bedeutung der Ideologie und deren mögliche Veränderung im Laufe der Zeit. Ein solcher Wandel in der Übernahme der Ideologie ist, so unsere Annahme in starkem Maße, der Position innerhalb der Wikipedia geschuldet. Da es sich beim Vorgehen um eine nichtreaktive Untersuchung handelt, ist nicht zu erwarten, dass sich alle Teilnehmer auf ihrer persönlichen Bearbeiterseite auch über die Wikipedia-Ideologie äußern. Man kann aber vermuten, dass gerade die aktivsten Mitglieder sich mit diesem Thema beschäftigen und ihre Gedanken dazu auf ihren Teilnehmerseiten präsentieren.

Es wurden die aktuelle Version sowie die ersten zehn Versionen jeder der 306 Teilnehmerseiten untersucht. Die Informationen aus den ersten zehn Versionen der Seite bildeten für uns die Basis zur Untersuchung des Wandels der Anschauungen zu Wikipedia im Laufe der Zeit. Die auf den Teilnehmerseiten präsentierten Inhalte wurden codiert. Für alle beiden Zeitperioden wurde der gleiche Codeplan („aktuell" und „erste zehn Versionen") verwendet.

Die Verwendung der Methode der Inhaltsanalyse bei der Untersuchung von Online-Communitys bringt einige Vorteile, aber auch Nachteile mit sich.[8] Die Datenerfassung erfolgte mithilfe eines Kategoriensystems, welches sowohl unsere theoretischen Annahmen als auch das Material selbst berücksichtigte. Folgende Inhalte einer Teilnehmerseite wurden in einer Datenmatrix erfasst und später ausgewertet:

Biografie: Name, Geburtsdatum oder Altersangaben, Geschlecht, Geburtsort, Wohnort, Angaben zum Beruf, persönliche E-Mail-Adresse, persönliche Website-Adresse

Aussagen über Wikipedia: Aussagen zur Wikipedia-Ideologie und zu Wikipedia im Allgemeinen

Aufgabenfeld: Aktivitätsschwerpunkte bei Wikipedia

Weg zur Wikipedia: Anmeldedatum, Anlass für die Anmeldung

Stolz auf eigene Arbeit: Auflistung der geleisteten Arbeit, weitere Hinweise auf Stolz

Sonstiges: aktueller Status bei Wikipedia (z.B. inaktiv, gesperrt), Auszeichnungen etc.

Verschiedene Ausprägungen der Kategorie „Aussagen über Wikipedia", die im Datensatz vorgekommen sind, wurden entsprechend dem Codeplan kodiert. Hierzu haben wir Aussagen zur Ideologie isoliert.

Ferner unterscheiden wir, wann die jeweils betrachtete Version der Teilnehmerseite erstellt wurde. Hierzu gibt es drei Unterscheidungen:

---

8   http://wiki.meinungsklima.de/index.php?title=Inhaltsanalyse#Vorteile   (14.01.2008)   und   Früh (2007:47f).

1. *aktuelle Version:* Die Aussage ist nur in der aktuellen Version der Benutzerseite vorhanden.
2. *frühere Versionen:* Die Aussage ist nur in einer der ersten zehn Versionen der Benutzerseite vorhanden.
3. *aktuelle und frühere Versionen:* Die Aussage ist sowohl in früheren als auch in der aktuellen Version der Benutzerseite vorhanden.

Diese Unterscheidung wurde mit dem Ziel einer späteren Analyse des Ideologiewandels eingeführt.

Die kodierten Aussagen unterscheiden sich auch hinsichtlich der Einstellung der Teilnehmer zum Gegenstand der Aussage. Deswegen wurde die Variable „*Ausrichtung von Aussagen über Wikipedia*" mit den Ausprägungen „positiv", „negativ" und „neutral" in den Codeplan eingeführt.

Erwähnenswert ist auch, dass auf Teilnehmerseiten aufgeführte Zitate von anderen Personen, falls diese einen Bezug zur Makro-Ebene der Wikipedia aufwiesen (was relativ oft vorkam), nur dann berücksichtigt und entsprechend kodiert wurden, wenn eine eindeutige Einstellung des Teilnehmers selbst zu dem zitierten Text erkennbar war.

Die Teilnehmerseiten wurden von drei Projektmitarbeitern unabhängig voneinander kodiert. Die Intercoderreliabilität (Kappa) lag in keiner der untersuchten Kategorien bei höher als 0,5. Aus diesem Grund wurde die Zuordnung der Aussagen zum Kategoriensystem im Team Aussage für Aussage diskutiert und gemeinsam getroffen.

Anzumerken bleibt, dass die Bearbeitung der Teilnehmerseiten in unterschiedlichen Zeiträumen erfolgte. Bei einigen Teilnehmern erfolgte die Erstellung der ersten 10 Versionen innerhalb weniger Tage, bei anderen dauerte es wesentlich länger, bis zehn unterschiedliche Versionen zustande kamen.

Einige Seiten haben sehr viele Versionen, bei anderen wurden weniger als zehn Veränderungen im Laufe der Zeit vorgenommen. Wie bereits erwähnt, werden in der Kategorie „Frühere Versionen" die Daten aus den ersten zehn Versionen der Teilnehmerseite, die einen Bezug zu den untersuchten Kategorien haben, erfasst. Fälle mit weniger als 10 Versionen der Teilnehmerseite wurden daher aus dem Sample eliminiert.

17.4 Ermittlung der Position

Wir verwenden an dieser Stelle eine andere Definition von Position. Die hier verwendete Definition sollte möglichst ohne komplexe Berechnungen möglich sein. Gleichzeitig sollen auch diejenigen Teilnehmer dem Zentrum zugeordnet werden, die, obgleich sie nicht zu den Administratoren gehören, dennoch zu den hochengagierten Teilnehmern zählen. Aus diesem Grund bezeichnen wir die folgenden

Teilnehmer als zentral: Ins Zentrum gehören alle jene Teilnehmer, die erweiterte Rechte haben. Dies sind alle 65 Administratoren, die in unserem 30-Artikelsample mitdiskutiert haben. Hinzu kommen weitere 28 Teilnehmer. Diese wurden aufgrund der folgenden Kriterien dem Zentrum zugerechnet: Es handelt sich um diejenigen 10 % mit dem höchstem Degreewert (Zahl der Beziehungen), diejenigen, die zum obersten Fünftel bei der Zahl der Bearbeitungen, (umgerechnet auf einen Zeitabschnitt gehörten (Bedeutung der Dauer der Zugehörigkeit) und diejenigen, die zu den 5% mit den meisten Beiträgen im Wikipedia Namensraum gehören. Alle anderen rechnen wir zur „Peripherie". Wir haben an dieser Stelle nicht alleine dem Attribut „Administrator" vertraut und versucht, das Kriterium operational etwas breiter zu bestimmen. Diese zugegebenermaßen etwas komplexe Bestimmung zentraler Teilnehmer wurde vorgenommen, weil immer eine Reihe von Akteuren ohne formell zum Admin ernannt geworden zu sein, eine ähnliche Stellung einnimmt.

17.5 Wer arbeitet in Wikipedia?

Durch die Analyse der Teilnehmerseite erfahren wir zusätzliche Informationen über die Beteiligten. Da wir an keiner Stelle unserer Untersuchung eine Befragung o.ä. durchgeführt haben, mit der etwa demographische Merkmale zu erfassen gewesen wären, möchten wir hier kurz auf die Ergebnisse eingehen. Allerdings und hier kommt gleich eine Einschränkung handelt es sich bei den hier einbezogenen Diskutanten zu den 30 näher untersuchten Artikeln nicht um einen Durchschnitt aller angemeldeten Teilnehmer (siehe Kapitel 6). Die so getroffene Auswahl ist im Mittel weit mehr engagiert als solche, die man durch eine Zufallsauswahl der angemeldeten Teilnehmer herausbekommen würde. Gleichwohl gibt die Auswertung einen Eindruck über die Wikipedianer, man muss sagen, den engagierteren Teil der Wikipedianer.

Die Analyse von Wikipedia-Teilnehmerseiten hat gezeigt, dass die dort weitergegebenen Informationen relativ einheitlich gestaltet sind. Oft kommen die folgenden Informationen vor:
- Kurzbiografie, Hinweise auf Interessensgebiete, berufliche Tätigkeit, Themen, bei denen man sich kompetent fühlt
- Übernommene Arbeiten in Wikipedia, z. B. Auflistungen von Artikeln, die man begonnen hat oder an denen man mitgeschrieben hat; die Mitarbeit an Wikipedia-Schwesterprojekten wird auch erwähnt
- Entwürfe für Wikipedia-Artikel
- Wikipedia-interne und externe Links sowie Bausteine und Vorlagen, die einem bei der Mitarbeit in der Wikipedia und bei der Recherche helfen

- Links zu Wikipedia-Seiten, die der Vernetzung mit anderen Benutzern dienen, z. B. das Vertrauensnetz[9]
- Essays, Beobachtungen, Meinungsäußerungen zu Wikipedia[10]

In folgenden Unterkapiteln werden die vier typischen Inhalte einer Benutzerseite dargestellt:
- Soziodemografische Daten (Namensangaben, Geschlecht, Alter, Beruf)
- Informationen über den Weg zu Wikipedia
- Angaben zum Aufgabenfeld in Wikipedia
- Angaben über die in Wikipedia geleistete Arbeit

Namensangaben sind ein wichtiger Bestandteil einer Online-Identität. Als „realer Name" wurden die Angaben, die gleichzeitig einen Vor- und Nachnamen enthalten, erfasst. Diese wurden zum einen direkt aus den Angaben auf der Teilnehmerseite sowie aus den Angaben auf den mit dieser Seite verlinkten persönlichen Websites der Personen ermittelt. Weiterhin wurden auch Benutzernamen als reale Namen erfasst, wenn diese eindeutig aus Vor- und Nachnamen bestanden. Ein realer Name konnte bei 27 % der Teilnehmer ermittelt werden.

Das Geschlecht wurde anhand der Namensangaben, Babelvorlagen[11] und Ansprachen auf der Benutzer-Diskussionsseite zugeordnet. Bei vielen Benutzern war es nicht möglich, das Geschlecht aus den vorliegenden Daten zu erkennen.

Die Geschlechtsverteilung der Teilnehmer erscheint unausgewogen, entspricht jedoch in etwa den Ergebnissen anderer Untersuchungen, etwa der Studie von Schoer/ Hertel (2007: 16), die eine Befragung, mit ebenfalls einem Bias hin zu aktiveren Teilnehmern durchführten.[12] Von denjenigen (knapp 60%), bei denen Hinweise zum Geschlecht extrahiert werden konnten, sind 95% männlich.

Angaben zum Alter finden sich auf etwa einem Viertel der Teilnehmerseiten. Das arithmetische Mittel beträgt 34 Jahre. Bei den Engagierten handelt es sich keineswegs nur um Studierende. Klassifiziert man die Teilnehmer in Gruppen mit 5-Jahresabständen, so ist die Gruppe der 41-45 jährigen am größten, gefolgt von den 21-25 jährigen. Der Schwerpunkt der Teilnehmer ist zwischen 21 und 45 Jahren alt.

Nur von zwei Fünfteln wird eine Angabe zu anderen Beschäftigungen außerhalb von Wikipedia gemacht. Davon geben über die Hälfte an, Studierende zu sein. Bei den anderen ist kaum eine Gruppierung dieses Merkmals möglich.

---

[9] http://de.wikipedia.org/wiki/Wikipedia:Vertrauensnetz (12.02.2008)

[10] http://de.wikipedia.org/wiki/Benutzer:Adrian_Suter/Benutzerseiten (12.02.2008)

[11] Standardisierte Bausteine aus Text oder Graphik, die über Eigenschaften und Aktivitäten der Teilnehmer Auskunft geben sollen.

[12] Vgl. http://de.wikipedia.org/wiki/Wikipedia:Wikipedistik/Soziologie/Gender_Studies (07.06.2008)

Auf etwa 40% der untersuchten Teilnehmerseiten fanden sich Hinweise zur Mitarbeit in Wikipedia:

- Liste der erstellten, überarbeiteten, übersetzten, geplanten Artikel (inkl. Vermerke „lesenswert" und „exzellent"), Listen mit selbsterstellten Bildern. Die Analyse hat gezeigt, dass Teilnehmer Artikelthemen präferieren, die einen Bezug zu ihrem Beruf, Hobby oder Wohnort haben.
- Hinweise auf die Teilnahme an anderen Wiki-Projekten.
- Informationen über die Anzahl der geleisteten Beiträge (z.B. Link zur Editcount-Software).
- Hinweise auf die eigene Position in Wikipedia (z.B. „Vorstandsmitglied", „zuständig für Presse- und Öffentlichkeitsarbeit", „Überblick meiner administrativen Aufgaben"), Administrator, Artikelschreiber, Vandalenjäger, Korrektor, Qualitätssicherer, Vermittler etc.
- Selbsteinschätzungen: „zähle zu aktivsten Mitgliedern", „bekomme lobende Danksagungen per E-Mail", „bemühe mich, sorgfältig zu recherchieren und nicht ‚abzugoogeln'", „Ereignisse meiner WP-Karriere".
- Auf manchen Teilnehmerseiten finden sich sog. Babel-Vorlagen, die eine Auskunft über die Mitarbeit in Wikipedia erteilen.
- Hinweise auf Aktivitäten außerhalb von Wikipedia (Projekte, Publikationen, Websites).

Da in Wikipedia eigentlich viele Teilnehmer zusammen die Inhalte erstellen sollen und wir davon ausgegangen sind, dass keine Belohnungen im klassischen Sinne bereitgestellt werden, ist dies interessant. Offenbar versuchen die Teilnehmer mittels solcher Listen ihre ansonsten für Außenstehende kaum erkennbare Position innerhalb der Organisation Wikipedia zu dokumentieren. Im Sinne unserer Interpretation wird somit die Teilnehmerseite zu einer Arena des Wettbewerbs und der internen Anerkennung.

Trotzdem kann man solche Listungen auch als Sprengstoff für die interne Ideologie des „jeder kann gleichberechtigt teilhaben" ansehen. Dies ist der offensichtliche Grund dafür, dass einige Teilnehmer sich kritisch zur Veröffentlichung solcher Tätigkeitsberichte bzw. Statusmeldungen äußern.

> „Manchmal frage ich mich, wieso einige Wikipedianer in ihren Profilen eine Auflistung der von ihnen bearbeiteten Artikeln haben ... womöglich noch mit Exzellent- oder Lesenswert-Bildchen dabei. Wofür ist das gut? Eitelkeit? Stolz? Ich weiß es nicht. Vielleicht werde ich mal einen fragen ..."[13]

Einige Teilnehmer begründen die Notwendigkeit der Auflistung von erstellten Artikeln mit Motivation und Übersichtlichkeit:

---

[13] http://de.wikipedia.org/w/index.php?title=Benutzer:Flingeflung&diff=next&oldid=9918393 (15.12.2007)

„Zu meiner Motivation und um die Übersicht zu behalten, liste ich hier erledigte Aufgaben, die mir wichtig sind, chronologisch sortiert.“[14]

„Meine Beiträge zu Wikipedia (damit ich nicht die Übersicht verliere)“[15]

Neben der Dokumentation der Stellung in Wikipedia durch Tätigkeitsberichte, die offensichtlich voneinander abgeschaut werden, finden sich noch weitere standardisierte Elemente auf den Teilnehmerseiten. Hochstandardisiert sind die sog. Babelvorlagen. Hiermit werden Hinweise auf die Sprachkompetenz, die Herkunft oder andere Eigenheiten der Teilnehmer gegeben. Die am häufigsten verwendeten Vorlagen sind Babel-Boxen, Wikistress-o-meter und Wikipedia-Orden.

Tabelle 17.2:   Beispiel mit standardisierten Bestandteilen der Teilnehmerseiten

---

[14] http://de.wikipedia.org/w/index.php?title=Benutzer:Supaari&diff=next&oldid=2404204 (15.12.2007)

[15] http://de.wikipedia.org/w/index.php?title=Benutzer:Lanzi&diff=next&oldid=7333083 (15.12.2007)

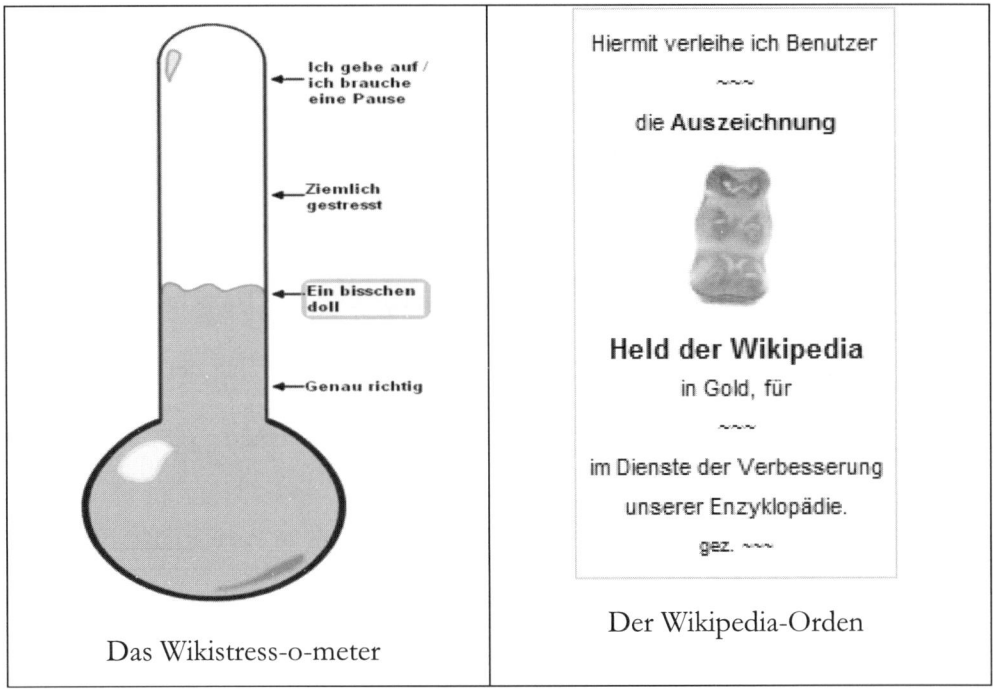

Das Wikistress-o-meter

Der Wikipedia-Orden

Die sogenannten Babel-Boxen[16] wurden ursprünglich nur zwecks Auskunft über eigene Sprachkenntnisse verwendet. Mittlerweile nutzen Wikipedianer die zahlreichen Babel-Bausteine zur Darstellung ihres Herkunftsorts, ihrer Hobbys, zu politischen, weltanschaulichen Statements etc.

Weitere verbreitete Vorlagen sind das Wikistress-o-meter[17], das die Teilnehmer dazu nutzen, um den aktuellen Grad des durch die Mitarbeit an Wikipedia ausgelösten Stresses anzuzeigen oder der „Gummibärchen-Orden", der an Wikipedianer für besondere Leistungen verliehen wird.[18]

17.6 Ideologiewandel

Wir haben in den Anfangskapiteln ein modifiziertes Modell der Colemanschen Badewanne vorgestellt. Danach entwickelt sich die Einstellung zu Wikipedia nach der Positionierung in einer zentralen Stellung weg von der ideologischen Grundlage (Befreiung des Wissens aus dem Copyright, Demokratie, jeder kann mitmachen) hin zu einer „Produktideologie", wobei die Qualität der Enzyklopädie wichtiger als

---

[16] http://de.wikipedia.org/wiki/Wikipedia:Babel (12.02.2008)
[17] http://de.wikipedia.org/wiki/Wikipedia:Wikistress (15.02.2008)
[18] http://de.wikipedia.org/wiki/Wikipedia:Preise (15.02.2008)

der Begründungszusammenhang des Projekts wird. Wir vermuten also, dass die ideologische Grundlage ein wichtiger Motivator für die Anfangsbeteiligung an Wikipedia ist. Besonders die zentralen Teilnehmer kommen vermehrt mit den Notwendigkeiten des Projekts in Kontakt. Bei dieser Gruppe erwarten wir am ehesten eine Anpassung der Ideologie an die Erfordernisse eines guten Produkts.

Bei 30 Teilnehmern der beschriebenen Auswahl (knapp einem Zehntel) finden sich Aussagen zur Wikipedia-Ideologie (Kategorie „Ideologie") auf ihren Teilnehmerseiten (in einer der ersten zehn Versionen und/oder aktuellen Versionen). Darunter sind 16 Teilnehmer mit einer zentralen und 14 Teilnehmer mit einer peripheren Position.

Ordnen wir diese 30 Teilnehmer in eine Vierfeldertafel, bei der wir zwischen Aussagen zur Ideologie bei den ersten zehn Versionen und denjenigen, die solche Aussagen auf der aktuellen Teilnehmerseite haben, differenzieren, können wir mit diesem grob geschnitzten Instrument den Wandel untersuchen.

Tabelle 17.3:   Aussagen zur Ideologie auf Teilnehmerseiten im Zeitverlauf

| | | Erste zehn Versionen | | |
		Ideologie-Referenz vorhanden	Ideologie-Referenz nicht vorhanden bzw. „negativ"	Summe
Aktuell	Ideologie-Referenz vorhanden	6	14	20
	Ideologie-Referenz nicht vorhanden bzw. „negativ"	9	51	60
	Summe	15	65	80

Da unsere Auswahl voraussetzungsreich ist (Aussagen über Wikipedia und mindestens 11 Versionen der Teilnehmerseite) kommen nur 80 Teilnehmer in die Auswertung. Insgesamt hatten 15 Teilnehmer (ca. 1/5) davon Aussagen zur Ideologie in einer der ersten zehn Versionen ihrer Benutzerseite. Diese teilen sich in neun Teilnehmer, die diese Aussagen später gelöscht bzw. durch Aussagen anderer Kategorien ersetzt haben und weitere sechs Teilnehmer, die Aussagen zur Ideologie zu beiden Zeitpunkten haben.

Da diese Fälle, in denen die ideologischen Aussagen abhanden gekommen sind, für unsere Ausgangsüberlegungen von Interesse sind, betrachten wir diese noch einmal etwas genauer, indem wir die gesamte Versionsgeschichte an einigen Beispielen untersuchen.

Teilnehmerin EL[19]

Die Teilnehmerin erstellt im Sommer 2003 eine Teilnehmerseite und schreibt gleich an diesem Tag über ihre Einstellung zu Wikipedia. Gleichzeitig zitiert sie einen Satz aus der Seite eines anderen Teilnehmers, der auch ihre Einstellung zur Wikipedia-Idee des freien Wissens widerspiegelt:

> „Hallo, ich habe Wikipedia erst kürzlich entdeckt und bin sehr angetan davon. ‚Im Web etwas anderes als eine Goldgrube zu sehen' (Stefan Münz) und auch weiterhin kostenloses Wissen bereitzustellen, liegt mir sehr am Herzen und ich versuche daran mitzuarbeiten".

Im Laufe der nächsten Monate verändert sich diese Aussage nur wenig, indem anstatt „sehr angetan" das Wort „begeistert" verwendet wird. Im Januar 2004 löscht EL das Zitat des anderen Teilnehmers und die eigene Aussage über die Ideologie von Wikipedia. Was auf ihre Einstellung zu Wikipedia ab diesem Moment schließen lässt, ist nur noch der Satz „Seit 17. August 2003 begeistert bei WP dabei." Gleichzeitig veröffentlicht EL an dem Tag einige Informationen über sich wie z.B. Beruf und Wohnort. Wir deuten dies als ein Zeichen für die Integration in Wikipedia.

Einige Monate später (im Juni 2004) löscht sie auch das Wort „begeistert". Von nun kann man über ihre Einstellung zu Wikipedia nichts mehr auf ihrer Teilnehmerseite erfahren. Im November 2004 veröffentlicht sie ein Motto. Darin spricht sie andere Wikipedia-Teilnehmer an und bittet diese, weniger Energie in die „Endlos-Diskussionen" zu investieren und stattdessen mehr Artikel zu schreiben oder zu verbessern. Diese Aussage deutet auf die Veränderung der Einstellung von der „Befreiungsideologie" zur „Produktideologie" hin. Gleichzeitig lesen wir hieraus einen Hinweis auf ihre Stellung innerhalb der Community, denn sie hat offensichtlich eine Reihe von endlosen Diskussionen in Wikipedia gesehen und darüber hinaus maßt sie sich einen Ordnungsruf an.

Einen Monat später (im Dezember 2004) wird sie zum Admin gewählt. Eine weitere Aufforderung zu „richtigem" Verhalten findet man auf ihrer Teilnehmerseite drei Monate später:

> „AUFHÖREN! ALLE! Sagt mal geht es Euch zu gut? Ist Vollmond? Tanzen die Frühlingshormone? Zeckenplage? Heuschnupfen? Packt die Befindlichkeiten ein und schreibt die Enzyklopädie!"

---

[19] Wir verzichten zum Schutz der Personen in diesem Abschnitt auf genaue Belege der Teilnehmerseiten.

Hinweise darauf, dass sich ein Ideologiewandel bei dieser Teilnehmerin vollzogen hat, findet man auch in zwei später veröffentlichten Aussagen. In der einen zitiert sie einen Diskutanten und manifestiert ihre Einstellung dazu, indem sie den Beitrag als „lesenswert" kennzeichnet:

> „Lesenswerter Beitrag von Mathias Bigge im Selfforum: ‚Man entwickelt eine komplexe Infrastruktur mit viel ehrenamtlichem Aufwand an Zeit und Geld mit dem Ziel, die Kommunikation im Netz zu fördern, um dann festzustellen, dass einzelne schwierige Personen sie dazu ausnutzen, ihre Probleme auszuleben.'"

Von der „Goldgrube für freies Wissen" bleiben die Probleme mit „schwierigen Personen", die dem Projekt nur schaden und daher auch nicht willkommen sind. Dies widerspricht der deklarierten Freiheitsideologie von Wikipedia „jeder kann teilnehmen". Den Wunsch nach mehr Qualität für Wikipedia äußert EL, indem sie den Wikipedianern das Schreiben ohne Denken unterstellt: „Kannte Wilhelm Busch die Wikipedia? ‚Oft ist das Denken schwer, indes, das Schreiben geht auch ohne es.'" Es hat den Anschein, als sei die Begeisterung kein Antrieb mehr für die Mitarbeit; an die Stelle der Ideologie ist eine Verantwortungsethik getreten, die sich vor allem aus der Position der Teilnehmerin erklären lässt.

Teilnehmerin Ni

Die Teilnehmerin sieht in Wikipedia am Anfang die Erfüllung ihres Kindheitstraums – ein Buch, in das jeder reinschreibt, was man weiß. Darüber schreibt sie am Tag der Erstellung ihrer Teilnehmerseite:

> „Als Kind hatte ich den Plan, ein Buch zu erstellen, in das jeder alles reinschreiben kann, was er weiß, damit alle alles wissen. Allerdings habe ich schnell festgestellt, dass es schon für mich allein zu anstrengend ist, alles festzuhalten, was ich lerne, also musste das Projekt scheitern.
> Jetzt gibt es genau das! Bisher habe ich mich nur mit kleinen Änderungen beteiligt, werde mich aber steigern."

Später beschreibt die Teilnehmerin die Idee mit dem Buch noch detaillierter und betont, dass Wikipedia und das Medium Internet diese Idee zur Wirklichkeit gemacht haben. Ende Oktober 2004 wird Ni zum Admin gewählt. Zwei Monate später ersetzt sie die Geschichte mit dem Buch mit der folgenden Anekdote:

„Treffen sich zwei Planeten. ‚Lange nicht gesehen! Wie gehts dir?' ‚Mir gehts[20] dreckig. Ich hab Homo sapiens. Ich machs nicht mehr lange.' ‚Oh, das ist schlimm. Aber falls es dich tröstet: hatte ich auch mal. Das geht wieder vorbei ...'"

Aus dieser Aussage spricht die Enttäuschung über andere Teilnehmer. Die – wenn man so will – mit der Ursprungsideologie, einer gemeinschaftlichen Produktion der Enzyklopädie verbundene „Buchutopie" wird gelöscht – und zwar nicht lange nachdem ein Positionswechsel stattgefunden hat. Auch hier kann man unterstellen, dass mit der neuen Position eine andere Sicht auf das Projekt Platz gegriffen hat: Die alte Ideologie, die mit Freiwilligkeit und Gemeinschaftlichkeit verbunden war, mündet in eine Position, die mit Pflicht und Verantwortung verbunden ist. Hierin können wir den Wandel der Anschauung und den neuen Antrieb für die Beteiligung vermuten.

Teilnehmer SP

In diesem Fall wurden nur zwei relevante Aussagen auf der Benutzerseite entdeckt. Am Tag der Erstellung der eigenen Seite schreibt der Teilnehmer: „Die Wikipedia ist eine geniale Idee und ich hoffe, das Konzept wird sich durchsetzen!"

Diese Aussage deutet nur indirekt auf den ideologischen Gedanken der Befreiung des Wissens. Der Teilnehmer erwähnt nicht, was genau er unter der Idee von Wikipedia versteht.

Diese Aussage ersetzt Teilnehmer SP zwei Jahre später mit einem „Abschiedsbrief":

„Hallo,
leider stelle ich nach etwa zwei Jahren meine Mitarbeit an der Wikipedia weitgehend ein. Ich finde die Idee einer freien Enzyklopädie noch immer eine tolle Sache. Aber ich habe das Vertrauen in das Konzept der Wikipedia verloren.
Durch das zunehmende Chaos werden immer mehr Bereiche unkontrollierbar. An Artikeln, wie Hacker können keine Änderungen mehr durchgeführt werden, ohne mit einer Interessengemeinschaft in Konflikt zu geraten. Dabei wird der Artikel von Klischees und der Selbstdarstellung von Randgruppen bestimmt. Besonders frustriert mich jedoch, dass es Admins gibt, die wiederholt Mehrheitsbeschlüsse von fachkundigen und erfahrenen Benutzern ignorieren zu Gunsten eigenmächtiger Regelauslegung.
Ich muss aus meiner Sicht konstatieren, dass die Idee der Selbstorganisation bei der Wikipedia nicht funktioniert. Es ist eine Illusion, dass dies langfristig zu einer Qualitätssteigerung führen wird. Insbesondere bei kontroversen Artikeln, wird viel mehr eine Durchschnittsqualität erreicht, die von der Masse der Benutzer akzeptiert wird. Problematisch wird dies immer dann, wenn die Mehrheit nicht über die nötige Fachkenntnis verfügt, was fast zwangsläufig der Fall ist.

---

[20] Die Zitate werden hier so wiedergegeben, wie sie in Wikipedia zu finden sind (ohne Berichtigung).

Ich werde hier allenfalls noch im Datenbankbereich mitarbeiten und werde versuchen die Citizendium[21] mit aufzubauen, da es dort ein plausibles Konzept zur Qualitätssicherung gibt."

Die hier geäußerte Ernüchterung der zunächst enthusiastisch begrüßten Idee bis hin zur Aufgabe der Mitarbeit zeigt, wie tief die Enttäuschung sitzen muss. Der Teilnehmer gehört nicht zum von uns definierten Zentrum – er kritisiert dieses sogar explizit. Dies weist darauf hin, dass er nicht in gleichem Maße wie andere seinen Platz im Gefüge der Wikipedia gefunden hat.

Teilnehmer UR

Teilnehmer UR erklärt in seiner in der dritten Person Singular verfassten Selbstdarstellung[22], dass die Gründe für sein Engagement bei Wikipedia in seiner Vision der Idee des Projekts liegen. Der ideologische Gedanke des Projekts ist für ihn die wichtigste Triebkraft zur Teilnahme: Er schreibt Artikel für Wikipedia, weil er der Meinung ist, dass alle Menschen ihr Wissen untereinander kostenlos zur Verfügung stellen sollten. Er sieht darin einen wichtigen Beitrag zur Erhaltung der geistigen Errungenschaften der Menschheit und zur Völkerverständigung im Sinne eines friedlichen und glücklichen Zusammenseins. Er wünscht sich eine weltweite Kommunikation und Hilfsbereitschaft, die sich unentwegt und für alle Zeit darum bemüht, sich selbst und allen Mitmenschen ein zufriedenes und glückliches Leben zu ermöglichen.

Genauso wie in den anderen vorher dargestellten Fällen wurde diese Aussage, die einen Bezug zur Ideologie von Wikipedia hat, am Tag der Erstellung der Teilnehmerseite veröffentlicht. Vier Monate später löscht Teilnehmer UR diese Aussage. Danach bearbeitet er seine Teilnehmerseite nur noch ein paar Mal, bis er Anfang September 2004 seine Arbeit in Wikipedia (zumindest unter diesem Teilnehmernamen) einstellt. Aufgrund der auf seiner Seite veröffentlichten Informationen lässt sich nicht feststellen, was ihn zum Beenden der Teilnahme bewegt hat. Genauso wenig ist daraus ersichtlich, ob ein Ideologiewandel der Grund für die Löschung der oben dargestellten Aussage war. Bei UR handelt es sich um einen ehemals zentralen Akteur – sein Ausscheiden kann nicht mit den Überlegungen zur Wirkung von Positionen erklärt werden.

---

[21] Citizendium ist eine freie Online-Enzyklopädie, die vom Wikipedia-Mitbegründer Larry Sanger ins Leben gerufen wurde. Das Projekt versucht, das Model von Wikipedia zu verbessern, indem z.B. die Autoren aufgefordert sind, ihre realen Namen zu benutzen.

[22] Man trifft relativ häufig auf die dritte Person Singular in der Selbstdarstellung von Teilnehmern bei Wikipedia. Vermutlich wird diese verwendet, weil sie an die Form eines biografischen Artikels erinnern soll.

Teilnehmer AK

Eine nicht näher explizierte Äußerung über die Wikipedia-Idee finden wir auch hier. Am Tag nach der Erstellung der ersten Version der Teilnehmerseite schreibt er:

> „Ich find die Idee hinter diesem Projekt super, bin aber teilweise von den gravierenden Rechtschreibe-, Komma- und Grammatikschwächen einiger Schreiber hier erschüttert. Ich habe zwar noch keine eigenen Artikel hinzugefügt, allerdings eine ganze Anzahl existierender dahingehend – manchmal auch inhaltlich – korrigiert."

Wir können nur vermuten, dass mit der Erwähnung der Idee auch ein Bezug zur Ideologie gemeint ist, genauer wird dies nicht spezifiziert. AK ist einer der wichtigsten Vandalenjäger und er ist nicht nur aufgrund seiner hohen Zahl an Bearbeitungen relativ prominent[23]. 2005 wird AK zum Admin gewählt. Die Informationen darüber veröffentlicht er auf seiner Benutzerseite. Im August 2005 löscht er die oben zitierte Aussage, sodass seine Einstellung zum Projekt aus der Benutzerseite nicht mehr zu erfahren ist. Die Tatsache, dass der Teilnehmer auch weiterhin zu den Aktivsten gehört, lässt sich in die Richtung unserer Annahmen deuten. Mit Erreichen der zentralen Position ist die Ursprungsideologie passé, allerdings deutet sich in der Aussage hierzu schon die spätere, wahrscheinlich noch stärker pflichtethisch wahrgenommene Position an – Fehlerbereinigung und Vandalenjagd.

In einer Zusammenschau können wir die neun Fälle, in denen die Ursprungsideologie verloren ging, noch einmal betrachten:

Tabelle 17.4:   Teilnehmer, die ihre Aussagen über Wikipedia-Freiheitsideologie mit der Zeit von ihren Benutzerseiten gelöscht haben

Teilnehmer	Position	Admin	Ideologie am Anfang	Woran lässt sich ein Wandel erkennen?
EL	zentral	ja	Internet darf nicht als eine Goldgrube gesehen werden. Bereitstellung von kostenlosem Wissen als ein wichtiges Anliegen.	Fordert die anderen zum „richtigen" Verhalten auf: keine endlosen Diskussionen führen, stattdessen mehr Energie in die Artikel investieren. „Schwierige" Personen sind bei Wikipedia nicht willkommen.
NI	zentral	ja	Wikipedia ist eine Erfüllung des Traumes – ein Buch, in dem jeder reinschreiben kann,	Unvernünftige Menschen schaden dem Projekt.

---

[23] http://de.wikipedia.org/w/index.php?title=Wikipedia%3ABeitragszahlen&diff=32636896 (05.04.2008)

			was er oder sie weiß.	
SP	peripher	nein	Wikipedia ist eine geniale Idee.	Abschiedsbrief. Wünscht sich mehr Qualität. Empfindet verschiedene Randgruppen als störend. Abneigung gegen Adminwillkür.
UR	zentral	nein	Alle Menschen sollen ihr Wissen untereinander kostenlos zur Verfügung stellen.	Der Wandel lässt sich nicht unmittelbar ablesen. Der Teilnehmer macht keine Bearbeitungen bei der Wikipedia mehr.
AK	zentral	ja	Die Idee hinter dem Projekt ist super. Aber auch bereits am Anfang: Wunsch nach mehr Qualität.	Der Wandel lässt sich nicht unmittelbar ablesen. Aber: Die Aussage über die Begeisterung mit dem Projekt wurde gelöscht, nachdem der Teilnehmer zum Admin gewählt wurde.
IN	peripher	nein	Alles ist korrigierbar – dafür ist die Wikipedia gedacht.	Der Wandel lässt sich nicht unmittelbar ablesen.
MB	zentral	ja	Die Idee von Wikipedia ist unterstützenswert.	Eine gewisse Sachkenntnis ist für das Schreiben der Artikel erforderlich.
MA	zentral	ja	Das Projekt ist großartig – alles ist änderbar.	Freie Bearbeitbarkeit ist der Grund für schlechte Qualität. Halbwissen ist bei Wikipedia nicht willkommen.
DM	peripher	nein	Niemals vollendete Enzyklopädie, die von vielen unterschiedlichen Bearbeitern erstellt wird.	Abschiedsbrief. Abneigung gegen Adminwillkür.

Unter den zentralen Teilnehmern finden sich auch solche, deren ideologische Aussagen eine negative Konnotation aufweisen. Im Beispiel handelt es sich sogar um einen wikipediaintern bekannten Teilnehmer, der zur Zeit der Untersuchung zu den drei einzigen Bürokraten[24] der deutschen Wikipedia gehörte.[25]

> „Beachte die Wikiquette! Ignoriere alle Abstimmungen! Leider rücken die Grundlagen für dieses Projekt immer mal wieder in Vergessenheit:
> 1. Wir schreiben eine Enzyklopädie
> 2. Wir beachten den neutralen Standpunkt (NPOV)
> 3. Wir halten uns dabei an die GNU FDL.
> Wir sind keine Demokratie und wir werden auch keine Demokratie werden. Wir diskutieren über Inhalte, bilden uns bei Unstimmigkeiten ein Meinungsbild – nicht andersrum.“

---

[24] Bürokraten können gewählten Administratoren ihre Rechte verleihen. Formal stehen sie damit über den Administratoren.
[25] http://de.wikipedia.org/wiki/Wikipedia:B%C3%BCrokraten (24.05.2008)

Dieses Zitat ist ein anschauliches Beispiel für die Veränderung der Ideologie bei erfahrenen Teilnehmern, die sich durch die Wikipediaideologie in ihrer Führungs- und Produktionsfreiheit eingeschränkt fühlen. Die zitierte Aussage wurde erst nach der Wahl zum Bürokraten auf der persönlichen Seite des Teilnehmers veröffentlicht. Hierdurch wird unsere Überlegung, dass mit der Änderung der Position auch eine Änderung der Haltung gegenüber der Ideologie einhergeht, gestützt.

Wir beobachten zwei Tendenzen bezüglich des Ideologiewandels: Der eine Teil wünscht sich eine qualitativ hochwertige Enzyklopädie, an der nur „gute" Autoren arbeiten dürfen (bei diesen Teilnehmern hat sich der Ideologiewandel vollzogen), der andere Teil wehrt sich gegen Handlungen der Führungsschicht (explizit werden immer wieder Administratoren genannt). Einige stellten mit dieser Begründung sogar ihre Mitarbeit in Wikipedia ein.

Obgleich wir nur einen Blick auf einen kurzen Zeitabschnitt der Teilnehmerseiten werfen konnten, gelingt es uns dennoch, mittels dieser Analyse eine Vorstellung über die unterliegenden Prozesse zu gewinnen:

- Sechs von neun Teilnehmern, die ihre Aussagen zur Ideologie der Wikipedia mit der Zeit löschten (oder änderten) gehören zum Kern des positionalen Systems Wikipedia. Darunter sind fünf Administratoren. Drei von den sechs zentralen Teilnehmern löschten ihre Aussagen über Ideologie nach dem Erwerb einer höheren Position (Admin). Die Aussagen zur Ideologie wurden in fünf von neun Fällen durch Aussagen ersetzt, die inhaltlich in die Kategorie „Produkt" passen.
- Zwei von drei Teilnehmern mit einer peripheren Position verließen die Wikipedia. Als Grund wurde in beiden Fällen Adminwillkür genannt.

17.7 Enttäuschung

Wir hatten vermutet, dass die Wahrnehmung der Widersprüche zwischen der Ideologie, mit der das Projekt begründet wird und der Realität, zu einer Enttäuschung führt. Diese Vermutung können wir überprüfen, indem wir den Aussagen, die auf eine Enttäuschung hindeuten, nachgehen. In unserem Untersuchungsbereich betrachten wir alle Fälle genauer, in denen Enttäuschung auf den Teilnehmerseiten aufscheint. Zusätzlich wurde eine von einer Teilnehmerin angelegte Sammlung von „Abschiedsbriefen" in Wikipedia an dieser Stelle in die Untersuchung einbezogen[26].

---

[26] Abschiedsbrief-Sammlung von (Elisabeth Bauer aka Elian) erstellt wurde: http://de.wikipedia.org/w/index.php?title=Benutzer%3AElian%2FAbschiedsbriefe&diff=39109338 (17.04.2008). Hier wurden allerdings nur „zugängliche" Abschiedsbriefe gesammelt, d.h. die Auswahl ist in keiner Weise repräsentativ.

Als Fälle mit Enttäuschung wurden zunächst die Äußerungen aufgefasst, die eine Unzufriedenheit des Teilnehmers mit einem Sachverhalt darstellen. Auf eine Enttäuschung können jedoch indirekt auch Verbesserungsvorschläge und ironische Anmerkungen hindeuten:

„Wie Wikipedia verbessert werden könnte/Vorschläge
Eine Auswahl der Vorschläge von Benutzer:Fo:
* Befristung der Admin-Zeit auf zwei Monate innerhalb eines Jahres.
* Abschaffung von Klüngel-Institutionen wie Vertrauensnetz und Bewertungsschema.
* Regeln, die für alle inkl. Admins und en:user:Jimbo Wales verbindlich sind.
* Randomisierte Ernennung von Admins.“

„Weil mir viel an einer sachlichen Darstellung liegt – und ich an meiner Diplomatie noch arbeite –, gerate ich manchmal mit Wikipedianern aneinander, die ganz dringend eine bestimmte Aussage über die Wikipedia verbreiten möchten. Daher ist mir bereits erklärt worden, ich sei ein Kommunist. Auch ist mir erklärt worden, ich sei ein Faschist. Infolgedessen befinde ich mich derzeit in einer Identitätskrise.“

Die Gründe für die Enttäuschung, die in den untersuchten Fällen gefunden wurden, lassen sich grob in zwei Kategorien unterteilen: „schlechte Qualität“ und „Versagen des Offenheitsprinzips“. Die Mehrzahl der Aussagen lässt sich auf die Stichpunkte reduzieren, die in der Tabelle unten aufgeführt sind.

Tabelle 17.5:   Gründe für Enttäuschung[27]

Grund für Enttäuschung	*Was schreiben die Teilnehmer über ihre Enttäuschung?*	*Anschauliches Zitat*
Schlechte Qualität	Die Teilnehmer beschreiben ihre Unzufriedenheit hinsichtlich ihres eigenen Engagements und der nicht zufriedenstellenden Qualität der Wikipedia (Ursache: „unvernünftige“ Autoren und Spammer). Gute Autoren werden dagegen von den „unvernünftigen“ Menschen und allgemein sinkenden Qualität abgeschreckt.	„Es macht einfach keinen Spaß, immer und immer wieder über Jahrhunderte gewachsene, hochspezialisierte und komplexe Theorien einzustellen, wenn diese von irgendwelchen selbsternannten Experten durch eigene, schwache Hypothesen ersetzt werden oder bereits vor Jahrzehnten oder Jahrhunderten als falsch erkannte Theorien wieder rausgekramt wurden und Fachwissen ersetzen“
Versagen des Offenheitsprinzips	Die vom Projekt deklarierte Offenheit existiert nicht. Nicht mehr jeder darf schreiben. Adminwillkür. Autoren werden durch Regelkonformität abgeschreckt.	„WP-Urlaub. Grad keine Lust mehr mir anzusehen, wie jegliche Kreativität und Individualität mit dem geheiligten Zaunpfahl der Regelkonformität niedergeknüppelt werden. Wo Konformität vor Erkenntnis kommt, bin ich zumindest derzeit falsch.“

---

[27] Wir verzichten aus Datenschutzgründen auf eine Quellenangabe.

Man findet oft die Aufrufe, gegen das „Halbwissen" zu kämpfen. Die Qualität der Wikipedia zu verbessern, scheint für viele ein wichtiges Anliegen zu sein. Allerdings findet man auf den untersuchten Teilnehmerseiten kaum Äußerungen über die Enttäuschung als Folge der Diskrepanz zwischen der Idee einer freien Enzyklopädie und der in der Realität existierenden hierarchischen Struktur bzw. Produktideologie. An den Beispielen der Teilnehmers DM und SP sowie weiteren Beispielen aus der Abschiedsbrief-Sammlung konnte man jedoch sehen, dass diese Diskrepanz ein Grund für das Verlassen der Community sein kann. Bis auf Teilnehmer DM hat jedoch keiner der untersuchten Teilnehmer die Community verlassen[28].

Warum findet man so viele Beschwerden über die Qualität und nur so wenige Fälle von Enttäuschung über die Anfangsideologie der Wikipedia? Man kann es folgendermaßen deuten: Bei denjenigen, die früher die Freiheitsidee vertreten haben und nun für die Qualität des Projektes plädieren, hat sich ein Ideologiewandel vollzogen. Die erste Priorität von diesen Teilnehmern ist demnach nicht mehr die Befreiung des Wissens, sondern die Verbesserung der Enzyklopädie als Produkt. Daher können die Äußerungen über die Unzufriedenheit mit der aktuellen Qualitätslage als ein Teil ihres Arbeitsprogramms bzw. ihrer Zielsetzung angesehen werden.

Sucht man systematisch auf den Teilnehmerseiten der aktiven Wikipedia-Mitarbeiter nach den Aussagen über die Enttäuschung hinsichtlich der Wikipediaideologie, so findet man kaum etwas. Die Vermutung an dieser Stelle lautet, dass der Misserfolg (Scheitern der ursprünglichen Idee von Wikipedia) im Vergleich zum Erfolg bzw. zur Zielsetzung allgemein nur schwer zu messen ist. Daher veröffentlichen die enttäuschten Teilnehmer nur selten ihre sogenannten „Abschiedsbriefe", bevor sie die Community verlassen bzw. schreiben kaum etwas über die Enttäuschung über das Projekt.

17.8 Typologie: Reaktionen auf Enttäuschung

Neben den beiden behandelten Ursachen für Enttäuschung haben wir verschiedene andere Reaktionen gefunden. Die enttäuschten Teilnehmer lassen sich demnach in sechs Typen unterteilen. Wir unterscheiden zwischen Aussteigern, Kämpfern, Verdrängern, Anpassern, Erleuchteten und Motivierten.

---

[28] Teilnehmer DM hat seit Januar 2008 keine Einträge mehr in Wikipedia geschrieben hat.

Tabelle 17.6:   Typologie: Reaktionen auf Enttäuschung

Typ	Typisches Verhalten	Anschauliches Beispiel
Aussteiger	Diese Teilnehmer sehen eine Mitarbeit am Projekt, aufgrund der Divergenz zwischen dessen Ideologie und ihren eigenen Vorstellungen, als nicht mehr möglich an. Daher verlassen sie Wikipedia. In manchen Fällen wechseln solche Teilnehmer die Position und werden zu Vandalen.	Tatsächlich ausgestiegen: DM Auf ein anderes Projekt umgestiegen: „kommt mich mal auf Wikisource besuchen. Hier mache ich den Laden dicht." Beispiel für Rache-Verhalten: „Account infinite löschen! Der Benutzer kann sich mit der Wikipedia nicht mehr identifizieren und scheidet mit Wut und Enttäuschung. Ich werde in Zukunft versuchen, dem Projekt so viel Schaden wie möglich zuzufügen. Allerdings muss ich mich wohl kaum besonders anstrengen – das geht von allein."
Kämpfer	Diese Teilnehmer versuchen, die Wikipedia-Ideologie durchzusetzen. Sie kritisieren offen die Teilnehmer, die sich an die Freiheitsideologie nicht mehr halten und schlagen Maßnahmen vor, die die Wikipedia-Situation verbessern können.	Wie Wikipedia verbessert werden könnte (Eine Auswahl der Vorschläge von Teilnehmer:Fo): „Befristung der Admin-Zeit auf zwei Monate innerhalb eines Jahres. Abschaffung von Klüngel-Institutionen wie Vertrauensnetz und Bewertungsschema. Regeln, die für alle inkl. Admins und en:user:Jimbo Wales verbindlich sind. Randomisierte Ernennung von Admins."
Verdränger	Diese Teilnehmer versuchen, die Hinweise darauf, dass ihre Vorstellungen über die Intention des Projektes falsch sind, zu verdrängen. Somit entgehen sie einer Enttäuschung und ihre kognitive Konsonanz bleibt erhalten. Es ist allerdings sehr schwierig, diesen Typ anhand von Daten auf der Benutzerseite zu identifizieren. Die negativen Erfahrungen werden verdrängt und es erscheinen somit keine Beschwerden bzw. Aufrufe auf der Benutzerseite.	„ ... Meine Erwartungen an das Projekt als Ganzes habe ich nach zwei Jahren allerdings nach unten revidiert; sonst müsste ich ganz aufhören."
Anpasser	Diese Teilnehmer ändern ihre Einstellung bezüglich der Wikipedia-Ideologie und passen diese an die Realität an. Ihre Handlungen sind danach wieder mit den ideologischen Werten vereinbar.	Teilnehmer El, Ni, MB, MC
Erleuchtete	Es wird angenommen, dass erst im Verlauf der Handlungen die wirklichen Präferenzen der Akteure herausgebildet werden. (Cyert/ De Groot 1975). Das bedeutet, dass die Akteure mit der Zeit Informationen und Nutzungsschätzun-	Teilnehmer dieses Typs lassen sich allein anhand der Inhalte auf den Teilnehmerseiten nicht identifizieren.

	gen erwerben, die zu der folgenden Überlegung führen: Für Wikipedia an sich und für die Öffentlichkeit wäre es besser, wenn daraus eine hochwertige Enzyklopädie entstehen würde, auch wenn dann nicht mehr jeder daran teilnehmen kann. Zu diesem Typ zählen alle diejenigen, die am Anfang ihrer Tätigkeit keine explizite Vorstellung über die Freiheitsidee der Wikipedia hatten und jetzt in Wikipedia ein Produkt sehen.	
Moti-vierte	Dazu zählen diejenigen Teilnehmer, die zwar von der Idee der Freiheit enttäuscht sind, jedoch getrieben von anderen Motiven trotzdem am Projekt mitarbeiten. Die zurückgekehrten Aussteiger zählen auch zu diesem Typ.	„ ... Weshalb ich trotzdem weitermache? Das frage ich mich selbst regelmäßig. Wie es aussieht, vor allem weil ich die Wikipedia einerseits immer noch für eine sehr verlockende und außergewöhnliche Idee halte und anderseits, weil es mir persönlich trotzdem noch Spaß macht, an den Inhalten mitzuarbeiten. Es ist ein fabelhafter Zeitvertreib. Außerdem ist es lehrreich; nicht nur weil die ernsthafte Erarbeitung von Artikeln auch Einiges an Recherche erfordert und es dabei immer noch etwas Neues zu lernen gibt, sondern auch, weil die Auseinandersetzung mit Kritik und fundierten Einwänden und Anregungen anderer Autoren immer wieder neue Einsichten bringen kann ...“

Wir erwarten, dass die Enttäuschten eher zu einer peripheren Position gehören, weil sie, wie wir gesehen haben weniger in das positionale System integriert sind. Die Integrierten hingegen dürften eher dem Zentrum angehören, denn hier ist die Kommunikation so dicht, dass hierdurch auch die Haltung zur Wikipedia beeinflusst wird. Der Typ „Verdränger" wurde hierbei ausgelassen, da die Identifizierung von solchen Personen allein aufgrund der Informationen auf der Teilnehmerseite nicht möglich ist. Weiterhin wurden die Typen „Erleuchteter" und „Anpasser" zusammengefasst, weil diese Typen die gleichen Eigenschaften (von außen betrachtet) besitzen: Sie ändern ihre Aussage über Ideologie zur einer Aussage, die in die Kategorie „Produkt" fällt. Da die Gründe für diesen Ideologiewandel nicht explizit von den Benutzerseiten abzulesen sind, ist eine weitere Unterscheidung (zwischen Anpasser und Erleuchteter) nicht möglich.

Tabelle 17.7:   Reaktion auf Enttäuschung und Position

	Zentrum	Peripherie	Summe
Aussteiger	0	2	2
Kämpfer	0	2	2
Anpasser/Erleuchtete	4	0	4
Motivierte	1	0	1
Summe	5	4	9

Wie wir erwartet hatten ist es tatsächlich so, dass Aussteiger und Kämpfer eher peripher sind – Anpasser und Erleuchtete dagegen sind zentral.

17.9 Einstellung zu Wikipedia in Abhängigkeit von der Position

Wir haben behauptet, dass sich Präferenzen erst in der sozialen Situation heraus-bilden. Dort wirkt die Position, was bedeutet, dass auch Wikipedia je nach einge-nommener Position unterschiedlich wahrgenommen werden sollte. Dies soll im Folgenden untersucht werden. Hierzu wurden allein die Aussagen zum Zeitpunkt „aktuell" herangezogen. Begründet wird diese Vorgehensweise damit, dass sich die Positionierung erst mit der Zeit vollzieht und am Anfang der Tätigkeit die Position in vielen Fällen noch nicht etabliert ist.

Bei zentralen Teilnehmern liegt der Schwerpunkt der Aussagen in der Katego-rie „Community" auf der Zusammenarbeit:

> „Ich hoffe auf eine lange und erfolgreiche *Zusammenarbeit*, um die Wikipedia weiter auf-blühen zu lassen und eine einmalige Wissensdatenbank zu schaffen!" (Teilnehmer AS)

> „Die *Zusammenarbeit* mit Menschen unterschiedlichster Herkunft ist das, was die Arbeit in der Wikipedia so faszinierend macht." (Teilnehmer BL)

> „Die Arbeit in der Wikipedia ist an manchen Tagen derartig frustrierend, dass ich ohne den *Rückhalt der Community* vermutlich schon länger nicht mehr dabei wäre." (Teilneh-mer AC)

> „Auch wenn ich hier und da polarisiere und auch mal pointiert Standpunkte vertrete, verstehe ich mich eigentlich eher als jemand, der Vermittlung sucht und mehr Wert auf *gemeinsame Arbeit* als auf die Herausstellung Einzelner legt." (Teilnehmer Ha)

Zwei von drei der Administratoren, die Aussagen in dieser Kategorie treffen, ver-wenden das Personalpronomen „wir":

> „Seien *wir* Realisten, probieren wir das Unmögliche!" (Teilnehmer JB)

„... *Wir* sind keine Demokratie und wir werden auch keine Demokratie werden. Wir diskutieren über Inhalte, bilden uns bei Unstimmigkeiten ein Meinungsbild – nicht andersrum." (Teilnehmer MD)

Bei eher peripheren Teilnehmern ließ sich ein solches Personalpronomen, was Gemeinschaft anzeigt, nicht erkennen.

Was die Aussagen in der Kategorie „Begeisterung" betrifft, so wird Wikipedia unter den Kernteilnehmern nur vom Teilnehmer KS hochgepriesen. Der Anlass dazu war die Einstellung seiner Mitarbeit aufgrund eines gesundheitlichen Zwischenfalls:

„Die Wikipedia ist ein großartiges Projekt und hat mir immer sehr viel Spaß gemacht. Wer weiß, vielleicht zieht es mich schon in ein paar Wochen wieder hierhin zurück, vielleicht schreibe ich auch nur ein paar Artikel offline und lade sie hoch. Viel Spaß euch anderen auch weiterhin. Die Wikipedia ist ein so einzigartiges Projekt, macht was draus!" (Teilnehmer KS)

Wir konnten anhand von Beispielen zeigen, dass ein Unterschied zwischen den Positionen hinsichtlich der meisten hier betrachteten Kategorien besteht. Bei den peripheren Teilnehmern findet man, im Gegensatz zu den zentralen Teilnehmern, kaum Hinweise auf eine Integration in das positionale System. Dies unterstützt unsere Argumentation, nach der das Handeln in den jeweiligen sozialen Positionen geformt wird und von diesen in starkem Maße abhängig ist.

18 Fazit

Ziel des Buches war es, aufzuzeigen, welche Mechanismen greifen, wenn Menschen sich zusammen tun und an einem Projekt freiwillig mitarbeiten. Warum eigentlich kooperieren die Menschen? Unsere Ausgangshypothese lautete, dass die Zusammenarbeit über ein positionales System reguliert wird. Solche positionalen Systeme sind überall wirksam, wo Menschen zusammen kommen. Wir können nichts daran ändern; sie bilden sich in allen Situationen heraus. Manchmal verfestigen sie sich für eine Zeit und ein anderes Mal lösen sie sich sehr schnell wieder auf.

Positionale Systeme sorgen dafür, dass die Beteiligten meist ohne viel nachzudenken, wissen, wie man sich verhält und sie können einschätzen, was die Anderen von ihnen erwarten. Wir konnten zeigen, dass manchmal ein kurzer Hinweis oder eine Geste der Anerkennung ausreicht, um jemanden in eine Position hineinzubringen bzw. einen Positionswechsel zu bewirken. Offenbar wurde dies bei Wikipedia in Teilen intuitiv verstanden – so haben (obgleich in den meisten Fällen hochstandardisiert) Begrüßungsnachrichten eine solche Wirkung. Hierdurch wird eine Integration neuer Teilnehmer beschleunigt. Es wird Interesse an einer weiteren Mitarbeit geweckt – eine Positionierung wird vorgenommen. Es lassen sich allerdings auch viele Beispiele finden, in denen das nicht funktioniert: Gemeint ist etwa derjenige, der einen Beitrag leistet, aber an einem „Artikelbesitzer" abprallt; derjenige, der zu einem Stammtisch geht und dort feststellen muss, dass die anderen auf einem ganz anderen Niveau diskutieren als er selbst, der Neuling, der einen kurzen Artikel anlegt, der sofort von Vandalenjägern wieder gelöscht wird oder ein Teilnehmer, der etwas macht, aber gar nicht beachtet wird. Dies sind Beispiele dafür, dass es nicht immer gelingt, dem jeweiligen Interessenten im positionalen System einen Platz zuzuweisen. Dabei ist es erstaunlich, wie wirksam die positionale Zuordnung sein kann. Es scheint so, als sei sie weit wirkungsmächtiger als abfragbare Intentionen. Wie man handelt und sein Handeln begründet, hängt dann an den situativen Gegebenheiten des jeweils zugeordneten Platzes im System der Organisation.

Was wir an Wikipedia beobachten konnten, wird man getrost auch auf andere Situationen, in denen Helfer benötigt werden, übertragen können. Es gibt Umfragen zufolge genug Potential für Engagement in Ehrenämtern etc. Viele Leute wollen etwas Sinnvolles in ihrer freien Zeit tun, was die Gemeinschaft voranbringt. Ganz sicher wird hierbei in aller Regel kein individuelles Kosten-Nutzen-Kalkül angestellt. Vielmehr, und das haben wir gesehen, richtet sich die Handlung nach der Position. Hierbei stellt sich folgendes Hauptproblem für das Freiwilligenengagement: Wie kommt ein Volontär mit einer Organisation in Kontakt, in der er etwas leisten kann? Wie wird er vom Beobachter zum Teilnehmer? In beiden Fällen ist ein Positionswechsel notwendig – Positionswechsel sind aber oft eine problematische Angelegenheit. Wikipedia tut sich im Vergleich zu anderen Organisationen relativ leicht, weil es populär ist und mit einer aufklärerischen Ideologie daher kommt. Sehr viele Menschen haben sich von der Qualität überzeugen können, weil sie beispielsweise von einer Internetsuchmaschine dorthin weitergeleitet wurden.

Die Untersuchung versteht sich als ein Beitrag zur Grundlagenforschung, bei dem ganz grundsätzliche Strukturprinzipien für das Verhalten von Menschen aufgedeckt werden sollten. Dies stellt schon einen Wert für sich dar. Trotzdem sei es am Ende erlaubt, einige Überlegungen für eine potentielle Umsetzung der Ergebnisse anzustellen. Wenn es stimmt, dass die Beteiligung davon abhängig ist, auf welche Weise den potentiellen Teilnehmern oder Mitgliedern von Freiwilligenorganisationen eine Position zugewiesen wird, dann erscheint genau dies der kritische Punkt zu sein: Wie gestaltet man den ersten Kontakt? Wikipedia hat hierfür in Teilen ein günstiges Muster gefunden: Die halbstandardisierte Einladung. In anderen Bereichen scheint es zu hapern, etwa dort, wo Teilnehmer zu Stammtischen zusammenkommen. Dort sollte sowohl den Interessen der engagierten Teilnehmer, die sich über Interna austauschen möchten, nachgekommen werden, als auch eine Integration von Neulingen vorgenommen werden. Mit beiden Herausforderungen sind die Organisatoren sicherlich oft überfordert. Vor ähnliche Probleme sehen sich die Anwesenden auf Parteiversammlungen, auf Treffen von Unterstützungsvereinen etc. gestellt. Wenn sich durch häufigeres Zusammentreffen die Struktur der Beziehungen entwickelt, wandelt sich auch die Kommunikation. Dabei können Besucher, die nur mal schauen wollen und die sich noch nicht auskennen, stören. Falls sie nicht explizit stören, so finden sie sich dennoch möglicherweise nicht in die Gespräche hinein. Sie sprechen nicht die Fachsprache und verstehen die ausgetauschten Interna nicht.

Die beschriebenen Probleme sind dabei keineswegs einzelnen Personen oder einer Kaste der „Führenden", etwa der Administratoren, anzulasten. Die Strukturen der Abgrenzung und tendenziellen Schließung entstehen hinter dem Rücken der Personen, auch ohne dass diese es wollten. Sie sind, wenn man so will, der Preis des Erfolgs.

Möchte man Teilnehmer gewinnen, müsste auf diese Situation Rücksicht genommen werden – es müsste Neuen einfach gemacht werden, in eine Position einzurücken. Dies könnte etwa geschehen, in dem gesagt wird: Wir brauchen Teilnehmer, die diese oder jene Funktion übernehmen. Momentan kann Wikipedia noch auf ein großes Potential an Teilnehmern zurückgreifen und durch die Vielzahl an Artikeln finden sich auch noch genügend Anschlussmöglichkeiten. Auf Dauer wird das wohl nicht so bleiben, auch wenn gelegentlich behauptet wird (Spinellis/ Louridas 2008), das Wachstum von Wikipedia sei unbegrenzt. Dann blühen Wikipedia dieselben Schwierigkeiten wie anderen Freiwilligenorganisationen, auch wenn die Beteiligungsschwelle im Internet noch geringer sein mag, als dies der Fall ist, wenn man sogleich physisch präsent sein muss.

Die Beteiligung, so das Fazit der Untersuchung, wird über die Positionierung im Gesamtzusammenhang geregelt. Durch die Mitarbeit entstehen Strukturen und das Problem der relativen Schließung – und dadurch vergrößert sich das Problem, neue Beteiligte zu positionieren. Im Moment geschieht dies eher intuitiv und die Organisation wächst selbstorganisiert. Eine zentrale Planung widerspräche tendenziell der Wikipedia-Ideologie, es könnten aber beispielsweise Karrieren mit definierten positionalen Wechseln definiert werden. In diesem Falle wäre klar, wo ein neuer Teilnehmer seinen Platz hat. In der Regel dürfte diese Stelle heute bei der Produktion und Verbesserung von Artikeln liegen. Eine Reihe weiterer Aufgaben sind aber zu erledigen und oft wissen die Neulinge nicht, wo sie helfen könnten.

19 Literatur

Alemann, Ulrich von; Marschall, Stefan (Hrsg.), 2002, Parteien in der Mediendemokratie. Wiesbaden: Westdeutscher Verlag.

Axelrod, Robert M., 1987, Die Evolution der Kooperation. München: Oldenbourg.

Azarian, Reza G., 2003, The General Sociology of Harrison C. White. Chaos and Order in Networks. New York: Palgrave Macmillan.

Bar-Tal, Daniel, 1976, Prosocial Behavior: Theory and Research. New York: Hemisphere Publishing Corp.

Batson, C. Daniel; Coke, Jay S., 1981, Empathic Motivation of Helping Behavior. In: J. Philippe Rushton & Richard M. Sorrentino (Hg.), Altruism and helping behavior: Social, Personality, and Developmental Perspectives. Hillsdale, NJ: Lawrence Erlbaum Associates.

Beck, U., 1986, Risikogesellschaft. Auf dem Weg in eine andere Moderne. Frankfurt: Suhrkamp.

Becker, H. S., 1956, Man in Reciprocity. Introductory Lectures on Culture, Society and Personality. New York: Praeger.

Berger, Peter L.; Luckmann, Thomas, 1977, Die Gesellschaftliche Konstruktion der Wirklichkeit. Eine Theorie der Wissenssoziologie. Frankfurt: Fischer (erstmals auf deutsch 1969, orig.: The Social Construction of Reality, Garden City, New York: Doubleday).

Bergner, J. v.; Hinkes, T., 2006, Wiki-Fehlia. So unzuverlässig ist Deutschlands beliebtestes Internet-Lexikon, http://www.bild.t-online.de/BTO/news/aktuell/2006/11/18/wikipedia-fehler/wikipedia-fehler.html (12.09.2007)

Binmore, Kenneth G., 2005, Natural Justice. Oxford: Oxford University Press.

Bilsky, Wolfgang, 1989, Angewandte Altruismusforschung. Analyse und Rezeption von Texten über Hilfeleistung. Bern u.a.: Hans Huber.

Blau, P. M., Schwartz, J. E., 1984, Crosscutting Social Circles. Orlando: Academic Press.

Borgatti, S.P., Everett, M.G. and Freeman, L.C. 2002. Ucinet 6 for Windows. Harvard: Analytic Technologies.

Bott, Elisabeth, 1957, Family and Social Network. London: Tavistock Publications.

Boudon, Raymond, 1980, Die Logik des gesellschaftlichen Handelns. Eine Einführung in die soziologische Denk- und Arbeitsweise. Neuwied: Luchterhand. (orig.: La Logique du Social. Paris: Hachette, 1978)

Bourdieu, P., 1982, Die feinen Unterschiede. Frankfurt: Suhrkamp (La Distincition. Critique sociale du jugement. 1979, Paris: Les Éditions de Minuit)

Breiger, Ronald; Carley, Kathleen; Pattison, Philippa (Eds), 2003, Dynamic Social Network Modelling and Analysis: Workshop Summary and Papers. Washington: The National Academies Press.

Bryant, S. L., Forte, A., Bruckman, A. (2005). Becoming Wikipedian: Transformation of Participation in a Collaborative Online Encyclopedia. In: K. Schmidt, M. Pendergast, M. Ackerman, G. M. (Eds.): *Proceedings of the 2005 International ACM SIGGROUP Conference on Supporting Group Work* (S. 1–10). New York: ACM.

Burns, Enid, 2005, Wikipedia erobert das Netz. http://www.digitale-chancen.de/content/stories/index.cfm/key.1957/secid.16 /secid2.54 (15.02.2007).

Burmeister, Joachim, 2003, Ehrenamt und freiwilliges Engagement in Deutschland. Entwicklungslinien, Engagement- und Unterstützungsformen. S. 21-37, in: Möltgen, Thomas (Hg.), 2003, Engagiert für Gotteslohn? Impulse für das Ehrenamt. Reader zu Sommeruniversität Ehrenamt 2003, Köln. Kevelaer: Butzon & Bercker.

Burt, Ronald S., 1992, Structural Holes: The Social Structure of Competition. Cambridge, MA: Harvard University Press.

Carls, Christian, 2004, Rezension zu: Christian Stegbauer (2001). Grenzen virtueller Gemeinschaft – Strukturen internetbasierter Kommunikationsforen. Forum Qualitative Sozialforschung 5 (1), Art. 32. http://www.qualitative-research.net/fqs-texte/1-04/1-04review-carls-d.htm (12.02.2007, 10.26 Uhr)

Ciffolilli, Andrea, 2003, Phantom authority, self–selective recruitment and retention of members in virtual communities: The case of Wikipedia. First Monday, http://www.firstmonday.dk/issues/ issue8_12/ciffolilli/ (10.03.2005).

Cohen, Noam, 2007, Courts Turn to Wikipedia, but Selectively. January 29, 2007 http://www.dlackey.org/weblog/docs/Courts%20Turn%20to%20Wikipedia,%20but %20Selectively%20-%20New%20York%20Times.html (21.02.2009).

Coleman, James S., 1991, Grundlagen der Sozialtheorie. München: Oldenbourg.

Coleman, James, 1992, Grundlagen der Sozialtheorie. Bd. 2. Körperschaften und die moderne Gesellschaft. München: Oldenbourg (orig. Foundations of social theory, 1990, Cambridge: Belknap Press of Harvard University Press)

Coleman, James S.; Kreutz, Henrik, 1997, Begründet oder zerstört das Eigeninteresse jenes wechselseitige Vertrauen, das Gesellschaft überhaupt erst ermöglicht? S.13-22, in: Kreutz, Henrik (Hrsg.), 1997, Leben und Leben lassen. Die Fundierung der Marktwirtschaft durch symbolischen Tausch und Reziprozität. Opladen: Leske und Budrich.

Comte, Auguste, 1985, Sytem of Positive Polity Vol. 1. New York: Burt Kranklin.

Conrad, Wolfgang; Streeck, Wolfgang (Hg.), 1976, Elementare Soziologie. Opladen: Westdeutscher Verlag.

Cosley, Dan, 2004, Mining Social Theory to Build Member-Maintained Communities, University of Minnesota, http://www-users.cs.umn.edu/~cosley/research/papers/SS505 CosleyD.pdf, (2005-02-19).

Cyert, Richard M.; De Groot, Morris H., 1975, „Adaptive utility". S. 223-246, in: R. H. Day und T. Grooves (Hg.), Adaptive Economic Models. New York.

Dahrendorf, Ralf, 1959, Homo Sociologicus. Ein Versuch zur Geschichte, Bedeutung und Kritik der Kategorie der sozialen Rolle. Köln und Opladen: Westdeutscher Verlag.

Davis, A.; Gardner, B.B.; Gardner, M.R., 1941, Deep sourth. Chicago. University of Chicago Press.

Davis, James A., 1977, Clustering and Structural Balance in Graphs. S. 27-34, in: Samuel Leinhard (Ed.), Social Networks. A Developing Paradigm. New York u.a.: Academic Press.

Davis, James A.; Leinhardt, Samuel, 1972, The Structure of Positive Interpersonal Relations in Small Groups. In: Joseph Berger et al. (Eds.), Sociological Theories in Progress, Bd. II. Boston.

Dechamps, Andrea, 1989, Volunteers und Ehrenamtliche Helfer. Ein deutsch-englischer Vergleich. Mit Fallbeispielen. Bad Heilbrunn: Klinkhardt (Schriftenreihe der Katholischen Stitungsfachhochschule München, Bd. 5).

Dill, Stephen; Kumar, Ravi; McCurley, Kevin; Rajagopalan, Sridhar; Sivakumar, D.; Tomkins, Andrew (2001): Self-similarity in the web. ACM Transactions on Internet Technology 2, 3, S. 205–223.
http://alme1.almaden.ibm.com/cs/people/mccurley/pdfs/fractal.pdf (16.03.05)

Discherl, Hans-Christian, 2006, Rache ist süß. Siemens-Mitarbeiter manipulieren Wikipedia-Eintrag. http://www.sueddeutsche.de/computer/99/323965/text/ (22.02.2009).

Döring, Nicola, 2000, Romantische Beziehungen im Netz. S. 39-70, in: Caja Thimm (Hrsg.), Soziales im Netz. Sprache, soziale Beziehungen und Identität im Internet. Opladen/Wiesbaden: Westdeutscher Verlag.

Drach, Karin, 2005, „Mit Mentoring „Mehr Frauen in die Politik." Chancengleichheit in der Kommunalpolitik.
http://www.gm.kaiserslautern.de/content/in_kl/leben_stadt/mentoring.php
(14.02.2007, 15.02 Uhr).

Durkheim, Emile, 1977, Über die Teilung der sozialen Arbeit. Frankfurt: Suhrkamp (orig.: De la division du travail social: Étude sur l'organisation des sociétes supérieures. Paris : Féliy Alcan, zuerst 1893.)

Durkheim, Emile, 1984, Die Regeln der soziologischen Methode. Frankfurt: Suhrkamp (orig.: Les règles de la méthode sociologique. Paris: Presses Universitaires de France, zuerst 1895).

Ekeh, Peter P., 1974, Social Exchange Theory. The Two Traditions. London: Heinemann.

Elwert, Georg, 1991, Gabe, Reziprozität und Warentausch. Überlegungen zu einigen Ausdrücken und Begriffen. S. 159-177, in: Eberhard Berg; Jutta Lauth und Anderas Wimmer (Hrsg.), Ethnologie im Widerstreit. Kontroversen über Macht, Geschäft, Geschlecht in fremden Kulturen. München: Trickster.

Esser, Hartmut, 1984, Figurationssoziologie und methodologischer Individualismus. Zur Methodologie des Ansatzes von Norbert Elias. Kölner Zeitschrift für Soziologie und Sozialpsychologie 36: 667-702.

Esser, Hartmut, 1993, Soziologie. Allgemeine Grundlagen. Frankfurt: Campus.

Esser, Hartmut, 1999, Soziologie. Spezielle Grundlagen. Frankfurt: Campus (3. Auflage, 5 Bände).

Festinger, Leon; Schachter, Stanley; Back, Kurt, 1950 Social Pressures in Informal Groups. Stanford: Stanford University Press.

Festinger, Leon; Rieeken, Henry W.; Schachter, Stanley, 1956, When Prophecy fails. Minneapolis: University of Minnesota Press

Forte, Andrea; Bruckman, Amy, 2005, Why do People Write for Wikipedia? Incentives to Contribute to Open-content Publishing. workshop: Sustaining community: The role and design of incentive mechanisms in online system. http://www-static.cc.gatech.edu/~aforte/ForteBruckmanWhyPeopleWrite.pdf (14.08.2007).

Franck, Georg, 1997, Ein Kampf um Aufmerksamkeit. Zur Organisation von Wissenschaft. Merkur 51: 72-79.

Franck, Georg, 1998, Ökonomie der Aufmerksamkeit. Ein Entwurf. München/ Wien: Hanser.

Freeman Linton C., 1979, Centrality in Social Networks: Conceptual clarification. Social Networks 1, 215-239.

Freeman, Linton C., 2004, The Development of Social Network Analysis: A Study in the Sociology of Science. Vancouver.

Freeman, Linton C., White, Douglas, R., 1993, Using Gallois lattices to represent network data. In: Peter V. Marsden (Hrsg.), Sociological Methodology. Cambridge: Blackwell.

French, John R. P., 1956, A formal theory of social power. Psychological Review 63, 3: 181-194.

Friebe, Holm; Lobo, Sascha, 2006, Wir nennen es Arbeit. Die digitale Bohème oder Intelligentes leben jenseits der Festanstellung. München: Heyne.

Früh, Werner, 2007, Inhaltsanalyse. Theorie und Praxis, Konstanz: UVK.

Gensicke, Thomas, 2006, Freiwilliges Engagement in Deutschland 1999-2004. Ergebnisse der repräsentativen Trenderhebung zu Ehrenamt, Freiwilligenarbeit und bürgerschaftlichem Engagement. S. 13-174, in: Gensicke, Thomas; Picot, Sibylle; Geiss, Sabine, 2006, Freiwilliges Engagement in Deutschland 1999-2004. Ergebnisse der repräsentativen Trenderhebung zu Ehrenamt, Freiwilligenarbeit und bürgerschaftlichem Engagement. Wiesbaden: VS.

Gensicke, Thomas; Picot, Sibylle; Geiss, Sabine, 2006, Freiwilliges Engagement in Deutschland 1999-2004. Ergebnisse der repräsentativen Trenderhebung zu Ehrenamt, Freiwilligenarbeit und bürgerschaftlichem Engagement. Wiesbaden: VS.

Gerhard, Uta, 1976, Georg Simmels Bedeutung für die Geschichte des Rollenbegriffs in der Soziologie. S. 71-83, in: Hand Böhringer & Karlfried Gründer (Hrsg.), Ästhetik und Soziologie um die Jahrhundertwende: Georg Simmel. Frankfurt: Klostermann.

Geser, Hans, 2008, Vom Brockhaus zum WorldwideWiki. S. 119-142, in: Willems, Herbert (Hrsg.), Weltweite Welten. Internet-Figurationen aus wissenssoziologischer Perspektive. Wiesbaden: VS.

Giddens, Anthony, 1988: Die Konstitution der Gesellschaft. Grundzüge einer Theorie der Strukturierung. Frankfurt: Campus.

Giddens, A., 1996, Konsequenzen der Moderne. Frankfurt: Suhrkamp. (Consequences of Modernity, 1990, Oxford).

Goffman, Erving, 1973, Interaktion: Spaß am Spiel, Rollendistanz. München: Piper (Orig.: 1961, Encounters, Indianapolis: Bobbs-Merril).

Goldhaber, Michael H., 1997, Die Aufmerksamkeitsökonomie und das Netz – Teil I. Telepolis, 27.11.97. (URL:http://www.heise.de/tp/deutsch/html/result.xhtml?url=/tp/deutsch /special/eco/6195/1.html&words=Goldhaber, 19.09.2000).

Goldhaber, Michael H., 1997, Die Aufmerksamkeitsökonomie und das Netz – Teil II. Telepolis, 27.11.97. (URL:http://www.heise.de/tp/deutsch/html/result.xhtml?url=/tp/deutsch/special/eco/6200/1.html&words=Goldhaber, 19.09.2000).

Gosztonyi, Kristof, 1993, Glücksspiele und generalisierte Reziprozität: Über den Alltag junger Vietnamesen in Berlin. Berlin: FU Berlin. Institut für Ethnologie, Schwerpunkt Sozialanthropologie. Reihe: Sozialanthropologische Arbeitspapiere.

Granovetter, Mark S., 1973, The Strength of Weak Ties. American Journal of Sociology 78, 6: 1360-1380.

Gross, Peter, 1994, Die Multioptionsgesellschaft. Frankfurt: Suhrkamp.

Habermas, Jürgen, 1963, Theorie und Praxis. Neuwied: Luchterhand.

Habermas, Jürgen, 1973, Kultur und Kritik. Verstreute Aufsätze. Frankfurt: Suhrkamp.

Habermas, Jürgen, 1981, Theorie des kommunikativen Handelns, Handlungsrationalität und gesellschaftliche Rationalisierung; Bd. 2: Zur Kritik der funktionalistischen Vernunft), Frankfurt: Suhrkamp.

Hammwöhner, Rainer, 2007, Qualitätsaspekte der Wikipedia. In: Stegbauer, Christian; Schmidt, Jan; Schönberger, Klaus (Hrsg.): Wikis: Diskurse, Theorien und Anwendungen. Sonderausgabe von kommunikation@gesellschaft, Jg. 8. Online-Publikation: http://www.soz.uni-frankfurt.de/K.G/B3_2007_Hammwoehner.pdf

Haney, Craig; Banks, Curtis; Zimbardo; Philip, 1973, A Study of Prisoners and Guards in a Simulated Prison. Naval Research Reviews, September 1973. http://www.zimbardo.com/downloads/1973%20a%20Study%20of%Prisoners%20an d%20Guards,%20Naval%20Research%20Reviews.pdf (13.02.2006).

Hanneman, Robert A.; Riddle, Mark, 2005, Introduction to social network methods. Riverside, CA: University of California, Riverside (published in digital form at http://faculty.ucr.edu/~hanneman/) (22.02.2009).

Harary, Frank, 1963, „Cosi van Tutte" – A structural study. Psychological Reports 13: 466.

Hardin, Russell, 2006, The Genetics of Cooperation. Analyse & Kritik 28: 57–65.

Heck, Thomas Leon, 1994a, Der Stand der Egoismusforschung. S. 321-329, in: Thomas Leon Heck (Hrsg.), Das Prinzip Egoismus. Tübingen: Nomos Verlag.

Heck, Thomas Leon, 1994b, Der Stand der Altruismusforschung. S. 330-335, in: Thomas Leon Heck (Hrsg.), Das Prinzip Egoismus. Tübingen: Nomos Verlag.

Heidler, Richard, 2006, Die Blockmodellanalyse. Theorie und Anwendung einer netzwerkanaytischen Methode. Wiesbaden: DUV.

Heintz, Bettina, 2004, Emergenz und Reduktion. Neue Perspektiven auf das Mikro/Makro-Problem, Kölner Zeitschrift für Soziologie und Sozialpsychologie, 2004, 56, 1: 1-31.

Hitwise, 2007, Hitwise US - Top 20 Websites - January, http://www.hitwise.com/datacenter /rankings.php (15.02.2007).

Homans, George Caspar, 1960, Theorie der sozialen Gruppe. Köln, Opladen: Westdeutcher Verlag (Orig. The human group. 1950. New York: Hartcout, Brace and Company).

Homans, George Caspar, 1968, Elementarformen sozialen Handelns. Köln und Opladen: Westdeutscher Verlag (orig.: Social Beahvior. Ist Elementary Forms. 1961, Hartcourt, Brace & World, Inc.).

Hondrich, Karl Otto, 1999, Die vier elementaren Prozesse des sozialen Lebens. S.97-110, in: Wolfgang Glatzer (Hrsg.), Ansichten der Gesellschaft. Frankfurter Beiträge aus Soziologie und Politikwissenschaft. Opladen: Leske + Budrich.

Hondrich, Karl Otto, 2002, Weltgesellschaft zwischen Disharmonie und Chancen zur Harmonie. Vortrag im Kulturforum Berlin am 6. Juni 2002 anlässlich des 125. Geburtstages von Hermann Hesse. http://www.calw.de/hessejahr2002/dokumentation/beiträge/020606/hondrich.pdf (13.02.2007).

Hume, David, 1978, Ein Traktat über die menschliche Natur. (A Treatise of Human Nature, 1739.) Hamburg: Meiner (dt. zuerst 1906).

Hunt, Morton, 1992, Das Rätsel der Nächstenliebe. Der Mensch zwischen Egoismus und Altruismus. Frankfurt: Campus. (Orig. The Compassionate Beast. What science is discovering about the human side of humankind, 1990, New York: William Morow and Company).

Jäckel, Michael; Mai, Manfred (Hg.), 2008, Medienmacht und Gesellschaft. Frankfurt/ New York: Campus.

Joas, Hans, 1992, Pragmatismus und Gesellschaftstheorie. Frankfurt: Suhrkamp.

Johnson, Benjamin Keith, 2007, Wikipedia as Collective Action: Personal Incentives and Enabling Structures. Michigan Sate University: Masterthesis. https://www.msu.edu/~john2429/Wikipedia as Collective Action.pdf (20.01.2009).

Kadushin, Charles, 2002, The motivational foundation of social networks. Social Networks 24: 77-91.

Kallass, Kerstin, 2008, Artikelentstehung in der Wikipedia. Zu Textkonstitutionsmustern und Schreibprozessen bei WikipediaArtikeln. In: Berichte des DFG Forschungsprojekts „Netzwerkkommunikation im Internet", Nr. 08, 3.

Kappelhoff, Peter, 1992, Strukturmodelle von Position und Rolle. S. 243-268, in: Hans-Jürgen Andreß et al. (Hrsg.), Theorie, Daten, Methoden – Neue Modelle und Verfahrensweisen in den Sozialwissenschaften. München: Oldenbourg.

Katz, Elihu, 1957, The Two-Step Flow of Communications: An Up-to-Date Report on the Hypothesis. Public Opinion Quarterly 21: 61-78.

Katz, Elihu; Lazarsfeld, Paul F., 1962, Persönlicher Einfluss und Meinungsbildung. Wien: Verlag für Geschichte und Politik. (Original: Personal Influence. The part played by the People in the Flow of Mass Communication. Glence, Illinois: The Free Press, 1955).

Kaufmann, J.-C., 2006, Kochende Leidenschaft. Soziologie vom Kochen und Essen. Konstanz: UVK.

Kern, Horst; Schumann, Michael, 1974, Industriearbeit und Arbeitberbewusstsein I + II. Eine empirische Untersuchung über den Einfluss der aktuellen technischen Entwicklung auf die industrielle Arbeit und das Arbeiterbewusstsein. Frankfurt: EVA.

Kieser, Alfred, 2008, Ökonomen sind eben einfach egoistischer. Interview in Focus-Campus 9-2008. URL: http://www.focus-campus.de/fileadmin/magazin/artikel/fc_pdf47c6acfd40f476.91646804.pdf (27.08.2008).

Kieserling, André, 1999, Kommunikation unter Anwesenden. Studien über Interaktionssysteme. Frankfurt: Suhrkamp.

Kiesler, Sara; Sproull, Lee S., 1986, Response Effects in the Electronic Survey. Public Opinion Quarterly 50, 3: 401-413.

Knorr-Cetina, Karin D., 1981, The Microsociological Challenge of Macrosociology: Towards a Reconstruction of Social Theory and Methodology. in: K. Knorr Cetina and A.V. Cicourel (Eds.), Advances in Social Theory and Methodology: Toward an Integration of Micro- and Macrosociologies. London: Routledge & Kegan Paul.

Knorr Cetina, Karin D., 2002, Die Fabrikation von Erkenntnis. Frankfurt: Suhrkamp.

Koch-Arzberger, Claudia; Schumacher, Jürgen, 1990, Private Unterstutzungsnetze. Arbeitsgruppe Soziale Infrastruktur an der Johann Wolfgang Goethe-Universität Frankfurt. Stuttgart u.a.: Kohlhammer, Schriftenreihe des Bundesministers für Jugend, Familie, Frauen und Gesundheit. Bd. 257.

LaPière, Richard T., 1934, Attitudes vs. Action. Social Forces 13 : 230-237.

Lakhani, Karim R.; Hippel, Eric von, 2003, How open source software works: „free" user-to-user assistance. Research Policy 32: 923–943.

Lakhani, Karim; Wolf, Robert G., 2003, Why Hackers Do What They Do: Understanding Motivation and Effort in Free/Open Source Software Projects. MIT Sloan Working Paper No. 4425-03. http://papers.ssrn.com/sol3/papers.cfm?abstract_id=443040 (14.04.2005).

Larnier, Jaron, 2006, Digital Maoism: The Hazards of the New Online Collectivism (30.05.06) in: Edge: The Third Culture.
http//www.edge.org/3rd_culture/larnier06/larnier06_index.html (02.01.2007)

Latané, Bibb; Darley, John M., 1968, Group Inhibition of Bystander Intervention in Emergencies. Journal of Personality and Social Psychology 10, 3, 215-221.

Latané, Bibb; Darley, John M., 1970, The unresponsive bystander: Why doesn't he help? Englewood Cliffs, N.J: Prentice-Hall.

Latané, Bibb; Rodin, Judith, 1969, A Lady in Distress: Inhibiting Effects of Friends and Strangers on Bystander Intervention. Journal of Experimental Social Psychology 5, 189-202.

Lazarsfeld, Paul F.; Berelson, Bernard; Gaudet Hazel (1948): The People's Choice. How the voter makes up his mind in a presidential campaign. New York: Columbia University Press.

Leeds, R., 1963, Altruism and the norm of giving. Merrill-Palmer Quarterly 9: 229-240.

Lehner, Markus, 2003, „Fun is all you need" – Jugend und soziales Engagement. S. 141-151, in: Möltgen, Thomas (Hg.), 2003, Engagiert für Gotteslohn? Impulse für das Ehrenamt. Reader zu Sommeruniversität Ehrenamt 2003, Köln. Kevelaer: Butzon & Bercker.

Levi-Strauss, Claude, 1983, Die elementaren Strukturen der Verwandtschaft. Frankfurt: Suhrkamp.

Liepelt, Klaus, 2008, KorRelationen: Empirische Sozialforschung zwischen Königsweg und Kleiner Welt. S. 21-47, in: Stegbauer, Christian (Hrsg.), Netzwerkanalyse und Netzwerktheorie. Ein neues Paradigma in Sozialwissenschaften. Wiesbaden: VS.

Linton, Ralph, 1936, The Study of Man. New York: Appelton.

Linton, Ralph, 1967, Rolle und Status, S. 251-254, in: Heinz Hartmann (Hrsg.), Moderne amerikanische Soziologie. Stuttgart: Enke.

Litt, Theodor, 1926, Individuum und Gemeinschaft. Grundlegung der Kulturphilosophie. Berlin: Teubner. (2. stark erweiterte und geänderte Auflage).

Lorenzer, Alfred, 1981, Das Konzil der Buchhalter. Die Zerstörung der Sinnlichkeit. Eine Religionskritik. Frankfurt: EVA.

Luhmann, N., 1975, Soziologische Aufklärung 2. Ansätze zur Theorie der Gesellschaft. Opladen: Westdeutscher Verlag.

Luhmann, Niklas, 1993, Soziale Systeme. Grundriss einer allgemeinen Theorie. Frankfurt: Suhrkamp.

Luhmann, Niklas, 1997, Die Gesellschaft der Gesellschaft. Frankfurt: Suhrkamp.

Macauly, Jacqueline R.; Berkowitz, Leonard (Hg.), 1970, Altruism and Helping Behavior. New York: Academic Press.

Marshak, J. Radner, R., 1972, Economic Theory of Teams. New Haven: Yale University Press.

Matzat, Uwe, 2001, Social Networks and cooperation in electronic communities: a theoretical-empirical analysis of academic communication and internet discussion groups. Amsterdam: Thela Publishers.
http://dissertations.ub.rug.nl/ppsw/2001/u.matzat/ (13.03.2007).

Mayhew, Bruce H., 1980, Structuralism versus Individualism: Part 1, Shadowboxing in the Dark. Social Forces 59, 2, Dec.: 225-375.

McClelland, David C., 1961, The Achieving Society. New York: Free Press.

Mead, George H., 1918, The Psychology of Punitive Justice. American Journal of Sociology 23: 577-602.

Mead, George H., 1973, Geist, Identität und Gesellschaft. Frankfurt: Suhrkamp (erstmals 1934: Mind, Self and Society. From the Standpoint of a Social Behaviorist).

Meusers, Richard, 2005, Web-Wahlkampf. Wer manipuliert Rüttgers' Wiki-Einträge? Spiegel Online, 19.05.2005 http://www.spiegel.de/netzwelt/web/0,1518,356570,00.html (22.02.2009).

Michels, Robert, 1989, Zur Soziologie des Parteiwesens in der modernen Demokratie. Stuttgart: Kröner (zuerst 1911).

Milinski, Manfred, 2001, Evolution des Verhaltens. Freigebigkeit lohnt sich. Spektrum der Wissenschaft Februar 2001: 24-26.

Mintzberg, Henry, 1989, Mintzberg on Management. Inside our Strange World of Organizations. New York: Free Press.

Möllenkamp, Andreas, 2007, Wer schreibt die Wikipedia? Die Online-Enzyklopädie in der Vorstellungs- und Lebenswelt ihrer aktivsten Autoren. Universität Leipzig: Magisterarbeit. http://www.cultiv.net/cultranet/1212420166Wikipedianer.pdf (20.01.2009).

Möller, Erik, 2005, Die heimliche Medienrevolution – Wie Weblogs, Wikis und freie Software die Welt verändern. Hannover: Heise.

Möltgen, Thomas (Hg.), 2003, Engagiert für Gotteslohn? Impulse für das Ehrenamt. Reader zu Sommeruniversität Ehrenamt 2003, Köln. Kevelaer: Butzon & Bercker.

Moreno, Jacob Levy, 1934, Who Shall Survive? A New Approach to the Problem of Human Interrelations, Nervous and Mental Disease Publishing, Washington D.C. 2. stark erweiterte Auflage: Who Shall Survive? Foundations of Sociometry, Group Psychotherapy and Sociodrama, Beacon House Inc., Beacon N.Y. 1953, ³1978.

Moriarty, Thomas, 1975, Crime, Commitment, and Responsive Bystander: Two Field Experiments. Journal of Personality and Social Psychology 31: 370-376.

Mullins, N., 1973, Theory and Theory Groups in Contemporary American Sociology. New York.

Nadel, Siegfried F., 1957, The Theory of Social Structure. London: Cohen & West.

Neidhardt, Friedhelm, 1983, Themen und Thesen zur Gruppensoziologie. S.12-34, in: Neidhardt, Friedhelm (Hrsg.), Gruppensoziologie. Perspektiven und Materialien. Sonderheft der Kölner Zeitschrift für Soziologie und Sozialpsychologie 25.

Neuberger, Christoph; Nuerberg, Christian; Rischke, Melanie, 2008, Konkurrenz, Komplementarität, Integration? Zum Beziehungsgeflecht zwischen Weblogs, Wikipedia und Journalismus – Ergebnisse einer Befragung von Nachrichtenredaktionen. S. 105-115, in: Raabe et al. (Hrsg.), Medien und Kommunikation in der Wissensgesellschaft. Konstanz: UVK.

Noelle-Neumann, Elisabeth; Petersen, Thomas, 1996, Alle, nicht jeder. Einführung in die Methoden der Demoskopie. München: DTV.

Nooy, Wouter de, 2006, Stories, Scripts, Roles, and Networks. Structure and Dynamics: eJournal of Anthropological and Related Sciences: 1, 2, Article 5. http://repositories.cdlib.org/imbs/socdyn/sdeas/vol1/iss2/art5 (13.02.2007)

Ockenfels, Axel, 1999, Fairneß, Reziprozität und Eigennutz. Ökonomische Theorie und experimentelle Evidenz. Tübingen: Mohr Siebeck.

Olson, Mancur, 1998, Die Logik des kollektiven Handelns: Kollektivgüter und die Theorie der Gruppen. Tübingen: Siebeck (4. durchges. Auflage, orig. The logic of collective action, 1965, Cambridge (Mass.): Harvard University Press).

Ortega, Felipe; Gonzalez-Barahona, Jesus M., 2007, Quantitative Analysis of the Wikipedia Community of Users. Proceedings Wikisym'07, October 21-23, Montreal.

Osterloh, Margit; Rota, Sandra; Kuster, Bernhard, o.J., Open-Source-Softwareproduktion: Ein neues Innovationsmodell? http://ig.cs.tu-berlin.de/Think-Ahead.ORG/pdfs/II-4-OserlohRotaKuster.pdf (14.04.2005).

Ostrom, E., 1990, Governing the commons: The evolution of institutions for collective action. New York.

Ouchi, W. G. and Dowling, J. B., 1974. Defining the Span of Control. Administrative Science Quarterly, 19, 3: 357-365.

Paquet, S., 2003, A socio-technological approach to sharing knowledge across disciplines. Ph.D Thesis, University of Montreal. http://www.iro.umontreal.ca/~paquetse/ Seb-Paquet-PhDThesis.pdf. [03.03.2005].

Parsons, Talcott, 1951, The social system. New York.

Parsons, Talcott, 1994, Aktor, Situation und normative Muster. Frankfurt: Suhrkamp.

Pfetsch, Frank, 1989, Einleitung zu Michels, Robert, Zur Soziologie des Parteiwesens in der modernen Demokratie. Stuttgart: Kröner.

Piliavin, J. A.; Evans, D. E.; Callero, P., 1984, Learning to „give to unnamed strangers": the process of commitment to regular blood donation. In: E. Staub, D. Bar-Tal, J. Karylowski, and J. Reykowski, (Eds.), The development and maintenance of prosocial behavior: International Perspectives. New York: Plenum.

Popitz, Heinrich, 2006, Soziale Normen. Frankfurt: Suhrkamp.

Pentzold, Christian, 2007, Wikipedia. Diskussionsraum und Informationsspeicher im neuen Netz. München: Reinhard Fischer.

Phillips, Helen, 2004, Empathy may not be uniquely human quality. New Scientist (10:30 24 April 2004). Exclusive from New Scientist Print Edition. http://www.newscientist.com/article.ns?id=dn4901 (15.10.2008)

Picot, Sibylle, 2000a, Jugend und freiwilliges Engagement. S. 111-207. Freiwilliges Engagement in Deutschland. Frauen und Männer, Jugend, Senioren, Sport. Bd. 3 Bundesministerium für Frauen, Senioren, Familie und Jugend, Ergebnisse der Repräsentativerhebung 1999 zu Ehrenamt, Freiwilligenarbeit und bürgerschaftlichem Engagement. Stuttgart: Kohlhammer

Picot, Sibylle, 2000b; Freiwilliges Engagement in Deutschland. Frauen und Männer, Jugend, Senioren, Sport. Bd. 3 Bundesministerium für Frauen, Senioren, Familie und Jugend, Ergebnisse der Repräsentativerhebung 1999 zu Ehrenamt, Freiwilligenarbeit und bürgerschaftlichem Engagement. Stuttgart: Kohlhammer.

Propp, Vladimir, 1968, Morphology of the Folktale. Austin: University of Texas Press (orig. von 1927).

Rafaeli, Sheizaf; Hayat, Tsahi; Ariel, Yaron, 2005, Wikipedians' sense of community, motivations, and knowledge building: a cross-cultural study. Proceedings of Wikimania 2005, Frankfurt, Germany. http://meta.wikimedia.org/wiki/Transwiki:Wikimania05/Paper-YA1 (22.05.07).

Raub, Werner, 2010, Theorien der Netzwerkforschung: Rational Choice. in: Christian Stegbauer und Roger Häußling (Hg.), Handbuch der Netzwerkforschung. Wiesbaden: VS
(im Erscheinen).

Rauch, Herbert, 1983, Partizipation und Leistung in Großgruppen-Sitzungen. Qualitative
und quantitative Vergleichsanalyse von 20 Fallstudien zum Sitzungsprozess entschei-
dungsfindender Großgruppen. Sonderheft der Kölner Zeitschrift für Soziologie und
Sozialpsychologie 25: 256-274.

Raymond, Eric S., 1998, The Cathedral and the Bazaar. First Monday 3, 3, March 1998.
http://www.firstmonday.org/   issues/issue3_3/raymond/index.html   (10.11.2006,
10:42 Uhr).

Rühle, Alex, 2006, Wikipedia-Fälschungen. Im Daunenfedergestöber. 3. November 2006.
URL://www.sueddeutsche.de/kultur/artikel/631/90541/article.html(06.11.2007,
11:10 Uhr).

Schink, Peter, 2005, Wikipedia Eintrag von Jürgen Rüttgers manipuliert. 19.05.2005.
http://www.netzeitung.de/internet/339352.html (23.02.2009).

Schmalz, Sebastian, 2007, Zwischen Kooperation und Kollaboration, zwischen Hierarchie
und Heterarchie. Organisationsprinzipien und –strukturen von Wikis. In: Stegbauer,
Christian; Schmidt, Jan; Schönberger, Klaus (Hrsg.): Wikis: Diskurse, Theorien und
Anwendungen. Sonderausgabe von kommunikation@gesellschaft, Jg. 8. Online-
Publikation: http://www.soz.uni-frankfurt.de/K.G/B5_2007_Schmalz.pdf.

Schroer, Joachim, 2008, Wikipedia: Auslösende und aufrechterhaltende Faktoren der freiwilligen Mitarbeit an einem Web-2.0-Projekt. Berlin: Logos.

Schroer, Joachim; Hertel, Guido, 2006, Wikipedia: Motivation für die freiwillige Mitarbeit an
einer offenen webbasierten Enzyklopädie. Oder: Wikipedians, and Why They Do it.
Foliensatz: http://wy2x05.psychologie.uni-wuerzburg.de/ao/research/wikipedia/ wikipedia _praesentation_2006_07.pdf (12.02.2007, 10.05 Uhr).

Schroer, Joachim; Hertel, Guido, 2007, Wikipedians, and Why They Do It: Motivational
Dynamics of Voluntary Engagement in an Open Web-based Encyclopedia, Vortrag
auf   der   EAWOP   Konferenz,   Stockholm   /   May   11,   2007,
http://www.i2.psychologie.uni-
wuerzburg.de/ao/research/wikipedia/eawop2007_wikipedia.pdf (22.10.2007).

Schroer, Joachim; Hertel, Guido, 2007, Voluntary engagement in an open web-based encyclopedia: Wikipedians, and why they do it. Manuskript eingereicht zur Publikation,http://www.abo.psychologie.uni-wuerzburg.de/virtualcollaboration/
publications. php? action=view&id=44 (12.06.2008).

Schütz, Alfred, 1971, Gesammelte Aufsätze I. Das Problem der sozialen Wirklichkeit. Den
Haag: Maartinus Nijhoff.

Schüßler, Rolf, 1994, Kooperation unter Egoisten. S. 80-81, in: Thomas Leon Heck (Hrsg.),
Das Prinzip Egoismus. Tübingen: Nomos Verlag.

Schwartz, Aaron, 2006, Raw Thoughts: Who Writes Wikipedia? http://www.aaronsw.
com/weblog/whowriteswikipedia (23.02.2009).

Schweizer, Thomas, 1993, Perspektiven einer analytischen Ethnologie. S. 79-113, in: Thomas Schweizer; Margarete Schweizer; Waltraud Kokot (Hrsg.), Handbuch der Ethnologie. Festschrift für Ulla Johansen. Berlin: Reimer.

Seigenthaler, John, 2005, A false Wikipedia ‚biography'. USA-Today, 29.11.2005. http://www.usatoday.com/news/opinion/editorials/2005-11-29-wikipedia-edit_x.htm (23.02.2009).

Shaftesbury, Anthony A.C., 1711, Characteristicks of Men, Manners, Opinions, times.

Sherif, Muzafer; White, Jack B.; Harvey, O. J., 1955, Status in Experimentally Produced Groups. The American Journal of Sociology 60: 370-379.

Simmel, Georg, 1890 (1989), Über sociale Differenzierung. S. 109-295, in: Georg Simmel, Gesamtausgabe Bd. 2, (zitiert nach Frankfurt: Suhrkamp).

Simmel, Georg, 1908 (1992), Soziologie. Untersuchungen über die Formen der Vergesellschaftung. Frankfurt: Suhrkamp.

Simmel, Georg, 1911, Soziologie der Geselligkeit, S. 1-16, in: Schriften der Deutschen Gesellschaft für Soziologie, Verhandlungen des Ersten Deutschen Soziologentages vom 19-22. Oktober 1910 in Frankfurt. Tübingen: Mohr.

Simmel, Georg, 1984, Grundfragen der Soziologie. Berlin/New York: De Gruyter (erstmals 1917).

Simmel, Georg, 1919, Philosophische Kultur. Darin: Die Mode, S.25-57. Leipzig: Kröner (2. Aufl.).

Smelser, Neil J., 1972, Theorie des kollektiven Verhaltens. Köln: Kiepenheuer und Witsch. Orig. Theory of Collective Behavior. 1963.

Spinellis, Diomidis ; Louridas, Panagiotis, 2008, The collaborative organization of knowledge. *Communications of the ACM*, 51(8):68–73, August 2008.

Spitz, René, 1967, Vom Säugling zum Kleinkind. Naturgeschichte der Mutter-Kind Beziehung im ersten Lebensjahr. Stuttgart: Klett (orig. The first year of life, 1965).

Sproull, Lee; Kiesler, Sara, 1991, Computers, Networks and Work. Electronic interactions differ significantly from face-to-face exchanges. As a result, computer networks will profoundly affect the structure of organizations and the conduct of work. in: Scientific American. September 1991, Special Issue. 84-91

Staub, Ervin, 1969, A Child in Distress: the Effect of Focusing Responsibility on Children on Their Attempts to Help. Developmental Psychology 2: 153.

Staub, Ervin, 1982, Entwicklung prosozialen Verhaltens. Zur Psychologie der Mitmenschlichkeit. München u.a.: Urban & Schwarzenberg (orig. Positive Social Behavior and Morality, Vol. 2: Socialization and Development, New York: Academic Press).

Stegbauer, Christian, 1995, Electronic Mail und Organisation. Partizipation, Mikropolitik und soziale Integration von Kommunikationsmedien. Göttingen: Otto Schwartz.

Stegbauer, Christian, 2001a, Grenzen virtueller Gemeinschaft. Strukturen internetbasierter Kommunikationsforen. Wiesbaden: Westdeutscher Verlag.

Stegbauer, Christian, 2001b, Von den Online Communities zu den computervermittelten sozialen Netzwerken. Eine Reinterpretation klassischer Studien. Zeitschrift für Qualitative Bildungs-, Beratungs- und Sozialforschung. 2: 151-174.

Stegbauer, Christian, 2002, Reziprozität. Einführung in soziale Formen der Gegenseitigkeit. Wiesbaden: Westdeutscher Verlag.

Stegbauer, Christian, 2005, Medien und soziale Netzwerke. S. 319-334, in: Michael Jäckel (Hrsg.), Lehrbuch der Mediensoziologie. Wiesbaden: VS.

Stegbauer, Christian; Rausch, Alexander, 1999, Ungleichheit in virtuellen Gemeinschaften. Soziale Welt 1999, 50: 93-110.

Stegbauer, Christian; Rausch, Alexander, 2006, Moving Structure: Möglichkeiten der positionalen Analyse von Verlaufsdaten am Beispiel von Mailinglisten. S. 169-198, in: Christian Stegbauer; Alexander Rausch, Strukturalistische Internetforschung. Netzwerkanalysen internetbasierter Kommunikationsräume. Wiesbaden: VS.

Stegbauer, Christian; Rausch, Alexander, 2006, Strukturalistische Internetforschung. Netzwerkanalysen internetbasierter Kommunikationsräume. Wiesbaden: VS.

Stegbauer, Christian; Rausch, Alexander, 2007, The Impact of the Position on the Recognition of Social Structure. Vortrag anlässlich der Sunbelt XXVII, Conference, Corfu, Griechenland (1-6. Mai 2007).

Stegbauer, Christian; Bauer, Elisabeth, 2008, Die Entstehung einer positionalen Struktur durch Konflikt und Kooperation bei Wikipedia: Eine Netzwerkanalyse. In: Mehler, Alexander; Sutter, Tilmann (Hrsg.), Medienwandel als Wandel der Interaktionsformen (Arbeitstitel). Heidelberg u.a.: Springer (im Erscheinen).

Stegbauer, Christian/Schönberger, Klaus/Schmidt, Jan (2007): Editorial: Wikis – Diskurse, Theorien und Anwendungen. In: Stegbauer, Christian; Schmidt, Jan; Schönberger, Klaus (Hrsg.): Wikis: Diskurse, Theorien und Anwendungen. Sonderausgabe von kommunikation@gesellschaft, Jg. 8. Online-Publikation: http://www.soz.uni-frankfurt.de/K.G/B2_2007_Stegbauer_Schoenberger_ Schmidt.pdf.

Stegbauer, Christian, 2008a, Verteilte Wissensproduktion aus netzwerkanalytischer Perspektive. In: Willems, Herbert (Hrsg.), Weltweite Welten. Internet-Figurationen aus wissenssoziologischer Perspektive. Wiesbaden: VS.

Stegbauer, Christian, 2008b, Raumzeitliche Struktur im Internet. Aus Politik und Zeitgeschichte 39: 3-9, http://www.bpb.de/files/OUOX87.pdf (10.02.2009).

Steinert, Heinz, 1984, Das Interview als soziale Interaktion. S, 17-59, in: Meulemann, Heiner; Reuband, Karl-Heinz (Hrsg.), Soziale Realktiät im Interview. Empirische Analysen methodischer Probleme. Frankfurt: Campus.

Surowiecki, James, 2004, The Wisdom Of Crowds: Why The Many Are Smarter Than The Few And How Collective Wisdom Shapes Business, Economies, Societies And Nations Little, Brown.

Tajfel, Henry; Billig, Michael, 1974, Familiarity and Categorization in Intergroup Behavior. Journal of Experimental Soc. Psychology 10: 159-170.

Tajfel, H.; Turner, J.C., 1986. The social identity theory of intergroup behaviour. S. 7-24, in: S. Worchel; W.G. Austin (Eds.), Psychology of intergroup relations. Chicago: Nelson Hall.

Tenbruck, Friedrich H., 1958, Georg Simmel. Kölner Zeitschrift für Soziologie und Sozialpsychologie 10: 587-614.

Tenbruck, Friedrich H., 1965, Formal Sociology. S. 77-96, in: Lewis A. Coser (Ed.), Georg Simmel. Englewood Cliffs: Pretence Hall.

Thatcher, Margaret, 1987, Interview for Woman's Own („no such thing as society"). http://www.margaretthatcher.org/speeches/displaydocument.asp?docid=106689 (23.02.2009).

Thomas, William I., 1928, The child in America. Behavior problems and programs. New York: Knopf.

Tiefensee, Wolfgang, 2005, Bürgerbeteiligung: Zwischen sozialem Eigensinn und amtlicher Verfahrensrationalität. Das ehrenamtliche Engagement der Leipziger unter die Lupe

genommen. Leipzig. http://buergerorientierte-kommune.de/schwerpunkte/pdf/L_
Buergerbeteiligung.pdf (14.02.2007, 15.06 Uhr).

Tilly, Charles, 2006, Why? What happens when people give reasons…and why. Princeton:
Princeton University Press.

Tönnies, Ferdinand, 1963, Gemeinschaft und Gesellschaft. Darmstadt: Wissenschaftlioche
Buchgesellschaft. Fortdruck der 8. Auflage von 1935, zuerst 1887.

Turkle, Sherry, 1995, Life on the Screen. Simon & Schuster, New York. (deutsch: Leben im
Netz, Reinbeck: Rowohlt).

Turner, Ralph H., 1990, Some Contributions of Muzafer Sherif to Sociology, Social Psychology Quarterly 53: 283-291.

Vanberg, Viktor, 1975, Die zwei Soziologien. Individualismus und Kollektivismus in der
Sozialtheorie. Tübingen: Mohr (Paul Siebeck).

Viégas, Fernanda B.; Wattenberg, Martin; Kriss, Jesse; Ham, Frank van, 2007, Talk before
you type: Coordination in Wikipedia. Proceedings of the 40th Hawaii International
Conference on System Sciences 2007.

Wagner, Gerald, 1994, Fernschreiber im Gespräch: Kommunikation braucht Geschichte(n).
Unterhaltungen im Inter Relay Chat. Schriftenreihe der Abteilung „Organisation und
Technikgenese" des Forschungsschwerpunkts Technik-Arbeit-Umwelt am Wissen-
schaftszentrum Berlin für Sozialforschung (WZB, FS II 94-507, SA 021).

Wallach, Michael; Wallach, Lise, 1983, Psychology's Sanction for Selfishness. The Error of
Egoism in theory and Therapy. San Francisco: Freeman.

Wasserman, Stanley; Faust, Katherine, 1997, Social Network Analysis. Methods and Appli-
cations. Cambridge: Cambridge University Press. (Dritte korrigierte Auflage, zuerst
1994).

Weber, Max, 1922a, Wirtschaft und Gesellschft. Grundriss einer verstehenden Soziologie.
Tübingen: Mohr (zitiert nach der 5. Auflage 1980).

Weber, Max, 1922b, Gesammelte Aufsätze zur Wissenschaftslehre. Tübingen: Mohr.

Webhits, 2007, Nutzung von Suchmaschinen. http://www.webhits.de/deutsch/index.
shtml?/deutsch/webstats.html (15.02.2007).

Wetzstein, Thomas A.; Dahm, Hermann; Steinmetz, Linda; Lentes, Anja; Schampaul, Ste-
phan; Eckert, Roland, 1995, Datenreisende. Die Kultur der Computernetze. Opladen:
Westdeutscher Verlag.

White, H. C., 1963, An Anatomy of Kinship. Mathematical Models for Structures of Cumu-
lated Roles. Englewood Cliffs: Prentice-Hall.

White, Harrison C., 1970, Chains of Opportunity. Cambridge, Massachusetts: Harvard
University Press.

White, Harrison C.; Breiger, Ronald L., 1975, Pattern across Networks. Society 12: 68-73.

White, Harrison C.; Boorman, Scott A.; Breiger, Ronald L., 1976, Social Structure from
Multiple Networks. I. Blockmodels of Roles and Positions. American Journal of Sociology 81: 73-780.

White, Harrison C., 1992, Identity and Control. A Structural Theory of Social Action.
Princeton: Princeton University Press.

White, Harrison C., 1995, Network Switchings and Bayesian Forks: Reconstructing the
Social and Behavioral Sciences.Social Research v62 p1035-63 Wint '95,
http://www.ssc.wisc.edu/theory@madison/papers/white02.pdf (23.10.2007)

White, Harrison C., 2002, Markets from Networks. Socioeconomic Models of Production. Princeton: Princeton University Press.

Whyte, W. F., 1943, Street Corner Society. Chicago.

Wilson, Edward O., 1975, Sociobiolgy: The new Synthesis. Cambridge: Harvard University Press.

Wiese, Leopold von, 1967, Soziologie. Geschichte und Hauptprobleme. Berlin: Walter de Gruyter (8. Auflage, erstmals 1924).

Wiese, Leopold von, 1968, System der Allgemeinen Soziologie als Lehre von den sozialen Gebilden der Menschen (Beziehungslehre). Berlin: Duncker&Humblot (4. Überarbeitete Auflage, Original von 1924).

Wolf, Anneke, 2006, Wikipedia. Kollaboratives Arbeiten im Internet. S. 639-650, in: Thomas Hengarner; Johannes Moser (Hg.): Grenzen und Differenzen. Zur Macht sozialer und kultureller Grenzziehungen. Leipzig: Leipziger Universitätsverlag.

Wolff, Kurt H. (ed.), 1950, The Sociology of Georg Simmel. New York: The Free Press of Glencoe, Inc.

Yaverbaum, Eric; Bly, Bob, 2002, PR für Dummies. Die Macht der Publicity nutzen! Bonn: mitp.

Zerfass, Ansgar; Welker, Martin; Schmidt, Jan (Hrsg.), 2008, Kommunikation, Partizipation und Wirkung im Social Web. Köln: Halem

Zimbardo, Philip G., et al., 1974, The Psychology of Imprisonment: Privation, Power, and Pathology. In: Zick Rubin (Hg.), Doing unto Others. Englewood Cliffs, NJ: Prentience-Hall.

Zimmermann, Gertrud, 1982, Die Soziologie David Humes als Ergebnis der Egoismus-Altruismus Debatte. Mannheim: Dissertation.